U0799392

法官智库丛书 21
A Series of Judicial Wisdom

Practice of Justice of Bankruptcy Cases

破产案件审理实务

主　编：沈志先
副主编：盛勇强
俞秋玮
俞　巍

法律出版社
LAW PRESS · CHINA

法律法规司法解释简称索引

全称	简称
《中华人民共和国企业破产法（试行）》	《企业破产法（试行）》
《中华人民共和国企业破产法》	《企业破产法》
《中华人民共和国民法通则》	《民法通则》
《中华人民共和国民事诉讼法》	《民事诉讼法》
《中华人民共和国物权法》	《物权法》
《中华人民共和国担保法》	《担保法》
《中华人民共和国合同法》	《合同法》
《中华人民共和国公司法》	《公司法》
《中华人民共和国证券法》	《证券法》
《中华人民共和国涉外民事关系法律适用法》	《涉外民事关系法律适用法》
《中华人民共和国刑法》	《刑法》
《中华人民共和国土地管理法》	《土地管理法》
《最高人民法院关于贯彻执行〈中华人民共和国企业破产法（试行）〉若干问题的意见》	《执行破产法（试行）意见》
《最高人民法院关于适用〈中华人民共和国企业破产法〉若干问题的规定（一）》	《破产法解释（一）》
《最高人民法院关于适用〈中华人民共和国公司法〉若干问题的规定（二）》	《公司法解释（二）》
《最高人民法院关于贯彻执行〈中华人民共和国民法通则〉若干问题的意见（试行）》	《贯彻执行民法通则意见》
《最高人民法院关于审理企业破产案件若干问题的规定》	《破产案件若干规定》
《最高人民法院关于正确审理企业破产案件为维护市场经济秩序提供司法保障若干问题的意见》	《正确审理破产案件若干意见》

续表

全称	简称
《最高人民法院关于适用〈中华人民共和国民事诉讼法〉若干问题的意见》	《适用民诉法意见》
《最高人民法院关于审理企业破产案件指定管理人的规定》	《指定管理人规定》
《最高人民法院关于审理企业破产案件确定管理人报酬的规定》	《管理人报酬规定》
《最高人民法院关于债权人对人员下落不明或者财产状况不清的债务人申请破产清算案件如何处理的批复》	《下落不明债务人破产案批复》
《最高人民法院关于破产债权能否与未到位的注册资金抵销问题的复函》	《破产债权抵销复函》
《最高人民法院关于人民法院委托评估、拍卖工作的若干规定》	《委托评估、拍卖工作规定》
《最高人民法院关于审理公司强制清算案件工作座谈会纪要》	《清算纪要》
《最高人民法院关于人民法院执行工作若干问题的规定（试行）》	《执行规定》

前　　言

市场经济的本质是法治经济，破产法是市场经济条件下的基础性法律，在保障债权公平有序受偿、完善优胜劣汰的市场竞争机制、优化社会资源配置、调整社会产业结构、拯救危困企业方面，具有不可替代的重要作用。1986 年制定的《企业破产法（试行）》，在当时社会条件下为我国经济体制改革和经济社会的发展作出了不可磨灭的贡献。随着社会主义市场经济的深入发展，需要有更加规范的企业市场退出机制，新《企业破产法》便应运而生。2007 年 6 月 1 日起，《企业破产法》正式施行。新《企业破产法》无论在立法理念还是制度设计上，都有很大的创新和突破。新《企业破产法》降低了破产申请门槛，新增了管理人制度，扩大了适用范围，进一步规范了重整制度，也赋予债权人更大的自治自主权利。它的颁布施行标志着我国市场经济法律体系不断趋于完善。

相较于其他法律，《企业破产法》是一部程序法与实体法并重的法律。破产案件的审理既是专业化程度很高的工作，又是综合协调性很强的工作。上海法院一向十分重视对破产案件的审理，上海三级法院均设有专门的破产合议庭，通过二十多年的探索实践，对于破产案件的审理积累了较为丰富的经验。在当时适用《企业破产法（试行）》的背景下，上海法院就审理了一大批不能适应经济发展要求的国有企业破产案件，为上海市推进国企改革起到了“减负”和优化资源配置的积极作用。早在 2003 年，上海市高级人民法院就组织编写了《破产案件审理与破产清算实务》一书。转眼间十年已经过去，特别是新《企业破产法》的出台，对人民法院破产案件的审理提出了新的更高的要求。上海法院在适用新《企业破产法》的审判实践中又积累了许多新的经验，也遇到了不少新的问题，开展了一系列新的探索。作为上海法院“法官智库丛书”系列之一，《破产案件审理实务》以《企业破产法》体例内容为主干，涵盖破产申请与受理、管理人、债务人财产、破产费用和共益债务、债权申报、债权人会议、重整制度、和解制度、清算制度等全部破产程序以及破产衍生诉讼问题。

本书的编写着重突出两个鲜明的特点。第一，本书具有很强的实务性。本书各章均安排了内涵较丰富、针对性较强的案例，有的是对《企业破产法》的规定进行说明，有的是对操作实务的介绍，有的是对争议问题的探索与思考。这些案例，一部分是取自全国法院的典型案件，但主要还是来自上海法院的司法实践。说理清晰，实用性强。第二，本书具有一定的理论性。在详细梳理现有破产法律规定的基础上，本书对具有研究价值的各项制度在实践中的难题和前沿理论问题进行了深入浅出的分析，特别是对法律规定尚不够明确的问题提出了我们的探索性意见。

本书面对的读者范围广泛。对于没有接触过破产案件的人来说，阅读本书有助于了解破产法律和破产案件的基本内容；对于司法工作者来说，有助于熟悉破产审判流程，理顺审理思路，掌握审理方法；对于机关、企业、社会中介机构来说，有助于理解其在破产程序中应当履行的职责和可以行使的权利。如今呈现在您面前的这本书，凝聚了上海三级法院从事破产审理工作法官的智慧和心血。限于能力和时间，对于本书的不足之处，真诚欢迎读者批评指正。

编者

二〇一二年十二月

目　　录

第一章 导 论

破产法律制度是经济社会发展到一定历史阶段的产物。随着破产事件的增多和影响的扩大，破产制度从单一保护债权人利益到综合兼顾债务人以及其他破产事件参与人的利益，破产程序也由单一的清算程序发展到逐步增加和解程序和重整程序，破产制度的内容更加丰富，也更符合现代市场经济的整体发展。因此，对现代破产法律制度的理解不能仅仅局限于调整债权人、债务人之间的债权债务关系，还应当扩大到调整破产事件涉及的其他参与者的利益关系。现代意义的破产法已经不再是其产生初期功能单一的法律，除清理债权债务关系外，更重要的意义在于为经济社会的和谐发展提供良好的制度保障。本章内容主要是介绍我国和域外破产法律制度概况，概括破产法律制度的特点及其沿革。

第一节 破产法律制度略论

一、破产与破产法

（一）破产的概念

"破产"一词具有多重含义。在英语中，"破产"一词对应"bankruptcy"，法语表述为"banqueroute"，德语表述为"bankrott"，西班牙语则是"banqueroute"。这些词都源于意大利语"banca rotta"，意为"被打碎"、"被打烂"。中世纪后期的地中海沿岸商品贸易十分发达，根据当时意大利商人的习惯，商人在交易市场中都有自己的板凳，这是商人营业资格的象征。若商人不能清偿到期债务，债权人就可以砸烂他在市场中的板凳以示其经营失败。[1]

---

〔1〕 Pamalak. webster：Bankruptcy Law for Paralegals，p. 3.

破产在法律上的意义通常可从实体和程序两个层面来理解。前者指债务人不能清偿到期债务时所处的财务状态。它既可指资不抵债即债务超过,也可指支付不能,即虽然资产大于负债,但因现金流问题以致支付出现困难无法清偿债务。后者是指债务人不能清偿到期债务时,为满足债权人正当合理的要求,就债务人总财产进行的以清算分配为目的的审判程序。[1] 此种分类也可以从经济上破产与法律上破产之区分来理解。前者为经济意义上的破产,后者为法律意义上的破产。[2]

破产的含义也经历了时代的变迁。传统破产常指处理破产事件的法律程序,用于清算破产债务人的财产以平等清偿债权人的债权。而在现代破产法中,处于无力清偿债务状态的债务人并非必须清算倒闭,而是有多重选择:清算、重整与和解。从历史角度看,破产概念的发展经历了一个从狭义向广义不断变化的过程。破产概念早期特指清算,主要目的在于用尽手段最大限度地满足债权人的偿债需求,并且在立法态度上具有比较明显的惩戒主义倾向。而现代社会对破产的认知已经发生变化,破产被视为市场经济中一种正常且在某种意义上有积极意义的现象。现代破产法追求的立法精神不再是惩罚,而是最大限度地保护债权人、债务人,为不同利益的当事人提供更多的法律选择、平衡各方权益。[3] 破产挽救和预防的观念深入人心,破产的概念也突破了清算的一元而逐步多元化。[4]

(二)破产法的概念

破产法,是指以破产行为所产生的破产关系作为调整对象的所有法律规范的总称。从实质层面看,它是规定在债务人不能清偿到期债务时由法院对全部财产进行清算分配,以公平清偿债权人,或由债务人与债权人通过达成和解协议清偿债务,或进行企业重整,避免债务人破产的法律规范的总称。[5] 从形式意义上来看,破产法有狭义和广义之分。狭义的破产法是指国家立法机关制定的破产法,即由全国人大常委会第二十三次会议于2006年8月27日通过的《企业破产法》。广义的破产法是指除破产法之外的法律法规、行政规章、司法解释等调整破产法律关系的法律规范,如《商业银行法》、《保险法》、《公司法》(编者注:本书所引法律条文,除注明外均为我国法律)。

关于破产法的性质,可以从以下三个方面分析。

---

〔1〕 齐树洁主编:《破产法》,厦门大学出版社2007年版,第1页。

〔2〕 汤维建:“破产概念新说”,载《中外法学》1995年第3期。

〔3〕 曹士兵:“准确把握破产程序六题”,载《法律适用》2005年第11期。

〔4〕 韩长印主编:《破产法学》,中国政法大学出版社2007年版,第2页。

〔5〕 王艳华主编:《破产法学》,郑州大学出版社2009年版,第9页。

首先,破产法是程序法规范还是实体法规范?破产法规范的内容涉及破产全过程,既包含程序法规范又包含实体法规范,包括关于申请、受理等破产流程的相关内容即程序法规范,而关于取回权的相关内容即实体法规范。

其次,破产法是诉讼程序规范还是非诉讼程序规范?对于这个问题,有较大争议。诉讼派的理由有:其一,破产的基本程序与诉讼程序相似。其二,破产案件是由法院审理的。其三,破产法无规定的适用民诉法的规定。而非诉派的理由在于:其一,破产程序中无诉可言,也就是没有争议。虽然也有债权不明的现象,但这不是破产程序的主流。其二,破产程序中无原告、被告。其三,法院处理破产程序事项不采用判决书。其四,破产法中适用民诉法的规定只是引用性规定,不能决定破产法的性质。我们认为,破产法具有某种程度的复合性质,既有诉讼因素如债权的确定,又具有非诉因素如清算执行。

最后,破产法属于强制性规范还是任意性规范?破产法有部分内容属于强制性规范,例如各种期限的规定、破产程序推进过程中涉及的相关机构的设置及权力的分配、财产的分配顺序。但也应该认识到,尽管破产法的强制性规范为破产程序的有序进行提供了基本的法律保障,但破产法所规定的实体权利在本质上属于私权,毕竟破产法所执行的是破产人的私财产,保护的对象是私权利。破产法对实体权利的规定是以民事法律规范对民事主体的私权保护为基础的。[1]

二、破产法律制度的主要特点

破产法律制度主要由破产清算、和解和重整三大制度组成,有如下特点。

首先,破产制度的宗旨在于保证债权人的公平清偿和保障债权债务人的正当法律权利。制度所解决的主要矛盾是多数债权人之间因债务人财产的有限性而导致主体间的利益冲突。尤其值得注意的是破产制度不光注重保护债权人利益,而且也注意对债务人和其他权利人利益的公平保护。这是现代破产制度的基本理念,也是历史的发展必然。通观破产制度的发展史,破产制度的初始功能仅仅在于保护债权人的利益,债权人主义在早期大行其道。当然,保护债权人是必要的。如果债权人利益得不到制度性的保障,那么社会经济生活、市场经济的发展也难以为继。但是如果将其一元化,那么历史也已经给出了答案。随着经济的自由化、人类文明的逐渐开化,“破产有罪”的思想逐渐淡化,人们对于破产的认识已有了相当大的转变。破产不再被认为是一种犯罪,而是经济发展中新陈代谢的正常现象,投射在制度设置上,主要就是对债务人的重新定位。人们意识到对债务人处以刑罚

---

〔1〕 沈贵明:《破产法学》,郑州大学出版社2004年版,第8页。

或者财产的剥夺无助于债权的实现，对经济发展也不利。

其次，破产制度与执行程序有相似性。某种程度上，破产是一种概括的执行程序，即为全体债权人的利益而对债务人的全部财产进行的执行程序。这点也是其与普通的民事执行程序的重要区别之一。普通民事执行程序不具有概括性，其是为了个别债权人的利益而进行的个别执行程序。从这个角度看，两者是点与面的关系，也可认为是执行程序的两种形式。无论是普通的民事执行程序还是破产程序，都是对于债务人财产的执行程序，都属于司法程序，都必须在法院的主管下进行。

最后，破产制度的适用和破产程序的启动具有法定性、排他性。除法律另有规定外，破产程序的启动需要法定的事由——债务人不能清偿债务。同时，破产作为概括性的、为全体债权人利益进行的执行程序，具有对一般债务清偿程序的排他性。这里排除的主要是个别清偿以保障债权的公平清偿。破产程序一旦按照法定条件启动，所有有违债权人整体利益的清偿行为或者执行程序都应该停止。

三、破产法律制度的地位和功能

破产法的诞生与市场经济的逐步完善是紧密联系的，不仅仅解决了市场退出机制的法律空白，其所调整的对象——债权债务关系——亦是现代商业社会、以信用交易为主体的经济运行的基础关系，是确立市场经济秩序的法律基础。过去我们调整债权债务关系的法律手段主要是民法和民事诉讼法，前者规定债的实体问题，后者则确定债实现的法律程序。在债务人有清偿能力而不履行债务或对债务有争议时，通过民事债权制度和民事诉讼制度便可以保障债权的实现。但在债务人已丧失清偿能力，对到期债务无法还清的情况下，破产法无疑弥补了过去我国法律体系在这个问题上的缺憾。

现行《企业破产法》不仅仅是退出之法更是重生之法。在市场经济的激烈竞争中，在机遇、风险、成本和收益并不确定的情况下，企业出现财务危机本是常事，即使彻底丧失清偿债务的能力也是正常现象。对那些诚实而不幸经营失败的债务人，法律也需维护他们应有的正当权益，而非按照以前的制度，债务人对于债务永远有清偿责任，这可能使得债务人因为一次失败或失误而从此陷入“万劫不复”。重生之法的第一层意义在于使得债务人有了一次了结所有债务关系的机会。第二层意义在于，一些债务人虽然陷入困境，但是尚存挽救的希望，且拯救的收益大于清算。基于保护这部分债务人权益所需，建立了重整制度，以维护社会整体利益。

总之，破产法对于一个市场经济的国家而言，起到的是经济法的作用：一是体现了衡平原则和效率原则的有机统一;[1]二是提供了一种稳定的预期(包括债权人、债务人、担保人、相关利益者如雇员、政府部门);三是破产法给市场主体特别是债权人、债务人之间提供了一种良好法律框架下的商业安排。

第二节 我国破产法律制度概述

一、破产立法沿革

以新中国成立为标志,我国的破产立法可以分为前后两个历史时期。从1949年至今,我国的破产立法又经历了三个不同的发展阶段。

(一)1949年之前的破产立法

1949年之前的破产立法主要是三部:晚清政府的《破产律》、北洋政府的《破产法草案》以及南京国民政府时期的《破产法草案》和《中华民国破产法》。[2]

1. 清政府的《破产律》

1903年,清政府成立商部,考察各国破产法律,开始编订破产律。1906年沈家本、伍廷芳起草《破产律》,主要适用于商人的破产。《破产律》结构由呈报破产、债主会议、清算账目、处分财产等共69条组成。[3] 不过该法由于违背当时先赔偿洋款后赔偿官款然后华商受偿的规定,遭到有关方面反对而于1908年被废止。

2. 北洋政府的《破产法草案》

1915年,北洋政府法律编查会以德国、日本破产法为蓝本起草《破产法草案》,分为实体法、程序法和罚则三篇,共337条。该草案采用一般破产主义、强制执行主义、惩戒主义和不免责主义,适用于一般债务人。该草案曾于1926年11月18日经司法部通令各级法院参酌援用,但是由于它机械僵硬地抄袭德、日的旧律,与中国传统的商业习惯出入较大,因而无法适应当时商业经济的发展。

3. 南京国民政府的《破产法草案》以及《中华民国破产法》

1934年,南京国民政府司法行政部起草了《破产法草案》。该草案共333条,同样大量借鉴德、日的现行法,也同样因此而脱离当时的中国实际,最终未提交立法院审议。

---

[1] 王卫国:“略论新破产法起草的几个目标”,载《政法论坛》2002年第3期。
[2] 陈夏红:“近代中国的破产法制及其命运”,载《政法论坛》2010年第2期。
[3] 谢振民编著:《中华民国立法史》,中国政法大学出版社2000年版,第838页。

1935年制定了《中华民国破产法》,该法吸取了过去失败的经验,起草者进行广泛的资料搜集,将各先进国家的破产法及中国此前的相关法律或草案搜罗无遗,并且和各国的法律顾问进行广泛联系,拟定过程历时五个多月,讨论三十余次,进行了非常周密的调查研究。该法分总则、和解、破产、罚则共159条,至今仍在我国台湾地区适用。这部法典标志着我国近代破产法律制度初具规模。

该法采取了一般破产主义,对适用对象不作限制,包括自然人(无论是否商人、无论是否成年)、私法人(无论营利与否、无论社团或财团、无论公司法人或特别法人)、特定情况下的遗产、外国自然人、法人。另外,对于和解和破产的原因采取概括主义。无论债务人有任何行为,只要未能清偿到期债务,就应按照破产法的规定启动和解或者破产程序。[1] 破产宣告的效力采取属地主义。并且破产宣告以申请主义为原则,以职权主义为例外。关于债务人的责任则采取免责主义,其列举的破产人或者应负义务以及应受处罚之人范围广泛,不仅包括破产人或和解债务人本身,还包括同破产人或和解债务人有重要关系而应依法承担义务的人。

(二)1949年至1986年间的破产立法

新中国成立以后,我国在短暂的过渡时期之后实行的是社会主义计划经济,国家依靠行政管理手段和行政调拨的方式调整产业结构和分配社会资源,企业的经营管理权高度集中,所有企业都在国家统一计划下完成生产和销售任务。计划经济体制下没有竞争机制,不存在优胜劣汰,国家采取"关、停、并、转"的方式决定撤销不需要的相关企业。因此企业的设立和撤销完全是通过国家行政管理活动完成,这使破产法律成为空白。当然,在过渡时期由于实际生活中仍存在债务清偿的相关问题,故最高人民法院曾分别作出若干破产问题的司法解释。如:1955年10月最高人民法院与司法部联合作出的《关于私营企业破产还债程序中的两个问题的批复》;1956年1月最高人民法院《关于私营企业破产还债中的问题的批复》;1957年1月最高人民法院《关于破产清偿的几个问题的复函》。但是,破产立法始终没有进行。此期间企业的关、停、并、转全部按照行政管理的方式进行。

十一届三中全会确定了改革开放的目标,我国开始逐步由计划经济转变为有计划的商品经济。在计划经济向商品经济转轨的初期,国家采取逐步放权的政策,开始将企业推向市场,企业在一定意义上获得市场主体地位。随着经济体制改革的深入,面对相当一部分企业因产品不适应市场需要或因经营管理不善等原因,长期亏损,依靠财政补贴过日子,造成社会资源浪费,影响改革目标实现的现实情况,利用破产制度淘汰落后企业的问题开始受到人们的关注。原国务院技术经济研究

---

[1] 陈计男:《破产法论》,三民书局1992年版,第281页。

中心于1983年起草的一份《关于争取科技进步、促进经济发展若干问题的建议》将实行破产制度作为淘汰落后企业,促进企业技术进步的重要措施提出来,建议尽快研究制定破产法。我国部分专家、学者提出了社会主义商品经济需要破产法律制度的理念,并着手研究适应我国国情的破产法律制度。与此同时,企业破产的实践探索也一直在进行,企业破产开始在沈阳、武汉等地进行试点。1985年2月9日,沈阳市政府发布《沈阳市城市集体所有制工业企业破产处理的试行规定》。该规定是我国第一个地方性破产法规,适用范围仅限于当地的集体企业。该法规规定破产申请由工商行政管理部门受理,如果申请被驳回,可向人民法院起诉请求裁决。之后,1986年的沈阳市防爆器械厂破产倒闭成为我国"企业破产第一案"。这些地方性质的破产制度探索实践为我国破产法制的发展提供了有益的经验。

(三)1986年《企业破产法(试行)》及相关立法

1984年5月的六届全国人大二次会议上,部分全国人大代表提出制定破产法的议案。同年12月,国务院批准成立了由国务院经济法规研究中心和有关部门组成的《企业破产法》起草组,我国的破产立法正式开始启动。1986年1月,国务院常务会议讨论通过了《企业破产法(草案)》。1986年12月2日,六届全国人大常委会通过了《企业破产法(试行)》,并于1988年11月1日起施行。《企业破产法(试行)》共6章43条,是一部篇幅比较小的法律,只提供了一些框架性、原则性的法律规定和指引,而且适用范围也比较单一,只适用于国有企业。但《企业破产法(试行)》最重要的意义是在我国国有企业中确立了破产制度。[1] 1986年《企业破产法》以不长的篇幅、简洁的语言,对破产财产、破产债权、破产费用、取回权、别除权、抵销权、追回权等一系列破产制度的实体问题和基本程序问题作出了规定,具有鲜明的时代特点和中国特色。

随着经济体制改革的不断深入,实践中有越来越多的非国企单位产生了破产需求。1991年4月9日,七届全国人大四次会议通过了《民事诉讼法》,并在该法第十九章规定了"企业法人破产还债程序",适用于全民所有制以外的具有法人资格的企业法人。然而"企业法人破产还债程序"毕竟只有8条,与人民法院审理破产清算案件的实际需要还相去甚远。针对破产法律过于笼统和原则的问题,最高人民法院在1991年11月7日发布了《执行破产法(试行)意见》,予以进一步细化。但是破产立法呈现出"双轨制",产生了两个法律规范体系:《企业破产法(试行)》及《执行破产法(试行)意见》适用于国有企业破产清算,《民事诉讼法》适用于非国有企业破产清算。1992年7月13日,最高人民法院颁布了《适用民诉法意

[1] 安建主编:《中华人民共和国企业破产法释义》,法律出版社2006年版,第5~7页。

见》。该文件对《民事诉讼法》中企业法人破产还债程序适用的有关问题作了具体规定,更为重要的是它解决了上述"双轨制"的问题。《适用民诉法意见》第253条规定:人民法院审理破产还债案件,除适用民事诉讼法第十九章的规定外,还可参照《企业破产法(试行)》的有关规定。该规定使得两个破产法规联系了起来,构成了当时破产法体系的基本内容。此外,破产法体系逐步成熟的标志之一是破产案件数量的急剧增加。据统计,1990年全国人民法院审理企业破产案件的数量是32件,1993年增至710件,而从1996年至2001年,年均六千件左右。[1]

值得一提的是,最高人民法院为贯彻实施《企业破产法(试行)》,陆续出台了若干司法解释。尤其是2002年7月30日发布的《破产案件若干规定》,囊括了关于实施破产法律制度的全部内容。该规定共有106条,分为14个部分,分别是关于破产案件管辖,关于破产申请与受理,关于债权申报,关于破产和解与破产企业整顿,关于破产宣告,关于债权人会议,关于清算组,关于破产债权,关于破产财产,关于破产财产的收回、处理和变现,关于破产费用,关于破产财产的分配,关于破产终结以及其他。《破产案件若干规定》总结了实践中审理企业破产案件行之有效的经验和方法,成为人民法院审理破产案件的重要依据,对于指导破产案件的审理发挥了十分积极的作用。需要指出的是,《破产案件若干规定》是为了实施《企业破产法(试行)》而颁布的司法解释,在2006年全国人大常委会通过并自2007年6月1日起实施《企业破产法》后,虽然该司法解释尚未宣布废止,但由于其部分内容已明显与《企业破产法》的规定不一致,因此在适用《破产案件若干规定》时需要首先确定《企业破产法》是否就相关问题已有新的规定,如有新的规定,或者该司法解释与新法规定精神相抵触的,其就不再适用。如果《企业破产法》没有规定或者规定不明确,与《企业破产法》有关规定不发生冲突,则可以继续适用《破产案件若干规定》。

(四)2006年的《企业破产法》

2006年8月27日,十届全国人大常委会第二十三次会议通过了《企业破产法》。新《企业破产法》分为12章,共136条。每章的篇目如下:总则、申请和受理、管理人、债务人财产、破产费用和共益债务、债权申报、债权人会议、重整、和解、破产清算、法律责任、附则。新《企业破产法》确立了企业有序退出的法律机制,规范了企业破产程序,对于公平清理债权债务,保护破产各相关主体尤其是债权人和债务人利益,维护社会主义市场经济秩序具有非常重要的意义。新《企业破产法》

---

[1] 李国光主编:《最高人民法院关于破产法司法解释的理解与适用》,人民法院出版社2002年版,第231页。

在制度上也多有创新,主要表现为以下几点。

1. 适用范围扩大。新《企业破产法》将适用范围扩大到所有的企业法人,包括国有企业与法人型私营企业、三资企业,上市公司与非上市公司,有限责任公司与股份有限公司,甚至金融机构。

2. 引进管理人制度。管理人制度的引进将破产运作交由市场化、独立性强的专业机构或个人来处理,有利于破产财产的保值、增值,也使破产程序更符合我国市场经济的发展需要。

3. 重视债权人自治。当债务人不能清偿到期债务时,债权人不仅可以向人民法院提出破产清算的申请,还可以申请对债务人进行重整。

4. 引入重整制度。重整,是指不对无偿付能力债务人的财产立即进行清算,而是在法院的主持下由债务人与债权人达成协议,制订重整计划,规定在一定期限内,债务人按一定的方式全部或者部分清偿债务,同时债务人可以继续经营其业务的制度。重整制度给债务人企业一个自我拯救、重新开始的机会,平衡了债权人与债务人之间的利益关系。

5. 建立了破产衍生诉讼制度。新《企业破产法》规定,对于涉及债权人、债务人实体权利的争议,可以通过民事诉讼程序解决,从而给予当事人更充分的司法保护。

6. 强化破产责任。新《企业破产法》第六条、第一百二十五条对破产企业经营管理人员违反忠实义务、勤勉义务,致使所在企业破产的法律责任予以了明确。

7. 规定金融机构破产程序。新《企业破产法》对金融机构破产作出特别规定,即商业银行、保险公司、证券公司等金融机构出现资不抵债等破产情形的,国务院金融监督管理机构可以向人民法院提出对该金融机构进行重整或者破产清算的申请。

8. 首提跨境破产问题。当前国际上正在进行破产法改革,特别是联合国贸易法委员会下设破产法小组,推出全球破产示范法;国际破产协会和世界银行又共同推出全球债权人应共同遵守的十八项准则。在此大背景下,新《企业破产法》采取有限、有弹性、有张力的跨境破产原则,为与世界各国破产法的接轨作了铺垫。

综上,经过几十年来的发展,我国的破产法律体系不断完善,目前主要的规范性法律文件包括以下几类。

基本法律:《企业破产法》

司法解释:《关于〈中华人民共和国破产法〉施行时尚未审结的企业破产案件适用法律若干问题的规定》(法释[2007]10号),《指定管理人规定》(法释[2007]8号),《管理人报酬规定》(法释[2007]9号),《下落不明债务人破产案批复》(法释[2008]10号),《破产法解释(一)》(法释[2011]22号),《关于税务机关就破产

企业欠缴税款产生的滞纳金提起的债权确认之诉应否受理问题的批复》(法释[2012]9号)

司法文件:《正确审理破产案件若干意见》(法发[2009]36号),《关于依法审理和执行被风险处置证券公司相关案件的通知》(法发[2009]35号),《关于审理上市公司破产重整案件工作座谈会纪要》(法发[2012]261号)

二、现行破产法的理念与制度转变

(一)制度功能的升华——从破产关闭到破产拯救

过去破产法常常被认为是"死亡之法",破产也在相当长一段时间内等同于清算。此次《企业破产法》引入破产重整制度,将破产重整与破产清算、破产和解并列为三种破产法律途径,使破产法不单是"死亡之法",而是也具备"重生之法"的特点。与过去破产法中所规定的和解整顿相比较,重整制度更具有"早期拯救"的破产预防理念。该制度的运用使有复苏希望的企业在发生暂时支付困难时,避免进入破产清算程序,避免因企业破产造成工人失业以及企业间的连锁反应,给社会经济带来损失,减少社会震荡。

(二)价值目标的完善——更强调公正与效率的统一

公正与效率是新《企业破产法》贯穿始终的两个原则和追求的价值目标。破产程序的公正性主要体现在债权人和债务人在法律程序中的平等地位。对债权人而言,公正原则包含两个方面:一是对具有相同性质的债权人做到一视同仁,平等对待;二是区别对待不同性质的债权人,形成财产偿付的先后顺序。对债务人而言,公正原则要求在保障债权人公平受偿的前提下,同时兼顾对债务人合法权益的维护。《企业破产法》对司法效率也相当注重,主要体现在对破产程序的期间进行规范,例如明确规定人民法院应在15日内裁定是否受理破产申请。不仅如此,《企业破产法》对大部分破产程序行为都规定了明确的期间,大大提高破产程序的效率,更好地维护债权人、债务人的权益。

(三)司法态度的转变——从审慎受理到依法受理

过去,由于企业破产可能会带来包括职工安置问题等许多负面影响,人们对于破产法的认识和态度也比较消极。加之《企业破产法(试行)》对破产案件的受理规定了较高的条件,以及破产案件审理时间长、投入精力大等因素,使得以往司法实践中对于受理破产案件的态度非常谨慎,常发生破产案件被挡在门外的情形。这种司法迟疑使得企业无法按照法律规定的程序退出市场。

《企业破产法》则规定了明确的破产案件的受理条件,促使人们转变观念。破产不再是"洪水猛兽",破产是净化市场、畅通企业退出市场的良性法律机制。市场优胜劣汰规则有利于竞争和资源的优化配置,企业以合法合理的方式退出市场不仅不会对市场、社会产生危害,反而对社会和经济发展有利。最高人民法院领导在讲话中也强调,"企业陷入债务困境后各种矛盾业已形成,将本应通过破产程序及时解决的矛盾暂时掩盖,随着时间的推移矛盾可能更为激化。人民法院依法受理破产案件可将相关矛盾及时纳入法律轨道,通过更多法律手段和社会资源协调化解,有利于从根本上解决问题"。目前,人民法院正确面对破产案件审理中的诸多现实困难,以积极的态度应对各种挑战,依法受理破产申请。

(四)程序推进主体多元化——从法院主导到各方参与

《企业破产法(试行)》规定,清算组负责对破产财产的保管、清理、估价、处理和分配,其成员主要由政府部门人员组成,并向法院负责报告工作。这种法院主导下的"行政化破产"使得破产大多成了"计划破产"、"政策性破产"。

《企业破产法》确立了破产管理人制度,它使得破产程序从过去由法院主导过渡到管理人为主推进,并由各方共同参与;从过去的"行政破产"逐步走向"市场破产"。在破产程序中,债务人、债权人、债权人代表、债权人会议均不适宜占有、管理和处置债务人财产,法院也不直接对债务人的财产实施具体的管理措施。因此,处理破产事务需要一个专门的机构,辅助法院高效地执行具体事务,确保债务人财产安全。管理人制度是在这种需求下产生的,成为处理破产案件一个不可或缺的重要角色。破产管理人制度很好地通过市场化、专业化、责任制的方式解决了破产过程中的法律、商业等专业问题。[1] 除了法院、管理人,在破产案件处理过程中,债务人、债权人、债权人代表、债权人会议都在不同阶段行使各自的权利、履行各自的义务,共同推进破产程序顺利进行。

三、上海法院审理破产案件的实践与探索

1990年,上海市虹口区人民法院(编者注:以下对上海区、县人民法院均作简称,如虹口区法院)受理上海新光五金厂破产案件,这是上海法院第一次尝试受理破产案件。此后至1994年前,上海法院没有受理过破产案件。自1994年上海法院全面开展企业破产案件的审理工作以来,上海法院审理此类案件已近二十年。这二十年来,我国经济体制改革进一步深入,上海经济社会全面发展,上海法院破产案件审理工作程序也日益完善,审理机制不断创新,审理队伍不断壮大,案件审理质效不断提升。上海法院企业破产案件的审理工作发挥了应有的优化市场配置、降低市场风险、化解社会矛盾等方面的价值与功能。如早期的上海无线电二厂

---

[1] 奚晓明:"当前审理企业破产案件需要注意的几个问题",载《法律适用》2012年第1期。

破产案、上海国棉五厂破产案、上海华生电器总厂破产案、上海啤酒厂破产案这样一批较为典型的国有企业破产案件的审理,适应了当时市场转型的需求,优化了社会资源的合理配置。上海蓝天房地产公司破产案、上海造纸机械总厂破产案等一批在上海有重大影响的破产案件的妥善审理,为相关民众解决了实际困难,赢得了社会各界的赞誉。上海太平洋租赁有限公司破产案、上海莱兴房地产有限公司破产案、上海嘉里南视频有限公司破产案等受到社会关注的外商投资企业破产案件的成功审理,在海外产生了很好的影响。

自2007年《企业破产法》施行以来,上海法院充分认识到破产法律制度对保障债权公平有序受偿、完善市场退出机制、优化资源配置、调整产业结构所发挥的作用,依法受理、规范审理了一大批企业破产案件。

第一,在立案阶段,取消破产案件受理审查的两级审批制度,依法受理破产案件。2006年年初,上海市高级人民法院(以下简称上海高级法院)根据当时破产审判工作的实际情况,曾将破产案件的受理审查从上海高级法院下放到两个中院,采取两级审批制度,即各区县法院拟受理破产案件报对口中院审核。为进一步推进破产案件依法受理工作,在调研论证和反复听取意见的基础上,上海高级法院于2010年下发了《关于调整本市企业破产案件受理审批工作的规定》,取消了破产案件受理审查两级审批制度,即破产申请由各法院自行依法审查,不再报请中院审批,从而依法规范受理程序,提高效率。当年,上海法院共受理破产案件45件,同比上升了36%。

第二,在审判管理方面,强化对破产审理工作的科学管理,积极探索符合破产特性的管理考核机制。近几年来,为了加强各级法院对破产审理工作的重视,上海高级法院专门研究建立了破产审理工作的单列管理指导机制。通过召开专题工作会议、坚持季度庭长例会、编写全市破产审理工作季报等方式加强对破产审理工作的专项指导与管理。

第三,上海法院为上海转型发展大局提供有力的司法保障,积极探索,勇于挑战,依法受理新型复杂案件。随着上海经济的发展和社会法制意识的不断增强,上海法院破产领域的新情况新问题不断出现,各法院商事审判庭不畏难、不回避,认真研究、积极应对、大胆尝试,依法受理了关联企业实体合并破产、债权人申请保证人破产清算、执行案件申请转入破产清算程序等各类新型疑难复杂案件。为配合国家对证券公司风险处置的整体计划以及上市公司重大重组等工作,上海法院根据最高人民法院的部署和要求,陆续承担了大型集团企业德隆公司破产清算案件、亚洲证券等多家证券公司破产清算案件以及华源系两家上市公司破产重整案件的审理任务。

第三节 域外破产法律制度发展概览

随着经济全球化的发展，破产法也发生了巨大的变化，全球范围内的破产法统一化运动、破产保护、跨境破产协作等热点问题备受关注。域外各国破产法的变化发展对我国破产法律制度的建立、发展和完善有借鉴、启示作用。

由于各国在政治、经济、文化、法律等方面有差异，不同国家的破产法都有其关注的重点以及自身特色。纵观世界各国的破产法，主要可以分为三类：倾向于保护债权人利益的破产法、倾向于保护债务人利益的破产法和注重社会利益保护的破产法。当然，基于全球破产法统一化进程，各国破产法对各方利益的保护都有所考虑，只是有所倾向。[1] 如英国的破产制度受其特殊的传统及习惯影响较大，而特别关注债权人的利益。美国破产法以维护企业持续经营为主要目的的重组条款，在破产案件尤其是大企业破产处理中正发挥日益重大的影响，并逐渐形成一种新的破产模式。法国破产法与前两种破产法模式不同，其把社会利益，尤其是劳工的持续就业放在首位。虽然无法使债权人利益得到优先考虑，但是对于社会的稳定与持续发展却有其积极意义。

为了进一步拓宽视野，下文就域外破产法律制度及研究热点予以介绍。囿于篇幅，仅选取英美法系与大陆法系具有代表性的英国、美国、德国、日本四国进行介绍。

一、域外破产法律制度简介

（一）英美法系破产法律制度简介

1. 英国破产法

英国是现代意义上破产法的发源地。尽管英美法系以判例法著称，但长期以来其破产法却是以成文法为基础、以法院的判例为辅。英国破产法发展过程中产生了个人破产和公司破产双轨制。在英国，“bankruptcy”一词仅适用于个人破产，公司破产则用“insolvency”一词。这可以说是英国破产法的显著特征。[2]

---

〔1〕 谢荣、Anthony Steel：“破产制度：比较与选择——完善中国破产制度的探索”，载《财经研究》1996年第2期。

〔2〕 [英]费奥娜·托米：《英国公司和个人破产法》，汤维建、刘静译，北京大学出版社2010年版，第2页。

作为早期设立破产法的国家之一,英国在破产法领域创设了诸多制度。比如破产原因列举主义这一立法原则就是为近代英国首创,它通过列举的方式来明确债务人丧失清偿能力且应受破产宣告的情形。这种立法形式后来为多个法域所采纳。此外,破产免责主义也源于英美法系。关于破产免责制度的规定最早出现在1705年的英国破产法中。当时,其主要目的在于鼓励债务人的配合以便债权人得以获得更多有关债务人财产的信息,即鼓励债务人交出财产,而非使债务人获得新生。而真正以保护债务人为宗旨的免责原则体现为赋予债务人主动提起自愿破产的权利。该制度直到1844年才由英国破产法通过债务人自愿破产制度予以确立。[1]

在英国破产法中的公司破产程序中,公司自愿安排(CVAs)是一个较有特色的制度。作为一个非正式程序,公司自愿安排是指允许公司同意履行部分债务的债务重整协议或者一个有关安排公司事务的计划。它由1986年的破产法首次予以规定。引入公司自愿安排程序是为了弥补1985年公司法中繁琐复杂的债务安排程序,为公司找到解决财务困难的有效途径,以避免清算,使公司获得重生。在有资格的破产执业者的监督下,债务人可以寻求与债权人达成和解。一旦得到必要多数(75%)债权人和成员的同意,该自愿安排建议就将生效并对其余少数产生普遍效力。

英国破产法中的管理令制度为1986年的破产法首次引入。为了使之能够在实现行政接管人功能的同时尽可能地考虑所有债权人的利益,该制度于2002年进行了修订。在该制度下,法院如果确信债务公司已经或将要资不抵债,则可以裁定由破产执业人对该公司进行管理。管理令实质是管理人为无担保权益的债权人和公司本身的利益经营公司,阻止债权人强制执行公司财产,限制有担保权益的债权人执行担保物权,同时改善公司经营,使公司恢复支付能力而得以生存。从其作用上看,管理令程序类似于现代破产法中的重整制度。其主要目的有二,一是使公司业务得以继续开展,二是采取更有利的方式实现公司资产变现。因此,管理令使陷入困境但有复苏可能的公司得以拯救而不是简单的清算。接管程序的主要目的是任命接管人以执行债务公司提供的担保。接管人既可以由法院任命,也可以由债权人根据设立担保的法律文件的授权任命。

英国现行破产法的另一大内容是自然人破产。英国自然人破产制度的特色体现为申请主体的多元化。自然人破产申请主体并不仅仅局限于债权人和债务人,还包括:监督人或依破产法规定受破产管理(自动管理或债务重整)约束的其他

〔1〕“破产立法研究资料”,载 http://ziliao.hzu.edu.cn/z8596.html,2011年5月23日访问。

人。在法院颁布了刑事破产命令后，检察官有权作为官方申请人提出申请。向个人发出的破产令将导致破产人的绝大多数财产交给破产托管人并由托管人在破产人的债权人之间进行分配。在尚未免除破产人的剩余债务期间，破产人的一些特定法律资格将受到限制，破产的背景也要被调查。

2. 美国破产法

美国是典型的联邦制国家。根据美国宪法的规定，联邦与各州之间实行分权制。因此，美国在联邦与州的层面分别有两套司法系统，但破产立法权专属国会所有，破产司法也被划入联邦司法制度的范围。不过《联邦破产法典》中关于债务人财产豁免的具体数额和内容，则由各州通过州立法予以确定。在法院机构设置上，美国设立了专门审理破产案件的破产法院。由于破产案件的专业性，《司法机构与司法程序规则》对破产法官的选任与职权作出了详细的规定。

从破产立法体例上看，美国破产法实行一般破产主义，以自愿清算和强制清算作为破产清算的两种途径，根据不同的适用对象设计了不同的程序，允许当事人自行选择，并可在不同程序之间转换。同时，立法还兼容了破产清算和破产预防的任意性规范和强制性规范，形成了一个庞大的破产法体系，即所谓的“大破产”立法模式。

从立法理念上看，美国破产法并非单纯强调债权人利益至上的原则，对债务人利益的维护也是其立法目标之一。债务人在承受破产所带来的不利影响的同时，也通过破产实现重生，而债权人因债务人的破产不能实现其债权被认为是市场经济条件下正常的经营风险。美国破产法把保护债务人利益和债权人利益放在同等重要的位置，革新了破产法律制度从产生之时起就单一追求债权人利益至上的立法理念，并为世界各国所广泛接受。

从制度设计上看，美国破产法扩充了破产法的挽救功能，创建了自动停止制度、强制规则。美国破产法第 11 章规定内容侧重企业的再建重生而非简单清算。企业作为债务人如果财务出现恶化，就可以向破产法庭提交一份重整方案，负债公司可以就债务的重整问题与债权人进行和解、谈判，然后由所有债权人投票表决是否接受债务人提出的重整方案。一旦债务人申请破产法第 11 章的程序，自动停止制度便开始生效。如果债权人欲向债务人索债，则必须申请法庭解除自动停止程序。即使债权人表决反对负债公司提出的重整方案，破产法庭仍可将重整方案强加于债权人，即“强制规则”。当然，由于该项规则的运用涉及债权人的切身利益，法庭只有确认重整方案对所有债权人皆公平、公正的前提下，才会十分慎重地行使该项“强制权”。“自动停止”与“强制规则”在一定程度上强化了破产重整程序，使破产法的功能发生了质的转变。从此，破产法不仅是破产清算的工具、债权人偿债的方式，而且还是预防破产清算的法宝、债务人东山再起的途径。[1]

（二）大陆法系破产法律制度简介

1. 德国破产法

自新《破产法》于1999年实施后，德国先后对《破产法》进行过多次大规模修改，主要集中于消费者破产程序、破产程序中的涉外问题等新近出现的问题。

德国破产法中的自然人破产制度有其特色，对自然人申请者提出的不甚复杂的破产案件，规定了一个费用低廉的破产程序。这一程序包括三个步骤。第一步，债务人必须在破产方案的基础上正式要求与债权人庭外和解。第二步，如果和解失败，债务人则必须在6个月内提起破产还债程序。债务人破产还债请求书中还必须包括一个原有的或新制定的解决债务的方案。破产法院将这一方案转交给债权人并征求他们的意见。如果在法院指导下仍达不成和解协议，则需要进入第三步骤，即简化的破产程序。这一程序要比正常破产程序简单得多，没有报告会，只有一个听证会。

此外，德国现行《破产法》还为自然人破产专门设计了用于破产预防的自行管理制度。自行破产管理制度是在破产程序开始后，不任命破产管理人，而是任命破产监督人，在监督人的监督下，把资产管理处分权委托给破产债务人行使的破产预防制度。只有在债务人提出申请，经债权人同意，且破产法院认定自行管理不会导致对债权人不利的情况发生的情况下，才可以在破产宣告裁定中命令债务人自行管理。自行管理程序与一般破产程序的本质区别就在于债务人的管理处分权不由破产管理人而由债务人继续行使。对于已经发布的自行管理命令，债务人申请撤销的，法院应当允许。如果债权人会议申请撤销或者别除优先权人以及破产债权人申请撤销，必须提交丧失自行管理前提条件的证明，法院在作出裁判前还应当向债务人听证，才能作出撤销的命令。监督人在自行管理程序中不仅享有监督权，还享有一定的管理权。如不属于正常经营的债务，债务人征得监督人的同意可以进行清偿。属于正常经营的债务，监督人反对的，债务人不能清偿。债务人实施对破产程序有特别意义的法律行为，应取得债权人委员会的同意。债务人应编制破产财产清单、债权人清单交监督人进行审查。

除却自然人破产，德国破产法下列制度也极富特色。

第一，鼓励尽早申请破产并简化程序启动要件。只要出现即将无支付能力的情况，债务人就可以申请破产，而不一定要到已经无支付能力时才申请。德国现行《破产法》还加重了法人的业务执行人的责任，规定其若违背破产申报义务，要承

---

〔1〕 李飞主编：《当代外国破产法》，中国法制出版社2006年版，第439～445页。

担诉讼费用。在程序启动方面,只要破产程序最初阶段的费用能够得到偿付,即可开始破产程序。德国的简化破产启动程序能较好地解决破产程序启动难的问题,为更多身陷困境的企业退出市场提供制度可能性。

第二,增强雇员的参与作用。雇员作为债权人也可以提出破产申请,并且可以以其破产债权参与破产程序并在债权人会议中享有表决权。在提出重整计划时,如果雇员的破产债权占有相当份额的话,雇员也可以组成一个债权人小组参与表决。新法取消了旧法中规定的雇员的破产优先权和工资债权在破产财产中的特权,但是破产程序中的社会保障在原有法律保护的最高限度内得到保证。《解雇保护法》为雇员提供的保护、雇员的破产薪酬补偿费以及在企业转让时强制转让劳动关系的规定仍然保留。劳工在企业破产过程中的高度参与性则是与德国劳工力量的异常强大有着千丝万缕的联系。

第三,增设余债免除制度。余债免除是德国现行《破产法》引入的新制度,它只适用于无支付能力的自然人,为的是使陷入经济困境的"诚实的"债务人在经过一个"良好品行期"之后可以获得解脱而重新起步。为防止这一机制被滥用,法律规定了严格的前提条件。债务人必须在破产程序开始之前没有任何损害债权人利益的行为,在破产程序中则要"建设性地"给予协作,在所提交的有关财产、收入、债权等的文件中不得作出不完整或不真实的说明。最后,他还必须作出一项意思表示,声明在6年的时间内将其收入中可被扣留用于偿债的部分转让给托管受托人,由其偿付给债权人,这段时间即所谓的"良好品行期"。在经过"良好品行期"之后,剩余债务即被免除。[1] 余债免除制度是一项非常具有创新性的破产制度,对债权人、债务人利益的平衡尤显重要。

2. 日本破产法

日本破产制度历史悠久。早在镰仓时代,就有将交不起租税者的财产没收的规定。在江户幕府时代,建立了所谓的"身代限"和"分散"制度。前者规定对于不能还债的债务人,以强制命令将其全部财产交付债权人;后者规定债务人可以通过申报,宣布家资分散,将包括衣物、刀具等财产交付债权人。不过,这种制度实际上只是一种宣告手段,接下来由债权人自己处理债务人的财物。

传统意义上的日本破产法规定的内容主要是破产清算。破产清算适用的对象是自然人和法人,破产原因是支付不能或债务超过资产,由债权人、债务人以及相当于债务人地位的法人理事等提出申请,法院宣告破产,同时以清算程序为中心选任破产管财人实施破产清算。破产管财人一经选定,债务人就成为破产人,其对财

〔1〕 李飞主编:《当代外国破产法》,中国法制出版社2006年版,第6页。

产的管理处分权全部转移给破产管财人。破产程序一经开始,即使债权人通过生效判决、公证证书等获得债权确认,也禁止通过个别强制执行程序执行债务人的财产。对于第三人所有的混入破产财团的财产,破产管财人允许第三人取回。此时第三人称为取回权人。别除权人(民事留置权除外)可以自由行使其权利,并获得优先受偿,税收及杂费优先。在破产宣告时,对破产者负有债务的债权人可以行使抵销权实现债权。破产宣告前因破产者的处分属于破产财团之外的财产,破产管财人享有否认权,该权利与《日本民法》第424条规定的债权人的撤销权相类似。不同的是,破产管财人可以行使否认权取回该财产。破产债权人为了从破产财团中接受清偿,在一定期间内申报债权,并在此基础上确定分配清偿的数额。分配结束后,待法院作出终结决定,宣告破产程序终止。若债务人是自然人,特别是遇到消费者破产的情况,为了助其将来在经济上的复苏,承认免责制度以及恢复其公私法上资格的复权制度。

在运用公权力处理企业间债权债务关系方面,日本的《公司更生法》虽然与破产法、和解法相并列,但其产生却比前两者晚30年。《公司更生法》问世时日本正处于战败后的混乱状态,就业压力沉重,金融秩序混乱,经济体制和产业结构处于转型期。在这个背景下,日本不得不改革《破产法》和《和解法》,并酝酿制定《公司更生法》,从而使得身陷困境的企业顺利度过暂时困难,免于破产,维护经济秩序的稳定。此外,适用于股份公司的特别清算程序以及公司整理制度也有其特色。

《民事再生法》是日本1999年12月22日公布的一部旨在振兴日本经济的法律,是为取代传统和解程序而制定的用以规范再建型破产处理程序的基本法。该法颁布后在日本社会各界引起了强烈的反响,日本新闻媒体称之为“经济复苏法律制度”,期望该法的实施能够为日本不景气的经济打一剂强心针。

2004年2月,全面修订的破产法案提交国会,新《破产法》于2004年6月2日公布。新《破产法》对日本破产法律体系的革新主要体现在程序和实体两个层面。

在实体方面。第一,合理安排债权的优先顺序。将破产程序开始前三个月产生的工资请求权、退职补贴请求权中与退职前三个月的工资总额相当的部分作为财团债权,提前了其优先顺序,部分租税债权的优先顺序则被降低;将涉及税收债权等列为后顺位破产债权。在分配前,法院可以酌情允许清偿仅作为优先债权的一部分劳动债权。第二,关于租赁合同。在租赁人破产而承租人就租赁权可以对抗第三人时,破产财产管理人不能解除该租赁合同。此外还废除了处置租金债权的限制,确保押金返还请求权的回收。第三,确定限制抵销以无力支付为标准。为保护对抵销的合理预期,对于在无力支付之前的债务负担,仅限于专以破产债权抵销基于合同所负担的债务以及基于破产人的债务人承担债务的合同的情形。第四,扩大自由财产范围。自由财产范围扩大为标准家庭三个月的必要生活费,法院还可酌情增加。非免责债权包括基于故意或重大过失的侵害生命等侵权行为债权、抚养费债权。第五,在罚则规定中明确了破产诈骗罪的构成要件。

在程序方面。第一,在申请启动破产程序问题上,扩大了管辖法院的范围,对大规模破产案件的集中处理进行了合理化安排。第二,为了防止破产人财产的流失以及确保债权人之间的公平,引进了综合性禁止命令以及保全管理命令的制度;还设定了与撤销权相关的保全措施制度。第三,进一步明确破产程序启动的效果。为确保程序的实效性,强化了破产人及其代理人等的说明义务,并扩大了义务人的范围;规定了破产人对重要财产的公布义务。第四,对提出破产债权的期限作出了限制。调查、确定破产债权可以采用书面形式。除了诉讼程序之外,还引进了评估程序这种简易、迅速的决定程序。法院可以酌情决定不召开债权人会议,并新设了书面投票制度。为反映债权人的意见,创设了更有效的代理委员制度(由破产债权人通过经法院许可而选任的代理委员来行使涉及破产程序的一切行为)以及债权人委员会制度。第五,强化对破产财团的管理。为了追究理事、董事等在法人破产时的经营责任,新设了高级管理层责任评估决定的制度(法院可以经破产财产管理人申请或主动依职权,对基于公司高级管理层责任的损害赔偿请求权作出裁判)。第六,促进破产财团的变现。为迅速、顺利地变现担保标的物,新设立了担保权随自主出售而消灭的制度(破产财产管理人自主出售担保标的物后,经法院许可,可以消灭该物上存在的所有担保权)。第七,新设立了分配规模小于1000万日元以及破产债权人无异议时的简易分配制度,在一定条件下允许别除权人参加分配。第八,将破产程序和免责程序合为一体以提高效率。在免责决定确定之前,即使破产程序已经终结,禁止所有基于破产债权(含非免责债权)的强制执行。第九,新法废除了实际意义不大的监察委员制度、小破产制度(属于破产财团的财产小于100万日元)以及由于《民事再生法》的制定而失去意义的强制和解制度。[1]

二、我国破产立法对域外破产法的借鉴

我国尚处于社会主义初级阶段,全面深化经济体制改革是加快转变经济发展方式的关键。在经济结构战略性调整过程中,大量新兴企业的设立与部分传统企业的淘汰不可避免。而破产法律制度一方面为企业退出市场提供了法律上的可行性,同时为企业消亡造成的一系列债权债务纠纷、劳工保障等相关问题的解决提供了法律依据。在破产法的发展、完善过程中,我国立法者参考、借鉴了其他国家富

〔1〕“破产立法研究资料”,载http://ziliao.hzu.edu.cn/z8596.html,2011年5月23日访问。

有成效的破产法司法实践经验与一系列制度安排，同时立足于本国国情，制定并不断完善了我国的破产法律制度。在破产原因的界定、劳动债权的保护、管理人制度的引进和管理人报酬、债权人会议及破产监督、撤销权制度、重整制度、免责制度以及特殊机构的破产等各方面，立法机关都有所借鉴并在制定法律时有所体现。例如，在当前国际交往日益密切的大背景下，破产法对跨境破产也有所规定，如《企业破产法》第五条的规定。[1] 这既体现了国际上破产法发展的大趋势，也是我国日益深入地参与国家经济交流合作的必然。又如，吸收了国外破产法在重整制度设置上的成功经验。重整制度作为现代破产法的重要组成部分，理论依据深植于营运价值论、利益与共论和社会政策论三个方面，在性质上具有债务清偿法与企业法相结合、私权本位与社会本位相调和、实体法与程序法相融合的特点。重整制度的确立体现了我国破产法内容和理念的根本变化，体现了现代破产法"规范破产"与"企业拯救"并重的时代特色。该制度的产生不仅为无力清偿债务的债务人摆脱困境、走向复兴提供了制度渠道，同时也成为保护债权人利益的新途径，可以在保持公司继续营业的前提下，使债权人得到更多的清偿，在挽救债务人的同时也挽救了债权人。[2]

第四节　破产法律责任

法律责任是行为人因为违法行为、违约行为或者因为法律规定而应依法承担的某种不利法律后果。破产法律责任是行为人因违反破产法或者其他法律规定而依法承担的不利后果。以前的《企业破产法(试行)》仅有第四十一条、第四十二条两个条文就破产法律责任进行规定。内容主要涉及两个方面：一是破产企业的法定代表人和直接责任人员实施该法第三十五条所列的损害债权人利益行为时的行政责任和刑事责任；二是破产原因行为的法律责任。相对于《企业破产法(试行)》，《企业破产法》就破产法律责任的规定更为细致，除单设一章对法律责任予以规定外，在其他有关章节也有破产法律责任的规定。

根据产生责任的原因、承担责任的主体、法律责任的性质等不同的划分标准，理论上可以把破产法律责任分为不同的责任类型。如以原因标准划分，有破产原

[1] 跨境破产问题是国际破产法领域的研究热点，我国也有涉及跨境破产问题的司法实践。具体论述可详见本书第十一章的相关内容。

[2] 王欣新：《破产法理论与实务疑难问题研究》，中国法制出版社2011年版，第15页。

因行为的责任、破产程序违法行为的责任和破产实体违法行为的责任；以主体标准划分，有债务人责任、债务人的出资人责任、债务人的管理人员责任和管理人责任；以性质标准划分，有民事责任、行政责任和刑事责任。本书在区分民事与刑事两大类性质责任的基础上，着重从原因标准划分，对破产法律责任作一简单介绍。

一、民事法律责任

（一）破产原因行为的民事责任

破产原因行为，是指债务人的董事、监事或者高级管理人员违反《企业破产法》、《公司法》的相关规定，怠于履行忠实、勤勉义务而致债务人破产的行为。若债务人破产与相关人员违反忠实、勤勉义务有因果关系，则相关人员应当承担责任。

《企业破产法》第一百二十五条对此种情形作出了明确的规定："企业董事、监事或者高级管理人员违反忠实义务、勤勉义务，致使所在企业破产的，依法承担民事责任。"根据该规定，承担破产原因行为的责任需有以下几项要件：第一，破产原因行为的主体必须是债务人的董事、监事或者高级管理人员；第二，破产原因行为主体在主观上具有过错；第三，破产原因行为在客观上表现为违反法定义务导致债务人破产。[1]

（二）破产程序违法行为的民事责任

破产程序违法行为又称破产程序妨碍行为，是指具有破产能力及破产原因的债务人企业依法实施破产时，违反《企业破产法》、《民事诉讼法》等相关规定，通过作为或者不作为，致使破产程序不能正常、顺利进行的行为。

根据《企业破产法》第一百二十六条、第一百二十七条和第一百二十九条的规定，破产程序违法行为的法律责任最主要体现在人民法院可以对行为人实施司法强制措施，大致包括以下三种情形。

1. 债务人的有关人员拒不列席债权人会议或者违反说明义务的行为。《企业破产法》第十五条规定，自人民法院受理破产申请的裁定送达债务人之日至破产程序终结之日，债务人的有关人员有列席债权人会议并如实回答债权人询问的义务。债务人的有关人员经人民法院传唤，无正当理由拒不列席债权人会议，或者拒不陈述、回答或者作虚假陈述、回答的，是扰乱妨碍司法程序的行为。人民法院可以依照《民事诉讼法》的有关规定对其采取拘传的强制措施，并处以罚款。

2. 债务人拒不向人民法院提交或者提交不真实的有关文件，以及拒不向管理

---

〔1〕 贺小电：《破产法原理与适用》，人民法院出版社2012年版，第908页。

人移交或者伪造、销毁有关材料的行为。《企业破产法》第十一条规定了债务人应当自受理破产申请裁定送达之日起15日内向人民法院提交财产状况说明、债务清册、债权清册、有关财务会计报告以及职工工资的支付和社会保险费用缴纳情况。如果债务人拒不按此规定提交或不真实地提交,人民法院可以按照《民事诉讼法》的有关规定对债务人的直接责任人员处以罚款。此外,人民法院还可以依照《民事诉讼法》的规定,对于伪造、毁灭重要证据并妨碍人民法院审理案件,隐藏、转移、变卖、毁损已被查封、扣押、冻结的财产或者已被清点并责令其保管的财产等行为,可以对直接责任人员予以拘留。

3. 债务人的有关人员擅自离开住所地的行为。《企业破产法》第十五条规定,自人民法院受理破产申请的裁定送达债务人之日起至破产程序终结之日,债务人的有关人员未经人民法院许可,不得离开住所地。债务人的有关人员应当根据人民法院、管理人的要求进行工作,并如实回答询问。如果债务人的有关人员违反规定,擅自离开住所地的,人民法院可以予以训诫、拘留并依法处以罚款。

此外,根据管理人的法定职责以及《企业破产法》第一百三十条的规定,管理人未依法勤勉尽责,忠实执行职务的,人民法院可以依法处以罚款;给债权人、债务人或者第三人造成损失的,依法承担赔偿责任。关于管理人责任的相关内容,可详见本书第三章,这里不再赘述。

根据法律规定,承担破产程序违法行为的责任,应具备以下要件:第一,责任主体既包括债务人及其有关人员,又包括债权人、管理人以及其他相关人员;第二,行为人主观上为故意;第三,行为人客观上表现为违反相关法律规定并导致破产程序不能正常、顺利进行。[1]

(三)破产实体违法行为的民事责任

破产实体违法行为是相对于破产程序违法行为而言的,主要是债务人违反《企业破产法》及其他法律规定,就债务人财产、债权债务等实体权利进行处置,严重损害债权人利益的行为。

《企业破产法》第一百二十八条规定:"债务人有本法第三十一条、第三十二条、第三十三条所规定的行为,损害债权人利益的,债务人的法定代表人和其他直接责任人员依法承担赔偿责任。"根据该条的规定,债务人破产实体违法行为的法律责任主要是民事赔偿责任。具体构成要件与民事侵权责任相似:第一,债务人主观上有过错;第二,债务人实施了损害债权人利益的行为;第三,债权人利益受到了实际损失;第四,债务人的违法行为与债权人利益受损之间有因果关系。

---

〔1〕 贺小电:《破产法原理与适用》,人民法院出版社2012年版,第916~917页。

破产实体违法行为主要有以下三类情形。

1. 破产申请受理前一年内，债务人实施的无偿转让财产、以明显不合理的低价转让财产、对无财产担保的债务提供财产担保、对未到期债务提前清偿、放弃债权的行为。

2. 破产申请受理前六个月内，债务人不能清偿到期债务，并且资产不足以清偿全部债务或者明显缺乏清偿能力，仍对个别债权人进行清偿的行为。

3. 为逃避债务隐匿、转移财产，虚构债务或者承认不真实债务的行为。

二、刑事法律责任

刑事法律责任是具有刑事责任能力的人实施了刑法所规定的犯罪行为所必须承担的法律后果，是最严厉的法律责任。《企业破产法》第一百三十一条规定："违反本法规定，构成犯罪的，依法追究刑事责任。"这是对破产刑事责任的概括性规定。具体而言，可能构成犯罪的主要有以下四类情形。

1. 企业的董事、监事或者高级管理人员违反忠实义务、勤勉义务，致使所在企业破产的，若行为主体为国有企业董事、监事或者高级管理人员的，则可能犯国有公司、企业人员失职罪，国有公司、企业人员滥用职权罪，贪污罪，挪用公款罪，受贿罪等；若行为主体为非国有企业董事、监事或者高级管理人员的，则可能构成职务侵占罪，挪用资金罪，公司、企业人员受贿罪等。

2. 债务人的有关人员伪造、销毁有关财产证据材料而使财产状况不明的，可能构成隐匿、故意销毁会计凭证、会计账簿、财务会计报告罪。

3. 债务人的有关人员通过隐匿财产、承担虚构的债务或者以其他方法转移处分财产，严重损害债权人或者其他人利益的，可能构成诈骗罪。

4. 其他依照我国刑法的规定构成犯罪的行为也应当依法追究刑事责任。

三、其他法律责任

《企业破产法（试行）》并没有规定破产民事责任，仅规定了破产行政责任和刑事责任，且以行政责任为主，刑事责任只是概括表述。《企业破产法》没有规定行政责任，因为相比于旧法而言，新法适用于包括国有企业在内的全部企业法人，即使是国有企业破产，也与非国有企业一样，不存在特殊待遇。当国有企业存在《企业破产法》第三十一条、第三十二条、第三十三条规定的行为，损害债权人利益时，国有企业的法定代表人和直接责任人员也依法承担相应的民事赔偿责任。

除了民事和刑事责任以外，《企业破产法》第一百二十五条第二款规定："有前款规定情形的人员，自破产程序终结之日起三年内不得担任任何企业的董事、监事、高级管理人员。”

企业董事、监事和高级管理人员执行职务的行为直接关系到该企业及企业出资人、职工和债权人的利益，影响到公司的存续与发展。因此，上述人员应对企业承担忠实、勤勉义务。如果上述人员违反忠实、勤勉义务致使其所在企业破产、造成企业损失的，依法承担民事责任。除此之外，还应依法承担任职限制的责任。如根据《公司法》第一百四十七条的规定，自该公司破产程序终结之日起三年内，不得担任公司、企业的董事、厂长、经理等高级管理人员。

第二章 破产申请和受理

破产申请和受理是破产程序的开始。权利人申请的请求行为和人民法院受理的职权行为,两者结合才能引起破产程序的正式启动。鉴于《企业破产法》对破产案件的立案受理规定得较为原则,本章在充分体现破产案件的受理理念从审慎受理转变为依法受理的同时,详细介绍了申请和受理的基本概念以及受理审查的规程,并针对实践中存在的认识上的分歧和操作上的困难,分析了解决相关难题的理论依据和实务经验,如对债权人申请破产重整与债务人申请破产清算同时提出、申请"三无企业"破产、职工债权人申请破产、破产申请中只有唯一债权人的受理审查进行探讨与研究。此外,本章还专设两节详细阐述了强制执行程序中申请破产清算,以及强制清算程序中转换破产清算程序之启动和衔接问题。

第一节 破产申请和受理概述

一、破产申请的概念和类型

(一)破产申请的概念

破产申请,是指有申请权的当事人,在企业出现《企业破产法》第二条规定的情形时,依据该法第七条的规定,可以向人民法院提出破产清算、破产重整或者破产和解的申请。享有破产申请权利的人被称为破产申请主体。

根据《企业破产法》第二章"申请和受理"的规定,我国采用的是依申请的破产立法体制,也就是说,只有有权申请企业破产的破产申请人,依据法定的申请破产原因向法院提请企业破产,法院才可依法受理并审查,最终裁决企业破产,分配企业财产。无破产申请,法院不得受理破产案件、启动破产程序。

(二)破产申请的类型

破产申请的类型可从不同角度进行区分。从申请主体来划分,可分为债务人提出的破产申请、债权人提出的破产申请、依法负有清算责任的人提出的破产申请、金融监督管理机构提出的破产申请以及特定条件下的出资人提出的破产申请；从破产申请的目的不同来划分，可分为以破产清算为目的的破产申请、以破产重整为目的的破产申请以及以破产和解为目的的破产申请。

1. 以破产清算为目的的破产申请

破产清算是处理企业破产时债务如何清偿的一种法律制度，即在债务人丧失清偿能力时，进入清算程序，公平清偿全体债权人。具体说来，破产清算，是指企业被宣告破产以后，由管理人或清算责任人接管公司，对破产财产进行清理、评估、分配。

依据《企业破产法》第七条的规定，债务人在符合法定条件的情况下，可以向人民法院提出破产清算的申请；债务人不能清偿到期债务，债权人可以向人民法院提出对债务人破产清算的申请；企业法人已解散但未清算或者未清算完毕，资产不足以清偿债务的，依法负有清算责任的人应当向人民法院申请破产清算。

依据《企业破产法》第一百三十四条的规定，商业银行、证券公司、保险公司等金融机构不能清偿到期债务，并且资产不足以清偿全部债务或者明显缺乏清偿能力的，国务院金融监督管理机构可以向人民法院提出对该金融机构进行破产清算的申请。

2. 以破产重整为目的的破产申请

所谓破产重整，是指对具有破产原因而又有新生希望的债务人，实施挽救且积极清理债务的程序。具体地说，就是管理人在债权人或债务人的申请下，暂不对债务人的财产进行清算，而是在法院的主持下，由债权人与债务人共同协商，达成具有可操作性的重整方案，规定在一定时间内，债务人按照一定的方式全部或部分清偿债务。重整期间，债务人在管理人的监督下可以自行管理财产和营业事务。如果债务人出现经营状况和财务状况恶化、债务人恶意减少财产或有其他法定情形的，管理人或者利害关系人随时可以申请法院裁定终止重整程序，并宣告债务人破产。

与以破产清算为目的的破产申请相同，债务人、债权人、国务院金融监管机构在符合法定申请条件时，也可向人民法院提出对相应主体的破产重整申请。

另外，依据《企业破产法》第七十条的规定，债权人申请对债务人进行破产清算的，在人民法院受理破产申请后、宣告债务人破产前，债务人或者出资额占债务人注册资本十分之一以上的出资人，可以向人民法院申请重整。

3. 以破产和解为目的的破产申请

破产和解，是指具有破产原因的债务人，为避免破产清算而与债权人会议达成以让步的方式了结债务的协议，该协议经债权人会议表决，并由法院认可后生效。

另外,《企业破产法》第一百零四条明确规定,债务人不能执行或不执行和解协议的,依据和解债权人的请求,法院应终止和解程序,宣告债务人破产。

依据《企业破产法》第七条以及第九十五条的规定,债务人可以直接向人民法院申请和解,也可以在人民法院受理破产申请后、宣告债务人破产前,向人民法院申请和解。

(三)不同类型破产申请的制度差异

1. 设立目的不同

破产重整与破产和解的目的在于挽救企业,不使企业消灭;而破产清算的目的既在于消亡企业,也在于让债权人获得公平受偿。

2. 价值功能不同

破产重整出于积极预防债务人破产的目的,体现破产企业财产增值的功能;破产和解虽然不一定可以使得企业财产增值或者有实质性改变,但至少暂时阻断企业的消灭,可以使企业存续,有可能转危为安;破产清算则是在企业消亡前消极地使各债权人公平分配企业现有财产。

3. 具体措施不同

破产重整会对企业采取一系列保护性措施,对企业的财产、债务以及经营事务等进行必要的整合,包括追加投资、对债务履行的合意推迟和减免、企业的合并和分立等;破产和解主要是在债权人和债务人之间达成和解协议,以减免债务为主;而破产清算则是要对破产财产进行变价和分配,主要包括拍卖、变卖、折价出售等措施。

4. 债权人获得的实际利益不同

破产重整如果成功,债务人走向复兴,可以保留甚至提高企业的财产和营运价值,债权人自然能获得更大的利益。破产和解成功后,债权人获得的清偿一般少于债权额,会存在损失。而从司法实践来看,债权人在债务人破产清算情况下的债权清偿率较低。

二、破产申请与破产受理的关系

破产申请,是以申请人为主体的角度而言,破产受理则是人民法院针对当事人的破产申请作出的处理结果。破产申请可能有两种结果:一是人民法院受理破产申请;二是人民法院不予受理。破产申请并不等于破产受理。

(一)破产申请与破产受理对破产程序开始的意义不同

破产申请,是指有申请权的当事人,在企业出现《企业破产法》第二条规定的情形时,依据该法第七条的规定,可以向人民法院提出破产清算、破产重整或者破产和解的申请。破产受理,是指人民法院对申请人的破产申请进行审查之后,作出的予以受理破产申请、进入破产程序的法律程序。破产受理是破产案件程序开始的标志,只有法院裁定受理破产申请后,破产程序才正式启动,并发生一系列法律后果;如果法院裁定对破产申请不予受理,那么将不会进入破产程序。也就是说,破产申请只是引起破产受理,真正开始破产程序的是破产受理。但是,没有申请人的破产申请,破产程序无法启动,人民法院不能依职权启动破产程序。

(二)当事人提出破产申请与法院是否受理破产申请对破产原因的判断标准不同

表面上看,当事人提出破产申请所需要符合的破产原因与法院决定是否受理破产申请所适用的破产原因,均规定于《企业破产法》第二条,即不能清偿到期债务,并且资产不足以清偿全部债务,或者不能清偿到期债务,并且明显缺乏清偿能力。又根据该法第七条的规定,只要债务人有本法第二条规定的情形,相关破产申请就可以提出了。但《企业破产法》第十条规定了债务人的异议程序,即债务人对申请有异议的,应当自收到人民法院的通知之日起七日内向人民法院提出。人民法院应当自异议期满之日起十日内裁定是否受理。同时,该第十二条第二款又规定,人民法院受理破产申请后至破产宣告前,经审查发现债务人不符合本法第二条规定情形的,可以裁定驳回申请。从前述规定可以看出,申请人对破产原因只负有初步的证明义务,在有相反证据出现(异议成立)的情况下,法院将裁定不予受理。显然,法院判断是否受理破产申请时,对破产原因的审查比当事人申请破产时认为的破产原因要求更高:当事人提出破产申请时认为破产企业符合破产原因,仅是自身的主观判断;而人民法院是否受理破产申请,更多的是对申请人资格、管辖权、申请人提交材料是否符合要求等方面在内的审查。

需要补充说明的是,2002 年的《破产案件若干规定》第十二条曾规定,人民法院经审查发现债务人有隐匿、转移财产等行为,为了逃避债务而申请破产的,或者债权人借破产申请毁损债务人商业信誉,意图损害公平竞争的,对破产申请不予受理。可以看出,当时条件下,在对申请是否受理的环节上最主要的判断因素在于申请人的申请是否出于正当目的。然而从逻辑上看,当债务人为了逃避债务而申请破产时,如果法院不予受理,债务人更会采取隐匿、转移财产的做法,对债权人更加不利。然仅根据债权人提交的申请材料,法院很难审查其是否是借破产申请毁损债务人商业信誉或是意图损害公平竞争。因此,《企业破产法》没有吸收《破产案件若干规定》第十二条关于不予受理情形的规定。我们认为,新《企业破产法》出台后,《破产案件若干规定》第十二条即自动废止。

三、《企业破产法》下人民法院破产案件受理理念的转化

旧《企业破产法》对破产案件规定了较高的受理门槛，如该法第八条第一款规定，对于债务人自身申请破产的，必须经过其上级主管部门同意。第三条规定："企业因经营管理不善造成严重亏损，不能清偿到期债务的，按照本法规定宣告破产。"其中，经营管理不善、严重亏损等措辞较为含糊。《破产案件若干规定》第十二条更是直接规定了人民法院不予受理破产申请的情形。由于这些情形本身难以把握，赋予了法官较大的自有裁量权，于是法官对没有把握的破产申请往往不予受理。而且，破产案件的实际处理确实较为复杂，不仅涉及程序问题，也涉及实体问题。加之破产案件审理工作量大，案件周期长，专门的破产法官较为缺乏等因素，使得法院对破产案件的受理持非常审慎的态度，企业的市场退出问题大多依赖行政手段解决，这无形中抬高了破产案件的受理门槛。

新《企业破产法》确立了人民法院依法受理破产案件的基本理念，无论是从立法技术上还是法治理念上，相较旧法都有了实质性的飞跃。从审慎受理到依法受理理念的转化，经历了一个逐渐发展的过程，必然对我国的破产审判工作产生深远影响。

申请主体方面，新《企业破产法》将申请主体扩大到依法负有清算责任的人，同时由于新法对于破产能力的规定大大拓宽，不仅仅是全民所有制企业，而是所有的企业法人均有破产能力，因此能够提起破产申请的主体范围大大扩展了。

破产原因方面，新法第七条规定的破产原因有两点：一是不能清偿到期债务，并且资产不足以清偿全部债务；二是不能清偿到期债务，并且明显缺乏清偿能力。这相较于旧法更加明确、清晰。

2011 年 9 月 26 日起施行的《破产法解释(一)》进一步确立了依法受理破产案件的理念。

一是具体规定了破产原因的认定标准，并针对企业解散时的特殊情形对其破产原因作出特殊规定。该解释第一条规定："债务人不能清偿到期债务并且具有下列情形之一的，人民法院应当认定其具备破产原因：(一)资产不足以清偿全部债务；(二)明显缺乏清偿能力。相关当事人以对债务人的债务负有连带责任的人未丧失清偿能力为由，主张债务人不具备破产原因的，人民法院应不予支持。"接下来该解释第二条、第三条、第四条分别对"不能清偿到期债务"、"资产不足以清偿全部债务"以及"明显缺乏清偿能力"进行了规定，使人们对破产原因的理解更加明确。此外，该解释第五条又专门规定："企业法人已解散但未清算或者未在合理期限内清算完毕，债权人申请债务人破产清算的，除债务人在法定异议期限内举

证证明其未出现破产原因外，人民法院应当受理。”

二是分别对债权人、债务人提出破产申请时的举证义务加以明确，并对人民法院区分不同情形是否裁定受理作出规定。该解释第六条规定：“债权人申请债务人破产的，应当提交债务人不能清偿到期债务的有关证据。债务人对债权人的申请未在法定期限内向人民法院提出异议，或者异议不成立的，人民法院应当依法裁定受理破产申请。受理破产申请后，人民法院应当责令债务人依法提交其财产状况说明、债务清册、债权清册、财务会计报告等有关材料，债务人拒不提交的，人民法院可以对债务人的直接责任人员采取罚款等强制措施。”该规定与旧《企业破产法》的不同之处在于，新法及其司法解释不要求债权人举证证明债务人的财产状况，因为事实上债权人基本上无法确切了解债务人的财产状况，只能知道与自己有关的债权债务是否不能清偿。因此，这一规定大大减轻了债权人的举证责任，破产申请门槛也大大降低了。

三是在破产申请的审查和裁定环节，加强对法院受理工作的程序性约束，切实保障申请人的合法权利。该解释第九条规定：“申请人向人民法院提出破产申请，人民法院未接收其申请，或者未按本规定第七条执行的，申请人可以向上一级人民法院提出破产申请。上一级人民法院接到破产申请后，应当责令下级法院依法审查并及时作出是否受理的裁定；下级法院仍不作出是否受理裁定的，上一级人民法院可以径行作出裁定。上一级人民法院裁定受理破产申请的，可以同时指令下级人民法院审理该案件。”

除了上述《企业破产法》及其司法解释规定以外，为保障《企业破产法》的正确实施，针对破产案件司法审理中的问题，最高人民法院还下发了《下落不明债务人破产案批复》、《正确审理破产案件若干意见》等司法文件。

《下落不明债务人破产案批复》主要是针对债权人申请债务人破产时，债务人的人员下落不明或者财产状况不清的情形。该批复明确：“债权人对人员下落不明或者财产状况不清的债务人申请破产清算，符合企业破产法规定的，人民法院应依法予以受理。债务人能否依据企业破产法第十一条第二款的规定向人民法院提交财产状况说明、债权债务清册等相关资料，并不影响对债权人申请的受理。”由此，对于无财产、无账册、无人员的“三无企业”破产申请也不存在障碍了，那么其他符合破产原因企业的破产申请更加应当受理。概言之，是否符合破产法规定的破产原因，成为人民法院是否受理破产案件的唯一标准。

2009 年的《正确审理破产案件若干意见》第一部分即“依法受理企业破产案件，为建立我国社会主义市场经济良性运行机制提供司法保障”，其下分三条明确人民法院应如何依法受理破产案件。第一条从总体上要求人民法院正确认识《企业破产法》的积极作用,依法受理审理破产案件。第二条强调了对于已经出现破产原因的企业,以及虽有借破产逃废债务可能但符合破产清算受理条件的非诚信企业,均应纳入破产清算程序。另外再次强调了人民法院不能以债权人无法提交债务人财产状况说明等为由不受理债权人的破产申请。第三条则明确了破产重整与破产和解程序的适用条件,即虽然已经出现破产原因或者明显缺乏清偿能力可能,但符合国家产业结构调整政策,仍具发展前景的企业,可以适用破产重整或者破产和解程序,并指明了破产重整和和解制度的积极作用。

总而言之,当前对于破产案件的受理理念从之前的审慎受理转变为现在的依法受理,降低了当事人提出破产申请的门槛,人民法院无合法理由不得拒绝受理,同时给予了当事人充分的救济途径。如此,破产案件的受理及审理进入正常轨道,更加有效地发挥破产法对企业市场退出机制的作用。

第二节 破产申请的提出与审查

一、破产申请的提出主体

根据《企业破产法》第七条、第七十条、第九十五条、第一百三十四条的规定,债务人、债权人、依法负有清算责任的人、特定条件下的出资人以及国务院金融监督管理机构均有权提出破产申请。破产申请主体可分为一般主体和特殊主体。

(一)一般主体

1. 债务人

根据《企业破产法》第二条、第七条第一款的规定,债务人不能清偿到期债务,并且资产不足以清偿全部债务或者明显缺乏清偿能力时,债务人可以向人民法院提出重整、和解或者破产清算申请。目前,债务人申请破产案件与债权人申请破产案件数量差别不大。以上海法院系统2009年至2012年受理的破产案件为例,约半数的破产申请由债权人提出,另一半由债务人提出。

2. 债权人

《企业破产法》第七条第二款规定:“债务人不能清偿到期债务,债权人可以向人民法院提出对债务人进行重整或者破产清算的申请。”

[案例2.1]某粮食公司申请某置业公司破产案

2010年,债权人某粮食公司以债务人某置业公司不能清偿到期债务,且资产不足以清偿全部债务为由向静安区法院申请债务人破产清算。法院审查发现,债务人截至2010年7月31日的资产总额为二十五万余元,负债总额七百五十五万余元,净资产余额为负七百三十万余元,资产负债率2934.99%,债务人的资产已不足以清偿全部债务。据此,静安区法院认为债务人已无力清偿巨额到期债务,其资产价值远低于债务总额,债权人的申请符合破产法规定的受理条件,裁定予以受理。

需注意,这里并不要求满足"债务人资产不足以清偿全部债务或者明显缺乏清偿能力"的条件。因为对于债务人的资产情况,债权人作为外人无法或难以知晓。只要债务人不能清偿到期债务,债权人就可以向法院申请债务人破产。可见,债权人申请破产的条件较债务人申请破产来说更为宽松。

3. 依法负有清算责任的人

将负有清算责任的人列为有权提出破产申请的主体之一,是《企业破产法》的新增内容。《企业破产法》第七条第三款规定:"企业法人已解散但未清算或者未清算完毕,资产不足以清偿债务的,依法负有清算责任的人应当向人民法院申请破产清算。"这主要是指按照正常的企业清算程序,依法负有清算责任的人发现企业有资不抵债的情形而转为破产清算程序。申请破产是依法负有清算责任的人在破产法上的一项特别义务,清算义务人无权回避破产申请,也不得故意拖延,并且在提出破产申请时,仅能选择破产清算程序,而非重整或和解程序。

何为"依法负有清算责任的人",需要结合其他相关法律法规以及司法文件来理解。《公司法》第一百八十八条规定:"清算组在清理公司财产、编制资产负债表和财产清单后,发现公司财产不足清偿债务的,应当依法向人民法院申请宣告破产。"《清算纪要》第32条规定:"公司强制清算中,清算组在清理公司资产、编制资产负债表和财产清单时,发现公司财产不足清偿债务的,除依据公司法司法解释二第十七条的规定,通过与债权人协商制作有关债务清偿方案并清偿债务的外,应依据公司法第一百八十八条和企业破产法第七条第三款的规定向人民法院申请宣告破产。"据此,已经成立的清算组即《企业破产法》所称的"依法负有清算责任的人"。如果债务人已解散但未依法成立清算组进行清算,那么根据对《公司法》第一百八十四条和《公司法解释(二)》第十八条、第二十条规定的理解,"依法负有清算责任的人"包括有限责任公司的全体股东、股份有限公司的董事和控股股东、公司实际控制人等。该主体行使权利须满足以下条件:其一,债务人为清算法人,即处于已解散但未清算或者未清算完毕的特定阶段;其二,债务人具有破产法规定的破产条件;其三,申请人负有清算责任。

4. 特定条件下的出资人

《企业破产法》第七十条第二款规定:"债权人申请对债务人进行破产清算的,

在人民法院受理破产申请后、宣告债务人破产前，债务人或者出资额占债务人注册资本十分之一以上的出资人，可以向人民法院申请重整。”根据该款规定，特定条件下的出资人可以向人民法院申请重整。

（二）特殊主体——国务院金融监督管理机构

由于金融业本身的特殊性、高风险性，金融机构的破产问题比一般企业更为复杂。为防范金融风险扩散，《企业破产法》第一百三十四条规定：商业银行、证券公司、保险公司等金融机构不能清偿到期债务，并且资产不足以清偿全部债务或者明显缺乏清偿能力的，国务院金融监督管理机构可以向人民法院提出对该金融机构进行重整或者破产清算的申请。该规定赋予了国务院金融监管机构对银行、证券、保险等金融机构提出破产申请的资格。

［案例 2.2］德恒证券有限责任公司破产清算案〔1〕

2007 年 10 月，德恒证券清算组向上海市第一中级人民法院（以下简称上海一中院）申请德恒证券有限责任公司破产清算。国务院金融监督管理机构即中国证券监督管理委员会（证监会）按照《企业破产法》的规定发函确认，德恒证券清算组系代证监会作为申请破产清算的主体，向法院提出破产清算申请。上海一中院依法予以受理。

需要特别说明的是，上市公司是较为特殊的一类市场主体，但对于上市公司的破产申请主体，目前尚无特别的规定。因此，应当按照《企业破产法》第七条和第一百三十四条之规定，如果是非金融机构的上市公司，其破产申请人为债权人、上市公司本身、依法负有清算义务的人或者特定条件下的出资人；如果该上市公司为商业银行、证券公司、保险公司等金融机构，那么就由国务院金融监督管理机构提出破产申请。

（三）不同主体提出破产申请的差异

同一企业可由不同的主体申请破产，每个申请主体与企业的利害关系不同。这也就决定了不同申请主体的立场不同，诉讼目的和所请求的权益也不同，因此不同的申请主体就有了不同的利益诉求。从法院审查和受理的角度讲，对破产申请案件进行审查的目的应是既能够充分保障债权人的合法权益，又能够避免恶意破产，保障债务人的正常经营和财产安全，维持市场交易的正常秩序。司法实务中，从法院受理破产案件和进行破产审查的角度来看，不同主体提出破产申请存在如下差异。

〔1〕 上海市第一中级人民法院（2007）沪一中民三（商）破字第 2 号。

1. 不同主体提出破产申请所承担的举证责任不同

《企业破产法》第八条规定:“向人民法院提出破产申请,应当提交破产申请书和有关证据……债务人提出申请的,还应当向人民法院提交财产状况说明、债务清册、债权清册、有关财务会计报告、职工安置预案以及职工工资的支付和社会保险费用的缴纳情况。”《破产法解释(一)》第六条第二款进一步明确,在债权人提出破产申请时,债务人仍有义务提交财产状况、财务凭证等材料。相比之下,债权人申请破产时的举证责任较轻。根据《破产法解释(一)》第六条第一款的规定,债权人申请破产时,只需举证证明债务人存在未清偿到期债务的有关事实,并不要求债权人申请时提交旧《企业破产法》规定的债务人的有关财务凭证以及债务人是否严重亏损或资不抵债等证明材料,事实上债权人也没有能力提交此类证据材料。因此,根据新《企业破产法》的规定,债权人只需提供债务人不能清偿到期债务的相关证据即可,而不需要承担更多的举证责任。

2. 不同主体提出破产申请时法院审核要点不同

法院在收到破产申请人所提交的材料后,应先对其申请进行形式审核。虽为形式审核,但针对不同申请主体,法院所关注的审核重点也有所不同。

对债务人申请破产的审核。债务人申请破产除了应当提交破产申请书和主体资格证明等证据外,还应当提交财产状况说明、债权清册、债务清册、财务会计报告等有关材料。这是为了便于法院初步查实债务人的资产债务状况,审查其是否符合破产的法定条件,确认债务人是否达到破产界限。

对债权人申请破产的审核。《破产法解释(一)》第六条规定:“债权人申请债务人破产的,应当提交债务人不能清偿到期债务的有关证据。”除债权人提交的破产申请书外,法院主要还应审核债权发生的事实与证据,包括债权性质、债权人资格、债权数额、有无担保,以及债务人不能清偿到期债务的证据,等等。

3. 不同主体提出破产申请时法院的处理方式不同

对于债务人提出破产的,《企业破产法》第十条第二款规定:“人民法院应当自收到破产申请之日起十五日内裁定是否受理。”

债权人申请破产的,因债务人有权提出异议,法院在处理期间和程序上有所不同。《企业破产法》第十条规定:“债权人提出破产申请的,人民法院应当自收到申请之日起五日内通知债务人……人民法院应当自异议期满之日起十日内裁定是否受理。除前款规定的情形外,人民法院应当自收到破产申请之日起十五日内直接裁定是否受理。”《破产法解释(一)》第六条进一步说明:“债权人申请债务人破产的……债务人对债权人的申请未在法定期限内向人民法院提出异议,或者异议不成立的,人民法院应当依法裁定受理破产申请。受理破产申请后,人民法院应当责令债务人依法提交其财产状况说明、债务清册、债权清册、财务会计报告等有关材料,债务人拒不提交的,人民法院可以对债务人的直接责任人员采取罚款等强制措施。”

可见,债权人提出破产申请与债务人提出破产申请,法院的处理方式不同。债权人申请破产的,需给债务人提出异议的期间,人民法院根据债务人提出异议的成立与否作出裁定。而债务人提出的破产申请则不存在此程序。

二、破产申请受理的审查内容

债权人或债务人提出破产申请,只是为破产程序的开始提供了条件,只有经人民法院审查认可并予以受理后,破产程序才真正开始。法院对破产申请受理的审查主要从主体破产能力、破产管辖、破产原因标准等方面进行。

(一)破产能力

破产能力与民事权利能力一样,是一种资格能力,只有具备法律上的资格,才能为具有效力的行为。从其法律意义角度而言,只有具备破产能力的主体才可能导致破产程序的开始,因此审查债务人是否具有破产能力是启动破产程序的前提。

所谓破产能力,是指民事主体依法能够适用破产程序而被宣告破产的资格,即确定破产法的适用范围。狭义的破产能力仅指被宣告破产的能力,而广义的破产能力还包括和解能力和重整能力。当民事主体间的经济行为因经营风险、交易延迟、市场萎缩等原因面临亏损以至资不抵债时,法律介入破产领域,进而限定破产能力,正是为了平衡债权人利益,保护合法债务人的利益,维护经济秩序。

各国对于破产能力主要存在商人破产主义和一般破产主义两种立法模式。商人破产主义认为商人是有资格破产的唯一主体,其他人不能被宣告破产。商人破产主义又进一步区分为限制破产主义和有限破产主义。限制破产主义仅将企业法人列为破产法适用的主体范围;有限破产主义的破产主体除了包含企业组织,还包括不具有法人资格的企业,如合伙企业、个人独资企业。意大利、比利时、法国旧法等采商人破产主义。一般破产主义并不单独区分民事主体和商事主体,认为法人、合伙人、自然人等均具有破产能力,以英国和德国立法最为典型。

我国破产法从一般和特殊两个层面对破产能力作了规定。《企业破产法》第二条对破产适用范围作了一般规定:“企业法人不能清偿到期债务,并且资产不足以清偿全部债务或者明显缺乏清偿能力的,依照本法规定清理债务。企业法人有前款规定情形,或者有明显丧失清偿能力可能的,可以依照本法规定进行重整。”这条规定明确了所有企业法人均具备法律赋予的破产能力,非法人企业显然不在此列,如“三资企业”中不属于法人的中外合作经营企业以及自然人破产均不属于

《企业破产法》的调整范围。

此外,《企业破产法》对一些特殊主体的破产能力有专门规定,主要包括以下几类。

1. 国有企业。国有企业是由国家授权投资机构或国有资产经营机构投资设立的企业。新中国成立以后的很长一段时间,相当一部分国有企业承担了参与国家建设、积累资金的重任,但由于经营难以适应市场变化及职工安置等历史遗留因素,国家从 1994 年开始实施国有企业政策性破产。新《企业破产法》颁布后,政策性破产基本已经结束。根据《企业破产法》第一百三十三条的规定,对遗留的国企破产问题,仍须按照国务院相关特殊政策规定处理,但对于一般程序性问题的处理,则适用新《企业破产法》的规定。

2. 金融机构。《企业破产法》第一百三十四条规定:"商业银行、证券公司、保险公司等金融机构有本法第二条规定的情形的,国务院金融监督管理机构可以向人民法院提出对该金融机构进行重整或者破产清算的申请。"该条规定确立了金融机构的破产能力,但金融机构的破产能力与一般企业法人相比,存在一定限制。因为有关金融法规还对金融机构破产作出一些特殊规定,金融机构破产应经过国务院金融监督管理机构的同意或批准。从这个意义上讲,金融机构的破产能力实际上是不完全的。

3. 企业法人以外的组织。《企业破产法》第一百三十五条规定:"其他法律规定企业法人以外的组织的清算,属于破产清算的,参照适用本法规定的程序。"《合伙企业法》第九十二条规定的合伙企业不能清偿到期债务的,除可向普通合伙人追究无限连带责任外,债权人可以提出破产清算申请,即属此类情况。另根据 2012 年 12 月最高人民法院《关于个人独资企业清算是否可以参照适用企业破产法规定的破产清算程序的批复》(法释[2012]16 号),在个人独资企业不能清偿到期债务,并且资产不足以清偿全部债务或明显缺乏清偿能力的情况下,可以参照适用破产清算程序进行清算。但须注意的是,根据《企业破产法》第一百三十五条的规定,参照适用的内容仅限于程序性的规定,不含实体性内容。

(二)破产管辖

1. 地域管辖

《企业破产法》第三条规定:"破产案件由债务人住所地人民法院管辖。"最高人民法院在《破产案件若干规定》中也曾明确,企业破产案件由债务人住所地人民法院管辖。根据《公司法》第十条的规定,公司住所地指公司的主要办事机构所在地。因此,如果对公司申请破产,该公司的主要办事机构所在地即债务人住所地。债务人无办事机构的,由其注册地人民法院管辖。

然而,实践中有的企业法人办事机构分散各地,如何判断主要办事机构仍较难确定,还需结合其办事机构的主要职能、开设时间、数量集中地等因素。如在众多办事机构中,可以总经理等首脑机构所在地为主要办事机构所在地。还可通过办事机构的规模大小、数量集中程度以及开设时间的长短将主要办事机构与其他办事机构区分开来。

[案例2.3]广州市某开发总公司申请破产案[1]

广东省东莞市中级人民法院受理债务人广州市某开发总公司申请破产一案后,债权人广西某公司在第一次债权人会议召开前对管辖权提出异议,认为债务人广州某开发总公司住所地为广州市,应移送广州市人民法院管辖。审查后发现,债务人广州市某开发总公司工商注册登记地为广州市,但该公司绝大部分财产和主要经营场所均在东莞市。因此,东莞市中级人民法院认为对该案有管辖权,裁定驳回广西某公司提出的管辖权异议。

2. 级别管辖

《破产案件若干规定》第二条对级别管辖明确规定:"基层人民法院一般管辖县、县级市或者区的工商行政管理机关核准登记企业的破产案件;中级人民法院一般管辖地区、地级市(含本级)以上的工商行政管理机关核准登记企业的破产案件;纳入国家计划调整的企业破产案件,由中级人民法院管辖。"也就是说,我国级别管辖主要以破产法人所注册登记的工商行政管理机关的不同级别进行划分。

(三)破产原因

破产原因即导致破产程序开始的原因,是启动破产程序的法定条件,指认定债务人丧失清偿能力,当事人得以提出破产申请,法院据以启动破产程序、作出破产的宣告法律事实。破产原因规定的宽严直接关系到法律对不同主体申请破产的难易程度。

综观各国破产立法,破产原因的立法模式主要包括列举主义和概括主义两种。列举主义立法模式,即将表明债务人丧失清偿能力的若干种行为一一列举。最典型的是英国1914年的《破产法令》,其第一条规定的八种破产行为作为债务人破产标准。列举主义立法形式将具体行为逐一规定,便于当事人举证与法院认定,但因立法缺乏弹性,难以适应灵活的环境变化。概括主义立法模式,将债务人种种破产原因概括为抽象的规定,而非具体的行为。如德国、日本破产法所采用的支付不能、资不抵债等原因。此种立法模式下,法院有较大的自由裁量权,能在多变的实际情况下灵活应对。

---

〔1〕 程春华:《破产救济研究》,法律出版社2006年版,第157~158页。

我国对破产原因采取概括主义立法模式。《企业破产法》第二条第一款规定："企业法人不能清偿到期债务，并且资产不足以清偿全部债务或者明显缺乏清偿能力的，依照破产法清理债务。"从"……并且……或者……"的字面表述来看，该条款逻辑上可能存在不同理解。一种理解认为，破产原因的第一种情况是不能清偿到期债务并且资产不足以清偿全部债务，第二种情况是明显缺乏清偿能力。[1]单从立法文字上看，这种理解也并非不成立，但与立法本意相悖。另一种理解认为，破产原因的两种情况：不能清偿到期债务，且资产不足以清偿全部债务；不能清偿到期债务，且明显缺乏清偿能力。该解释符合立法本意和司法实践，应采此解。从破产原因的法律要件分析，具备破产原因需满足以下要素：第一，债权债务合法有效，提出的债权债务应是合理无争议的，或是经生效法律文书确定的；第二，债务已届清偿期，未到期债务的无法偿还不属于破产原因的范围；第三，存在不能清偿的客观状态，即因债务人丧失清偿能力而导致不能清偿，包括以任何方式的不能清偿；第四，具备资不抵债或明显缺乏清偿能力的情况。

此外，《破产法解释(一)》第一至四条对破产原因作了详细规定，其中第一条明确规定："债务人不能清偿到期债务并且具有下列情形之一的，人民法院应当认定其具备破产原因：(一)资产不足以清偿全部债务；(二)明显缺乏清偿能力。"另外，对于重整的条件，除上述两项外，还增加了可能明显丧失清偿能力这一情形。

可见，破产法规定的破产原因有两个并列标准：一是债务人不能清偿到期债务，且资产不足以清偿全部债务；二是债务人不能清偿到期债务，且明显缺乏清偿能力。法院在债务人具备上述两个破产原因之一时，才能裁定受理破产清算申请。

1. 对"不能清偿到期债务"要件的审查

不能清偿到期债务，是各国破产法所采用的最为普遍的原因，也是我国破产法中规定的两个破产原因的共同前提。它是指债务人以明示或默示的形式表示其不能支付到期债务，其强调的是债务人不能清偿债务的外部客观行为，而不是债务人的财产客观状况。将不能清偿到期债务作为破产原因中的主要依据，尤其是作为债权人申请债务人破产清算时破产原因的推定依据，易于为债权人发现和举证证明，能够使债权人尽早启动破产程序，从而保护债权人的合法权益。

"不能清偿到期债务"既是债务人存在破产原因的推定依据，也是债权人提出破产申请的条件。《破产法解释(一)》第二条对如何认定"不能清偿到期债务"作了规定，即同时满足"债权债务关系依法成立"、"债务履行期限已经届满"、"债务人未完全清偿债务"三个条件，则可认定债务人不能清偿到期债务。

---

[1] 郑志斌、张婷：《困境公司如何重整》，人民法院出版社2007年版，第8页。

在具体把握上要注意具备三个方面的要件。[1]

第一，债权债务关系依法成立。如债务人不否认或者无正当理由否认债权债务关系，或者债务已经生效法律文书确定。原则上，当事人对债权债务关系存在争议，应当通过诉讼程序予以解决。但如果债务人提出异议，经人民法院形式审查后，发现没有任何证据支持或者明显与事实不符的，不应对人民法院受理破产案件构成影响。这一规定的主要目的是防止债务人以毫无理由和证据的异议为由拖延破产程序的启动。此外，如果已经过生效法律文书确认的，由于已经取得执行名义，应当视为债权债务关系已经确定。

第二，债务人不能清偿的是已到偿还期限的债务。如债权人在债务到期前认为债务人到期后将无法偿还，不能视为不能清偿。破产程序本质上属于概括执行程序，债务尚未到期的，债务人不负有立即履行的义务，故不应受执行程序的约束。

第三，债务人未清偿债务的状态客观存在。不论债务人的客观经济状况如何，只要其没有完全清偿到期债务的，均构成不能清偿到期债务。将不能清偿到期债务作为破产原因中的主要依据，尤其是作为债权人申请债务人破产清算时破产原因的推定依据，易于为债权人发现和举证证明，能够使债权人尽早启动破产程序，从而保护债权人的合法权益。

此外，我们注意到司法解释并未对债务人不能清偿的持续时间作出明确规定。在破产法理论上，有“停止支付”的概念，各国立法通常规定债务人停止支付就可以推定为不能清偿。但由于我国《企业破产法》没有规定“停止支付”，因此《破产法解释（一）》也未使用“停止支付”的提法。实践中，债务人不能清偿的状态持续了一段时期，而非因一时的资金调动周转问题暂时中止支付，如无相反证据，则可推定其不能清偿到期债务。

[案例2.4]某工贸公司申请某国有企业破产案[2]

被申请人甲公司为国有企业，该公司于2001年下半年停止经营活动，法定代表人去向不明，公司财务及经营管理人员均离职。甲公司的主管部门某市贸易公司的法定代表人也下落不明。2002年1月6日，甲公司债权人某工贸公司以甲公司不能履行到期债务为由，向法院申请甲公司破产还债。申请人向法院提供的甲公司资产负债、所有者权益的鉴定审计报告表明，甲公司账面资产总计554万元、负债261万元，5笔账外银行借款1030万元去向不明，账上既未反映债务情况，也未反映借入资金的使用情况。债务人及其上级主管部门又未能对公司资金去向作

〔1〕 奚晓明主编：《商事审判指导》（2011年第3辑），人民法院出版社2012年版，第38页。
〔2〕 王延川：《破产法理论与实务》，中国政法大学出版社2009年版，第27页。

出解释。虽然债务人1030万元去向不明，但证据材料显示债务人具有不能清偿到期债务的状态，法院据此受理该破产申请。

本案中，审计报告表明债务人仍有1030万元的账外资金去向不明，且债务和资金的使用情况未能在账上得到反映，这些账外资金状况的认定是本案的争议焦点，审理中出现不同观点。一种观点认为，该笔账外资金有可能通过追查该企业法定代表人和其他管理人责任后被收回，因此债务人可能还有债务清偿的能力，不能直接认定被申请人甲公司不能清偿到期债务。另一种观点认为，对账外资金状态的追查并不必然影响法院受理破产申请，只要债权人证明债务人不能清偿到期债务即可。若以此为由拒绝受理债权人破产申请，可能导致其合法利益难以实现。法院在受理后若发现不存在破产情形，可裁定驳回申请。

显然，法院倾向第二种观点，受理该破产申请。理由可归纳为如下三点。第一，从新《企业破产法》的理念来说，即为了降低受理门槛，改变以往法院随意抬高破产案件受理门槛、将破产案件拒之门外的状态。《下落不明债务人破产案批复》规定："债权人对人员下落不明或者财产状况不清的债务人申请破产清算，符合企业破产法规定的，人民法院应依法予以受理。债务人能否依据企业破产法第十一条第二款的规定向人民法院提交财产状况说明、债权债务清册等相关材料，并不影响对债权人申请的受理。"第二，根据《破产法解释（一）》第二条对不能清偿到期债务情形的解释，如果被申请人甲公司同时满足以下三个条件，则可认定其不能清偿到期债务：债权债务关系依法成立；债务履行期限已经届满，债务人不能清偿的是已到偿还期限的债务；债务人未完全清偿债务，处于连续状态。本案被申请人甲公司账面资产554万元，其债务均已到期，且被申请人出现了停止支付的客观事实。符合法律关于"不能清偿到期债务"的规定。第三，对于企业是否真正达到破产界限，应当在受理破产申请之后、破产宣告前进行审查，不能用破产宣告的原因要件来衡量破产申请的提出条件。

2. 对"资产不足以清偿全部债务"要件的审查

资产不足以清偿全部债务是指债务人的实有资产不足以清偿全部债务，表现为其企业会计报表中资产负债表上的企业资产数额小于企业负债数额，即通常所说的"资不抵债"或"债务超过"。其关注的是债务人的资债比例关系，对于"资"的评估，仅考察债务人的实有财产，不包括信用、能力等可能影响债务人清偿能力的因素。对于"债"的计算，也不考虑是否到期，均纳入债务总额之内，但应考虑的是企业资产账面价值与市场实际价值可能存在较大差距。因此，资产不足以清偿全部债务应与不能清偿到期债务结合考察，才能判断债务人是否符合破产原因标准。

《破产法解释(一)》第三条规定:"债务人的资产负债表,或者审计报告、资产评估报告等显示其全部资产不足以偿付全部负债的,人民法院应当认定债务人资产不足以清偿全部债务,但有相反证据足以证明债务人资产能够偿付全部负债的除外。"审判实践中,通常以资产负债表判断债务人的资产状况,但在债务人自行制定的情况下可能存在虚假情况。因此,该解释引入审计报告或者资产评估报告等其他材料作为判断债务人资产总额是否资不抵债的依据。当然,资产不足以清偿全部债务是对债务人客观偿债能力的判断,应以债务人的真实财产数额为基础,如果当事人认为债务人的资产负债表,或者审计报告、资产评估报告等记载的资产状况与实际状况不符,应当允许当事人提交相应证据予以证明,推翻资产负债表、审计报告或者资产评估报告的结论。

[案例2.5]某线缆公司申请破产案

债务人线缆公司以企业不能清偿到期债务,且资产不足以清偿所有债务为由,向静安区法院申请破产清算。经查实,债务人线缆公司自20世纪90年代末起业绩下滑,亏损日趋严重,自2003年起已不再正常经营。之后,线缆公司与托管单位签订托管协议,公司相关证照、公章、账簿等均由托管单位代为保管,社保户中在职人员、退休人员已全部移出,线缆公司原下属企业人员经托管单位垫资已安置完毕。审计报告显示,债务人资产主要包括:现金173.73元,银行存款余额2.9万余元,固定资产净值36万余元,应收账款、预收账款以及其他应收款合计8844万余元,其中应收账款、其他应收款账龄均达5年以上。债务人账面资产总额4721万余元,负债总额50000万余元,所有者权益(净资产)为-45279万余元,资产负债率1059.08%。显然,债务人无力偿还到期债务,且资产已经不足以清偿全部债务。为此,法院经审查认为债务人线缆公司满足"企业法人不能清偿到期债务,并且资产不足以清偿全部债务"的破产原因,裁定受理破产申请。

3.对"明显缺乏清偿能力"要件的审查

债务人不能清偿到期债务时通常都已资不抵债,但有的情况下,在债务人账面资产尚超过负债时,也可能因资产结构不合理和现金流等原因,发生对到期债务缺乏现实支付能力的情况,如现金严重不足、资产长期无法变现而无法支付的情况。因此《企业破产法》将"债务人不能清偿到期债务并且明显缺乏清偿能力"作为破产原因之一,目的在于涵盖"债务人不能清偿到期债务并且资产不足以清偿全部债务"之外的其他情形,以适度缓和破产程序适用标准,弱化破产原因中关于资不抵债的要求。[1]

明显缺乏清偿能力的着眼点在于债务关系能否正常了结,与资不抵债的着眼点在于资债比例关系不同。其一,债务人账面资产大于负债;其二,无法清偿债务持续时间较长;其三,从条款规定上看,满足《破产法解释(一)》第四条列举的情形,则可推定具备破产原因。

《破产法解释(一)》第四条列举了五种应当认定明显缺乏清偿能力的情形。(1)因资金严重不足或者财产不能变现等原因,无法清偿债务。实务中,债务人账面资产大于负债,但因无法变现导致无法清偿到期债务,只能通过破产程序才能解决债务清偿。(2)法定代表人下落不明且无其他人员负责管理财产,无法清偿债务。此时债务人往往也丧失了清偿能力,只能通过破产程序维护债权人利益。前述案例2.4 即属此种情形。(3)经人民法院强制执行,无法清偿债务。需注意,只要债务人的任一债权人经法院强制执行未能得到清偿,其他债权人均有权提出破产申请,并不以申请人已经采取强制执行措施为条件。(4)长期亏损且经营扭亏困难,无法清偿债务。这是从债务人的持续经营能力来考察。债务人出现上述情况时,虽然账面资产大于负债,但未来只会持续减少,损害债权人利益,应认定发生破产原因。(5)导致债务人丧失清偿能力的其他情形。从破产案件实务来看,"其他情形"还可包括:债务人向债权人明确表示无力清偿债务;债务人多次拖欠他人债务长期不予归还;多个债权人的债权没有清偿等。

(四)实践中若干特殊情形下破产申请的审查

1. 申请"三无企业"破产的审查

《企业破产法》第二条对破产受理条件的规定较为宽泛、原则,实践中出现大量符合破产受理条件但存在破产障碍的企业,如无账册、无人员、无财产的"三无企业"。此类案件的程序操作往往因无法查清债务人的财产状况,不能确定债务人是否达到破产界限,使破产程序无法进行。依旧法规定的受理条件,以前实践中对此类企业破产申请基本不予受理。新法颁布后,最高人民法院下发的《下落不明债务人破产案批复》明确规定:"债权人对人员下落不明或者财产状况不清的债务人申请破产清算,符合企业破产法规定的,人民法院应依法予以受理。债务人能否依据企业破产法第十一条第二款的规定向人民法院提交财产状况说明、债权债务清册等相关材料,并不影响对债权人申请的受理。" 据此,实践中对"三无企业"的破产申请应当把握如下三点。

---

[1] 宋晓明、张勇健、刘敏:"最高人民法院《关于适用〈中华人民共和国企业破产法〉若干问题的规定(一)》的理解与适用",载《商事审判指导》2011 年第3 辑。

首先,债权人申请“三无企业”破产时,法院应按照《企业破产法》规定的破产原因进行审核,依法受理,不得因债务人下落不明、财产状况不清而拒其于门外。《企业破产法》第七条第二款规定:“债务人不能清偿到期债务,债权人可以向人民法院提出对债务人进行重整或者破产清算的申请。”《企业破产法》第八条第三款规定的财产状况说明、债务清册、债权清册、有关财务会计报告、职工安置预案以及职工工资的支付和社会保险费用的缴纳情况的材料,仅针对债务人提出破产申请的情况。债权人仅需证明自身债权合法存在和债务人不能清偿到期债务的事实。可见,法律对于债权人的申请破产条件规定得较为宽松。因此,当债权人就人员下落不明或财产状况不清的债务人申请破产清算时,只要审查债权人是否符合申请人主体资格和债务人存在不能清偿到期债务的事实,法院即应受理该破产申请。

其次,根据最高人民法院的批复精神,“三无企业”的状态可以推定停止支付、不能清偿到期债务,即满足破产原因。但因“三无企业”没有账册等财务资料,在审查破产申请时,尤其要注意审查债权的真实性,防止债权人恶意申请破产。

最后,因债务人下落不明、财产状况不清,法院在受理审查时往往担心后续审理难以开展而存有顾虑。为此,《下落不明债务人破产案批复》作了相关规定,债务人能否提供法律规定的财务资料,“不影响对债权人申请的受理”。对于前述法官的顾虑,该批复也加以说明,如规定法院可“指定管理人追收债务人财产”;“经依法清算,债务人确无财产可供分配的,应当宣告债务人破产并终结破产程序;破产程序终结后二年内发现有依法应当追回的财产或者有应当供分配的其他财产的,债权人可以请求人民法院追加分配”;“债务人的有关人员不履行法定义务,人民法院可依据有关法律规定追究其相应法律责任;其行为导致无法清算或者造成损失,有关权利人起诉请求其承担相应民事责任的,人民法院应依法予以支持”。

[案例 2.6]某实业公司申请某服饰公司破产案

徐汇区法院受理的某实业公司申请某服饰公司破产清算一案中,债务人某服饰公司出现人员、财产、账册均不明确的情况。法院审查后,根据最高人民法院《下落不明债务人破产案批复》的要求,在审查债权合法到期条件具备后,依法裁定受理。但为慎重起见,法院要求管理人穷尽相关措施,尽量查找公司负责人、股东,尽量厘清现有财产,尽力尝试追回账册。

2. 有财产担保的债权人破产申请的审查

关于就债务人的特定财产有担保权的债权人(即别除权人)是否享有债务人的破产申请权,实践中有两种观点。一种观点认为,有财产担保的债权人仅在担保物不足以清偿其担保债权的情况下,才可提出破产申请。理由为债权人已经享有优先受偿权,其受偿不受债务人是否破产的影响,因此没有必要赋予其破产申请权。另一种观点认为,由于立法规定债权人享有破产申请权,并未将有财产担保的债权人排除在外,且可能存在担保物不足以清偿担保债权的情况。故担保债权人也是债务人的债权人,应赋予其破产申请权。[1]

我们倾向于第二种观点,理由如下。第一,因担保物价款可能不足以清偿担保债权,且在破产申请提出时,担保债权人也无法确定是否能够足额清偿,仅凭债权设有财产担保而限制其破产申请权很可能损害其正当权益。第二,《企业破产法》和《担保法》的相关规定并未对债权人申请破产进行过多限制,不能因其有财产担保而抬高破产申请门槛。因此,有财产担保的债权人有权申请债务人破产。

[案例2.7]某贸易公司申请某国有企业破产案[2]

某国有企业因经营不善,严重亏损,不能清偿到期债务,经上级主管部门同意后,向法院申请破产。法院予以受理之前,某贸易公司也向该院申请该国有企业破产。经审查,某贸易公司对该国有企业享有债权,并享有其房产抵押权。对于某贸易公司的破产申请,虽某贸易公司对该国有企业的债权有房产抵押得以保障,但其仍具备破产申请权,法院裁定对贸易公司的破产申请予以受理。

3. 职工债权人申请破产的审查

职工债权人是指依法与债务人建立劳动关系的职工,其基于职工身份而对债务人依法享有债权。对于职工债权人可否享有破产申请权的问题,存在两种观点。一种观点认为,职工债权人不享有破产申请权。理由之一是,最高人民法院《破产案件若干规定》在解释为何将劳动者补偿金作为第一顺序优先受偿时讲到,“司法解释考虑到劳动者属于弱势群体,企业破产法也有保护劳动者权利的基本规定,所以作扩大解释”。由此可见,职工债权并不是真正意义上的破产债权。理由之二是,破产债权为人民法院受理破产时已存在的债权。职工债权由于其自身的特点,既有实然债权又有未然债权,内容繁杂,计算标准不一,无法判定,实践中无法操作。理由之三是,职工债权是优先受偿的债权,其优先清偿是以债务人全体财产作为担保的,其受偿率要比无抵押的普通债权高。破产申请只有赋予那些最需要保护的无保障的普通债权人,才能平衡各方的利益。理由之四是,职工债权的保护有多种途径。《劳动法》、《社会保障法》、《妇女权益保障法》以及政府部门颁布的众多行政法规对职工债权均有涉及,职工债权的实现以破产申请保护并非最佳。第二种观点即我们的观点认为,我国的破产法并未对职工债权人申请破产作出限制规定,法院应依法受理。理由如下。首先,《企业破产法》第四十四条规定,人民法

---

〔1〕 王欣新:《破产法》,中国人民大学出版社2011年版,第47页。

〔2〕 王卫国等:《破产法——原理·规则·案例》,清华大学出版社2006年版,第13页。

院受理破产申请时对债务人享有债权的债权人,依照本法规定的程序行使权利。可见,破产债权是指人民法院受理破产申请时债权人对于债务人所享有的债权。职工债权符合法律规定的构成要件,应为破产债权。其次,破产清算程序属于民事诉讼范畴,民事诉讼性质上属于私法,私法强调意思自治,只要法律未明文禁止,就应该允许。再次,现实的需要,即在债务人有破产之虞时,不让职工债权申请债务人破产还债,行使债权终极保护手段,对职工债权来讲是极不公平的,结果会直接影响社会的和谐稳定。最后,职工债权申请债务人破产仅仅只是一项请求权。根据《企业破产法》第十条第一款之规定,债权人提出破产申请的,人民法院应当在5日内通知债务人。债务人有异议的应在规定的期限内提出,人民法院应当在异议期满后裁定是否受理。申请权只是一项请求权,仅是受理破产申请的充分条件,真正的决定权在人民法院。但是鉴于职工主体、债权范围的特定性以及处理方式的特殊性,人民法院在审查职工债权人破产申请时应注意以下几点。其一,职工债权人的权利范围包括工资、医疗、伤残补助、抚恤费用,应当划入职工个人账户的基本养老保险、基本医疗保险费用,及法律规定应当支付给职工的补偿金。其二,职工债权人应证明劳动关系存在,以及债务人无法支付且经催收仍无法支付工资、社保等费用的持续状态。其三,职工债权的特点表现为人数广泛、债权数额低,处理不当极易引发群体上访等矛盾激化事件。

4. 税务机关破产申请的审查

税务机关能否申请债务人破产,存在两种观点。一种观点认为,税务机关无破产申请权。理由是,税收有足够的法律强制手段保障实现,无须适用破产程序解决问题,并且破产程序是一种民事债权的实现程序,不应赋予其破产申请权。另一种观点认为,法律赋予税务机关强制手段并不阻碍其提出破产申请,且破产法也未对此予以禁止,故其仍可作为债权人申请债务人破产。

我们倾向于第二种观点。根据《企业破产法》第七条的规定,债务人不能清偿到期债务的,债权人有权提出破产申请。故债务人拖欠税款也应属于不能清偿到期债务,税务机关作为代表国家的征收机关,在企业出现破产原因时有权向人民法院提出破产申请。

5. 只有唯一债权人的受理审查

破产程序具有概括执行的特点,故破产程序中的债权人通常不止一家,但实践中也出现了只有唯一债权人的情形。此种情形产生的原因有二,一是本身就只有一个债权人,二是破产案件受理时存在两个以上的债权人,但在案件审理过程中发生了因部分债权人的债权已超时效、债权人撤回债权申报等故而只剩一个债权人的情况。

[案例2.8]广电某公司破产案

债务人广电某公司申请破产一案,浦东新区法院于2010年12月27日立案受理后,指定该公司清算组为破产管理人。在破产清算过程中,共有两名债权人申报债权,分别是闵行区社保中心及王某,其中闵行社保中心申报9305元,王某申报八十三万余元。另有已知债权人国宝科技(香港)有限公司明确表示放弃申报。此后,为能够尽快办理社保相关手续、减少纠纷,广电某公司的上级企业自愿代广电某公司向闵行社保中心支付全款。闵行社保中心遂撤回了债权申报。至此,本案仅余一名劳动债权人王某。经管理人核定,王某的债权应为800725.16元。因本案已无召开债权人会议的必要,法院遂召集管理人、审计、评估机构及债权人王某召开会议,通报相关破产工作的进程及现状。王某对管理人核定的债权金额无异议,对于评估结论、财产变现方式、破产费用及管理人报酬等均无异议,但对审计结论持有异议,认为广电某公司有隐匿、转移资产的嫌疑,但不能提供相应证据。法院遂根据管理人申请,裁定确认了债权表、债务人财产管理方案及财产变价方案。同时,法院一直寻求和解可能,最终促成双方达成由某信息公司向王某支付人民币12万元从而了结纠纷的和解方案。

该案例介绍的即第二种情形,即债务人申请破产时有数家债权人,后由于个别债权的放弃、债务人上级企业代付行为的发生而使破产清算过程中只剩下一名债权人。我们认为,此情形并不影响破产申请的受理审查问题,第一种情形则有讨论必要。

[案例2.9]上海华冶钢铁集团有限公司申请上海洛普盛鑫国际贸易有限公司破产案[1]

债权人上海华冶钢铁集团有限公司以债务人上海洛普盛鑫国际贸易有限公司无力偿还到期债务为由,向法院申请对债务人进行破产清算。法院查明,申请人对被申请人享有的到期债权已经(2009)浦民二(商)初字第4466号民事判决书以及(2010)沪一中民四(商)终字第700号民事判决书确定。申请人已依据上述生效法律文书申请执行。(2010)浦执字第8824－3号执行裁定书认为,被申请人无财产可供执行,故终结执行。法院在受理审查过程中已获悉债权人上海华冶钢铁集团有限公司系上海洛普盛鑫国际贸易有限公司的唯一债权人(后在债权申报时也印证了这一事实),但认为因被申请人不能清偿到期债务,申请人的申请符合《企业破产法》第二条第一款、第七条第二款规定的破产清算受理条件,法院遂受理了该申请。

---

〔1〕 上海市浦东新区人民法院(2011)浦民二(商)破字第4号。

以上案例反映,债权人一般都会先通过诉讼确认债权,再通过申请强制执行来实现自己的债权,只有在万不得已的情况下才会考虑启动破产程序。如该案中,债权人无法通过执行程序实现债权转而申请对债务人破产清算,即便只有一名债权人,只要符合《企业破产法》的受理条件,法院就应予以受理。

然而,对于没有经过诉讼确认且未进入执行程序的唯一债权人能否提起破产程序,目前主要存在否定说和肯定说两种观点。否定说认为,破产程序的宗旨是针对债务人无力清偿时在所有债权人之间实现公平清偿,破产程序针对多数债权人而设,运行成本较高,如果债权人仅为一人,其只能通过个别民事执行程序实现债权。[1] 肯定说认为,破产程序的目的除了公平偿债,还有债务人免责,少有国家或地区立法禁止唯一债权人提起破产程序。[2]

我们认为,破产程序的启动并不受债权人人数的影响。理由如下:首先,经审查,只要债务人符合《企业破产法》规定的破产受理条件,法院就没有理由不受理唯一债权人对债务人的破产申请;其次,虽然根据受理时的相关材料只能确定一个适格债权人,但并不能排除在受理后特别是债权申报期间会有更多的债权人出现;最后,否定说提及的"公平受偿",应不仅限于破产申请后可确认之债权,还应当溯及破产申请受理前一段时间的债权。如《企业破产法》第三十二条规定:"人民法院受理破产申请前六个月内,债务人有本法第二条第一款规定的情形,仍对个别债权人进行清偿的,管理人有权请求人民法院予以撤销。但是,个别清偿使债务人财产受益的除外。"由此可见,若债务人已有资不抵债之情形,仍向其关联企业或所有小额债权人进行了清偿而对唯一的非关联企业置之不理,这种情况下,该唯一债权人只有申请启动破产程序,才可以通过管理人行使撤销权。因此,这一公平受偿的方式在民事诉讼中是无法实现的。

需要指出的是,在受理此类案件时应注意审查是否存在侵害他人利益或个别清偿等情况。此外,虽然债权人的人数不能作为影响破产程序启动的因素,但对于在第一次债权人申报债权期限届满且债权经初步认定只有一个时,可研究考虑适当简化程序、节约成本、提高效率,如无须召开债权人会议,适时将破产清算程序转换为和解,督促当事人在较短期间内完成程序要求。

6. 债权人申请破产重整与债务人申请破产清算同时提出的处理

正常情况下,向法院申请破产的主体只有一个,要么是债权人,要么是债务人,或者依法负有清算责任的人以及其他适格主体;且正常情况下,一个申请主体只会

---

〔1〕 谢邦宇主编:《破产法通论》,湖南大学出版社1987年版,第162~163页。

〔2〕 耿云卿:《破产法释义》,五南图书出版公司1987年版,第185~186页。

提起一个破产程序,或为破产清算,或为破产重整,或为破产和解。但实践中发生了不同主体同时提起不同破产程序的情形。

[案例 2.10]债权人、债务人同时提出破产申请的上海汉森进出口有限公司破产案[1]

在上海汉森进出口有限公司破产案中,破产申请人有两个。债权人荷兰投资2234海外第七号基金公司(Investments 2234 Overseas Fund VII B. V.)申请债务人破产重整,同时,债务人上海汉森进出口有限公司则申请破产清算。法院审查中,由于债务人不同意破产重整,债权人意识到申请破产重整的难度,主动向法院申请撤回,法院裁定准予撤回破产重整申请,并裁定受理了破产清算申请。

上述案件即由不同主体同时提出了两个不同的破产程序。从现有破产法的规定来看,并没有阻却多种不同破产程序的同时提起的规定,但明确了破产重整具有受理优先性的特征。上述案件遇到的困境在于:债务人不同意进行破产重整的情况下,理论的"优先"与实践的"操作"发生冲撞。虽然申请破产是破产申请人的权利,但破产程序不可能有两个不同的程序同时进行。该案中,债务人不同意进行破产重整,而破产重整需要债务人本身的大力配合,在债务人不同意的情况下,重整难以进行。

当然,本案是由于债权人一方申请了对破产重整的撤回,法院自然会受理另一个破产清算的申请;但如果债权人坚持提起破产重整申请,法院该如何处理尚需进一步探讨。我们认为,实践中,法院不妨要求坚持提起破产重整申请的债权人先提出可行性计划,在对可行与否进行评估后再作出决定。如果可行,且债务人能够配合实施,就受理破产重整,驳回破产清算申请;反之,则驳回破产重整申请,受理破产清算。

三、破产申请受理审查的流程

根据《企业破产法》第十至十四条的规定,破产申请的受理审查步骤如下。

(一)破产申请的接收

《破产法解释(一)》第七条第一款规定:"人民法院收到破产申请时,应当向申请人出具收到申请及所附证据的书面凭证。"

(二)对破产申请进行审查并按期作出裁定

人民法院接收破产申请材料后,就应当按照本节前述内容,从破产能力、破产管辖、破产原因以及其他有特殊情况等方面,对破产申请进行审查。根据审查情况

---

[1] 上海市徐汇区人民法院(2011)徐民二(商)破字第8号。

的不同,在法定时间内作出受理或不予受理破产申请的裁定。

关于法院裁定受理的期限,债权人申请与其他主体申请有所不同。

债权人申请破产时,根据《企业破产法》第十条第一款的规定,人民法院应当自收到申请之日起五日内通知债务人。债务人对申请有异议的,应当自收到人民法院的通知之日起七日内向人民法院提出。人民法院应当自异议期满之日起十日内裁定是否受理。

其他情形下,根据《企业破产法》第十条第二款的规定,人民法院应当自收到破产申请之日起十五日内裁定是否受理。

在上述期间内仍不能决定的,《企业破产法》第十条第三款规定:有特殊情况需要延长裁定受理期限的,经上一级人民法院批准,可以延长十五日。审判实践中,往往因较难在十五天时间内查清破产原因,故法院对破产申请的审查侧重形式审查。

具体而言,人民法院对破产申请审查后有以下几种情况,对应地要作出不同的处理。

1. 破产申请符合法律规定的情况

(1)作出受理裁定并送达当事人。《企业破产法》第十一条第一款规定:“人民法院受理破产申请的,应当自裁定予以受理作出之日起五日内送达申请人。”

(2)要求债务人提供相关证据。《破产法解释(一)》第六条第二款规定了债务人提交材料的义务:“受理破产申请后,人民法院应当责令债务人依法提交其财产状况说明、债务清册、债权清册、财务会计报告等有关材料,债务人拒不提交的,人民法院可以对债务人的直接责任人员采取罚款等强制措施。”

(3)指定管理人和管理人接管债务人财产。《企业破产法》第十三条规定:“人民法院裁定受理破产申请的,应当同时指定管理人。”据此,自破产受理裁定之日起,债务人即丧失对其财产的管理和处分权,该权利由管理人行使。

(4)向相关权利义务人告知受理破产申请。《企业破产法》第十四条第一款规定:“人民法院应当自裁定受理破产申请之日起二十五日内通知已知债权人,并予以公告。”人民法院决定受理破产申请的裁定作出后,应当在法定期间内告知相关权利人和义务人。告知采取通知和公告两种方式,其中通知方式主要是针对已知的债权人,采取书面形式,防止债权人错过申报的期限。对未知债权人以及相关权利义务人,以公告方式告知。关于公告的方式,《破产案件若干规定》第十七条规定,应当在国家、地方有影响的报纸上刊登公告。实务中多在《人民法院报》上刊登公告。

根据该条第二款的规定,通知和公告应当载明下列事项。

①申请人、被申请人的名称或姓名,即当事人的基本情况。

②人民法院受理破产申请的具体时间。

③申报债权的期限、地点和注意事项,具体申报债权的期限由人民法院根据法律规定和案件具体情况确定。

④管理人的名称或者姓名及其处理事务的地址以及其具体工作人员和联系方式。

⑤债务人的债务人或者财产持有人应当向管理人清偿债务或者交付财产的要求。

⑥ 第一次债权人会议召开的时间和地点。

⑦人民法院认为应当通知和公告的其他事项。如:债务人及其管理人员须保护好企业财产,不得擅自处理企业的账册、文书、资料、印章,不得隐匿、私分、转让、出售企业财产,立即停止清偿债务;债务人的开户银行应当停止债务人的结算活动,并不得扣划债务人款项抵扣债务;有关债务人财产的保全措施应当解除,执行程序应当中止。

文书样式(受理破产清算申请后通知已知债权人用)[1]

××××人民法院

通知书

(××××)×破字第××号

×××(债权人名称):

本院根据×××(申请人姓名或名称)的申请于××××年××月××日裁定受理×××(债务人名称)破产清算一案,并于××××年××月××日指定×××为×××(债务人名称)管理人。你单位应在××××年××月××日前,向×××(债务人名称)管理人(通信地址:______;邮政编码:______;联系电话:______)申报债权,书面说明债权数额、有无财产担保及是否属于连带债权,并提供相关证据材料。如未能在上述期限内申报债权,可以在破产财产分配方案提交债权人会议讨论前补充申报,但此前已进行的分配,不再对你(或你单位)补充分配,为审查和确认补充申报债权所产生的费用由你(或你单位)承担。未申报债权的,不得依照《中华人民共和国企业破产法》规定的程序行使权利。

本院定于××××年××月××日××时在____(地点)召开第一次债权人会议。依法申报债权的债权人有权参加债权人会议。参加会议时应提交个人身份证明;委托代理人出席会议的,应提交授权委托书、委托代理人的身份证件或律师

[1] 最高人民法院民二庭编:《〈人民法院破产程序法律文书样式(试行)〉和〈管理人破产程序工作文书样式(试行)〉适用与解读》,法律出版社2012年版,第55页。

执业证,委托代理人是律师的还应提交律师事务所的指派函。(如系法人和其他组织的,则改为参加会议时应提交营业执照、法定代表人或负责人身份证明书;委托代理人出席会议的,应提交授权委托书、委托代理人的身份证件或律师执业证,委托代理人是律师的还应提交律师事务所的指派函。)

特此通知

××××年××月××日

(院印)

文书样式(受理破产清算申请用)[1]

××××人民法院

公告

(××××)×破字第××号

本院根据×××(申请人姓名或名称)的申请于××××年××月××日裁定受理×××(债务人名称)破产清算一案,并于××××年××月××日指定×××为×××(债务人名称)管理人。×××(债务人名称)的债权人应在××××年××月××日前,向×××(债务人名称)管理人(通信地址:______;邮政编码:______;联系电话:______)申报债权。未在上述期限内申报债权,可以在破产财产分配方案提交债权人会议讨论前补充申报,但对此前已进行的分配无权要求补充分配,同时要承担为审查和确认补充申报债权所产生的费用。未申报债权的,不得依照《中华人民共和国企业破产法》规定的程序行使权利。×××(债务人名称)的债务人或者财产持有人应当向×××(债务人名称)管理人清偿债务或交付财产。

本院定于××××年××月××日××时在____(地点)召开第一次债权人会议。依法申报债权的债权人有权参加债权人会议。参加会议的债权人系法人和其他组织的,应提交营业执照、法定代表人或负责人身份证明书,如委托代理人出席会议,应提交特别授权委托书、委托代理人的身份证件或律师执业证,委托代理人是律师的还应提交律师事务所的指派函。参加会议的债权人系自然人的,应提交个人身份证明。如委托代理人出席会议,应提交特别授权委托书、委托代理人的身份证件或律师执业证,委托代理人是律师的还应提交律师事务所的指派函。

特此通知

××××年××月××日

(院印)

---

〔1〕 最高人民法院民二庭编:《〈人民法院破产程序法律文书样式(试行)〉和〈管理人破产程序工作文书样式(试行)〉适用与解读》,法律出版社2012年版,第57页。

2. 破产申请材料需要补正的情况

根据《破产法解释(一)》第七条第三款的规定，为避免拖延实际审查时间，损害当事人合法权益，“人民法院认为申请人应当补充、补正相关材料的，应当自收到破产申请之日起五日内告知申请人。当事人补充、补正相关材料的期间不计入企业破产法第十条规定的审查期限。”

3. 不予受理的情况

《企业破产法》第十二条规定：“人民法院裁定不受理破产申请的，应当自裁定作出之日起五日内送达申请人并说明理由。”

(三)证券公司破产清算受理审查的流程

证券公司破产案件与其他企业破产案件在受理条件方面既有共性，又有所区别。除破产法律规范要求的不能清偿到期债务等破产原因的条件外，证券公司破产申请的受理还有一些特殊的条件。最高人民法院奚晓明副院长在2005年全国部分中、高级人民法院审理证券公司破产案件座谈会上的讲话中，对现阶段受理证券公司破产案件的特殊条件提出了八点意见。这八点意见成为人民法院在证券公司破产清算案件的受理审查过程中需要逐一对照的重要内容。具体包括：(1)须经国家证券监管机构的批准；(2)证券类资产处置完毕；(3)纳入《个人债权及客户证券交易结算资金收购意见》应当收购的债权收购完毕；(4)职工已经安置或有切实可行的职工安置方案；(5)在行政处置期间没有对债权人进行个别清偿的情况；(6)公安机关专案组收缴的资产、账簿要移交；(7)地方政府要有维护社会稳定的方案；(8)报经最高人民法院批准。

事实上，在进入司法程序之前，证券公司破产会经历一个行政处置的前置程序，在行政处置时，人民法院就已经提前介入，对证券公司风险处置工作积极配合。在这一过程中，人民法院的工作主要包括发布“三中止”的通知、对证券类资产处置的司法配合等。具体而言，在行政清算组对证券类资产进行处置时，由最高人民法院下发通知，指明处置的证券类资产和有关采取保全措施法院的名单。由行政清算组向采取相关保全措施的人民法院提出申请。采取保全措施的人民法院接到申请后，对所查封的证券类资产委托行政清算组进行处置。行政清算组应当采取公开、公平、公正的市场化方式处置；处置变现的资金存入以被处置证券公司名义开立的专户，由被处置证券公司主要营业地的中级人民法院对该账户予以查封，或存入被处置证券公司主要营业地中级人民法院指定的账户。原对证券类资产采取保全措施的法院将保全所依据的有关材料(包括生效裁判文书、查封裁定、申请人情况、诉讼费、保全费等)送交被处置证券公司主要营业地的中级人民法院备案，原保全裁定保全的财产效力及于后查封账户项下的资金。

四、破产申请受理的法律效力

破产申请一旦受理，将产生债务人丧失对财产的处分权、债权人申报债权、对债务人财产的执行程序中止、有关债务人财产保全措施解除、已经开始尚未终结的有关债务人的民事诉讼或仲裁中止等一系列法律效力。我国新《企业破产法》采用受理开始主义，破产程序以法院受理破产案件为标志，而不论是否对债务人宣告破产。

（一）对债务人的效力

1. 对债务人有关人员的效力

人民法院受理破产申请后，债务人受到破产程序的约束，债务人的有关人员（包括法定代表人、财务管理人和其他经营管理人员）应当依照《企业破产法》第十五条的规定，承担相应的义务。债务人的有关人员承担的义务仅限于破产程序中，即自人民法院受理破产申请的裁定送达债务人之日起至破产程序终结之日止。破产程序终结以后，债务人有关人员的义务也就相应解除了。

按照《企业破产法》第十五条的规定，债务人的有关人员承担的义务包括以下几点。

（1）保管义务

《企业破产法》第十五条第一款第（一）项规定：妥善保管其占有和管理的财产、印章和账簿、文书等资料。债务人的有关人员要忠实地履行法律规定的这一义务，保管好上述财产与资料，以保持完好、无损。不得非法处理企业的账簿、文书、资料和印章，不得隐匿、私分、无偿转让、非正常压价出售企业的财产。债务人的保管义务直到将相关财产和资料移交给管理人后方可消灭。

（2）按人民法院和管理人要求的配合说明义务

《企业破产法》第十五条第一款第（二）项规定：债务人的有关人员应当根据人民法院、管理人的要求进行工作，并如实回答询问。人民法院和管理人在破产程序开始后，处理破产企业事务，需要经常与破产企业的有关人员特别是债务人的法定代表人进行沟通，了解情况。债务人的有关人员应当积极配合，按照要求出席会议，说明情况，回答有关问题。比较法上也有类似规定，例如《德国破产法》第97条规定了债务人的说明及合作义务，如向债权人会议提供涉及破产程序的所有情况说明，债务人应协助支持破产管理人履行职责。[1]

---

〔1〕 李永军："我国企业破产法上破产程序开始的效力及其反思"，载《法学杂志》2011年第2期。

(3)列席债权人会议并如实回答债权人的询问

按《企业破产法》第十五条第一款第(三)项的规定,如果需要债务人的有关人员列席债权人会议,债务人的有关人员必须出席,不得以任何理由拒绝。债务人的有关人员在债权人会议上还有义务就债权人所提问题如实回答。

(4)未经法院允许,不得擅自离开住所地

《企业破产法》第十五条第一款第(四)项规定,债务人的有关人员未经人民法院许可,不得离开住所地。这里的"有关人员"是指企业的法定代表人,经人民法院决定,可以包括企业的财产管理人员和其他经营管理人员。第一百二十九条规定了相应的法律责任:"债务人的有关人员违反本法规定,擅自离开住所地的,人民法院可以予以训诫、拘留,可以依法并处罚款。"

(5)私法上的资格限制

根据《企业破产法》第十五条第一款第(五)项的规定,债务人的有关人员在破产程序终结前不得新任其他企业的董事、监事、高级管理人员。又据该法第一百二十五条的规定,企业董事、监事或者高级管理人员违反忠实业务、勤勉业务,致使所在企业破产的,依法承担民事责任;有上述情形的人员,自破产程序终结之日起三年内不得担任任何企业的董事、监事、高级管理人员。

2. 对债务人有关民事诉讼或者仲裁程序的效力

《企业破产法》第二十条规定,人民法院受理破产申请后,已经开始而尚未终结的有关债务人的民事诉讼或者仲裁应当中止;在管理人接管债务人的财产后,该诉讼或者仲裁继续进行。

该条所规定的仲裁,指的是债务人作为当事人的有关合同纠纷和其他财产权益的商事仲裁,以及有关劳动纠纷的劳动仲裁。仲裁中止仅限于法院受理破产申请后到管理人接管债务人财产的这一段期间。

但是,实践中存在与破产相关的民事诉讼时常发生衔接问题,在本书第七章中予以详述。

3. 对有关债务人财产处置的效力

(1)债务人丧失对破产财产的管理处分权

根据《企业破产法》第二十五条关于管理人职责的规定,人民法院受理债务人破产案件后,为了防止债务人以所有人名义行使有害于债权人利益的财产处分行为,债务人被剥夺了对破产财产的管理、处分权,转由破产管理人来行使。这为各国立法所普遍采纳。[1] 债务人作出的任何可能影响破产财产的法律行为都是不

---

〔1〕 李国光编著:《新企业破产法教程》,人民法院出版社2006年版,第92页。

允许的，包括转让破产财产、免除债务、签订合同等狭义法律行为，也包括物权登记、债权让与、债务履行等广义的法律行为。

(2)债务人个别清偿行为无效

根据《企业破产法》第十六条的规定，人民法院受理破产申请后，债务人对个别债权人的债务清偿无效。为了保障在债务人被宣告破产后，所有的破产债权人都能够得到平等的清偿，有必要在受理破产申请后，限制债务人对个别债权人的清偿，并否认这种清偿的法律效力，从而防止债务人以清偿为名转移或转让企业的财产。在清偿时，同一顺序的所有债权人地位完全平等，按债权数额的比例分配。

(3)管理人负责对债务人财产的受领

为保护债权人的利益，各国破产法均规定，在破产程序开始后，债务人的债务人应向破产管理人履行债务，债务人财产的持有人应当向破产管理人交付财产。《企业破产法》第十七条规定，人民法院受理破产申请后，债务人的债务人或者财产持有人应当向管理人清偿债务或者交付财产。债务人的债务人或者财产持有人故意违反前款规定向债务人清偿债务或者交付财产，使债权人受到损失的，不免除其清偿债务或者交付财产的义务。

如果债务人的债务人或者财产持有人向债务人清偿债务或者交付财产并非出于故意，例如，管理人尚未通知到债务人的债务人或者财产持有人，债务人的债务人或者财产持有人能够证明自己交付行为是在并不知道人民法院已经受理破产申请情况下所为，且交付未违反合同约定或法律规定的，则无须承担继续清偿或者交付的义务。

(4)对于未履行或者未履行完毕的合同关系的影响

大部分国家破产法一般赋予破产管理人对在破产程序开始时双方未履行或者未履行完毕的合同之履行或解除的选择权，我国法律也不例外。《企业破产法》第十八条规定，人民法院受理破产申请后，管理人对破产申请受理前成立而债务人和双方当事人均未履行完毕的合同有权决定解除或者继续履行，并通知对方当事人。管理人自破产申请受理之日起二个月内未通知对方当事人，或者自收到对方当事人催告之日起三十日未答复的，视为解除合同。管理人决定继续履行合同的，对方当事人应当履行；但是对方当事人有权要求管理人提供担保。管理人不提供担保的，视为解除合同。

(5)保全措施的解除与执行程序的中止

《企业破产法》第十九条规定，人民法院受理破产申请后，有关债务人财产的保全措施应当解除，执行程序应当中止。该条所指执行程序不仅包括民事执行，也包括行政执行和刑事执行。

解除保全措施,意味着对债务人财产施加的查封、扣押、冻结等决定失去法律效力,该财产的法律属性恢复到保全措施实施以前的状态。管理人有权接管该财产并将其纳入债务人财产的范围。审判实务中,财产保全措施解除的权利由原采取财产保全措施的法院行使。受理破产案件的法院不能代替原采取财产保全措施的法院解除财产保全措施。于是,实践中常会发生破产案件与其他诉讼案件保全措施的冲突协调问题,在本书第七章中予以详述。

执行程序的中止,是指人民法院受理破产申请后,当事人无权向人民法院提出执行申请;即使人民法院已经接受当事人的执行申请,已经开展的执行前的准备工作应当中止;已经进入具体执行措施的,如冻结、划拨存款、扣押、变卖财产,尚未执行的有关债务人财产的部分,应当中止。

(二)对债权人的效力

总体来说,破产程序的开始对债务人产生的影响远远超过债权人,债务人面临着是否被宣告破产的可能,同时受到诸多限制。但对于债权人来说,债务人若被宣告破产,则按照债权比例获得公平清偿。当破产程序开始,债权人只需要按照破产法规定的程序,在规定的时间内参与债权申报,确定自己的债权额及债权比例即可。

1. 对未到期的债权的效力

未到期的债权视为已到期,但应减去未到期利息。对于何时停止计息的问题,新《企业破产法》与旧《企业破产法》的规定有所不同。《企业破产法(试行)》第三十一条规定:“破产宣告时未到期的债权,视为已到期债权,但是应当减去未到期的利息。”而《企业破产法》第四十六条规定修改为:“未到期的债权,在破产申请受理时视为到期。附利息的债权自破产申请受理时起停止计息。”显而易见,旧《企业破产法》规定在破产宣告时停止计息,而新《企业破产法》规定在破产申请受理时停止计息。

2. 对债权人清偿顺序效力

一般债权人不得在破产程序外向债务人主张个别清偿,其只能以破产债权人的身份向破产管理人主张权利,并依照法律规定的清偿顺序,按照破产程序确定的分配程序获得清偿。但有财产担保的债权人则不同。按照《企业破产法》第一百零九条的规定,对破产人的特定财产享有担保权的权利人,对该特定财产享有优先受偿的权利,即别除权。但是,若别除权人行使优先受偿权未能完全受偿的,其未受偿的债权作为普通债权;放弃优先受偿权利的,其债权也作为普通债权。

五、破产申请的撤回

在民事诉讼活动中，原告有撤回起诉的权利，这是其对自身权利的一种处分。对于破产申请行为，其本质上是申请法院裁定债务人破产还债，解决既存的债权债务关系，在某种程度上类似于普通民事诉讼中的起诉行为，因而破产申请人也有撤回破产申请的权利。虽然当事人提出破产申请的主动行为是法院启动破产审理程序的前提条件，但同时伴随着破产程序启动的主动性，法律也赋予破产申请权利人在法定期限内的撤回权。由于破产案件的审理往往关乎众多利益方的多种权益，如何审查破产申请的撤回，防止撤回权的滥用是法院在审理破产案件时需思考把握的问题。

（一）提出破产撤回申请的时间

《企业破产法》第九条规定："人民法院受理破产申请前，申请人可以请求撤回申请。"从法条文义来看，请求撤回破产申请的时间为人民法院受理破产申请前。但实践中，对于受理破产申请之后，作出破产宣告裁定之前，申请人能否撤回破产申请，存在不同看法。

一种观点认为，法院受理破产申请至作出破产宣告裁定之前，当事人有权提出撤回申请，但法院应当对其正当性和合理性进行审查。[1] 因为破产申请一旦受理，作为集体受偿程序的启动，申请人的撤回行为将不仅限于处分自身权利，还将涉及其他债权人的程序权利和实体权利。法院应就是否损害债权人整体利益以及是否会造成较大的经济损失进行审查。如果撤回申请的行为存在影响、损害其他债权人合法权益的情形，则应裁定不准予撤回；如果申请人基于破产申请未经董事会讨论通过等正当理由，且不损害其他债权人权益的情况下，法院可以作出同意撤回的裁定。

另一种观点认为，在法院受理破产申请后，申请人不能再请求撤回破产申请，理由如下。

其一，《企业破产法》第九条明确规定了申请破产撤回的时间为人民法院受理破产申请前。如果在人民法院受理破产申请后，申请人也可以撤回破产申请，那么此条的规定就没有任何必要，从立法本意来说，应当理解为特别强调破产申请撤回的时间。

其二，因破产程序启动具有不可逆性，破产申请的撤回很难使债务人恢复到破产申请之前的状况。如相关诉讼的中止、保全、待履行合同的解除等情况，均难以

---

〔1〕 王福祥、李斯仑："准予撤回破产申请之我见"，载《人民法院报》2009年7月23日第6版。

恢复到先前状态。故实践中对于破产受理后的撤回没有可操作性。

其三,扩大破产申请的撤回权,不利于保护其他债权人的合法权益。与普通民事诉讼不同,破产程序并非专一保护申请人的利益,而是关注多方债权人利益的集体受偿程序。假如申请人因债务人个别清偿行为而提出破产申请的撤回,一旦准许,债务人个别清偿行为很可能损害其他债权人的合法权益。破产程序容易成为申请人得到先行赔偿的工具。

其四,破产法对于破产受理后破产宣告之前可能出现的程序终止情况有明确规定。《企业破产法》第十二条第二款规定:"人民法院受理破产申请后至破产宣告前,经审查发现债务人不符合本法第二条规定情形的,可以裁定驳回申请。"法律赋予法院因债务人不具破产原因而驳回破产申请的权力。《企业破产法》第一百零五条规定:"人民法院受理破产申请后,债务人与全体债权人就债权债务的处理自行达成协议的,可以请求人民法院裁定认可,并终结破产程序。"也就是说,破产申请受理后,申请人仅可以通过和解、重整程序的方式终结破产程序,而非撤回。[1]

我们赞成上述第二种观点。当事人撤回破产申请的时间应当严格限定在法院受理破产申请之前,破产申请受理之后,不允许撤回破产申请。

(二)对破产申请撤回的审查

申请人在法定时间内提出撤回破产申请的,人民法院可从以下两个方面进行审查。

其一,对申请撤回理由正当性的审查。如以企业职工安置预案未落实、破产申请非经职工代表大会通过、债务人重组理由提出撤回的,法院结合案情判断,属正当的应予同意。

其二,在债权人申请破产时,审查撤回申请是否基于债务人的个别清偿。债权人申请破产撤回,大多可能是因为债务人不愿破产而对债权人进行个别清偿或者提供财产担保,很可能损害其他债权人的合法权益。

第三节 强制执行程序中申请破产清算

强制执行程序中,尤其是长期未能执行到位的案件中,不少被执行人实际已经存在破产法规定的破产原因。随着新《企业破产法》的实施,破产受理门槛降低,

---

〔1〕 王欣新:"也谈破产申请的撤回",载《人民法院报》2009年7月30日第6版。

申请执行人或其他债权人在强制执行程序中申请启动破产程序的案例时有发生。有必要就强制执行程序中申请破产清算的情形探讨并加以规范。

一、强制执行程序与破产清算程序的适用情况概述

执行程序是在债权人财产足以清偿债务时，执行机关采取强制性措施，迫使债务人履行义务，实现债权人权利的程序。在执行过程中，如果被执行人全部或部分不能实现生效法律文书所确认的债权，且看不到其在法定执行期限内有恢复执行的能力，则称之为执行不能。[1] 因经营不善而无法清偿债务的企业，通常都经历了诸多诉讼程序后作为被执行人进入强制执行程序。在发现被执行人全部财产无法清偿债权时，就存在由强制执行程序中提出破产清算申请的情况。

从法院破产案件受理情况来看，其数量与实际退出市场的企业数量相距甚远。许多企业未经清算自行退市，损害债权人合法权益。大量实际上符合破产原因的企业却进入执行程序，形成执行积案，判决书确定的民事权利已经无法通过执行程序得以实现。这部分案件作为未结案件停滞于执行程序中，并未进入破产程序。从以下的案例来看，债权人倾向于选择执行程序实现债权。

[案例2.11]上海胜鑫经贸有限公司破产案[2]

债务人上海胜鑫经贸有限公司在长宁区法院共涉及执行案件四百余件，拖欠供应商货款及职工工资共计七百余万元，经执行未发现其存在可供执行的财产，执行中止长达9年。

经查，债务人上海胜鑫经贸有限公司系国有控股的有限责任公司，由两个法人股东投资设立，两股东均被吊销营业执照，停止经营多年。债务人原有职工情况不明，公司主要管理人员下落不明，无可供执行财产。债权人对执行情况不满，曾一度至法院集访、闹访，社会影响较大。后经法院释明，债权人上海海湾石化有限公司向长宁区法院提出破产申请。经审查，法院裁定受理破产申请，并宣告上海胜鑫经贸有限公司破产。后因债务人无可供分配财产，法院依法裁定终结破产程序。

事实上，这种基于债务人无清偿能力而造成执行中止案件大量积压、债权人债权久悬未决、胜诉权益无法兑现的情况在执行领域普遍存在。我们认为这种现状存在以下问题。

第一，影响市场交易秩序。债权债务关系必然存在一个从产生到消灭的过程。市场经济中的企业就像高速公路上飞驰的汽车，如果发生故障无法继续行驶，就应

〔1〕 董振国："论执行不能"，载《人民司法》2002年第5期。

〔2〕 上海市长宁区人民法院(2009)长民二(商)破字第3号。

当立即退出,以确保其他车辆的安全运行。对于一些不按照规定接受年检的企业,虽然会由工商行政部门实施吊销企业法人营业执照的行政处罚措施,但吊销未注销的企业法人资格仍然存续。一些学者将这样的阶段比作企业的"弥留之际"。此类丧失生命力的企业,有不少仍然在开展各项业务活动,继续与其他商事主体产生债权债务关系。如果听任其继续存在,容易形成"交易陷阱",使更多不知情的企业陷入泥潭,阻碍市场交易的良性发展,影响市场秩序。

第二,损害债权人合法权益。强制执行程序中先申请者先执行的规则适用前提是债务人具备充足的偿债能力。在债务人清偿能力不足时,通过强制执行的个别清偿行为实际上违背了债权平等的原则,显然有损后续债权人权益的实现,甚至出现债务人与部分债权人恶意串通损害第三人利益的现象,容易为"寻租"行为创造空间。在后续债权人知晓债务人清偿能力欠缺后,受"先下手为强"观念的影响可能造成诉讼竞赛或哄抢财产。这种行为不仅会增加该债权人的防御性代价,如随时去法院查询有无其他债权人向债务人起诉,而且也会过早破坏债务人的营业剩余值,最终损害债权人权益。

第三,加剧"执行难"现象。执行难是长期困扰人民法院工作的一个重大问题。其成因纷繁复杂,有社会管理机制、民众法律意识、执行队伍素质等各种因素。应当指出的是,法院在执行过程中的强职权主义特征往往让当事人误解为民事权利的实现是司法机关的法定义务,甚至视法院为"第二债务人"。当执行效果不尽如人意时,权利人容易埋怨法院工作,影响司法权威。而无资产可供清偿债务的企业充斥于执行程序中则不当加剧了执行难的困扰。各地法院对无财产可供执行而被迫中止的执行案件制定了发放债权凭证、裁定终结等多种执行不能案件的退出机制,一定程度上缓解了利益冲突。但这些退出机制的共同特点是,退出只是一种法律上的拟制,无法从债务人主体资格消灭这一角度终结执行程序,并未从根本上对当事人的权利义务作出终局性的裁判。[1] 事实上,市场经济固有的交易风险决定了商事交往中部分权利无法实现的必然性。在法院穷尽执行救济措施后,因债务人企业破产而无法实现权利是债权人不得不承担的后果,须通过破产程序给予终局性的司法认定,而不应当纳入执行难的范畴中。

执行过程中出现企业法人无法清偿全部债务时,执行程序已经无法合理调整债权债务关系。应当通过强制执行程序向破产程序的转化,在执行程序中启动破产程序,对债权债务关系进行全面、终局的处理。

---

〔1〕 张工:"无财产可供执行案件结案问题探析",载《人民司法·应用》2009 年第 7 期。

二、符合破产原因的被执行人未进入破产程序的原因分析

对于强制执行程序中提出破产清算申请，最高人民法院的多个司法解释提供了法律依据。《执行规定》第八十九条规定："被执行人为企业法人，其财产不足清偿全部债务的，可告知当事人依法申请被执行人破产。"最高人民法院《关于贯彻执行〈中华人民共和国企业破产法（试行）〉若干问题的意见》第十五条规定："在民事诉讼程序或民事执行程序进行中，人民法院获悉债务人不能清偿到期债务时，应当告知债务人可以向其所在地人民法院申请破产……不申请破产的，不依职权宣告债务人破产。原诉讼程序或执行程序可继续进行。"上述规定确立了我国强制执行程序中提出破产清算申请的"告知申请破产"模式。但司法实践中的各种因素的影响使得这种模式的转换运作并不顺畅，原因分析如下。

（一）制度激励因素

执行程序激励性强，使用成本低。对于执行申请人而言，其在先期的诉讼、仲裁过程中投入了大量的成本，急需尽快实现债权。在得到生效判决的支持后，当事人在对方没有自愿履行义务时首先想到的必定是申请强制执行。我国司法系统多年来对执行工作的改革与完善，也使得强制执行成为了一种简洁高效、易于理解、乐于为权利人接受的债权实现方式。申请人只要持有有效的债权凭证即可申请执行，在提供有效财产线索的情况下，完全实现权利的可能性极大，制度激励性强。

反观破产程序，在激励性、使用成本上与执行程序存在较大差异。从破产动机来看，首先，债务人通常没有申请破产的积极性。传统观念认为企业破产意味着经营的彻底失败，破产法"重整、和解和清算""三驾马车"的法律规定没有被商事主体广泛接受，企业在生产经营困难的情况下尚没有形成在破产程序中寻求重生机会的思维。部分缺乏诚信的企业主转移财产、逃避债务，更无主动申请破产的可能性。其次，作为申请执行人的债权人当然不希望在破产程序中有更多的债权人加入进来与之分享债务人财产。最后，破产人所欠的社会保险费用、税款在分配顺位上优先于普通破产债权，很多普通债权人往往缺乏提起破产申请的动力。从制度使用成本来看，破产管理中清理登记造册等财产调查工作均需要委托专门的机构进行；案件审理过程中需支付诉讼费用、召开债权人会议费用、管理人报酬等各项费用。此外，破产过程通常而言是一个复杂而漫长的司法过程，其中交织着取回权人、别除权人、优先权人以及一般债权人的众多诉求，以债务人通常所剩无几的财产来满足上述众多权利人的权利请求，其利害关系的冲突与复杂程序可想而

知。[1] 申请人需要花费较大的代价,而且很难预测债权最终实现的时间及程度。

(二)信息不对称状态

经过上述分析,可以肯定破产法规定的破产申请权利人中,债权未到期或者已经到期但因为种种原因未取得执行依据的债权人是具有足够的动机启动破产程序的。但事实上,这部分债权人正因为没有进入到诉讼、执行程序,他们对债务人濒临破产的状况很可能并不知晓。按照我国现行的企业管理制度,除上市公司外,企业并无主动公开财务状况的义务。除了企业注册资金外,其生产经营情况、盈亏情况、资产现状都处于一种保密状态,债权人难以准确了解债务人的经营情况,无法把握破产时机。[2] 而作为了解信息的一方,执行程序申请人为避免自身债权清偿率的下降必然倾向于封锁消息,不愿更多的债权人加入进来。这种信息不对称状态是市场经济理论中的一种典型状态,并直接影响着市场交易行为和市场运行效率。[3]

有动机启动破产程序的债权人因处于信息不对称状态,无从知晓破产申请的必要性。待到企业长期关闭、财产所剩无几或已被转移殆尽时,债权人才会掌握一些情况。此时再申请破产,错失了最佳时机,对保护债权人的利益来讲意义已经不大。

(三)参与分配执行模式的扩张适用

就债务人无法清偿全部债务的处理方式,除上文所述“告知申请破产”外,对不具备破产主体资格的公民和其他组织的债务人而言,相关司法解释确立了“参与分配”的执行模式。《适用民诉法意见》第二百九十七条规定:“被执行人为公民或者其他组织,在执行程序开始后,被执行人的其他已经取得执行依据的或者已经起诉的债权人发现被执行人的财产不能清偿所有债权的,可以向人民法院申请参与分配。”《执行规定》第九十条规定:“被执行人为公民或其他组织,其全部或主要财产已被一个人民法院因执行确定金钱给付的生效法律文书而查封、扣押或冻结,无其他财产可供执行或其他财产不足清偿全部债务的,在被执行的财产被执行完毕前,对该被执行人已经取得金钱债权执行依据的其他债权人可以申请对被执行人的财产参与分配。”概括而言,所谓“参与分配”模式,是指当公民或其他组织作为债务人的财产不足以清偿全部债务时,已取得执行依据的债权人可以要求参与

[1] 郭薇:“试论我国破产管理人监督机制的完善”,载《人民司法》2006年第9期。

[2] 李国光主编:《新企业破产法理解与适用》,人民法院出版社2006年版,第70页。

[3] “信息不对称理论”是由约瑟夫·斯蒂格利茨、乔治·阿克尔洛夫、迈克·斯彭斯三人分别从商品交易、劳动力和金融市场三个领域研究的课题。其基本内容为,有关交易的信息在交易双方之间分部不对称,使得交易过程中发生“逆向选择”和道德风险问题,降低市场运行效率。

到已经开始的执行程序中分配相应财产。

参与分配模式的适用一般仅限于被执行人是公民或其他组织的情况。但《执行规定》第九十六条规定，被执行人为企业法人的，在未经清理或清算而撤销、注销或歇业的情况下也可以参照适用该方式按比例清偿债务。此条规定为企业法人作为被执行人时适用参与分配制度提供了依据。正如前文所分析的，在“告知申请破产”模式运行不畅的现实情况下，法院出于公平保护已知债权人利益的考虑，在执行案件中对债务人财产分配的具体程序与方式多参照参与分配模式进行。就多个债权人针对同一企业债务人的强制执行案件中，确定债务人财产无法清偿全部债务时，并不依申请的先后顺序处理执行案件，而是按债权比例分配。这种做法具有一定的合理性，但也抑制了在后申请执行的债权人提起破产申请的意愿。

（四）司法过程中的实际考量

就符合破产条件的企业，在确实执行不能后是否都有必要转入破产程序，也存在不同观点。有观点认为，符合破产原因的企业只有进入破产清算程序，将债权债务关系全面、终局地处理完毕并消灭主体资格，才符合法律制度设计的初衷。但也有观点认为，部分案件的财产分配在执行过程中已经合理解决，并不是所有的执行不能案件都应当进入破产清算程序。特别是涉及部分执行案件申请人已经申请了财产保全，且实际查封、扣押、冻结了债务人财产的情况下，如果执行案件转入破产程序，必须解除财产保全措施，这势必对申请保全人特别是首轮查封申请人的利益造成重大影响，似乎造成了积极保护自身权利者遭受更大损失的不公平现象。如果存在已经执行完毕的案件，还会涉及执行回转，司法实践中同样存在很大障碍。此外，破产程序较之于执行程序增加的相关费用，实际上也会摊薄平均偿债率。基于上述实际情况的考量，并非所有符合破产条件的执行案件都转入破产程序。第二种观点非常实际地反映了实践操作以及利益的平衡。

三、强制执行程序与破产程序转换的现实意义

一项法律制度的设立都有其独特的功能定位，适用于某种特定的条件，一旦脱离这种条件，必然导致制度功能的缺失。探讨执行程序中提出破产申请，实现执行程序向破产程序的转换，需先对这两项制度的功能定位进行考量。

执行程序的功能在于通过公权利的介入保障债权实现的最大化、高效化和正当化。强制执行作为一种债权实现的方式，理应遵守“普通债权平等”这一民法基本原则，但是在针对企业法人的执行立法中，执行程序体现出明显的优先主义特征。在债务人财产足以清偿全部债权人的前提下，就如同鱼塘内的渔业资源丰富，任何一个债权人在捕鱼时无须考虑其他债权人利益，先到者先得（例如首轮查封

债权人利益）。这可以看作是对积极主张自身权利并付出成本调查债务人支付能力的勤劳债权人的一种合理回报。在债务人有能力清偿全部债务的前提下，执行程序的优先主义定位不但符合债权平等的基本原则，更有利于促使债权高效、有序地实现。

但是，在债务人财产无法满足所有债务人需求时，为避免债权人自我利益的扩张要求带来的对他人权利的漠视甚至侵害，亟须破产程序这样一种更加公平、有序的财产分配规则加以规制。破产法律制度最原始和最初的目的与原则是在债务人财产不足以清偿全部债务时，按照债权比例平等保护全体债权人利益。为达到债权人利益的最大化，破产法同时兼顾债务人利益。对于经营失败的企业，通过破产程序为其提供喘息、暂缓的机会，或者适当放弃部分已有权利以期待更长远的利益。例如，重整期间享有担保权的债权人暂停行使该项权利，债务人的出资人不得请求投资收益分配，以牺牲一部分利益的代价结成同一利益主体，以期换取企业可能的重生机会。

此外，维护基本社会利益也是破产程序的重要功能。一家企业的破产不仅涉及自身企业职工失业等社会问题，更可能波及其他企业的正常生产经营，形成连锁反应。破产和解、破产重整等预防型制度的出现，就是在维护基本社会利益的原则下提供了另一种利益的实现方式。

概括而言，破产程序较之于执行程序更多地关注公共事务管理问题，达到利益分配的合理状态。破产程序作为一种综合性、全局性、终局性的纠纷解决方式，显然是执行程序无法取代的。如果在债务人无法清偿全部债务的场合仍然强调执行优先主义，将会背离债权平等的基本原则。基于债务人财产不足以清偿债务的前提，及时、有效地实现执行程序与破产程序间的转换，至少存在以下积极意义。

第一，规范市场退出机制。通过执行程序向破产程序的转换，有效防止不诚信企业自行退市的逃债行为，通过司法程序消灭其主体资格，起到了强化社会管理职能、规范市场经济秩序的作用。

第二，保障债权公平受偿。一般执行程序中"抢跑道"优先受偿的规则和申请执行人按比例公平受偿的做法都不能全面保护债权人的利益，而破产程序的一系列规则能更好地保证债权的公平受偿。

第三，妥善化解执行积案。符合破产标准的企业充斥于执行程序中是形成大量无法执结"抽屉案"的重要原因。通过宣告企业破产，以消灭企业主体资格的形式可以终结大量执行积案，同时避免同一执行对象的案件不断进入执行程序，节约了有限的司法资源。

第四，恢复各项社会关系。经法院生效判决确认的债权无法通过执行程序兑现，社会关系事实上依然处于不稳定状态。此外，原本因商事活动中交易风险导致的执行不能往往被债权人误解为法院执行不力，造成债权人对法院不满和不信任，有损司法权威。经破产程序公平、彻底消灭债权债务关系，对各方利益纠纷作出综合性、终局性处理，有利于平复、消弭社会矛盾，将社会关系恢复到公正、稳定的状态。

出于对私法自治、司法中立原则的尊重，我国在破产程序启动机制的立法态度上一直坚持申请主义，即破产程序的启动必须由债权人、债务人中的一方向法院提起，无论企业是否符合破产条件，法院都不得依职权启动破产程序。[1] 在现有制度条件下，两种程序的功能对接需要探索研究，通过一系列制度安排来实现。

四、强制执行程序中申请破产清算的实务操作

（一）强制执行程序中破产程序的启动

法院不能依职权启动，债权人、债务人不愿提起申请，破产程序如何启动，是强制执行程序中申请破产清算面临的第一个同时也是最大的一个障碍。对此，实务中作如下探索尝试。

1. 债权人申请。债权人有通过破产程序挽回损失的利益驱动，执行程序中破产程序的启动主体应当首先着眼于债权人。（1）对于债权未到期或者已经到期未取得执行依据的债权人，他们无法通过强制执行程序快速实现权利，具有很强的提起破产申请的动力。对此，受理执行案件的法院在发现债务人已经呈现不能清偿到期债务的状态时，可以通过在债务人经营地张贴公告等形式及时传递案件信息，引导这部分债权人提起破产申请。（2）对已经申请强制执行，特别是处于轮候查封地位的债权人，一方面，法院严格依照强制执行的法律规定处理执行案件，这促使尚未进入执行程序的债权人因无法通过"参与分配"的方式实现债权，而会转向启动破产程序；另一方面，受理法院应充分行使释明权，特别是执行案件与破产案件分属不同法院管辖的情况下，应当告知权利人有权向有管辖权的法院提出破产申请。

2. 债务人申请。依破产法的规定，债务人完全可以申请破产，但从现实情况

---

〔1〕 世界各国与地区的立法例，破产程序的启动主要采取申请主义和职权主义两种方式。职权主义，是指法院受理破产案件，作出破产宣告，并不以存在当事人的申请为必备条件，只要债务人发生破产原因，在法律规定的情况下，法院可以依职权受理破产案件，作出破产宣告。如我国台湾地区"破产法"第60条规定："在民事诉讼或者执行程序中，法院查悉债务人不能清偿债务时，得依职权宣告债务人破产。"参见陈计男：《破产法论》，三民书局1988年版，第108页。

看,我国企业通常并无主动申请破产的动力。[1]《企业破产法》虽然规定了企业法人已解散但未清算,或者未清算完毕,资产不足以清偿债务时,清算责任人负有向人民法院申请破产清算的法定义务,但企业未解散时无法清偿到期债务的情形并无特别规定。德国及英美法系国家立法确定了公司的法定代表人、董事、股东的法定提出义务,公司在临界破产界限后三个月内,必须提出破产申请,否则应当承担由此造成的损害赔偿责任甚至刑事责任,加大责任人不作为的成本,促使其主动申请企业破产。对此,国外立法可以供我们研究借鉴。

(二)破产费用的负担

很多因执行不能而长期中止的案件,债务人无任何财产,一旦进入破产程序根本没有资金支付管理人报酬、债权人会议费用等破产费用;而经强制执行没有实现权利的申请人不愿另行支付破产费用增加追债成本。破产费用无从落实是执行程序中启动破产程序的主要障碍之一,也是实践难题,需要加以研究解决。

我们认为,解决破产费用的负担问题,需要完善相关制度,从企业与政府两方面着手。如可以通过立法确定公司破产清算准备金制度。在开业经营时起,按照注册资本、营业收入等为基础按一定的标准在有效经营时缴纳一定的破产清算准备金,为将来可能发生的破产费用做准备。也可以由国家财政拨出专项资金。企业在市场竞争中经历从生到死的一个自然过程,其实都伴随着政府的管理与干预。政府出资支持破产启动的做法,是公共资源作为个体利益的成本分摊,是一种聚合化的公共利益,有助于公共利益的实现。通过公共财政的支出为市场经济创造良好的运行环境应当是无可非议的。当然,如何确保这样的公共支出确实符合公益,是一个重大而现实的课题。

(三)强制执行程序中申请破产清算的审查要点

对于在强制执行程序中提出的破产清算申请,其基本的审查要点与其他破产申请的审查应当是一致的,如债务人具备破产资格,符合破产原因,不存在法律上或事实上的破产障碍。具体到执行过程中如何判断企业是否已达到破产法规定的破产界限,应结合被申请人已经经过强制执行司法程序这一特点。我们在总结审判实践的基础上,认为应注意审查以下几个方面。

1. 执行程序中已初步认定被执行人所有财产不足以清偿到期债务,执行案件因此处于中止状态。企业的财务状况与执行案件中体现出的无法清偿债务状况相一致。

---

〔1〕 相反,美国的破产清算申请中,99.5%以上的申请都是由债务人提出的,其破产法更加注重破产预防和债务人重生。参见潘琪:《美国破产法》,法律出版社1999年版,第27页。

2. 存在多个债权人，未执行到位的债务金额占全部债务的比例较大。未获清偿债务的数额及比例的审查便于法院判断，债务人是否确实欠缺清偿能力。

3. 执行不能呈现持续状态，而不是因一时资金周转困难无法清偿债务。如果债务人因暂时资金困难无力履行偿债义务，应当从社会及经济秩序的稳定和企业长远发展考虑不轻易启动破产程序。

4. 对债务人申请破产清算或者单个债权人提出破产清算时，应注意审查是否存在利用破产程序逃避债务或者阻碍正当执行程序的非法目的。

5. 在缺乏偿债能力、企业财产被查封的情况下债务人仍然对外提供财产担保的，应当依据债权人的申请，审查是否存在为损害债权人利益、恶意提供担保的情形。

债权人申请破产时，很难全面、精确掌握债务人的资产状况和偿债能力。法院可不要求债权人提交债务人的财产状况说明、债权债务清册等资料，审查的重点应当是债务人能否清偿到期债务。如果债务人认为没有出现破产原因、对债权人的申请有异议的，可以依法通过异议程序或者直接清偿债务来阻却破产申请的受理。

此外，为了给执行程序中提出申请破产清算创造有利条件，人民法院在办理强制执行案件过程中，对于数个债权人申请同一债务人的执行案件，应当审慎分析、统筹考虑，防止已经受理的强制执行影响后续债权人的合法权益。

（四）执行程序与破产程序的衔接

依据破产程序优先原则，破产案件受理后，债务人只受破产程序的拘束，所有法律上的救济手段应当让位于破产程序。有关债务人财产的保全措施应当解除；对债务人财产的执行程序尚未启动的，不得启动；尚未执行完毕的，应当中止。实践中应当注意以下几点。

1. 处理好执行案件与破产案件的管辖问题。执行案件与破产案件适用不同的管辖原则，破产案件由债务人住所地人民法院管辖，执行案件由一审法院或者与一审法院同级的被执行财产所在地法院执行。在两类案件分属于不同法院管辖的情况下，破产案件的受理法院应当全面了解债务人的涉诉情况，及时向执行法院送达破产受理通知，以便及时中止执行，避免破产债权的不当减损引起债权人不满。

2. 因执行、破产案件的不同管辖，可能存在执行案件所在法院对破产案件的受理并不知情的情况，导致破产案件申请受理后没有及时中止执行案件。如果发生破产案件申请受理后进行的执行行为，因不符合《企业破产法》第十九条“人民法院受理破产申请后，有关债务人财产的保全措施应当解除，执行程序应当中止”的规定，裁定责令取得财产的人予以返还，并交由管理人作为破产财产统一分配。此外，中止执行程序针对的是债务人财产的执行措施，对于某种行为的执行，如赔礼道歉、停止侵害这样不涉及债务人财产的行为则无须中止。

3. 对执行完毕的界定，通常认为以被执行财产的所有权正式转移到执行申请人名下为准。具体而言，执行标的为金钱的，以金钱交付或银行转账到账为准；一般动产以交付为准；不动产或者需登记过户的，以实际登记变更为准。未执行完毕的一律中止执行。

4. 执行程序中控制财产的移交。在执行案件与破产案件分属于不同法院管辖时，就执行案件中已经由法院控制的财产，应当移交破产案件受理法院。

[案例 2.12] 某房地产开发经营有限公司破产案

2006 年 7 月 6 日，A 银行申请对某进出口股份有限公司、某(集团)有限公司强制执行，在该强制执行过程中，某房地产开发经营有限公司(以下简称某房地产公司)自愿向 A 银行提供担保，对上述两被执行公司所欠债务承担连带保证责任。B 银行在申请对上述两公司的执行过程中，也同样获得了某房地产公司的担保，即某房地产公司成为上述两被执行公司的连带保证人，但一直未能履行担保清偿责任。债权人 A 银行与 B 银行认为，某房地产公司已无力清偿上述债务，故于 2010 年 6 月申请某房地产公司破产，黄浦区法院经审查后受理了破产申请。

黄浦区法院受理某房地产开发经营有限公司破产清算一案后，上海一中院关于该房地产公司的系列执行案件均中止执行，并将所有执行过程中查封冻结的财产移交给黄浦区法院。

第四节　公司强制清算程序中申请破产清算

一、强制清算与破产清算之比较

(一)强制清算制度的性质与特征

所谓强制清算，是指公司出现解散事由后，公司未在法定期限内成立清算组开始清算，或者有其他清算的障碍时，基于权利人的申请，由法院或者主管机关等公权力介入而进行的清算。[1]《公司法》第一百八十四条规定，公司应当在解散事由出现之日起十五日内成立清算组，依法进行清算。公权力机关及公司债权人一般不直接干预公司的清算事务，只有出现特定事由导致公司怠于清算、不法清算危害权利人利益时，法律才赋予权利人相应的救济手段，以保护债权人合法利益。目前

[1] 刘敏:《公司解散清算制度》，北京大学出版社 2010 年版，第 148 页。

规范我国公司强制清算程序的法律法规及政策性法律文件主要有《公司法》、《公司法解释(二)》以及 2009 年最高人民法院发布的《清算纪要》。

强制清算程序是一种非讼程序。人民法院审理公司强制清算案件，是公司在法人资格终止前清理未结债权债务的司法强制活动。首先，此类案件没有讼争性，向法院申请启动清算程序的主体为申请人，申请人提出申请的目的在于让法院组织相关力量对本该清算的公司按照法定程序进行清产核资，不涉及其他的民事权益争议。其次，此类案件的审理多由人民法院依照特定的法律程序进行，例如债权申报、债权人会议、债务人财产的管理与变价，均与诉讼程序明显不同。

对强制清算特征的准确理解，主要从以下两个方面进行把握。

1. 对股东及债权人而言，体现公权力对自治领域的介入和救济

清算本来属于公司自治范畴，公司在出现解散事由后，应自行组织清算组进行清算。但实务中常常存在公司部分股东或者负责人故意拖延清算，或者转移私分公司财产、逃废债务，致使被解散公司处于休眠状态而无法终止等。而公司强制清算制度构建的目的是通过公权力的介入，依照法定程序，及时有效地处理债权债务，保障债权人等利害关系人的合法权益，避免因长期拖延清算带来的不必要的损失。

2. 对公司本身而言，是结束其休眠状态的程序

公司并不因解散事由出现而导致公司人格的消灭。只有通过清算，清查公司财产、核实公司债权债务并作出妥善处理，终结公司现存的法律关系，处理完毕公司剩余财产之后才能最终消灭法人资格。如果清算义务人不积极主动履行清算职责，公司既不能正常经营，又无法终止法人资格，实际上处于休眠状态，公司财产面临转移、毁损、灭失的风险，股东和债权人的利益得不到保障，社会资源无法得到有效利用。启动强制清算程序，公司才能够脱离这种“植物人”状态。

经强制清算程序后，公司可能进入以下几种状态。(1)终止法人资格。公司依法终结清算，清算组制作清算报告并报法院确认后，法院裁定终结清算程序。公司登记机关依清算组申请注销公司登记后，公司终止。(2)公司继续存续。公司因章程规定的营业期限届满或者章程规定的其他解散事由出现，或者股东会、股东大会决议自愿解散的，法院受理债权人强制清算申请后，对股东进行剩余财产分配前，公司通过修改章程，或者股东会、股东大会决议公司继续存续，人民法院可以根据被申请人的请求裁定终结强制清算程序，公司可以继续存续。(3)转为破产清算。公司在强制清算中，清算组发现公司存在财产不足以清偿债务等破产法规定的破产原因，而依法向法院申请破产。

(二)强制清算与破产清算的制度差异

破产清算系基于《企业破产法》的规定进行的清算程序。破产清算制度是解决债务人破产时债务清偿问题的专门法律制度。它不仅调整了公司股东、债权人、劳动者等多种法律关系和多方利益主体的诉求,而且涉及整合社会资源、重新优化配置、提高资源利用效率与水平的价值目标。

破产清算的特征,突出体现在如下两个方面。第一,破产清算是侧重公平分配的债务清偿程序。对于无法以其全部财产清偿到期债务的企业而言,为让全体债权人获得公平受偿的机会,就必须剥夺债务人对企业全部财产的管理处分权,通过法院的介入建立一种公平有序的债务清偿程序,从而使各个债权得以最大化、公平有序的清偿。第二,破产清算是市场主体的优胜劣汰程序。破产清算是对企业债务人现存全部法律关系的彻底清算,是对债务人全部财产的清算,由破产管理人在法院的主持下进行。一方面,使企业股东在出资范围内对企业债务承担有限责任;另一方面,企业全部财产用来偿还债务,直接导致债务人民事主体资格消灭的法律后果,是市场经济优胜劣汰的淘汰程序。

公司强制清算与破产清算虽然在具体程序设计上存在公权力介入清理债权债务的相似性,但两种制度之间依然存在较大的差异。

1. 适用的法律依据和启动原因不同

公司强制清算依据的是《公司法》及相关司法解释的规定。根据《公司法解释(二)》的规定,强制清算的启动事由为公司解散逾期不成立清算组进行清算、虽然成立清算组但故意拖延清算,以及公司违法清算可能严重损害债权人或者股东利益。而破产清算则依据《企业破产法》及相关司法解释进行。《企业破产法》第二条规定,企业破产清算的原因为"不能清偿到期债务,并且资产不足以清偿全部债务或者明显缺乏清偿能力"。

2. 制度体现的法律价值不同

强制清算是在公司能够清算而不愿清算或者存在不法清算的情况下发生,故强制清算的主要价值在于打破公司清算僵局、保证清算工作公正高效地进行。因此,强制清算制度体现了法律的效率与秩序价值。而破产清算侧重于债权人的公平受偿,通过破产程序达到公正处理债务清偿不能的目的,使债权人享受公平受偿的权利。

3. 法院受理时的公司财产状况不同

依照《公司法》第一百八十四条的规定,当公司出现解散事由,包含章程规定的解散事由、股东会决议解散事由、行政命令强制解散事由以及股东通过司法途径请求解散公司事由,公司逾期不自行清算,人民法院将依申请启动强制清算程序。

从立法本意来看,强制清算的发生前提是未及时清算,财产状况尚未发现存在破产法规定的破产原因。而依照《企业破产法》的规定,在公司已出现破产原因,即不能清偿到期债务,并且资产不足以清偿全部债务或者明显缺乏清偿能力的情况下,才启动破产清算程序,即破产清算立足于公司财产状况。

司法实践中,出现相当多公司解散后未经清算而公司财产状况不明的情况,此时对清算申请应适用强制清算程序还是破产清算程序,实践中如何把握存在困惑。我们认为,当法院在审查强制清算申请时就已发现公司存在破产原因的,应向申请人释明,按照《企业破产法》第七条的规定以及最高人民法院《下落不明债务人破产案批复》的规定,变更强制清算申请为破产清算申请。因为假若法院先受理强制清算申请,再转为破产清算程序,势必会造成当事人诉讼成本和法院司法资源的浪费,也会降低清算效率。对于释明后的具体操作,上海市高级人民法院在2011年的《关于审理公司强制清算案件及相关纠纷若干问题的解答》第一条中提供了参考意见。如果申请人坚持申请强制清算的,而公司已出现破产法规定的破产原因,法院应裁定不予受理强制清算申请。也就是说,当有证据表明公司存在破产原因时,法院应向申请人释明,变更强制清算申请为破产清算申请。

[案例 2.13] 上海某实业公司强制清算转破产清算案

债权人民生银行上海分行向宝山区法院申请对债务人上海某实业公司进行强制清算。被申请人被工商行政管理局于2004年2月4日吊销了营业执照,此后未成立清算组进行清算。申请人对被申请人所享有的债权经法院强制执行仍无法得到清偿。法院认为,被申请人已经不能清偿到期债务,具备了破产原因,申请人没有必要对上海某实业公司申请强制清算,而应直接申请破产清算。经法院释明后,申请人坚持要求进行强制清算。最终,法院依照《企业破产法》第二条、第七条的规定,裁定不予受理申请人对上海某实业公司的强制清算申请。2011年12月29日,该银行债权人以上海某实业公司具备不能清偿到期债务等破产原因为由,向法院申请对该公司进行破产清算,法院依法裁定受理了申请人的破产清算申请。

此案例即反映了不同程序启动的原因标准把握以及实务处理方式问题。申请人可能出于对公司财产状况不明,或者对后续清算义务人责任追究期望而选择强制清算。但是,一旦法院查明公司存在破产原因,即应向申请人释明,变更申请为破产清算程序。若申请人坚持申请强制清算的,法院应裁定不予受理强制清算申请。

4. 能否有效阻断执行程序不同

《公司法》及司法解释对公司进入强制清算程序后,法院执行程序是否中止并未作出明确规定。因此,当公司进入强制清算程序后,可能存在清算组和法院两个主体共同主导着公司对外清偿债务的行为。而《企业破产法》第十九条规定，人民法院受理破产申请后，执行程序应当中止。该规定使得破产清算程序进行期间，始终只存在破产管理人这个唯一支配公司财产的主体，依据生效法律文书享有债权的执行申请人，可以向破产管理人申报债权。

5. 启动程序后的法律效力不同

由于破产清算启动的前提是公司财产不足以偿还全部债务，因此，破产清算程序的启动具有冻结清算中公司财产的效力。也就是说，破产清算程序启动后，一是所有针对破产企业的给付之诉不得再行提起，对于申报债权过程中所产生的争议只能提起破产债权的确认诉讼；二是所有针对破产企业的保全措施应当解除，所有债权债务关系一并归入破产清算程序中“一揽子”解决，以保障全体债权人的公平受偿。而强制清算程序启动的前提是公司财产未必不足以偿还全部债务。因此，强制清算程序的启动不具有冻结清算中公司财产的效力，对于强制清算期间公司的给付之诉和强制执行不具有停止功能。

6. 清算人与法院参与程度不同

启动强制清算后，公司财产理论上尚足以偿还全部债务，公司的清算事务主要由清算组自行完成，法院及债权人的参与程度弱于破产清算程序。因此清算组成员的选任主要考虑能否便于公司清算的顺利进行和迅速完结。公司股东、高级管理人员作为公司内部人员控制、参与或者监督公司的经营管理，对公司的财产、负债等情况更为了解，利于清算的顺利进行，可以成为清算组成员。而在破产清算时，财产已经不能清偿到期债务，此时人民法院介入的程度更深、控制更严。《企业破产法》通过管理人制度来确保程序推进，担任破产管理人的人员，法律要求不得与公司或者公司债权人等存在利害关系，因为公平清偿债务是破产程序的重要目标。

7. 审理期限不同

基于强制清算程序所应体现的效率价值，为了确保强制清算工作及时、高效地完成，维护权利人利益及社会秩序稳定，《公司法解释(二)》第十六条规定，人民法院组织清算的，清算组应当自成立之日起 6 个月内清算完毕；因特殊情况无法在 6 个月内完成清算的，清算组应当向人民法院申请延长。而破产清算制度由于程序相对繁琐，并无审理期限的规定。

(三)强制清算向破产清算程序转换的现实意义及立法规制

强制清算的前提是公司尚有足额财产可以清偿债务，或者所负债务虽有超过公司资产之嫌，但尚未确定是否实际超过。经过公司债权债务清理之后，公司资产是否足以清偿全部债务，方始明确。若公司财产大于所负债务时，强制清算得以顺利进行，债权人可获得全额清偿。若公司财产不足以清偿债务时，公司发生资不抵债的情形，符合破产条件的公司应通过破产清算程序最终予以注销。此时，两种程序的转换也成为一种必然。转换程序的设置能填平制度的差异，实现两种程序的顺利过渡，具有重要的实践价值。在债权人申请强制清算的案件中，强制清算进行到一定阶段甚至财产处理完毕才发现资产不足抵偿债务的情形时有发生。

这种情况的出现一方面是由于现行公司制度尚缺乏行之有效的信息披露机制，债权人与经营者处于信息上的不对称地位，导致申请人无法全面掌握公司内部经营信息及资本运营情况，缺乏对公司资产和负债状况进行评价的能力；另一方面强制清算过程中，公司资产变现的价值常常低于其账面价值，客观上也导致公司在资产处理完毕后才发现资不抵债的情形。因此，在审判实务中，强制清算向破产清算转换的研究具有操作的现实需要。

目前，对于强制清算向破产清算程序的转换，《公司法》、《企业破产法》相关条文仅作出了原则性规范。《公司法》第一百八十八条规定："清算组在清理公司财产、编制资产负债表和财产清单后，发现公司财产不足清偿债务的，应当依法向人民法院申请宣告破产。公司经人民法院裁定宣告破产后，清算组应当将清算事务移交给人民法院。"《企业破产法》第七条第三款规定："企业法人已解散但未清算或者未清算完毕，资产不足以清偿债务的，依法负有清算责任的人应当向人民法院申请破产清算。"然而，上述条文仅涉及强制清算在资不抵债情形下应向破产清算程序转换的原则性规定，对于两种程序如何平稳有序地过渡和衔接，尚无具体规定，法院在审理该类案件时缺乏具体、翔实、可操作性的法律规范，导致案件审理进展困难，且存在执法尺度不一的状况。

二、强制清算程序向破产清算程序转换的启动

强制清算程序向破产清算程序的转换具有法定性，如《公司法》第一百八十八条规定：清算组在清理公司财产、编制资产负债表和财产清单后，发现公司财产不足以清偿债务的，应当依法向人民法院申请宣告破产。该清算应包括自行清算和强制清算两种情形。可见清算组作为对公司负有清算义务的人，依法具有向人民法院提出破产申请的义务，法院得依当事人申请启动清算向破产的转化程序。

（一）转换申请的实质要件和例外

公司在清算程序刚开始时，其确切的资产负债情况一般并不清楚，但在经过财产和债权债务的清理之后，公司资产是否足以清偿全部债务即可明确。若公司财产不足以清偿全部债务，存在《企业破产法》第二条规定的破产原因实质要件情形的，即应根据《公司法》第一百八十八条及《企业破产法》第七条第三款的规定，启

动破产清算程序。

《公司法解释(二)》第十七条对强制清算中是否转换为破产清算又作了特殊规定,人民法院指定的清算组在清理公司财产、编制资产负债表和财产清单时,发现公司财产不足清偿债务的,可以与债权人协商制作有关债务清偿方案。债务清偿方案经全体债权人确认且不损害其他利害关系人利益的,经人民法院认可,清算组依据该清偿方案清偿债务后,应当向人民法院申请裁定终结清算程序。债权人对债务清偿方案不予确认或者人民法院不予认可的,清算组应当依法向人民法院申请宣告破产。

上述司法解释引入了协商机制,使公司财产无法清偿债务时并不必然进入破产程序。只有债权人对债务清偿方案不予确认或者人民法院不予认可的,才进入破产清算程序,从而提高了清算效率,节约经济成本。意思自治是民商法律的基本原则,如全部债权人与清算中公司就债权清偿形成和解安排,属于各方处分其民事权利的行为,在不损害他人利益或者公共利益的情况下,法律应认可其效力。如果法院不顾当事人意思自治而依职权强行转向破产清算,只会徒增债务清偿的时间成本和费用支出,不利于对债权人利益的保护。《公司法解释(二)》第十七条从促进清算效率的角度出发,确立了司法强制清算中的协商机制,鼓励清算组与债权人达成协议来解决债务清偿问题。[1] 因此,强制清算中已经资不抵债的公司与债权人达成债务清偿协议的,不必再向破产清算转换。

(二)申请的主体范围

关于强制清算向破产清算程序转换的申请主体,《公司法》第一百八十八条规定,清算组在清理公司财产、编制资产负债表和财产清单后,发现公司财产不足以清偿债务的,应当依法向人民法院宣告破产。《公司法解释(二)》第十七条也规定,在强制清算中,如果发现公司财产不足以清偿债务的,清算组应当依法向人民法院申请宣告破产。上述条文是对清算组发现如公司有资不抵债的情形,应主动提出破产清算的强制性规定。当然,《公司法》及司法解释的上述规定并未排除其他申请权利人的权利,只是进一步强化了清算组的责任和义务。最高人民法院在《清算纪要》中还明确"有关权利人"可以提起程序转换申请,但对"有关权利人"的具体指向则没有细化。从理论上讲,有权提起破产申请的人都应有权提起转换申请,强制清算中清算组负有提起转换申请的义务,但当清算组怠于提出破产申请的情况下,其他权利人当然有提出程序转换申请的权利。因此,清算组、债务人

---

〔1〕 游伟、李春:"公司解散清算向破产清算转换问题研究",载 http://www. a - court. gov. cn/platformData/infoplat/pub/no1court_2802/docs/200901/d_556502. html,2011 年 10 月 22 日访问。

(公司本身)、债权人和依法负有清算义务的人都有权提起程序转换申请。

值得注意的是,《公司法》、《企业破产法》和《清算纪要》均未赋予法院主动转换清算程序的权力。实践中,法院若发现公司出现破产原因,须采取向申请人或清算组释明的方式,由清算组或者申请人提出程序转换申请。

如上述案例2.13中,法院在审查中发现强制清算程序的被申请人已经具备了破产原因,但法院本身不能将申请人的强制清算申请直接转为破产清算申请。因此法院向申请人释明,如果申请人拒绝,法院只能依法裁定不予受理强制清算申请。

(三)申请的时间节点

在清算过程中哪一时点提出破产清算申请,《公司法》对于清算组具体履行解散清算职务的期间并未作出规定,也未设立特别的标志作为判断标准。因此,对于清算组在何时清理完公司财产、编制好资产负债表和财产清单,进而有机会发现公司财产是否足以清偿债务,无法在时间上量化。从目前的规定来看,强制清算向破产清算转换的时点可以将确定清算公司存在法律规定的破产原因之时为原则。

三、强制清算程序与破产清算程序的衔接

(一)清算组与破产管理人身份的衔接问题

由强制清算转换为破产清算程序后,破产管理人取代清算组履行清算职责。《企业破产法》确立了管理人制度,规定管理人主要由依法设立的律师事务所、会计师事务所、破产清算事务所等社会中介机构担任,并规定可以由有关部门、机构的人员组成的清算组担任管理人。那么,强制清算中的清算组能否成为破产清算中的管理人呢?

《清算纪要》第三十四条规定:“公司强制清算转入破产清算后,原强制清算中的清算组由《人民法院中介机构管理人名册》和《人民法院个人管理人名册》中的中介机构或者个人组成或者参加的,除该中介机构或者个人存在与本案有利害关系等不宜担任管理人或者管理人成员的情形外,人民法院可根据企业破产法及其司法解释的规定,指定该中介机构或者个人作为破产案件的管理人,或者吸收该中介机构作为新成立的清算组管理人的成员。”根据这一规定,强制清算的清算组与破产清算的管理人存在一定的不同之处,可能存在身份转换问题。

1. 可以保留强制清算中清算组内的中介机构

就中介机构的选任而言,两种程序具有兼容性。根据奚晓明主编的《最高人民法院关于公司法解释(三)、清算纪要理解与适用》一书的观点,当转换为破产清算程序时,在没有例外的情形下,保留原有的中介机构,延续承担破产管理人的职

责,能节省大量的时间,体现程序的便捷性,避免程序过长而增加对破产财产的耗费,保障债权人的利益。因此,除非存在《清算纪要》第三十四条所述的"与本案有利害关系等不宜担任管理人或者管理人成员的情形",原清算组中的中介机构或个人可以作为破产清算中的管理人或者管理人的成员。上海法院审理强制清算案件确定中介机构成员时,根据上海市高级人民法院《关于公司强制清算案件指定清算组中介机构适用企业破产案件管理人指定办法的通知》(沪高法[2010]285号)的规定,在《上海市企业破产管理人名册》的候选人中随机指定。也就是说,强制清算中清算组的中介机构人员都由名册中的中介机构组成或参加。

[案例2.14]上海汇裕国际货物运输代理有限公司强制清算转破产清算案[1]

浦东新区法院受理上海汇裕国际货物运输代理有限公司强制清算案件后,[2]某律师事务所(系破产管理人名册中的中介机构)作为清算组成员进行清算。清算组在清算过程中发现被申请人存在资不抵债的情形,遂依法向法院申请破产清算。浦东新区法院受理该公司的破产清算案件后,在指定管理人时考虑到原清算组的工作较为尽职尽责,由其继续担任管理人较为经济合理,并根据《最高人民法院关于公司法解释(三)、清算纪要理解与适用》中的观点,遂指定上述律所作为破产程序中的管理人。

2. 更换强制清算中与案件存在利害关系的清算组成员

破产清算相对于强制清算而言,倾向于以公平清偿并保护债权人合法利益为目的,公权力介入程度更高。因此《企业破产法》第二十四条规定了管理人制度,"管理人可以由有关部门、机构的人员组成的清算组或者依法设立的律师事务所、会计师事务所、破产清算事务所等社会中介机构担任",同时对不得担任管理人的四种情形作了界定,包括(1)因故意犯罪受过刑事处罚;(2)曾被吊销相关专业执业证书;(3)与本案有利害关系;(4)人民法院认为不宜担任管理人的其他情形。《指定管理人规定》第二十三条、第二十四条也对社会中介机构、清算组成员及派出人员与案件存在利害关系、不得担任管理人的具体情形作出了界定。

根据《清算纪要》第二十二条的规定,人民法院受理强制清算案件后,应当及时指定清算组成员,公司股东、董事、监事、高级管理人员能够而且愿意参加清算的,人民法院可优先考虑指定上述人员组成清算组。该规定是基于强制清算的目的,便于公司清算顺利进行和高效完结。但转换为破产清算程序后,公司财产已经不能清偿所有债务,此时法律保护的是公司财产在各债权人之间的公平清偿,而公

[1] 上海市浦东新区人民法院(2011)浦民二(商)破字第8号。

[2] 上海市浦东新区人民法院(2011)浦民二(商)清(算)字第10号。

司股东、董事、监事、高级管理人员与公司或者债权人之间存在利害关系，已经不适宜继续担任管理人的角色。同样，清算组中的社会中介机构若符合最高人民法院《指定管理人规定》第二十三条、第二十四条，“与案件有利害关系，可能影响其忠实履行管理人职责的”，在程序转换为破产清算后，也应当被及时更换，便于破产清算的公平进行。

3. 其他问题

根据《企业破产法》第二十四条第一款的规定，管理人可以由有关部门、机构的人员组成的清算组担任。司法实践中，当国有企业破产时，会涉及国有资产的处理、职工安置等系列复杂的问题。为了促使破产清算程序公正合理地进行，最大限度地消除企业破产带来的负面影响，此时破产管理人需要扩充一些政府部门或相关机构的人员担任。一般认为，有关部门、机构包括破产企业的上级国资主管部门、政府财政部门、工商行政管理部门以及税收、劳动、社保等部门，必要时可以吸收其工作人员加入到破产管理人组成之中。

(二) 原申报债权与破产债权的衔接问题

在强制清算程序中，清算组往往已经实施过许多工作，转为破产程序后，这些已经完成的清算事项如何定性、如何与破产程序相衔接，《企业破产法》、《公司法》及相关司法解释并无具体规定，仅在《清算纪要》第三十五条作出原则性意见：“如无违反企业破产法或者有关司法解释规定情形的，在破产清算程序中应承认其效力。”

在强制清算过程中，债权人应及时向清算组申报债权，债权申报程序是清算过程中一个重要的步骤。强制清算转为破产清算程序后，原债权申报程序的效力如何，实践中存在不同的观点。第一种观点是一概继承说。理由是强制清算程序中的清算组是由法院指定的，其实施清算事务过程离不开法院的监督，转为破产清算程序也是依照法律规定进行的，破产清算程序是对强制清算程序的延续。如果重复已经完成的清算事务会降低破产案件审理效率，增加破产成本，影响债权人合法权益的实现。第二种观点是一概否定说。理由是破产程序较强制清算程序更为严格，是按照破产法相关规定实施的，强制清算中的事务则是依据公司法的程序进行，两个不同的法律规定了不同的实施程序，立法目的也不一样，应该严格依照破产法的规定重新实施相关清算事宜。第三种观点是部分确认说。管理人在破产清算工作进行中，可以参考清算组已经完成的工作内容，如果清算组实施的清算事务不违反《企业破产法》或者相关司法解释规定的情形，可以在破产清算程序中承认其效力。

我们认为，第三种观点比较符合实际。具体区分为以下三种情况进行分析。

1. 强制清算程序中已申报债权，在破产清算中的效力认定问题

根据《最高人民法院关于公司法解释（三）、清算纪要理解与适用》一书的观点，对于强制清算中已申报的债权，可以作为破产清算中的已知债权，但不能直接作为已申报债权，管理人仍需书面通知该等债权人，而债权人仍需经申报程序后方能行使破产程序中的权利。理由如下。首先，债权申报对债权人权益保护影响重大，应谨慎操作。在强制清算程序中，债权申报是清算组制定清算方案的依据，也是衡量公司财产是否资不抵债需要转为破产程序的前提；在破产程序中，其更是债权人具备资格参加债权人会议、参与表决并最终参与公司财产分配、获得清偿的前提。其次，鉴于债权人在破产清算程序中参与度较高，通知其再行申报债权，也是起到告知进入破产程序的作用。最后，从严格依据破产法规定的流程来看，原已申报债权应作为破产程序中的已知债权再行申报，由管理人进行审核，也是出于对公司和股东权益保护的需要。

已申报债权作为破产清算中的已知债权，依照《企业破产法》第十四条的规定，应书面通知已知债权人，并予以公告。由于存在程序转换的特殊性，在通知和申报程序上，可以采取简化的方式。比如在北方证券破产案件的实践中，采用公告确认的方式，将行政清理过程中已申报债权确认为破产清算中已申报债权。这里虽然是破产程序而不是强制清算程序，但做法可以借鉴，以提高清算效率。

在上述（案例 2.14）中，原来的清算组方达律所继续担任了破产管理人，之前债权人向清算组申报的债权，由方达律所作为已知债权告知法院，法院遂向这些已知债权人发送书面通知要求其申报破产债权。管理人方达律所进行审核后，又召开了债权人会议，将这些债权确认为破产债权。这种做法既严格遵守了法律的规定，又可以提高效率、节约资源，值得参考。

2. 强制清算程序中逾期申报或者未申报债权，在破产清算中是否给予申报资格

对于强制清算期内逾期申报以及未申报的债权，我们认为，转换为破产清算程序后，在破产财产最后分配前也应给予申报资格，使其获得在破产清算程序中平等受偿的机会。

《公司法》对强制清算中逾期申报债权的后果未作出规定，《公司法解释（二）》第十三条、第十四条对债权人在规定期限内未申报债权、在公司清算程序终结前补充申报的债权如何受偿作出了较为详细的规定。根据《公司法解释（二）》第十三条第一款的规定，债权人未在规定期限内申报债权，在公司清算程序终结前补充申报的，清算组应予登记。第十四条第一款规定，债权人非因重大过错，在公司清算程序终结前补充申报债权的，可以在公司尚未分配的财产，以及股东已经取

得分配的剩余财产中依法获得清偿。第十四条第二款规定,债权人或清算组不得以尚未分配财产和股东在剩余财产分配所得不足以清偿全额补充申报债权为由申请破产清算。由此可知,在公司财产足以清偿期内申报债权但不足以清偿期内申报债权和逾期申报债权的总额时,逾期申报债权不应享有与期内申报债权平等的受偿权,只能在应由或已由期内申报债权先行分配后剩余部分的财产内依法获得清偿。

如果公司财产因不足以清偿期内申报的债权,由强制清算转为破产清算程序时,逾期申报债权是否重新获得申报资格?根据《企业破产法》第四十八条、第五十六条等的规定,我们认为,破产法旨在保护债权人的合法债权获得公平清偿的机会,破产债权申报程序应严格依据法律规定进行,只要债权人在破产法规定的期限内申报债权,就应给予平等保护的机会。如果强制清算转换为破产清算程序后,产生了债权人申报债权的权利受到限制或者丧失的后果,对债权人而言并不公平。对法院而言,强制清算转换为破产清算程序,表示强制清算程序已经终结,新受理的破产案件应依照破产法规定的程序进行。对于债权申报这类直接关系到债权人权利能否得到满足的重要程序而言,更应当从宽对待,不宜轻易否定债权人的权利。因此,转换为破产清算程序后,在强制清算程序中逾期申报的债权,只要在法院规定期限内申报的,均可重新获得申报资格,取得公平清偿的机会。

同样,当公司财产不足以清偿期内申报债权而转换为破产清算程序时,对于强制清算期内未申报债权,在破产财产最后分配前也应给予申报资格,使其获得在破产清算程序中平等受偿的权利。

3. 强制清算中对债权的审查意见能否为破产清算程序所直接采纳

在强制清算程序中,债权审查的主体是清算组,而破产清算程序中审查债权的主体是破产管理人,由于组成人员产生变动,债权审查意见可能会存在不一致。我们认为,按照上述第三种“部分确认说”观点,管理人在进行债权审查工作并编制债权表时,可以参考清算组的审查结果与内容,在不违反《企业破产法》或者相关司法解释规定的基础上,应承认原债权审查的意见内容。再者,根据《企业破产法》第五十八条的规定,管理人对申报债权进行审核并编制的债权表,应提交第一次债权人会议核查。如果债务人、债权人对债权表记载的债权有异议的,还可向受理破产申请的法院提起异议之诉。由此可见,破产法的程序设计可以起到有效审查和纠正的作用,为提高破产案件的审理效率,对强制清算程序中债权审查意见进行适当参考和沿用并无不妥。

(三)清算组已实施的财产处分行为的效力衔接问题

清算组在强制清算期间,代表公司参与各项民事活动,对内执行清算事务,对外了结公司债权债务，此间必然会涉及对公司财产进行处分的行为。该财产处分行为的效力如何认定，是强制清算程序与破产清算程序衔接中的重要问题。

《企业破产法》第四章对涉及财产处分行为的效力作了一系列明确规定。对于清算组在清算过程中已经实施的财产处分行为，破产管理人必须依照破产法的相关规定，审查其行为的合法性，对符合法律规定的行为效力予以追认；对欺诈性财产转让、个别清偿行为，则可申请人民法院予以撤销或要求确认无效，并追回财产。

除此以外，如果由于清算组不当处分对破产企业或债权人造成损失的，公司或债权人还可以按照《公司法》第一百九十条第三款及《公司法解释（二）》第二十三条第一款的规定，向清算组主张损害赔偿责任。

（四）清算费用的衔接问题

强制清算中已经发生的清算费用，是为了保证清算程序的顺利进行而支付的各项费用，包括公司财产管理中产生的费用、清算组人员执行清算事务所需费用、中介机构对资产进行评估和审计的费用等，属于公司清算成本。《公司法》第一百八十七条第二款规定了清算费用从被申请人财产中优先支付。但强制清算向破产清算程序转换时，公司财产已经不足以清偿债务，对于清算费用自然也难以支付，这可能导致审计等工作无法正常开展，实践中难以处理。

对于清算费用由谁垫付的问题，目前有几种观点。第一种观点认为，清算费用应由申请人垫付。因为清算费用本来就应当预收，如果申请人不愿意支付，将直接导致清算程序无法进行。第二种观点认为，应当由公司股东垫付。股东本身就对公司负有清算义务，在公司财产不足以支付清算费用的情况下，应承担垫付责任。第三种观点认为，应与律师事务所、会计师事务所、破产清算事务所等机构进行积极协商，争取将审计费用降到最低，以便于清算程序顺利进行。第四种观点认为，要彻底解决清算费用问题，应由行政部门制定规章政策，建立公司清算准备金制度，即在公司有效经营时缴纳适当的保险金作为公司将来清算的费用，如我国强制实施的医疗保险和养老保险。

我们认为第二种观点具有实践可操作性。因为公司股东本身就是负有清算义务的人，该义务为法定义务。当被清算企业无力承担清算费用时，应由清算义务人以自有财产垫付清算费用，这在理论和实践中都具有可行性。因此，当出现公司不足以支付清算费用的情形时，可由法院向公司股东予以释明，要求公司股东垫付清算费用。

（五）公司清算财产与破产财产的衔接问题

强制清算开始后，随着清算组的确立，公司所拥有的全部资产作为清算财产应立即由清算组进行接管，由清算组对资产进行清理查实，列明财产清单，并据此编制反映公司财务状况的资产负债表，并可以聘请专业人员对公司资产依法进行审计评估。

若清算组在清算中发现公司资产不足以清偿全部债务，申请后经人民法院裁定宣告进入破产程序后，根据《清算纪要》第三十五条的规定，原强制清算中的清算组应当及时将清算事务及有关材料等移交给管理人。公司强制清算中已经完成的清算事项，如无违反企业破产法或者有关司法解释的情形的，在破产清算程序中应承认其效力。此时，清算组制作的财产清单、资产负债表是法院受理破产申请的重要依据，之后也可以作为管理人进行破产清算工作的参考依据。值得注意的是，强制清算期间公司财产审计评估后亦可能发生清算费用的支出，当转换为破产清算，会导致公司破产财产实际数额与强制清算期间评估的财产数额存在差异。总之，管理人应参考清算组编制的资产负债表和财产清单，并进一步调查债务人企业的财产状况，交由债权人会议进行核查。

四、法院对强制清算程序中转换破产清算申请的审查要点

法院对强制清算程序中提出的破产清算申请，其审查要点与普通的破产申请审查实质一致。鉴于之前债务人企业已经经过了强制清算程序这一特点，法院审查时应注意以下几点。

（一）清算组申请破产的，法院着重审查以下两点

1. 债务人企业是否存在“财产不足清偿债务”的情形

从立法本意来看，强制清算产生的前提是公司尚有足额财产可以清偿债务，或者所负债务虽有超过公司资产之嫌，但尚未确定是否实际超过。而破产清算是在公司不能清偿到期债务，并且资产不足以清偿全部债务或者明显缺乏清偿能力的情况下，才能启动破产清算程序。《公司法》第一百八十八条第一款规定：“清算组在清理公司财产、编制资产负债表和财产清单后，发现公司财产不足清偿债务的，应当依法向人民法院申请宣告破产。”因此，两种程序转化的关键在于公司财产是否得以偿还全部债务，不足以清偿的，应依据当事人申请转为破产清算程序。据此，法院重点审查的是清算组编制的资产负债表及财产清单等反映公司财务状况的证据材料，是否足以证明公司“资不抵债”。

2. 企业财产不足以清偿的“债务”系债权人在强制清算程序中的债权申报期内申报的债权

《公司法解释（二）》第十四条第二款规定：“债权人或者清算组，以公司尚未分配财产和股东在剩余财产分配中已经取得的财产，不能全额清偿补充申报的债权

为由,向人民法院提出破产清算申请的,人民法院不予受理。”由此可知,在公司财产足以清偿期内申报债权但不足以清偿期内申报债权和逾期申报债权的总额时,逾期申报债权不应享有与期内申报债权平等的受偿权,只能在期内申报债权先行分配后剩余部分的财产内依法获得清偿,且此类逾期申报债权不计入《公司法》第一百八十八条规定的程序转换条件“资不抵债”中“债”的范围。

(二)债权人申请破产的,只需证明债务人不能清偿到期债务

《清算纪要》第三十三条规定:“公司强制清算中,有关权利人依据企业破产法第二条和第七条的规定向人民法院另行提起破产申请的,人民法院应当依法进行审查。权利人的破产申请符合企业破产法规定的,人民法院应当依法裁定予以受理。人民法院裁定受理破产申请后,应当裁定终结强制清算程序。”

在强制清算程序中,可能存在清算组虽发现公司财产不足以清偿债务,但因某种原因而未及时申请破产清算,从而损害债权人利益的情形。本条规定旨在保护其他权利人依法享有的对发生破产原因的公司申请破产宣告的权利。根据《最高人民法院关于公司法解释(三)、清算纪要理解与适用》一书的观点,对于债权人向法院提起破产申请的,法院应当审查债务人企业是否不能清偿到期债务。至于债务人是否构成“资不抵债”或者“明显不具有清偿能力”,应由债务人企业提出相反的证据予以抗辩,债务人企业不能提供相反证据或证据不足的,法院应当受理债权人的破产申请。

第三章　管理人的指定与管理人职责

管理人是破产程序中最重要的机构之一，管理各项破产具体事务。《企业破产法》引入国际通行的管理人制度，取代了以往的清算组制度，设专章对管理人进行规定，是我国《企业破产法》中的一大亮点。对管理人制度加以研究，有助于理解管理人性质，理顺管理人职责，考量管理人工作业绩，便于法院监督和指导，以促进破产程序的顺利进行。本章从管理人的指定、管理人的报酬、管理人的职责及法律责任、法院及债权人会议对管理人的监督和指导以及操作流程等方面进行梳理总结，并结合上海法院破产案件审判实践，对特殊情况下管理人的指定、确定管理人报酬应予关注的情形、管理人履行职责的现实困境等问题予以探讨。

第一节　管理人制度概述

管理人，是指破产案件受理后依法成立的，在法院指导和监督下全面接管债务人企业并负责债务人财产的保管、清理、估价、处理和分配等事务的专门机构。[1]尽管不同国家和地区的破产法对管理人的称谓有所不同，但设立管理人制度的目的是一致的，作为破产程序中最重要的一个机构，它具体管理破产中的各项事务。

一、管理人制度的创设

我国《企业破产法(试行)》未设立管理人制度，而是实行由法院组织以破产企业主管机关和行政机关的指派人员为主体的清算组制度。清算组存在成立时间晚、组织松散、专业性、独立性差、缺乏承担民事责任的能力等弊端。2006 年《企业破产法》引入国际通行的管理人制度，取代了以往的清算组制度，是我国《企业破产

〔1〕 王欣新：《破产法》，中国人民大学出版社 2011 年版，第 62 页。

产法》中的一项全新制度。《企业破产法》设专章对管理人进行规定，内容主要包括管理人选任、管理人职责、管理人报酬等。

《企业破产法》颁布后，为了保证管理人制度的顺利实行，最高人民法院制定了《指定管理人规定》和《管理人报酬规定》，为在司法实务中贯彻管理人制度提供了更加细化的法律支持，进一步完善了破产案件的管理人制度。

管理人制度明晰了管理人与法院之间的关系，即由管理人在法律规定的范围内独立从事破产程序的各项工作，推进破产程序依法、有效进行；而法院则超脱于繁冗具体的破产事务，仅依法对管理人的工作进行监督和指导，从而确保破产程序顺利、高效地进行。该制度系《企业破产法》的一大亮点。

作为一项新的制度，管理人制度的创设是我国破产法走向规范化、市场化的重大制度革新，对于法院及时、高效、公正地审理企业破产案件产生积极作用。对管理人制度加以研究，有助于理解管理人性质，理顺管理人职责，考量管理人工作业绩，便于法院监督，以促进破产程序的顺利进行。

二、管理人的法律地位

审判实践中，只有明确了管理人的法律地位，才能理顺其与债权人、债务人、法院等之间的关系，进而确定其权利、义务以及破产程序中发生损害后果时的责任与承担方式。此外，在与破产程序相关的民事诉讼中，管理人以何种身份、何种形式参加诉讼，也取决于其法律地位。

关于管理人的法律地位，理论界存在不同观点，本书对各种观点作一简单介绍和评述。

（一）代理说

该学说是关于管理人法律地位最早的一种学说，迄今仍为一个重要的学说流派。[1] 该学说将民法上的代理理论引入管理人制度中，认为管理人实质是为被代理人谋取利益的机构。依据管理人利益归属的不同，又分为破产人代理说、债务人代理说、债权人和债务人共同代理说。

（二）职务说

该学说是与代理说长期对立的一种学说。[2] 该学说认为，破产程序在法律上为全体债权人对破产人所进行的强制执行程序，管理人被视为代表国家机关强制

---

〔1〕 刘冰、韩长印："论破产清算组的法律地位——兼论建立我国的破产财产制度"，载《法学评论》1995 年第 3 期。

〔2〕 汤维建："论破产管理人"，载《中南政法学院学报》1994 年第 5 期。

执行的公务员，其行为是一种职务行为。依据管理人的行使名义的不同，又分为公法上的职务说、私法上的职务说和兼具公法和私法性质的职务说。[1]

（三）破产财团代表说

该学说认为，破产程序一经开始，破产人就失去了对自己财产的管理和处分权，该财产即成为具有独立法律地位的法人主体。[2] 管理人便是破产财团这一虚拟的人格化的法人团体的代表机关。

（四）信托人说

该学说系英美法系所采学说。该学说将管理人视为破产程序中的受托人，为受益人即所有债权人的共同利益而管理、处分破产财产。[3]

面对管理人法律地位的分歧与争论，应从破产法的目标价值进行考量，进而从管理人所处利益关系的复杂性出发，对其法律地位进行分析。

关于代理说，破产程序中，管理人涉及债权人、破产人、破产人雇员或职工、某些公共机构、破产人股东、法院及管理人自身等多方面利益。在财产数量既定的前提下，各方利益关系此消彼长，管理人需要在多方利益冲突的情况下寻求平衡。管理人中立性的特征，要求其在破产案件所涉及的多种利益中，维护各当事人的正当利益，单纯代表任何一方的利益都不能有效实现其职能，故管理人应有其自身独立的立场。而且，在最高人民法院发布的破产程序法律文书样式中，管理人在破产抵销权案件以及取回权案件中被列为债务人的诉讼代表人，在破产撤销权案件以及债务人为被告的确认破产债权案件中，管理人以自己的名义进行诉讼，即管理人无须以他人名义对破产财产行使处分权，否认了代理关系的存在。因此，代理说不能有效解释管理人自身的职能以及实际的目的。

关于职务说，《企业破产法》第二十三条规定："管理人依照本法规定执行职务。"就此而言，管理人是基于法律的规定行使职权开展工作，而非基于法院或是某一主体的授权，其对破产财产的管理、处分和分配与国家强制力没有直接关系。因此，职务说也存在明显的理论缺陷。

关于信托人说。信托制度本身在大陆法系国家与英美法系国家的使用范围不同，因此难以对信托人说实行简单的"拿来主义"。

相比之下，破产财团代表说既能使管理人在利害关系上独立于破产人和破产债权人，保证破产程序公正、合理地进行，又能使包括破产财产的主体归属、破产宣

---

〔1〕 叶军：《破产管理人制度理论和实务研究》，中国商务出版社2005年版，第69页。

〔2〕 李永军：《破产法律制度》，中国法制出版社2000年版，第159页。

〔3〕 王欣新：《破产法》，中国人民大学出版社2011年版，第64页。

告前债权债务关系的承接和破产宣告后新生债权债务关系的承受、否认权的主张对象以及企业能否因原组织机构管理职能的丧失而获得或丧失独立存在的价值等理论难题迎刃而解,有利于维护破产财团的各项权利,从而更充分地满足债权人的清偿要求。[1] 同时,该学说避免了代理人无法代理侵权行为的难题,若管理人执行职务时发生侵权,则由破产财团直接对被害人负责。该学说成为日本法学界的通说,德国以及我国台湾地区许多学者也主张此说,《美国破产法》则明文规定,管理人就是财团的代表人。[2] 但由于破产财团代表说赖以成立的理论支柱——客体主体化,在我国尚无法律依据,所以难以直接采用该学说。然而,该学说能够相对合理地解释破产法上诸多法律现象,较好地体现出管理人在破产程序中的实际作用与功能,较其他学说更为合理。

第二节 管理人的指定

一、管理人的选任范围

管理人需具备中立性、独立性及专业性的特征,因此《企业破产法》规定管理人将主要由社会中介结构及专业人员担任,具体选任范围包括以下几种。

(一)社会中介机构

《企业破产法》第二十四条第一款规定,管理人可以由律师事务所、会计师事务所、破产清算事务所等社会中介机构担任。律师事务所、会计师事务所、破产清算事务所等社会中介机构具有中立性、独立性和专业性的特点,由其作为管理人有利于破产程序公平公正高效有序地开展。

(二)社会中介机构中具备相关专业知识并取得执业资格的个人

《企业破产法》确定了自然人也可以担任管理人。《企业破产法》第二十四条第二款规定,法院根据债务人的实际情况,可以在征询有关社会中介机构的意见后,指定该机构具备相关专业知识并取得执业资格的个人担任管理人。《指定管理人规定》第十七条对"实际情况"进行了细化,即"事实清楚、债权债务关系简单、债务人财产相对集中"。需要注意的是,根据最高人民法院民二庭编著的《关于企业破产法司法解释理解与适用》一书的观点,破产案件的标的额大小通常不是是

---

[1] 韩长印:"刍议建立我国的破产财团制度",载《法学》1999 年第 5 期。

[2] 王欣新:《破产法》,中国人民大学出版社 2011 年版,第 64 页。

否指定个人作为管理人的考虑因素。

（三）由有关部门、机构人员组成的清算组

《企业破产法》在确立管理人制度的同时，仍允许清算组担任管理人。《企业破产法》第二十四条第一款规定，管理人可以由有关部门、机构的人员组成的清算组担任。但是，清算组担任管理人并非指定管理人的常态，须严格限制，只有在《指定管理人规定》第十八条规定的情形下，方可指定清算组担任管理人。否则，过多管理人由清算组担任，可能重现原清算组制度的弊端。

根据《指定管理人规定》第十九条的规定，清算组成员具体应由下列人员构成：政府有关部门、编入管理人名册的社会中介机构、金融资产管理公司，人民银行及金融监督管理机构可以按照有关法律和行政法规的规定派人参加清算组。上述规定与《执行破产法（试行）意见》中关于清算组成员组成的规定不完全相同，明确了可从社会中介机构中指定清算组成员，体现出《企业破产法》对于管理人中立性、独立性及专业性法律特征的重视。

二、管理人的任职资格

《企业破产法》第二十四条规定，管理人可以由清算组、社会中介机构或社会中介机构具备相关专业知识并取得执业资格的人员担任。《指定管理人规定》第二条进一步规定，各地高级人民法院应当根据本辖区社会中介机构及专职从业人员数量和企业破产案件数量，确定由高级人民法院或者所辖中级人民法院编制管理人名册。管理人名册的设置是法院顺利指定管理人的重要制度保障。可以说，《企业破产法》、《指定管理人规定》的相关规定以及各地方法院在编制《破产管理人名册》时制定的标准，共同构成我国目前管理人任职资格的框架。

（一）管理人任职资格

1. 消极资格

《企业破产法》结合我国国情，在第二十四条第三款对管理人的消极资格作出规定，包括以下几种。

（1）因故意犯罪受过刑事处罚的人不得担任管理人。

（2）曾被吊销相关专业执业证书的人不得担任管理人。

（3）与案件有利害关系的人不得担任管理人。管理人需要维护多方法律主体的利益，必须具有中立性，故与破产案件有利害关系的人不得担任管理人。《指定管理人规定》第二十三条、第二十四条从经济往来、业务关系、身份关系、近亲属关系等方面，对存在“利害关系”的具体情形作出规定，包括以下几种。

①与债权人或债务人有经济往来，如与债务人、债权人有未了结的债权债务关系。

②与债权人或债务人有业务关系,如在法院受理破产申请前三年内,曾为债务人提供相对固定的中介服务。

③与债权人或债务人有身份关系,如现在是或在法院受理破产申请前三年内曾经是债务人、债权人的控股股东或者实际控制人,现在担任或在法院受理破产申请前三年内曾经担任债务人、债权人的财务顾问、法律顾问,现在担任或在法院受理破产申请前三年内曾经担任债务人、债权人的董事、监事、高级管理人员。

④与破产案件当事人有亲属关系,如与债权人或者债务人的控股股东、董事、监事、高级管理人员存在夫妻、直系血亲、三代以内旁系血亲或者近姻亲关系。

《指定管理人规定》第二十五条规定:“在进入指定管理人程序后,社会中介机构或者个人发现与本案有利害关系的,应主动申请回避并向人民法院书面说明情况。人民法院认为社会中介机构或者个人与本案有利害关系的,不应指定该社会中介机构或者个人为本案管理人。”上述关于利害关系的规定一方面属于对管理人消极资格的规定,另一方面则与《民事诉讼法》中关于法定回避情形的目的相同,构成了管理人的任职回避制度。

(4)法院认为不宜担任管理人的其他情形。《指定管理人规定》第九条从管理人信用、执业过错、专业能力、承担民事责任能力等方面对“不宜担任管理人的其他情形”作出细化的规定,具体包括:①因执业、经营中故意或者重大过失行为,受到行政机关、监管机构或者行业自律组织行政处罚或者纪律处分之日起未逾三年;②因涉嫌违法行为正被相关部门调查;③因不适当履行职务或者拒绝接受法院指定等原因,被法院从管理人名册除名之日起未逾三年;④缺乏担任管理人所应具备的专业能力;⑤缺乏承担民事责任的能力;⑥法院认为可能影响履行管理人职责的其他情形。根据《指定管理人规定》第二十六条的规定,已经列入管理人名册的社会中介机构或者个人,如果有重大债务纠纷或因涉嫌违法行为正被相关部门调查的,亦不应被指定为管理人。

2. 积极资格

《企业破产法》第二十四条规定,管理人可以由清算组、社会中介机构或社会中介机构具备相关专业知识并取得执业资格的人员担任。《指定管理人规定》第二条规定,各地高级人民法院应当根据本辖区社会中介机构及专职从业人员数量和企业破产案件数量,确定由高级人民法院或者所辖中级人民法院编制管理人名册,对于管理人的资格予以细化。在我国破产法律实务中,管理人制度还是一个新事物,在编制管理人名册、设定管理人积极资格标准时,应充分考虑到当地实际情况,使得标准的制定在保证破产案件工作质量的同时,还能起到促进管理人有序竞争、发展的作用。各地高级人民法院或中级人民法院在编制管理人名册时,通常从执业能力、责任承担能力、职业操守与道德素养等方面设置管理人评审标准。

首先,执业能力。鉴于破产程序的复杂性,管理人应具备处理法律、商业和会计方面事务的专业能力。如上海高级法院制定的《社会中介机构企业破产管理人评分标准》规定,根据中介机构年均业务收入等对其执业业绩进行评分,还根据其工作人员参与破产案件的数量等对其职业经验进行评分。又如广东省深圳市中级人民法院制定的《破产案件管理人指定办法》规定,通过对以往办理破产案件中所表现出来的勤勉程度、业务水平及处理复杂事务的能力以及办理破产案件及非破产清算案件的经验等方面,对社会中介机构进行考察评分。

其次,承担责任的能力。管理人承担责任的能力是保障各方当事人利益的一项应予考虑的重要因素。考虑到个人可能存在没有相应的责任承担能力的情形,《企业破产法》第二十四条第四款明确规定:个人担任管理人的,应当参加职业责任保险。上海高级法院《社会中介机构企业破产管理人评分标准》便将中介机构的规模、办公场所的产权情况、机构性质、是否参加过执业责任保险列为对社会中介机构的考核项目。广东省深圳市中级人民法院《破产案件管理人指定办法》亦根据机构规模考察评分。

最后,职业操守与道德素养。管理人的工作直接涉及各方当事人利益,包括管理人自身利益,这要求管理人应当具备正直、诚实、独立、公正的品行,因此管理人的职业操守与道德素养也是评判管理人的一项重要指标。上海高级法院《社会中介机构企业破产管理人评分标准》便将社会中介机构是否受到过执业表彰作为可以加分的项目。

(二)上海法院管理人名册编制情况

编制破产管理人名册,是法院适用《企业破产法》审理破产案件的一项重要基础工作。《企业破产法》以及《指定管理人规定》施行后,上海高级法院根据公开、公平、公正的原则,结合上海地区的实际情况,就管理人名册编制的评审办法、评审标准和名册管理办法等制定了《企业破产管理人名册评审办法》、《社会中介结构企业破产管理人评分标准》、《破产企业管理人管理办法》等一系列具体工作规则。

根据《企业破产管理人名册评审办法》,上海地区管理人名册评审工作由上海高级法院编制管理人名册评审委员会负责。评审委员会根据申报人数额与名册编入名额比例是否超过2:1采取不同的评审制。若比例超过2:1,采取两轮评审制,首轮根据评分标准打分,第二轮采用面试的方式由评委现场打分,以确定初审名册名单;若比例未超过2:1,则根据评审标准和面试一次性打分,确定初审名册名单。初审名册在上海市《新闻晨报》、《上海法治报》、上海法院网等媒体进行公示,公示期满后,若无不宜担任管理人的情形,则名册确定。审定后的管理人名册在《人民法院报》、上海法院网等媒体正式公布，同时报最高人民法院备案。

对于评审委员会的具体评审标准，则由《社会中介结构企业破产管理人评分标准》予以规定。该规定主要从机构规模、执业业绩、专业经验以及责任承担能力四个方面确定评审标准，以确保对律师事务所、会计师事务所、破产清算事务所等社会中介机构进行全面评估。

根据《破产企业管理人管理办法》，对管理人名册中的管理人实行年度考核制，每两年进行一次。每次考核采取末位淘汰制，律师事务所淘汰 2 家，会计师事务所和破产清算事务所各淘汰 1 家。

根据上述规定，上海高级法院于 2008 年完成第一批管理人名册的编制，共 20 家机构入选，包括 12 家律师事务所、4 家会计师事务所、4 家清算事务所，为上海法院破产案件的开展打下良好的基础。

考虑到上海地区破产案件的实际情况，上海高级法院目前尚未将个人管理人纳入管理人名册。

三、管理人的指定方式

《企业破产法》第二十二条第一款规定："管理人由人民法院指定。"管理人的指定方式应当公开、公平、公正，同时应保证被指定的管理人的能力与破产案件的繁易程度基本相适应。

（一）管理人的四种指定方式

《指定管理人规定》具体规定了随机指定、指定清算组、邀请竞争以及推荐四种管理人指定方式。

1. 随机方式

随机方式指定管理人建立在管理人名册编制的基础上。《指定管理人规定》第二十条规定："人民法院一般应当按照管理人名册所列名单采取轮候、抽签、摇号等随机方式公开指定管理人。"

2. 指定清算组方式

考虑到新旧破产法适用的衔接、一些特别法的规定以及某些特殊案件的需要，《企业破产法》允许清算组担任管理人，但清算组担任管理人不应是选任管理人的主要形式。根据《指定管理人规定》第十八条的规定，破产案件有以下几种情形的，法院可以指定清算组担任管理人：（1）破产申请受理前，根据有关规定已经成立清算组，法院认为符合《指定管理人规定》第十九条[1]的规定；(2)纳入国家计划的国有企业政策性破产案件；(3)有关法律规定企业破产时成立清算组的，包括《商业银行法》、《保险法》等法律规定，商业银行、保险公司破产时应成立清算组；(4)法院认为可以指定清算组为管理人的其他情形。

《企业破产法》施行时依据《企业破产法(试行)》已经受理但尚未审结的企业破产案件，法院已裁定宣告债务人破产并成立清算组的，原清算组即管理人，法院不必另行指定管理人；已经受理尚未宣告破产的，或尚未成立清算组的，法院应依照《指定管理人规定》指定管理人。

3. 邀请竞争方式

通过随机方式指定管理人，虽能确保管理人指定的公平、公正，但也存在管理人的能力与破产案件难易程度难以完全相符的可能性。在此情况下，邀请竞争方式指定管理人便体现出其优势。对此类专业性强、工作难度高的企业破产案件在指定管理人时，邀请竞争方式能够便捷而公平地选出具有相应能力的管理人。[2]

根据《指定管理人规定》第二十一条的规定，采取邀请竞争方式指定管理人只适用于特定案件，一类是商业银行、证券公司、保险公司等金融机构的破产案件，另一类是在全国范围有重大影响、法律关系复杂、债务人财产分散的企业破产案件。

由于通过邀请竞争方式指定管理人的案件往往影响较大，容易引起权利“寻租”，为避免此类情况的发生，以竞争方式选任管理人的程序必须公开透明。《指定管理人规定》第二十一条规定，首先，参与竞争的机构应当是社会中介机构，法院可以采取公告的方式邀请编入各地法院管理人名册中的社会中介机构参与竞争，参与竞争的社会中介机构不得少于三家；其次，评审的程序及标准应当公开，采取竞争方式指定管理人的，法院应当组成专门的评审委员会。评审委员会应当结合案件的特点，综合考量社会中介机构的专业水准、经验、机构规模、初步报价等因素，从参与竞争的社会中介机构中择优指定管理人；最后，为避免发生因更换管理人而再次通过竞争方式指定管理人的情况，法院应当确定一至两名备选社会中介机构，作为需要更换管理人的接替人选。

4. 推荐方式

由于商业银行、证券公司、保险公司等金融机构破产的案件往往涉及国家利

---

[1] 《指定管理人规定》第十九条规定：“清算组为管理人的，人民法院可以从政府有关部门、编入管理人名册的社会中介机构、金融资产管理公司中指定清算组成员，人民银行及金融监督管理机构可以按照有关法律和行政法规的规定派人参加清算组。”

[2] 奚晓明主编：《最高人民法院关于企业破产法司法解释理解与适用》，人民法院出版社2007年版，第85页。

益、国家金融安全、国家政策等,《指定管理人规定》第二十二条明确规定:对于经过行政清理、清算的商业银行、证券公司、保险公司等金融机构的破产案件,法院可以在相关部门推荐的社会中介机构中指定管理人。同时,为确保被推荐的社会中介机构的能力,此种选任方式也有一定的限制,即被推荐的管理人必须是法院编入管理人名册的管理人,法院对推荐人选优先考虑,而非当然接受。此种管理人的选任方式充分考虑到了金融机构破产案件极强的专业性,保证金融机构破产案件的顺利进行。

(二)上海法院关于管理人指定工作的实践

1. 上海法院管理人的指定方式

为统一和规范全市企业破产案件的管理人指定工作,上海高级法院制定了规范性意见,即《关于指定企业破产案件管理人的办法》(以下简称《指定管理人办法》),确定了一般采用随机方式指定管理人,特殊情形下采用指定清算组方式、邀请竞争方式以及接受金融监管机构推荐方式的原则。

(1)随机方式

法院审理企业破产案件一般应采用随机方式指定管理人,该项工作由上海高级法院统一负责。随机方式是上海法院一般破产案件指定管理人的主要方式,此种方式不存在人为判断和参与,程序公开、透明,可以有效防止法院有关人员不当行使权利的现象发生。

在破产案件审理中,受理破产案件法院需指定中介机构作为管理人的,应当向上海高级法院上报申请,由上海高级法院在管理人名册的候选管理人中,通过电脑摇号抽签方式公开随机确定。

若候选管理人发现自己与案件有利害关系或其他理由申请不参加电脑抽签的,应主动向上海高级法院说明情况。经上海高级法院审查,回避事由或其他理由成立的,候选管理人不参加当次抽签;回避事由或其他理由不成立的,候选管理人仍应当参加当次电脑抽签,不参加的,视作拒绝法院的指定。

为保证破产案件的审理质量和效率,上海高级法院《指定管理人办法》还规定,名册内管理人担任破产案件管理人的未终结破产案件数达到3件后,一般不再参加随机方式指定管理人的电脑抽签程序,但名册内所有管理人担任破产案件管理人的未终结破产案件数均达到3件的除外。法院指定清算组为管理人的,名册内管理人参加清算组成员的案件按担任管理人案件数量计算。

(2)指定清算组方式

法院在指定清算组担任管理人时具有一定的裁量权,但从立法本意以及避免清算组专业性差、防止道德风险而难以充分保护各方当事人利益等弊端考虑,清算组担任管理人不应是指定管理人的主要形式，否则容易产生利用《指定管理人规定》第十八条规定人为制造扩大清算组担任管理人的情形，而使随机指定方式形同虚设，故对由清算组担任管理人的案件必须严格限制。上海法院对于指定清算组的方式采取较为审慎的态度。除了《指定管理人规定》第十八条规定的情形，上海高级法院进一步明确，经过行政清理、清算的商业银行、证券公司、保险公司、金融租赁公司等金融机构的破产，已成立符合《指定管理人规定》第十九条规定的清算组的，可以指定清算组担任管理人。

实践中，还出现一种情形，即部分破产企业（大多为国有企业）在破产申请受理前，已自行委托社会中介机构代为准备破产申请工作。由于受托机构在前期的准备工作中对企业的资产、负债、人员等情况比较熟悉，往往会在破产程序中被债务人或其上级单位要求推荐为清算组成员。对于破产申请受理前已参与相关工作的社会中介机构或成立的清算组，在破产申请受理之后，并非均可继续被指定为管理人，上海法院需根据《指定管理人规定》第十九条规定的条件重新审查清算组成员的适格。经审查符合法律规定以及上海高级法院《指定管理人办法》规定的，才可以指定原清算组为管理人；不符合规定的，则根据《指定管理人规定》另行指定管理人。对于清算组担任管理人的严格审查，能够避免通过破产申请前成立清算组规避以随机方式指定管理人的情形，亦能防止权力“寻租”现象的发生。

随着上海产业结构的调整，部分国企不能适应而需依法清理、转型。实践中，部分国有企业规模巨大，职工人数多，涉及的历史遗留问题繁多，在很多情况下，还应更多考虑政策问题和体制问题，国资监管部门等相关行政机关需要参与清算工作，组成清算组有利于破产程序的进行。目前，上海地区指定清算组担任管理人的主要为国有企业破产案件。

［案例3.1］上海某房地产发展公司申请上海某实业公司破产清算案

上海某房地产发展公司与债务人上海某实业公司同属国有独资公司上海某（集团）有限公司下属子公司，债务人上海某实业公司系改制企业，其上级公司上海某（集团）有限公司亦系其债权人。该案涉及国有资产的处理以及企业职工的安置等问题。案件受理后，经了解，上海某实业公司三十余名自然人股东及职工与大股东上海某（集团）有限公司情绪对立，已通过网络以博客等形式措辞激烈地表达了对由大股东委派的公司领导的不满、对公司经营状况的失望以及对关联公司在小股东不知情的情况下申请上海某实业公司破产的不满，认为小股东的利益受到损害。由于该案处理结果关系到上海某实业公司众多自然股东人及职工的利益，案件处理不当极易引发社会矛盾，且影响范围较广。为妥善处理案件，确保管理人与众多自然人股东与职工能够沟通顺畅，使得职工能够妥善安置，受理法院经报上海高级法院批准后,最终确定由市国资委派员、管理人名册内的社会中介机构等组成清算组担任管理人。

对于指定清算组担任管理人,上海法院还规定了严格的层级审批制度。《指定管理人办法》规定,受理破产案件法院拟采用指定清算组为管理人的,指定前应当将指定理由和拟组成的清算组成员书面报上海高级法院审核,上海高级法院出具书面审核意见,未予核准的,应当采取随机方式指定管理人。通常情况下,清算组成员中的社会中介机构也应当通过随机方式指定。

(3)邀请竞争方式

上海高级法院《指定管理人办法》明确规定,对于商业银行、证券公司、保险公司、金融租赁公司等金融机构破产案件、上市公司破产案件以及其他由中院受理的在全国范围有重大影响、法律关系复杂、债务人财产分散的企业破产案件,可采用邀请竞争的方式。

(4)推荐方式

上海高级法院根据《指定管理人规定》,对推荐方式的指定程序提出了详细的规范要求。受理破产案件法院拟指定金融监督管理机构推荐的候选管理人为管理人的,指定前应书面报上海高级法院审核,上海高级法院应以书面形式出具审核意见。为应对更换管理人的情形,在被推荐机构中,可根据案件情况确定一名备选机构,作为需要更换管理人时的接替人选等。

2009年以来,上海一中院、上海市第二中级人民法院(以下简称上海二中院)陆续受理了大型集团企业德隆公司破产清算,亚洲证券等四家证券公司破产清算,以及华源等两家上市公司破产重整等重大案件。案件受理后,法院通过推荐方式指定管理人,确保破产案件审理工作平稳推进,未发生矛盾激化事件。

2. 上海法院关于管理人指定实践中的疑难问题

(1)关联企业破产可否指定同一管理人

关联企业,是指与其他企业存在股权和契约基础上的从属关系或共同隶属于某一企业又具有独立法律地位的企业。[1] 针对关联企业可能存在的资产混同、员工混同、业务混同等情况,关联企业破产过程中,各企业破产程序独立进行的,需要各债务人企业的管理人必须互相配合、互相协调。于是审判实践中提出需指定同一管理人的要求,对此,我们倾向于认为可为关联企业指定共同管理人。此种方式的优势体现在:第一,有利于破产管理事务的统一进行,降低成本;第二,减少了各管理人之间协调工作所需耗费的时间、精力,有利于破产程序顺利、高效地进行;第

〔1〕 赵旭东:《企业与公司法纵论》,法律出版社2003年版,第435页。

三,可以确保管理人更灵活、宏观地处理各关联企业之间的特殊问题,公正地保护债权人的利益。当然,法院应当加强对此类案件中管理人的监督,以避免关联企业共同管理人可能存在的权力集中、缺乏制约的弊端。对于关联企业指定同一管理人是否需要报批以及审批程序,目前尚无明确规定,审判实践中需进一步探索研究。目前,上海法院已有为关联企业指定共同管理人的案例,并取得较好的社会效果。

[案例3.2]上海特毅企业有限公司、上海特毅通用动力机械有限公司、上海美浩电器有限公司破产清算案〔1〕

在上海特毅企业有限公司、上海特毅通用动力机械有限公司、上海美浩电器有限公司破产清算三案中,三公司系受同一控制人控制的三家外商投资企业,三者之间在经营过程中互相关联,情况比较复杂。法院经过审查,并报上海高级法院批准,指定由外经委、银行业监督委员会、劳动保障部门、破产企业所在地政府及管理人名册内社会中介机构工作人员组成的清算组担任三公司的共同管理人。经过各方协同合作,上述三案资料共享,信息畅通,处理平稳,债权人的最终清偿率达到较高比例,受到各方好评。

(2)复杂疑难案件中复合管理人的指定

《指定管理人规定》中并未规定可以就同一案件指定两个以上管理人。一般情况下,由社会中介机构担任管理人的,该管理人仅能完成自身专业范畴之内的工作,需另行聘请其他社会中介机构完成其所无力完成的工作。对于可否就同一案件指定两个以上复合管理人,有不同观点。一种观点认为,审判实践中,破产案件往往涉及法律、财务等多方面工作,通常情况下,管理人会另行聘请其他社会中介机构完成破产案件中非管理人专业范围内的工作。若指定复合管理人,则可由不同领域内的社会中介机构共同管理破产事务,可以减少破产成本,且保证管理人全面掌控破产进程。另一种观点认为,《企业破产法》以及《指定管理人规定》对于管理人的指定以及管理人另行聘请工作人员问题均作出规定,无须再采取指定复合管理人的形式,且指定复合管理人可能产生因管理人职责划分不明致使破产程序拖沓的情形。针对上述争议,我们倾向于认为,在总体考量案件情况、管理人专业特长等因素的基础上,指定两个在不同领域有所专长的社会中介机构组成清算组担任管理人,有利于充分发挥不同社会中介机构所长,提高工作效率,降低破产成本。当然,指定复合管理人也存在管理权限如何分配,两个社会中介机构之间如何

〔1〕 分别为上海市金山区人民法院(2008)金民二(商)破字第1号、(2008)金民二(商)破字第2号、(2008)金民二(商)破字第3号。

互相配合、协调，报酬如何确定等问题。此类指定方式的可行性尚需在审判实践中进一步探索。

(三)上海法院关于指定管理人的实践操作流程

根据《指定管理人规定》的规定以及审判实践，指定管理人具体步骤如下。

1. 确定管理人指定方式

在裁定受理破产申请的同时，破产案件受理法院应根据案件基本情况，确定拟指定管理人的形式。需注意的是，指定管理人的时间应当是裁定受理破产申请的同时。

(1)决定采用随机方式指定管理人的，应向高级法院上报申请，由高级法院在管理人名册的候选管理人中随机指定。随机指定采用电脑抽签方式，一般每周一次，因案件特殊需要可临时增加。电脑抽签结果确定后，高级法院应及时填写《管理人随机方式确定结果通知书》交受理法院。

(2)拟采用指定清算组方式、接受推荐方式指定管理人的，应书面报高级法院审核，高级法院出具书面审核意见。

(3)拟采用邀请竞争方式指定管理人的，应当在指定前将拟邀请的 3 名以上候选管理人名称以及有关专业水准、经验、机构规模和报价等方面的材料书面报高级法院，由高级法院管理人名册评审委员会审核决定。

2. 制作指定管理人决定书

管理人确定后，受理法院应当根据最高人民法院印发的破产程序法律文书样式制作“指定管理人决定书”。

3. 送达指定管理人决定书

指定管理人决定书出具后，法院应向被指定为管理人的社会中介机构、破产申请人、债务人、债务人的企业登记机关送达。

4. 公告指定管理人决定书

法院在送达指定管理人决定书的同时，应将决定书与受理破产申请的民事裁定书一并公告。

四、管理人的更换

法院选任管理人后，管理人不能依法公正执行职务或者其他不能胜任职务的，法院应决定更换管理人。

(一)管理人更换的情形

1. 债权人会议依《企业破产法》的规定申请更换管理人

管理人的工作受到债权人会议的监督。《企业破产法》第二十二条第二款规定："债权人会议认为管理人不能依法、公正执行职务或者有其他不能胜任职务情形的，可以申请人民法院予以更换。"关于单位管理人的更换，《指定管理人规定》第三十三条及第三十四条分别对机构管理人和个人管理人的更换情形作出进一步规定。第三十三条规定，社会中介机构管理人或清算组成员存在下列情形的，法院可以根据债权人会议的申请决定更换管理人：(1)执业许可证或者营业执照被吊销或者注销；(2)出现解散、破产事由或者丧失承担执业责任风险的能力；(3)与案件有利害关系；(4)履行职务时，因故意或者重大过失导致债权人利益受到损害；(5)有重大债务纠纷或者因涉嫌违法行为正被相关部门调查的。第三十四条规定，个人管理人或清算组成员的派出人员、社会中介机构的派出人员存在下列情形的，法院可以根据债权人会议的申请决定更换管理人：(1)执业资格被取消、吊销；(2)与案件有利害关系；(3)履行职务时，因故意或者重大过失导致债权人利益受到损害；(4)失踪、死亡或者丧失民事行为能力；(5)因健康原因无法履行职务；(6)执业责任保险失效；(7)有重大债务纠纷或者因涉嫌违法行为正被相关部门调查的。

2. 法院依职权决定更换管理人

管理人应当接受法院的监督。如果社会中介机构出现了上述《指定管理人的规定》第三十三条、第三十四条的情况，法院可以径行依职权决定更换管理人。因此，法院依职权更换管理人与依债权人会议的申请更换管理人，只是启动程序的原因不同，具体审查程序并无区别。

另外，《指定管理人规定》第三十六条规定："人民法院对管理人申请辞去职务未予许可，管理人仍坚持辞去职务并不再履行管理人职责的，人民法院应当决定更换管理人。"

（二）管理人更换的程序

根据管理人更换情形的不同，管理人更换的程序分别为以下几种。

1. 依债权人会议申请更换管理人的程序

根据《指定管理人规定》第三十二条、第三十三条及第三十八条的规定，依债权人会议申请更换管理人的程序如下。

(1)债权人会议作出决议，并向法院提出书面申请。法院在收到债权人会议的申请后，通知管理人在两日内作出书面说明。

(2)法院自收到管理人书面说明之日起十日内，作出驳回申请的决定或更换管理人的决定。

(3)法院决定更换管理人的，将决定书送达原管理人、新任管理人、破产申请人、债务人以及债务人的企业登记机关，并予公告。

2. 法院依职权径行决定更换管理人的程序

根据《指定管理人规定》第三十八条的规定，法院依职权径行决定更换管理人的，应将决定书送达原管理人、新任管理人、破产申请人、债务人以及债务人的企业登记机关，并予公告。

3. 法院许可管理人基于正当理由辞去管理人的程序

根据最高人民法院民二庭编著的《关于企业破产法司法解释理解与适用》一书，法院许可管理人基于正当理由辞去管理人的程序如下。

(1)法院收到管理人辞职申请后，应进行必要调查，并作出是否许可的决定。对于管理人辞职申请的处理时限可参照《指定管理人规定》第三十二条的规定，即自收到管理人辞职申请之日起十日内作出许可或驳回的决定。

(2)法院许可管理人辞职的，应同时指定新任管理人。为保证更换管理人后破产程序的顺利进行，根据《指定管理人规定》第三十七条的规定，法院自原管理人收到决定书之次日起，应监督其向新任管理人移交全部资料、财产、营业事务及管理人印章，并及时向新任管理人书面说明工作进展情况。原管理人不能履行上述职责的，新任管理人可以直接接管相关事务。另外，在破产程序终结前，原管理人应当随时接受新任管理人、债权人会议、法院关于其履行管理人职责情况的询问。

(三)上海法院关于更换管理人的实践

破产程序具有较强的连续性，管理人的稳定性非常重要。实践中，当出现管理人不尽职、工作拖沓等问题，而并无《指定管理人规定》第三十三条、第三十四条所规定的情形时，法院则面临是否更换管理人的难题。

[案例3.3]上海某展销公司公司清算案

该案中，通过上海高级法院摇号，受理法院于2010年6月7日指定管理人名册中的某社会中介机构与公司股东组成清算组。指定清算组后，该社会中介机构仅指派一名工作人员参与清算事务。审理中，由于作为清算组成员的股东之间矛盾较大，很多本应由该社会中介机构自行依法决定的事务，该中介机构都不予处理而向法院请示，导致案件审理效率极低。然而，受理法院考虑到清算组工作的连贯性，如果更换该中介机构，新任中介机构仍需耗时耗力了解前任工作情况，且在股东矛盾较大的情况下，新任中介机构的掌控及决断能力未必优于前者，恐难以实现加快案件进程的目的。受理法院最终采取加强督促的方式推进案件的开展，而未更换该社会中介机构。

上述案例虽然是公司清算案件，但在破产案件中也会遇到相同的情况。法院所面临的更换管理人难题的原因主要为以下两点。第一，管理人的工作性质具有很强的连贯性,如果更换管理人,会增加移交材料、交接工作等额外工作,且新任管理人需花费大量精力了解前任管理人的工作情况与案件进展,程序成本较高,或许反而会影响破产程序的推进。第二,部分案件由于客观条件所限,更换管理人未必能够解决案件进展缓慢的问题,如部分企业可供分配财产较少,管理人报酬较低,导致管理人缺乏工作的动力。若管理人报酬无法提高,更换管理人并不能从根本上解决管理人缺乏动力的难题。又如案例3.3所反映的情况,公司内部矛盾较大,对管理人专业知识及工作能力的要求较高,更换的管理人未必优于前者。考虑到种种现实因素,法院通常采取加强督促的方式推进破产案件的开展,而尽量避免更换管理人。但此种方式难免增加法院的负担,也无法体现管理人的优势及作用。因此,应进一步细化对管理人职业操守与工作能力业绩等方面的评审标准,落实对管理人工作的考核及淘汰机制,促使管理人名册中的管理人尽职工作。

第三节　管理人报酬

根据《管理人报酬规定》第一条的规定,管理人履行《企业破产法》规定的职责,有权获得相应的报酬。

一、管理人报酬的决定权与限制

就目前各国(地区)立法来看,管理人报酬的确定主体有两种立法模式:一种是由法院确定管理人的报酬,如美国、德国、日本、韩国及我国台湾地区;[1]另一种是由债权人会议确定管理人报酬,如英国、加拿大、澳大利亚。[2]上述两种立法模式各有利弊,前者可能导致法院权力过大而产生道德风险,而后者则由于债权人会议程序的复杂性以及债权人与管理人的利益冲突,有可能导致管理人报酬问题久拖不决。我国采用的是由法院在法定上限范围内确定并调整管理人报酬的

---

〔1〕德国《支付不能法》第六十四条第四款规定:“支付不能管理人的报酬和应当向其归还的垫款由支付不能法院以裁定确定。”日本《破产法》第一百六十六条规定:“破产财产管理人得接受费用的预付及报酬,其数额由法院确定。”韩国《破产法》第一百五十六条规定:“破产管理人可以预先得到费用及报酬,其金额由法院规定。”我国台湾地区“破产法”第八十四条规定:破产管理人的报酬由法院确定。

〔2〕英国破产法规定,债权人会议或其授权机构可以决定破产管理人的报酬。债权人或者破产人对债权人会议确定的酬金水平可以请求英国工商部予以确认。如果该有权机构认为破产管理人的酬金水平过高,可以责令债权人会议重新确定酬金数额。加拿大也有相似的立法。而澳大利亚法律规定,管理人的报酬由公司的债权人在第一次债权人会议或者审议管理人提出的关于公司前途的建议的债权人会议上确定,如果债权人没有确定其报酬,管理人可以请求法院决定。

方式。

《企业破产法》第二十八条第二款规定:“管理人的报酬由人民法院确定。”《管理人报酬规定》第四条进一步规定,法院受理企业破产申请后,应初步确定管理人报酬方案,包括管理人报酬比例和收取时间。正如最高人民法院编著的《关于企业破产法司法解释理解与适用》一书所述,管理人在破产案件受理之初、债权人会议尚未召开之时即需要开展大量工作,由法院决定管理人报酬,能够避免债权人会议难以及时参与管理人报酬方案的确定的情况。

为避免法院单独确定管理人报酬可能产生的权利“寻租”的现象,法院对管理人报酬的决定权也设有一定的限制。

一是债权人会议有提出异议的权利。《企业破产法》第二十八条第二款规定:“债权人会议对管理人报酬有异议的,有权向人民法院提出。”法院对异议审查后,就是否调整管理人报酬作出决定。

二是管理人与债权人经协商达成一致的,可以对管理人报酬方案提出调整请求。《管理人报酬规定》第七条规定,管理人、债权人会议对管理人报酬方案有意见的,可以进行协商。双方协商一致的,管理人应向法院书面提出请求。法院经审查认为上述请求和理由不违反法律和行政法规强制性规定,且不损害他人合法权益的,应当按照协商结果调整管理人报酬方案。

二、管理人报酬的确定

从各国(地区)的破产立法来看,管理人报酬的计算方式主要有按时间计酬和按标的额计酬两种方法,按时间计酬是依据不同级别管理从业人员每小时报酬基数,按照管理人所付出的时间计算报酬,按标的额计酬则是根据已变现或可分配的破产财产价值的一定比例计酬。[1] 两种方式各有利弊:前者可以鼓励管理人对债务人财产进行彻底的管理,但可能会导致管理人拖延破产程序;后者可以鼓励管理人尽可能多地清收债务人财产,但破产管理工作的工作量不一定与可供分配的资产的价值相符。我国《企业破产法》采用的是以标的额为基础的计酬方法。

(一)管理人报酬的确定

1. 一般情况下管理人报酬的确定

(1)按标的额、差额定率累进计算管理人报酬

《管理人报酬规定》第二条规定,法院根据债务人最终清偿的财产价值总额,在一定比例限制范围内分段确定管理人报酬。采用差额定率累进方式计算管理人

〔1〕 王欣新:《破产法》,中国人民大学出版社2011年版,第94页。

的报酬比例，并规定了管理人报酬的上限，能够避免按标的额计算可能产生的“激励过度”等问题。最高人民法院民二庭负责人在就《指定管理人规定》及《管理人报酬规定》答记者问中说明，按标的额计算管理人报酬的方式符合社会大众的普遍观念以及具体国情，简单易行，社会公众易于接受，而且以最终清偿财产额为计酬标的额有利于激励管理人尽可能多地清收债务人财产，从而更加有效地保护债权人利益。考虑到我国地区间经济发展水平的差异，《管理人报酬规定》第二条还规定：各地高级法院可根据当地实际情况，参照《管理人报酬规定》所规定的管理人报酬比例，在30%的浮动范围内制定管理人报酬比例限制范围。

《管理人报酬规定》规定以债务人最终清偿财产额为计酬标的，但实践中，对于“债务人最终清偿财产额”的范围仍存在争议。一种观点认为，“债务人最终清偿财产额”不应包括优先清偿的破产费用，因该部分财产价值债务人无法获得。另一种观点认为，“债务人最终清偿财产额”即债务人财产变现的金额，破产费用广义上也属于债务人应清偿的债务，故计算管理人报酬的基数不应扣除优先清偿的破产费用。上述问题在标的金额较大、对债务人财产的管理及变价费用较高的破产案件中，争议尤为突出。

[案例3.4]某证券公司破产清算案

上海二中院受理的某证券公司破产清算案中，财产变现总金额共计401225727.67元，而行政清理费用等破产费用高达36358382.32元，若将破产费用从财产变现总金额中扣除，即以401225727.67元－36358382.32元＝364867345.35元为计算基数，管理人报酬为7468673.45元；若以财产变现总金额401225727.67元为计算基数，则管理人报酬为7832257.27元，两者相差三十六万余元。显然，基数不同会产生管理人报酬的计算差异。

此外，对于担保权人优先受偿的担保物，管理人工作量相对较小，故《管理人报酬规定》未将担保物价值计入管理人报酬的标的额，而规定根据债务人最终清偿的财产价值总额计算管理人报酬。此规定确保管理人报酬与其实际付出的劳动相符，亦有利于保护债权人利益。但为激励管理人尽职工作，《管理人报酬规定》第十三条规定，管理人对担保物的维护、变现、交付等管理工作付出合理劳动的，有权向担保权人收取适当的报酬。管理人与担保权人就上述报酬数额不能协商一致的，由法院确定。

(2)确定管理人报酬的其他考量因素

单独依靠数额和比率确定管理人的报酬是存在缺陷的，必须综合考虑各种因素进行调整。《管理人报酬规定》第九条对于法院确定管理人报酬应当考量的因素予以明确，包括：①破产案件的复杂性；②管理人的勤勉程度；③管理人为重整、和解工作作出的实际贡献;④管理人承担的风险和责任;⑤债务人住所地居民可支配收入及物价水平,以及其他影响管理人报酬的情况。实践中,法院应当注意充分听取各方意见,根据案件实际情况在规定范围内对管理人报酬予以适当调整,以确保管理人的工作量与其报酬相符,避免按标的额计酬方式的弊端。

法院在确定和调整管理人报酬时,还应注意避免管理人重复计酬的问题。《企业破产法》第四十一条规定,管理人执行职务的费用、报酬和聘用工作人员的费用为破产费用。根据上述规定,管理人报酬不包括其执行职务的费用和聘用工作人员的费用。为避免管理人重复计酬收费,必须对破产费用的支出进行鉴别,其中可能发生重复计酬问题的主要是管理人聘请工作人员的费用。实践中,管理人聘用工作人员有多种情形。第一种是管理人自己的员工。社会中介机构担任管理人时,需组成工作团队,团队中的每个人都是管理人所聘用的员工,其工资应由该社会中介机构承担,与破产费用无关。第二种是为了维持破产企业的财产而聘用的工作人员,一般是债务人原管理人员和专业技术人员、必要的留守人员等。上述人员的工作是管理人所无法完成的,在法院根据《企业破产法》第二十八条的规定同意管理人聘用的情况下,其劳动报酬应作为破产费用从破产财产中支出。第三种是专业人士,管理人为执行职务可以聘用律师事务所、审计机构、评估机构等。《管理人报酬规定》第十四条规定:"律师事务所、会计师事务所通过聘请本专业的其他社会中介机构或者人员协助履行管理人职责的,所需费用从其报酬中支付。破产清算事务所通过聘请其他社会中介机构或者人员协助履行管理人职责的,所需费用从其报酬中支付。"因此,律师事务所、会计师事务所担任管理人的,为履行职责聘请非本专业社会中介机构所需的费用,无须从其报酬中支付,而是从破产财产中支付。而破产清算事务所担任管理人的,无论聘请会计师事务所还是律师事务所,所需费用都要从其报酬中支付。

2. 特殊情况下管理人报酬的确定

审判实践中,以下几种情形中管理人报酬的确定应予关注。

(1)清算组担任管理人情形下报酬的确定

《管理人报酬规定》第十五条规定:"清算组中有关政府部门派出的工作人员参与工作的不收取报酬。其他机构或人员的报酬根据其履行职责的情况确定。"清算组中有关政府部门派出的工作人员参与工作的,其所在单位向其支付工资,不需再向其支付管理人报酬。而清算组其他成员,包括社会中介机构以及金融资产管理公司等,担任清算组成员,法院应当根据《管理人报酬规定》规定的标准和考量因素,在扣除有关政府部门人员完成的工作量后,根据其实际履职情况确定报酬。

(2)管理人更换或承继情形下报酬的确定

根据《管理人报酬规定》第十六条的规定，管理人发生更换的，法院应当分别确定更换前后的管理人报酬。在企业破产案件受理前，依据其他法律规定参与企业清算的社会中介机构，在破产程序中继续被法院指定为管理人的，其破产管理的实际工作量会有所减少，法院应根据该管理人承继前所收取的报酬数额、承继前后的实际工作量、工作中的重复性因素等，合理确定管理人报酬。

(3)“无产可破”案件中管理人报酬的确定

“无产可破”案件无法按照债务人最终清偿的财产价值总额计付管理人报酬，应根据《管理人报酬规定》第九条所规定的考量因素，包括管理人的工作时间、工作量等因素确定管理人报酬，以避免管理人的报酬支付与债权人能否得到财产分配绝对挂钩的状况，从而符合管理人实际付出的劳动。

实践中，“无产可破”案件并不鲜见。对于此类破产案件的处理，主要有以下做法：做法一，债务人财产不足以支付管理人报酬和管理人执行职务费用，根据《企业破产法》第四十三条第四款的规定，法院经管理人申请提前终结破产程序；做法二，与管理人充分沟通，不按标的额计算报酬，而是按照实际工作情况，确定较低数额报酬；做法三，由债权人、管理人、债务人的出资人或者其他利害关系人(如上级公司)垫付管理人报酬和执行职务费用，以保证破产程序继续进行。为保障垫付人的利益，上述垫付款项作为破产费用从债务人财产中向垫付人随时清偿。就目前破产案件的实际处理情况看，上述三种做法中，做法一、做法二的效果比较好。

[案例3.5]上海市化工轻工总公司桃浦仓储公司申请上海联谊化工经营部破产清算案〔1〕

该案受理法院根据债务人上级公司在破产申请前所进行的准备工作，了解到作为国有企业的债务人现已基本处于“无产可破”状态。为提高管理人工作积极性，确保破产工作的顺利推进，受理法院在征求管理人意见以及与债务人上级公司沟通后，根据管理人应完成的工作(包括接管印章及资料、债权确认及债务催讨等)以及该案实际情况，初步确定管理人报酬为3万元，并通知管理人。管理人在第一次债权人会议中报告了上述管理人报酬方案，债权人均无异议。最终管理人报酬根据上述方案支付。

从长远看，为确保资不抵债企业有序退出市场以及管理人队伍的健康发展，成立“管理人报酬基金”以解决无可分配财产的破产案件中管理人报酬问题，应是将

〔1〕 上海市黄浦区人民法院(2011)黄民二(商)破字第4号。

来我国完善管理人制度的发展方向。目前,国内有些地方法院已经开始了一些有益的尝试,如山东省滨州市滨城区人民法院针对破产案件中存在的部分破产企业“无产可破”、“无钱可付”的审理瓶颈,设立了“管理人报酬基金制度”。该基金以财政拨款、法院经费以及社会资助款项为启动资金,并从破产案件管理人所得报酬中按比例提取款项逐渐积累,用以对根据工作量计算应得而未得报酬的管理人予以适当补偿。该基金的设立,使得多起存在障碍的破产案件审理进程得以进行,管理人工作积极性得到充分调动。又如广东省深圳市中级人民法院针对“无产可破”案件,创设了“管理人援助资金制度”,援助资金由政府财政拨款和从管理人所获报酬中提取一定比例资金组成,专门用于补贴管理人办理“无产可破”案件所必需的破产费用,确保破产案件顺利推进。再如江苏省无锡市中级人民法院制定《关于管理人报酬基金的管理办法》,设立管理人报酬基金。管理人报酬基金取之于管理人报酬,用之于管理人报酬不足时的补偿,确保破产程序得以继续。上述方式为此类问题的解决提供了很好的借鉴。上海法院也将根据上海地区实际情况,在审判实践中进一步探索解决。

(4)重整、和解程序中管理人报酬的确定

根据《管理人报酬规定》第十条的规定,在重整、和解程序中,管理人报酬方案内容应列入重整计划草案或和解协议草案,这充分体现了当事人的意思自治。重整计划草案、和解协议草案为债权人会议通过,并经法院裁定批准或裁定认可的,管理人按重整计划、和解协议中的方案收取报酬。若由于重整计划草案、和解协议草案未获法院批准或认可等原因,重整程序、和解程序转换为清算程序的,法院应结合重整计划草案或和解协议草案中的管理人报酬方案,并根据管理人的实际工作情况确定或调整管理人的报酬方案。比如,在重整期间,经法院批准,债务人在管理人监督下自行管理财产和营业事务,那么,管理人仅承担监督债务人的工作,其实际工作量大幅降低,报酬理应随之减少。当然,在破产重整、和解程序中,管理人为促成重整、和解所作出的努力也应当予以充分考虑。

(二)管理人报酬的确定程序

根据《管理人报酬规定》第四条及第六条的规定,管理人报酬的确定程序如下。

1. 法院受理企业破产申请后,应当初步确定管理人报酬方案(包括报酬比例和收取时间)。

2. 法院应自确定管理人报酬方案之日起三日内,根据最高人民法院印发的破产程序法律文书样式制作“通知书”,并通知管理人。

3. 管理人应在第一次债权人会议上报告管理人报酬方案。

三、管理人报酬的调整

(一)管理人报酬调整的情形

根据《企业破产法》及《管理人报酬规定》的规定,管理人报酬的调整包括以下三种情形。

1. 对债权人会议的异议审查调整。《企业破产法》第二十八条第二款规定,债权人会议对管理人报酬有异议的,有权向人民法院请求调整。法律赋予债权人会议在破产程序内独立的意思表示能力,而非每一个债权人都有权单独监督,因此,债权人会议必须形成决议才能行使异议权。债权人会议如果认为管理人报酬过高,应提出相应的参考价格或需要调整的因素及其理由。法院经审查认为理由合理的,可予调整。

2. 根据管理人及债权人会议的协商结果调整。《管理人报酬规定》第七条规定:"管理人和债权人会议对管理人报酬方案有意见的,可以进行协商"。在协商机制下,管理人如觉得报酬标准低于自己所付出劳动的价值,可以请求债权人会议予以调高;债权人会议如果觉得法院确定的管理人报酬方案标准过高,也可以与管理人协商。双方就调整协商一致的,由管理人向法院提出请求。一般情况下,双方就调整报酬方案达成一致的,属于双方意思自治,法院不予干预,不应再依职权予以调整。但若法院经审查认为双方确定的报酬内容违反法律和行政法规强制性规定,或损害他人合法权益的,则不应同意调整报酬方案的申请。

3. 法院主动调整。由于法院最初仅根据对管理人工作量的预测决定管理人的报酬,为避免预测与实际情况不符而有损当事人或管理人利益的情况发生,《管理人报酬规定》第八条规定:法院可以根据破产案件和管理人履行职责的实际情况对管理人报酬方案进行调整,具体考量因素应参考《管理人报酬规定》第九条的规定,如在发生管理人更换、破产程序发生转换或其他导致破产案件出现重大变化的情况下,法院可以对管理人报酬进行调整。

(二)管理人报酬的调整程序

根据管理人报酬调整情形的不同,管理人报酬的调整程序分别为以下几种。

1. 对债权人会议异议审查调整的情形

根据《管理人报酬规定》第十七条及第十八条的规定,通过对债权人会议的异议审查调整管理人报酬的程序如下。

(1)债权人会议对法院决定的管理人报酬有异议的,应当向法院书面提出具体的请求和理由,异议书应当附有相应的债权人会议决议。

(2)法院应当自收到债权人会议异议书之日起三日内通知管理人,并要求管理人自收到通知之日起三日内作出书面说明。

(3)法院认为有必要的,可以举行听证会,听取当事人意见。

(4)法院应当自收到债权人会议异议书之日起十日内,就认可或驳回债权人会议关于管理人报酬的异议作出决定,根据最高人民法院印发的破产程序法律文书样式制作“决定书”,并将决定书送达管理人、债权人委员会或者债权人会议主席。

2. 根据管理人及债权人会议协商结果调整的情形

根据《管理人报酬规定》第七条的规定,按管理人及债权人会议协商结果调整管理人报酬的程序如下。

(1)管理人、债权人会议对管理人报酬方案有意见,且就调整管理人报酬方案内容协商一致的,由管理人向法院书面提出具体的请求和理由,并附相应的债权人会议决议。

(2)法院经审查认为上述请求和理由合法的,应当按照双方协商的结果调整管理人报酬方案。

3. 法院主动调整的情形

根据《管理人报酬规定》第八条的规定,法院主动调整管理人报酬方案的程序如下。

(1)法院自调整管理人报酬方案之日起三日内,根据最高人民法院印发的破产程序法律文书样式制作“通知书”,并通知管理人。

(2)管理人自收到法院通知之日起三日内,向债权人委员会或者债权人会议主席报告管理人报酬方案调整内容。

四、管理人报酬的支付方法

(一)管理人报酬的支付方法

《管理人报酬规定》第三条规定:“人民法院可以根据破产案件的实际情况,确定管理人分期或者最后一次性收取报酬。”破产案件中,法院应当合理地确定报酬收取的时间节点,既要给管理人适当的激励,又要避免因过早支付而难以形成对管理人约束的情形。对于案情简单、时间较短的案件,一般采取管理人最后一次性收取报酬的方法;对于案情复杂、时间较长的案件,可以预先支付管理人部分报酬;对于债务人分期清偿债务的案件,一般应确定管理人分期收取报酬。

在实践中,若破产财产多次分配,管理人报酬通常也分期支付。在此情形下,后续支付的管理人报酬应当如何计算,存在争议。一种意见认为,应根据可供分配破产财产总数额计算管理人报酬;另一种意见认为,应根据每次分配的破产财产数额分别计算每期的管理人报酬。上述两种方法所计算的管理人报酬往往数额差距甚远。我们倾向于上述第一种意见。

［案例3.6］某证券公司破产清算案

该案中，债权人会议确认管理人报酬在最高人民法院规定的报酬标准范围的幅度内收取，并分期支付。第一次破产财产分配时，可供分配的破产财产金额为316603875.55元，根据该次可供分配破产财产金额向管理人支付报酬6986000元。第二次破产财产分配时，可供分配的破产财产金额为84621852.12元，该次需支付的管理人报酬若在累计两次可供分配破产财产金额的基础上计算，再扣除已支付的部分，即两次可供分配破产财产金额共计316603875.55元+84621852.12元=401225727.67元，以该金额为基数计算管理人报酬应为7832257.27元，扣除第一次已经支付的6986000元，实付金额应为846257.27元。若单独以第二次可供分配破产财产金额84621852.12元为基数计算，管理人报酬为4358655.56元。显然，上述两种计算结果相差甚远。该案最终采取第一种做法，即第二期支付的管理人报酬为846257.27元。

值得注意的是，为了激励管理人有效执行职务，应当保证管理人收取报酬的独立性。《企业破产法》将管理人报酬归为破产费用，并规定破产费用由债务人财产随时清偿，债务人财产不足以清偿所有破产费用和共益债务的，先行清偿破产费用。债务人财产不足以清偿所有破产费用的，按照比例清偿。《管理人报酬规定》第十二条进一步明确规定："管理人报酬从债务人财产中优先支付。债务人财产不足以支付管理人报酬和管理人执行职务费用的，管理人应当提请人民法院终结破产程序。"

（二）管理人报酬的支付程序

根据《管理人报酬规定》第十一条的规定，管理人报酬的支付程序如下。

1. 管理人收取报酬前，应当向法院提出书面申请，申请书内容包括：(1)可供支付报酬的债务人财产情况；(2)申请收取报酬的时间和数额；(3)管理人履行职责的情况。

2. 法院应当自收到上述申请书之日起十日内，确定是否向管理人支付报酬以及应支付的管理人报酬的数额，根据最高人民法院印发的破产程序法律文书样式制作"通知书"，并通知管理人。

第四节　管理人的职责、法律责任及需要解决的问题

一、管理人的职责

管理人的职责贯穿整个破产程序，所有与债务人财产有关的事务，管理人都参与其中，管理人的职责会随着破产程序的进展而不断变化。

《企业破产法》第二十五条对管理人的职责作了规定，包括：(1)接管债务人的财产、印章和账簿、文书等资料；(2)调查债务人财产状况，制作财产状况报告；(3)决定债务人的内部管理事务；(4)决定债务人的日常开支和其他必要开支；(5)在第一次债权人会议召开之前，决定继续或者停止债务人的营业；(6)管理和处分债务人的财产；(7)代表债务人参加诉讼、仲裁或者其他法律程序；(8)提议召开债权人会议；(9)法院认为管理人应当履行的其他职责。上述九项规定较为原则，我们结合上海法院审判实践，对管理人具体职责作以下总结和归纳。

(一)接管工作

接管债务人企业是管理人的基础工作，应具有全面性、及时性及有效性。接管时，企业和管理人要制作交接清单，并由企业负责人、具体经办人和管理人代表签字。接管内容有以下几方面。

1. 印章及企业证照

(1)印章范围包括除企业党团工会等社会组织之外的所有行政、业务印章，例如企业公章、财务专用章、预留银行的法定代表人印鉴章、合同专用章、海关报关章、部门印章、分支机构印章。接管之前，管理人应当通知债务人收集全部公章，整理归类，再用印章在空白纸上按顺序盖上印样并一一编号，债务人按印样编号，向管理人移交印章实物。

(2)企业证照包括：法人营业执照、分公司营业执照、税务登记证(国税与地税)、企业代码证、经营许可证、报关证、法定代表人登记证、贷款证、企业信用等级证(包括正副本和电子文本)。

2. 文书资料

(1)会计凭证、账册、票据，包括各种财务账册，包括库存账册、固定资产账册、银行日记账、现金日记账等；会计凭证、银行账户资料、库存现金、空白票据、发票等。

（2）人事档案，包括：职工名册、劳动合同、用工手续、劳动保险、职工联系方式等。

（3）其他文书资料，主要包括企业设立批准文件、公司章程、股东协议、验资证明、股东会董事会经理办公会议等各种会议记录、对外合同（特别是未履行完毕合同）。

（4）诉讼（仲裁）案件资料，包括：法律文书、诉讼证据等涉及诉讼的各类资料，以此了解诉讼当事人、受理法院（仲裁机构）、案由、诉讼标的、基本案情简介、诉讼所处阶段等。

3. 财产

（1）实物资产。应以盘点表的方式进行移交，清点实物，参加盘点的人必须签名，盘点表应当由债务人相关负责人（财务人员或仓库保管员）与管理人共同编制。

（2）财产权利证书。主要有土地使用证、房地产权证、车辆证照、商标权证书、专利证书等知识产权证书、债权凭证、对外投资的出资证明书、持有的股份和债券。另外，管理人还应注意企业的电脑系统、保险柜、电子印鉴的登录密码和口令的正确核对和移交，这些在实践中往往被忽视。

（二）调查债务人财产状况

1. 清理、盘点资产。包括对企业银行账户、实物资产（房地产、车辆、存货等）、无形资产、对外投资、债权等进行盘点。

2. 债权登记。债权人应当在法院确定的债权申报期限内向管理人申报债权，管理人应当负责对债权的登记，工作具体包括以下几点。

（1）协助法院发送债权申报通知书。法院受理破产案件后，需要通知已知债权人申报债权。管理人应该协助法院发送债权申报通知书并进行公告。

（2）接受债权申报资料。管理人在收到债权申报资料后，不管应否确认，都必须登记造册。

（3）对债权申报进行审查。管理人在收到债权申报资料后，应该对申报的真实性、合法性进行审查。

（4）书面告知申报人审查结果。管理人在审查后，应该将审查结果书面告知申报人。如申报人对审查结果不满意，可以向受理破产的法院提出诉讼以确认其债权。

（5）别除权、取回权、抵销权的确认工作。相关权利人提出别除权、取回权、抵销权请求的，应该向管理人提出，管理人应当依法进行审查。

（6）制作债权表。管理人根据审查结果或法院对争议债权的判决，制作债权表。管理人应保存债权表和债权申报材料,供利害关系人查阅。

(7)不需要申报债权的调查登记工作。债务人所欠职工的工资和医疗、伤残补助、抚恤费用,所欠的应当划入职工个人账户的基本养老保险、基本医疗保险费用,以及法律、行政法规规定应当支付给职工的补偿金,不必申报,由管理人调查后列出清单并予以公示。职工对清单记载有异议的,可以要求管理人更正;管理人不予更正的,职工可以向法院提起诉讼。

(8)调查核实社会保险及税收的缴纳情况。管理人应及时向社会保险事业基金结算管理中心核实社会保险的缴纳情况,向税务局核实税收缴纳情况,确认债务人是否存在欠缴社会保险费用及税款的情形。

(三)管理债务人企业

企业进入破产程序后,管理人代替企业原管理层行使企业管理权,由管理人管理原由企业自主决定的事务,包括以下几点。

1. 决定债务人的内部管理事务。破产程序中,管理人决定债务人的内部管理事务,如对企业必要留守人员的确定,与无须留守职工解除劳动合同,对企业各项日常管理工作的分工。

2. 决定债务人日常开支和其他必要开支。在破产程序中,尤其是在继续债务人营业时,有大量的日常开支和其他必要开支需要管理和控制,均由管理人决定。

3. 在第一次债权人会议召开之前,管理人决定继续或者停止债务人的营业。决定继续或者停止债务人的营业,属于债权人会议的职权,但根据《企业破产法》第二十五条第一款第(七)项的规定,在破产案件受理后、第一次债权人会议召开之前,需要立即决定继续或者停止债权人营业的,由管理人作出决定。

(四)管理和处分债务人的财产

管理人接管债务人财产后,就应对其进行全面管理,以最大限度地维持债务人财产,保证破产程序顺利进行。

1. 货币、实物、权利财产管理和处分。(1)货币资金的管理。对于现金,管理人应该要求企业全部移交给管理人聘任的出纳保管。对于银行存款,管理人在开立管理人账户之前,应该收回企业预留银行印鉴,并协助法院通知相关银行该等账号只能归管理人使用。在开立了管理人银行账号后,为方便管理,一般将原银行账号内的资金汇入管理人账号,并对不在使用的原账号逐一销户。(2)实物资产的保管与处分。对于企业的实物资产,管理人应该确保其安全性,注意防火、防盗、防潮、防水、防电击等自然灾害,在必要时应该投保。对易损、易腐、跌价或者保管费用较高的财产应当及时变卖。(3)财产权利的保全。对于无形资产,例如知识产权,注意缴纳年费等保有费,以维护其效力。对于债权等请求权,注意诉讼时效间题，要在诉讼时效内采取有效措施主张权利。

2. 决定待履行合同的解除或继续履行。根据《企业破产法》第十八条的规定，法院受理破产申请后，管理人对破产申请受理前成立而债务人和对方当事人均未履行完毕的合同有权决定解除或者继续履行，并通知对方当事人。

3. 追索欠缴出资。根据《企业破产法》第三十五条的规定，管理人履职后，应该调查出资人出资情况。若出资人尚未完全履行出资义务，管理人应当要求该出资人缴纳所认缴的出资，而不受出资期限的限制。

4. 行使追回权。追回权的最终目的还是收集财产，最大化“破产财产”，以尽可能地实现最大份额的债权清偿。根据《企业破产法》第三十一条、第三十二条、第三十三条以及第三十六条的规定，管理人在以下情形有权行使追回权：(1)基于交易被撤销而行使追回权；(2)基于交易无效而行使追回权；(3)对高管人员的非正常收入行使追回权。

5. 行使取回权。此处讨论的“取回权”并非权利人针对破产债务人的取回权，仅只限于管理人的取回权。根据《企业破产法》第三十七条的规定，法院受理破产申请后，管理人可以通过清偿债务或者提供为债权人接受的担保，取回质物、留置物。在质物或者留置物的价值低于被担保的债权额时，以该质物或者留置物当时的市场价值为限。

(五)代表债务人参加法律程序

在管理人被指定后，管理人有代表债务人参加诉讼、仲裁或者其他法律程序的职责。破产程序开始后，无论其他人对债务人提起的诉讼、仲裁、执行等法律程序，还是债务人对其他民事主体提起诉讼、仲裁、执行等法律程序，都应由管理人代表债务人参加。

(六)提议召开并列席债权人会议

管理人有权提议召开债权人会议，并应协助债权人会议的召开。召开债权人会议，管理人应当提前十五日通知已知的债权人，在会议通知中，管理人应该告知本次会议的议程。会议召开前，管理人应当做好会务准备工作，会议召开时，管理人应当负责维护会场秩序。管理人应当列席债权人会议，向债权人会议报告职务执行情况，并回答询问。

(七)管理人在不同破产程序中应当履行的职责

除了上述职责，在不同的破产程序中管理人还应履行其他职责，具体归纳如下。

1. 破产清算程序中管理人的职责

(1)破产财产的变价和分配

破产财产的变价和分配是破产清算工作的核心，根据《企业破产法》第一百一十一条、第一百一十五条、第一百一十六条的规定，管理人应履行下列关于破产财产变价和分配的职责。

①法院依法宣告债务人破产后，管理人应当及时拟定破产财产变价方案，提交债权人会议讨论。若债权人会议表决未通过，则由法院裁定。

②适时执行债权人会议通过或者法院裁定的破产财产变价方案。

③及时拟订破产财产分配方案，并提交债权人会议讨论。债权人会议通过破产财产分配方案后，由管理人将该方案提请法院裁定认可。若债权人会议二次表决仍未通过，则由法院裁定。

④及时执行法院裁定认可的财产分配方案。

⑤最后分配完结后，及时向法院提交破产财产分配报告。

(2)后续注销事宜

①申请终结破产程序。

②办理留守人员退工手续。对于留守人员，管理人应该根据破产工作需要及时解聘。解聘时应该按照正常手续办理退工手续。

③注销海关、税务、工商登记。破产终结后，管理人应该分别向海关、税务和工商部门办理注销登记手续。注销企业社保登记、企业代码。

④注销银行账号，包括企业原账号和管理人账号。

⑤向有关方面移交档案。破产终结后，管理人应根据类型对档案资料作出不同的处理。第一，对于管理人在破产清算过程中接收的原企业档案(包括会计凭证等财务档案等)，应移交破产企业股东或者上级单位保管。如果没有股东或上级单位保管的，应移交当地档案馆或专门从事档案保管工作的社会机构，费用在制定分配方案时予以预留。第二，对于在破产清算过程中形成的档案(包括法院出具的文书、债权人会议的记录、审计评估报告等)，应由管理人保存。实务中，管理人可同时以书面和电子形式保存，以便于查阅。

2. 破产重整程序中管理人的职责

破产重整程序中，在各方当事人有重整意愿的情况下，管理人应当努力促成重整以挽救企业，履行好下列职责。

①监督债务人自行管理财产和营业事务。《企业破产法》第七十三条第一款规定："在重整期间，经债务人申请，人民法院批准，债务人可以在管理人的监督下自行管理财产和营业事务。"

②制订重整计划草案。《企业破产法》第八十条第二款规定："管理人负责管理财产和营业事务的，由管理人制作重整计划草案。"第七十九条规定："管理人应当自法院裁定债务人重整之日起六个月内，同时向法院和债权人会议提交重整计

划草案”。

③监督重整计划的执行并提交报告。根据《企业破产法》第九十条、第九十一条的规定：自法院裁定批准重整之日起，在计划监督期内，由管理人监督重整计划的执行，监督期届满时，管理人应当向法院提交监督报告。

④请求法院宣告破产。《企业破产法》第九十三条规定，债务人不能执行或者不执行重整计划的，管理人可以请求法院破产宣告。

3. 破产和解程序中管理人的职责

在破产和解程序中，管理人同样应当努力促成和解。根据《企业破产法》第九十八条的规定，债权人会议通过和解协议，并由法院裁定认可的，和解程序终止，管理人应当向债务人移交财产和营业事务，并向法院提交执行职务的报告。

管理人终止执行职务后，应当将管理人印章销毁，并将销毁的证明送交法院。

二、管理人的法律责任

违反义务是承担责任的前提条件。管理人的义务是破产法对管理人履行职责的基本要求，同时也是管理人承担法律责任的基础。2004 年联合国国际贸易法委员会《破产法立法指南草案》第 409 段指出：除具体职责和职能外，破产法还经常对破产代表规定某些一般性义务。综观各国破产法的规定，这些义务主要包括：管理人的注意或信托义务、管理人接受监督义务、管理人提供担保义务等。其中，管理人的注意和信托义务应当是其承担法律责任最为重要的基础。

管理人在破产程序中掌管、处分、分配破产财产，其是否勤勉尽责、忠实地履行义务关系到破产程序能否顺利进行，债权人最终能否得到公平清偿，破产目的能否最终实现。因此，世界各国破产法在规定管理人职责的同时，还规定了管理人的法律责任。所谓管理人法律责任，是指管理人因违法或不正当行为而要承担的法律责任。关于管理人的法律责任，大陆法系国家一般在破产法中作了明确规定，主要包括民事责任、刑事责任、行政责任及法院强制措施、纪律处罚等其他不利后果。我国《企业破产法》可以说是在借鉴国外有关规定基础上建立了我国破产管理人法律责任追究体系，追究责任的方式包括民事责任、刑事责任以及法院强制措施。但是，我国关于管理人法律责任的条文过于笼统，缺乏可操作性，对于法律责任承担要件和具体内容的规定还需进一步完善。

（一）管理人的民事责任

大陆法系国家一般以善良管理人来界定破产管理人的基本义务，而英美法系国家破产管理人应当承担信托人谨慎、忠实和信用的基本义务，管理人在履职过程中违反基本义务的，应当承担相应的民事责任，包括停止侵害、返还财产、恢复原状、赔偿损失等。我国《企业破产法》第一百三十条规定："管理人未依照本法规定勤勉尽责，忠实执行职务的，人民法院可以依法处以罚款；给债权人、债务人或者第三人造成损失的，依法承担赔偿责任。"我国《公司法解释(二)》第二十三条规定："清算组成员从事清算事务时，违反法律、行政法规或者公司章程给公司或者债权人造成损失，公司或者债权人主张其承担赔偿责任的，人民法院应依法予以支持。"可见，我国现阶段管理人承担民事责任的主要方式为赔偿损失。

1. 管理人民事赔偿责任的主观过错认定

关于管理人承担赔偿责任的主观要件，各国一般都要求管理人要有主观上的过错，即必须是因为故意或过失造成破产财产损失时，才承担相应的民事赔偿责任。例如，日本和德国破产法规定，管理人承担责任的前提是"疏忽"或"过失"违背法定义务。至于如何认定管理人具有主观上的过错，一般以管理人行为明显地违反了法定义务为判断标准，即采用过错客观标准化，以客观行为的违法性来推定主观过错的存在。通常情况下，如果管理人的行为违反了法律、行政法规或者公司章程的规定，明显违反勤勉和忠实的法定义务，可以推定其具有主观过错。

2. 主张管理人承担民事赔偿责任的权利主体

当管理人行为造成破产财产减少或丧失，如不适当地履行职责致使他人对破产财产的侵犯，恶意侵吞破产财产行为，此时，应当由谁来主张对破产财产保护的权利？一般认为，管理人损害破产财产利益的行为，主要是损害了债务人和债权人的利益。所以，各国破产法一般赋予债务人和债权人可以向管理人提出承担民事赔偿责任的权利。但是，各国在权利人范围的规定上还是有所差别。例如，德国《支付不能法》第60条规定，支付不能管理人对"全体当事人"承担赔偿责任；日本新《破产法》第85条采用了"利害关系人"的概念；英国《破产法》第304条规定可以向法院提出命令受托人赔偿的"申请人"包括官方接管人、国务大臣、破产人的某一债权人、破产人。[1] 我国《企业破产法》第一百三十条规定，管理人"给债权人、债务人或者第三人造成损失的，依法承担赔偿责任"。实际上，在破产程序中少有债务人向管理人提出赔偿请求权的，因为绝大多数破产案件中的破产财产最终都是不足以清偿破产债务的，即使债务人向管理人提出赔偿请求，最终也很难获得实际利益。所以，债权人是实践中最多提出要求管理人承担责任的权利人。但是，由于破产关系的多样性和复杂性，与破产财产有关的权利主体范围也比较广泛，有时在短期之内也难以确定；另外，管理人违法行为或不当行为也可能侵犯到其他人利益。因此，以"全体当事人"或"利害关系人"来界定提出赔偿请求权主体

[1] 叶军：《破产管理人制度理论和实务研究》，中国商务出版社2005年版，第317页。

范围,更为恰当。

3. 管理人承担损害赔偿的数额和职业保险制度

关于管理人承担赔偿损失的数额,有学者提出了最高赔偿限额制和执业责任保险制。[1] 从理论上讲,管理人承担的民事赔偿数额应为破产程序利害关系人应该获得的清偿数额与实际获得清偿的数额之间的差额。但随着破产企业规模的不断扩大,破产涉及的经济数额巨大,已远非一般会计师事务所、律师事务所、受托人组织等专业管理人所能承受。且从目前实践来看,管理人的执业报酬与其所管理的破产财产数额和相关工作往往也相差甚远,如果要求管理人就利害关系人的实际损失承担全额赔偿责任,显然不符合风险收益均衡原则。因此,有必要引入最高赔偿限额制度,使管理人的执业风险降至合理程度。

同时建议确立管理人执业责任保险制度,从客观上加强他们对执业过失损害的赔偿能力,分散部分执业风险,使执业过失赔偿控制在可容忍的范围,不至于危及这一职业群体的生存与发展。各国破产法中一般都规定了管理人的职业保险制度。英国《破产法》规定,除了官方接管人以外,其他人要成为破产执业人必须提供有效担保,即担保已经作为破产执业人任职的资格条件。首先,破产受托人要签订一个保证金额为25万英镑的保证金协议书作为总括担保。其次,就每一个具体破产案件破产受托人还要签订一个保证金额等同于他所接管案件破产财产价值的责任担保协议,但这种协议最高金额不超过500万英镑。[2] 《俄罗斯联邦破产法》对破产案件参与人损害责任保险合同的保险期间、保险金额等均有明确具体的规定,以确保仲裁管理人有能力承担赔偿责任。

值得一提的是,我国《企业破产法》第二十四条第四款规定:"个人担任管理人的,应当参加执业责任保险。"这说明我国立法已充分认识到要求管理人提供承担责任保障的重要性。但《企业破产法》只要求个人担任管理人的情况下应当参加执业责任保险,对中介机构则未作相应要求。实践中,由于上海法院尚未采取个人担当管理人的做法,而律师事务所、会计师事务所、破产清算事务所等社会中介机构实际上均已购买相应的职业责任保险,故上海管理人名册中的社会中介机构应认为具备承担赔偿责任的能力。

(二)管理人的刑事责任

大陆法系国家一般在破产法中规定了管理人的犯罪,如日本《破产法》规定了

[1] 杨彪:"破产管理人民事责任制度研究",载中国民商法律网,http://www.procedurallaw.cn,2012年11月15日访问。

[2] 《英国破产法》,丁昌业译,法律出版社2003年版,第299页。

破产管财人特别渎职罪、受贿罪、行贿罪。韩国《破产法》规定了破产受贿罪、破产赠贿罪。由于大陆法系国家和地区注重对管理人应尽善良管理人之注意义务的要求，所以对于管理人犯罪行为的追究，主要集中于违反职务行为的“渎职罪”、“受贿罪”和“行贿罪”方面，规定比较单一，对于管理人在破产程序中非法侵吞破产财产的行为或其他违法犯罪行为没有给予足够的关注。

由于英美法系国家将管理人定位为受托人，承担着对破产财产的忠实和勤勉管理的信托义务，所以他们非常重视管理人对破产财产管理违法行为的刑事责任追究。特别是美国对管理人员有关犯罪规定得较为详细，对相关人员的侵吞、贪占破产财产、接受贿赂或利用管理处分破产财产职务之便，购买自己管理的财产等行为都作违法罪处理。这些规定具有鲜明特色，非常有利于对管理人职务行为的规范，以及对管理人欺诈性侵犯破产财产行为的规制。美国破产法典中没有规定破产犯罪，而是将破产犯罪规定在 1994 年颁布的美国法典第 18 篇《犯罪和刑事程序》中的第九章，其中自第 151 条至第 155 条用五个条文规定了破产犯罪。美国管理人犯罪种类主要包括：(1)侵吞债务人资产罪；(2)进行自利交易和拒绝有关人员检查文件罪；(3)私分费用罪。[1]

我国 2004 年 6 月《企业破产法(草案)》第十章“法律责任”中第一百五十七条和第一百六十一条具体规定了管理人的刑事责任，包括管理人索取、收受贿赂行为，因玩忽职守或其他违法行为造成债权人、债务人或第三人重大经济损失的行为，构成犯罪的，依法追究刑事责任。但是，2006 年正式通过的《企业破产法》关于管理人刑事责任的规定却没有草案那样详细具体，只是在第十一章“法律责任”第一百三十一条总括规定：“违反本法规定，构成犯罪的，依法追究刑事责任。”此条规定并非仅仅针对管理人，而是对所有破产程序中违法行为者而言的。此条规定说明，针对所有破产犯罪采用的立法例是在刑法典中予以规定。

(三)管理人的行政责任

管理人的行政责任，是指管理人的不当行为违反了行政法规定而应承担的法律责任，包括行政处罚和行政处分。其中行政处罚包括警告、罚款、没收违法所得、没收非法财物、责令停产停业、暂扣或吊销许可证、暂扣或者吊销执照、行政拘留及法律、行政法规规定的其他行政处罚。行政处分包括警告、记过、记大过、降级、撤职、开除。

我国《企业破产法》对管理人的行政责任未作明确规定，但并不意味着管理人无须承担行政责任。由于管理人是破产法所设立的一项新制度，我国尚无专门的

[1] 刘延和：“破产犯罪研究”，载《国家图书馆 2000 年博士论文库吉林大学博士论文》。

行政机关对管理人进行监督管理，但基于《指定管理人规定》中对管理人及清算组成员的身份有明确要求，管理人主要由专业人员和国家机关工作人员两类人组成，故实际上管理人所承担的行政责任与其身份密切相关。对于中介机构、会计师、律师等专业机构或专业人员，由于他们都是持证上岗，且受到各自主管部门的指导与监督，因此可以由相关主管机构对实施不当行为的成员给予行政处罚，例如给予会计师事务所、律师事务所警告、罚款、没收违法所得、停止营业、吊销执业证书等处罚，给予相关责任人罚款、暂停或吊销执业证、不予年检的处罚。对于清算组中的国家机关工作人员，可依照公务员管理的有关规定，由法院向其所在单位提出司法建议，要求有关机关给予其相应的行政处分。

(四)管理人的其他责任

1. 法院强制措施

在破产程序中，管理人处理破产事务，对破产财产的管理和处分行为受到法院和债权人会议及债权人委员会的监督。在这些监督中法院的监督当属最为直接有效。法院有效的监督手段就是法律赋予法院在破产程序中实施强制措施的权力。[1] 这一权力的行使一般是通过破产债权人会议和债权人委员会的申请，由法院作出决定或者法院依职权直接作出决定，督促在破产管理工作中出现瑕疵的管理人承担相应的责任，以强制或促进管理人忠实、谨慎、迅速、高效地履行职责。

管理人违反程序的行为多种多样，取决于各国破产法中对管理人义务的规定，例如未经许可辞去职务，没有及时向法院提供有关报告，取得报酬不合理，未经债权人会议同意就进行的行为，超过权限处分财产的行为，不接受监督、不向监督人提交有关财务报表，违反保密义务的行为，制作分配方案不合理行为。这些行为都直接关系到管理人是否正当合法地履行了义务。我国《企业破产法》第一百三十条也规定，管理人未依照本法规定勤勉尽责，忠实执行职务的，法院可以依法处以罚款。

2. 行业自律

管理人是具有专门知识的、提供专门服务的行业人员。各国管理人一般都隶属于其自律性的行业协会，例如直接隶属于清算协会、律师协会或会计师协会。管理人作为社团成员应当遵守行业协会的规章制度、接受其约束与监督，如果管理人行为违反了行业自律规定同样也要受到纪律惩戒。一般情况下，行业协会纪律处分包括几种形式：警告、记过、罚款、暂停执业、取消资格等。这些决定应由行业协会作出，债权人会议、债务人、人民法院、都可以向协会机构提出纪律处分建议，并

〔1〕 叶军："破产管理人制度研究"，载《国家图书馆博士论文库人民大学2003年博士论文》。

可对行业协会的决定实施监督权。

值得注意的是,管理人责任的承担与其在决策、执行过程中所起到的作用应当相适应:管理人对其独立决策的行为承担责任,但在追究其责任时应当考虑到商业判断中固有的风险,只在其违反法律法规的规定或有悖于其执行规范时,承担相应的责任。[1] 管理人执行债权人会议的决议或者法院的决定,不对决议或者决定的不当承担决策责任,但如果管理人在执行过程中有违反法律法规的规定或违背其执业规范时,应承担相应的责任。

三、管理人履职需要解决的问题

破产程序的开展有赖于管理人独立地开展各项工作。立法虽然规定了管理人制度是破产程序中最为重要的一项制度,并赋予了管理人独立的法律地位,但因受到长期以来的传统观念制约,以及配套制度等外部履职环境尚未成熟完善,管理人在履职过程中还会遇到种种障碍,无法完全实现立法者的意图。实践中,管理人常常会遇到以下问题需要研究解决。

(一)与破产受理前社会中介机构工作的衔接

实践中,部分破产企业(大多为国有企业)在进入破产清算程序前已委托社会中介机构代为准备破产申请工作。由于受托机构在前期的准备工作中对企业的资产、负债、人员等情况比较熟悉,但在破产申请受理之后,上述受托机构并非均可继续被指定为管理人。在上海法院实践中,针对此种情形,较多的做法是受托机构虽未被列为清算组成员,但实际工作仍借助受托机构力量完成。那么,受托机构与随机方式产生的中介机构在工作上如何衔接,需要双方在实践中不断协调。一方面,受托机构和相关人员作为管理人成员参与到破产清算工作中来,对充分利用各方力量、尽快完成某些情况复杂的破产企业清算工作确实起到有益作用;但另一方面,受托机构毕竟系在破产案件受理前接受债务人单方面委托,从程序上而言其客观、公正性不如随机指定的中介机构。破产受理前后两个中介机构之间在实践中常常会发生意见分歧,因此随机指定的中介机构在接受受托机构帮助、接收其提供的信息时,应当保持独立的思考与判断。

(二)在破产财产调查工作中面临的困难

对破产企业的资产情况进行调查与核实是管理人的基本工作之一,但在上述工作中,管理人却经常面临调查权能受限的困境与尴尬。如管理人无权向银行申

---

[1] 刘子平:“企业破产法的民事法律责任认定专题研究”,载《民商事审判指导》(第2辑),人民法院出版社2008年版,第132页。

请查询破产企业的银行账户情况，无权向房产登记部门查询破产企业名下的所有房产信息，无权向车辆登记部门查询破产企业名下的车辆登记信息。上述情况下，有的可以通过法院开具调查令解决，有的即使持调查令仍然会遭遇拒绝。

这种困境表明社会各界对管理人的熟悉程度还比较低，并不了解管理人在破产程序中的独立地位。管理人调查工作的困境也影响了管理人制度作用的发挥，法院不得不仍需代替管理人完成相关事务，立法希望达到的法院与管理人在破产案件中的定位的目的无法达到。因此，需要通过各种方式不断加大对管理人工作的宣传力度，为管理人执行职务营造良好的社会氛围，同时也要加紧配套制度的建设，让管理人开展工作取得合法权限。

（三）在破产财产变现过程中的困难

股权拍卖是财产变现中常常遇到的问题，债务人持有的股权需通过拍卖方式成交变现。但当管理人向工商管理部门办理股权变更手续时，工商局却往往会不承认拍卖行的成交确认单，要求必须由法院出具裁定书才能办理股权变更手续。法院只能应行政机构的要求出具本无须出具的法律文书。

［案例3.7］上海华源企业发展股份有限公司破产重整案

在上海二中院审理的上海华源企业发展股份有限公司破产重整一案中，管理人委托拍卖行将债务人持有的14家公司的股权进行拍卖，并全部成交，拍卖行出具了成交确认单。但管理人凭成交确认单向工商局办理14家公司股权变更登记时，工商局认为仅有成交确认单不能办理股权登记。为确认拍卖结果并协助买受人顺利办妥股权变更登记手续，法院出具了相关民事裁定。

又如债务人的机动车辆通过评估、拍卖程序予以变现，有的破产企业由于管理不善，往往存在机动车辆证照遗失的情况，车辆管理部门会因证照不全而无法办理过户手续，需法院出具协助执行通知书方可。

对于多年未做年检且年久失修的外地报废车辆，其残值几乎可以忽略不计，但管理人接收并处分的费用可能会远远超过其残值。如果是一般破产财产，管理人可以依据商业判断作抛弃处理并提交债权人会议表决。但根据我国机动车辆管理的规定，抛弃机动车必须办理注销及车辆报废手续，于是会产生额外的差旅费用及人力成本。对此，需要争取工商和车管等部门的理解和支持。

（四）破产财产不足以支付清算费用时的困难

实践中，常有破产企业无任何财产可用以支付清算费用，或者仅有的财产并不足以支付清算费用，且无上级主管单位或者股东愿意垫付清算费用。尽管管理人可依据《企业破产法》的规定，以破产财产不足以支付清算费用为由申请法院终结破产程序，但仍可能发生如管理人进行前期调查工作发生的差旅费、公告费等费用。为完成管理工作，管理人不仅无法收取任何报酬，反而要自掏腰包垫付部分必要的开支，这将挫伤管理人的积极性，且不利于管理人队伍的长期生存和可持续发展。对此，一些地方法院所建立的管理人报酬基金制度是解决此类问题的有益尝试，上海法院也在积极酝酿和论证，本书在“管理人报酬的确定”部分已作详细论述，本部分不作赘述。

第五节　对管理人的监督与指导

我国破产法实际上确立了人民法院、债权人、债权人会议及债权人委员会共同参与的多元主体监督机制。多元主体监督机制既可以弥补单一主体监督能力的不足，又可以促使管理人在不同利益主体的监督下平衡各方利益，但在执行中需要注意各个监督主体之间的衔接和职权划分关系。

一、法院对管理人的监督与指导

在多元监督机制下，必须合理划分各监督主体的职权范围，如果任何监督主体都可以认定管理人存在违法或不当行为，予以解任、撤换，那么管理人的工作就无法开展，破产清算工作就无法正常推进。综观境外管理人的监督机制，各国的破产立法都对法院在破产程序中的监督角色有所规定，并将其列为核心地位。由于法院所具有的中立性、独立性和权威性，其最适合担当破产法律关系中各方利益主体的利益平衡者，其行为可获得最大范围的利益主体的认可。另外，由于提出监督的事项一般都涉及纠纷，而其他监督主体无法直接指示管理人，只能向法院提交监督意见，最终管理人的行为是否违反法律法规或有违善良管理人的注意义务，仍然需要由法院最终作出裁决。因此，我国《企业破产法》确认了法院在管理人监督机制中的重要地位。

（一）法院与管理人关系的法律规定

根据《企业破产法》的规定，管理人由法院指定。管理人依照《企业破产法》的规定执行职务，向法院报告工作，并接受债权人会议和债权人委员会的监督。如何准确理解并把握法院与管理人之间的关系，对于两个主体在整个破产程序中的准确定位至关重要。

1. 管理人具有独立的法律地位

管理人具有独立的法律地位是管理人与其他民事主体发生法律关系的基本条件，也是管理人独立履行清算职能、独立承担法律责任的基本条件，其独立的法律地位主要表现为在法律规定的范围内独立从事破产清算的各项工作。《企业破产法》第十三条规定："人民法院裁定受理破产申请的，应当同时指定管理人。"这表明管理人一般在破产案件受理之初即参与进来，接管债务人企业及其财产，独立开展各项工作。

2. 法院督导管理人推动破产程序

《企业破产法》第二十三条规定："管理人依照本法规定执行职务，向人民法院报告工作，并接受债权人会议和债权人委员会的监督。管理人应当列席债权人会议，向债权人会议报告职务执行情况，并回答询问。"在法院与管理人的关系中，相较于旧《企业破产法》，法院更多地发挥监督、指导和协调、帮助作用，以促进管理人作用的发挥，协调推进管理人与债权人会议的关系，解决管理人工作中的困难。在破产程序中，法院可以把决定权更多地交给最关切其自身利益的债权人会议，扮好破产程序督导推动者的角色，避免成为破产事务的具体操作者。

（二）法院监督的必要性和适度性

1. 法院监督的必要性

在管理人制度中，破产法赋予了管理人保管、管理、估价和分配破产财产，处理破产事务的权力，但是，管理人在履行其职责的过程中也有接受监督的义务。由于破产法没有也不可能对这些权力的行使规则作出过于细化的规定，如何形成一个合理有效的监督机制，既能保障管理人公正、高效履行职责，维护管理人工作的客观性、公正性和独立性，同时也能加以制约，防止管理人懈怠、滥用权力，甚至谋取私利、损害债权人或债务人利益，成为管理人制度中的重要问题。

2. 法院监督的适度性

法院监督的适度性，是指既要保证管理人履行职务行为的独立性，又要保证对管理人行为监督的有效性，还要注意与其他监督主体之间的协调与职权划分。法院在行使监督权时，不宜采用过度主动积极的方式。

法院监督的适度性首先是管理人独立法律人格的要求，法院不应越俎代庖，以行使监督权的名义使管理人失去其按照自己的意思来开展破产清算工作的权利。其次，破产清算工作中涉及商业的考量、财务的专业知识，种种事项可能并非法院之所长，法院出于良好的愿望也未必能作出准确的决策和判断，法院监督的适度性也是对债权人自治和管理人专业性的尊重。最后，非常重要的是法院监督的适度性是管理人独立承担责任的前提，如果管理人凡事都向法院请示，以法院的意志来执行清算事务，结果就是管理人成为法院的附属物，使得对管理人不当行为的认定因职责不明而处于模糊状态。

（三）法院监督的具体方式

实践中，法院主要通过对管理人的选任、接受管理人的工作报告、对管理人的请求行使审批权、对其他主体的监督意见居中裁判、对管理人的履职情况进行评价等方式进行监督。大致可以分为三个阶段。

1. 事前规制

法院对管理人的事前规制主要体现在管理人任职资格及选任的相关规定中。[1]《企业破产法》第十三条规定："人民法院裁定受理破产申请的，应当同时指定管理人。"因此，受理破产案件之后，摆在法官面前的首要问题就是选任适格的管理人。上海法院已编制管理人名册，且原则上以随机摇号方式确定，故公正选任适格的管理人有制度保障。

2. 事中规制

在破产程序中，法院主要通过三种形式监督管理人：一是接受管理人执行职务行为的报告；二是依法对管理人的某些请求行使审批权；三是对其他主体的监督意见居中裁判。法院是监督管理人最有力的权威主体，但在具体实施过程中监督的尺度比较难以把握，要尽量避免监督不力或者干预过度的情况产生。

（1）接受管理人执行职务行为的报告

《企业破产法》第二十三条第一款规定："管理人依照本法规定执行职务，向人民法院报告工作，并接受债权人会议和债权人委员会的监督。"但立法并未明确管理人向法院报告工作的内容及含义。有人认为是通报型的报告，目的是让法院了解和掌握破产程序的进程；有人则认为应是请示型报告，一旦法院表示同意或者没有提出异议，则表明法院认可管理人的做法。我们认为，一方面管理人报告主要作用是让法院了解整个破产工作的进展情况，便于法院对整个破产程序的主持和推进。如果采用后一种理解的话，会令管理人的法定责任沦为空谈，并会混淆发生承担法律责任后果时的责任认定。实践中，有的管理人事无巨细一概征求法院意见，使法院不堪重负。在英、美等国家，经法院审批可以成为管理人免责的事由，因此，凡事征求法院意见其实也是管理人规避责任的一种方式。法院在接受管理人报告时应当明确自身的角色和定位，法院主要负责破产的主持和必要的推进工作，因此立法要求管理人向法院报告工作，应理解为并非是要法院对管理人的具体行为发号施令，而是为了使法院充分了解破产程序进展事项，从而更好地监督管理人各项法定职权。但另一方面法院也可从报告中发现问题，以及时纠正不当行为。实践中，管理人除依照法律及司法解释的相关规定向法院报告以外，法院还可根据案件

---

〔1〕 汤维建：《新企业破产法解读与适用》，中国法制出版社2006年版，第130页。

具体情况要求管理人定期提交工作报告，也可以要求管理人对破产清算工作阶段性成果提交报告，对于破产案件中的重大事项、特殊事项可要求管理人提交专项报告。

①重大资产处置事项报告

管理和处分债务人的财产，是管理人的一项重要职责。管理人在处置债务人重大资产时应当召开管理人会议，进行讨论和表决，并将处理意见以书面的形式及时报告债权人委员会或法院。债权人委员会可以对报告提出异议、建议以及请求法院作出是否准许实施的决定。法院对管理人的报告以及债权人委员会的意见应当予以审核，必要时可以会议形式或听证会的形式，听取管理人、债权人及利害关系人的意见，最后作出是否准许的书面决定。

对于重大资产处置事项的范围，《企业破产法》第六十九条列举了十种情况：涉及土地、房屋等不动产权益的转让；探矿权、采矿权、知识产权等财产权的转让；全部库存或者营业的转让；借款；设定财产担保；债权和有价证券的转让；履行债务人和对方当事人均未履行完毕的合同；放弃权利；担保物的取回；对债权人利益有重大影响的其他财产处分行为。以上事项均涉及破产财产的处理，与债权人利益有重大影响，管理人必须采取谨慎负责的态度，依法及时向债权人委员会报告，未设立债权人委员会的，应当及时向法院报告，履行相关的程序和手续，否则一旦处置不当，给利益人造成损害，管理人可能会承担相应的赔偿责任。

②债务人财产状况报告

管理人接管债务人财产、印章、财务账册、合同等重要文件时，应当进行清点，制作交接书和交接清单。交接书和交接清单由管理人和债务人委派的有关人员签字确认后，报法院备案。管理人清理债务人财产后，应当及时制作财产状况报告提交法院、债权人会议。财产状况报告应当反映债务人各项财产的性质、权属、现状、账面价值及清收状况等基本要素。对于债务人的重大资产或权属情况复杂的财产，还可以通过专项报告的形式进行详细报告。

③破产程序进展情况报告

破产案件与其他案件相比，法律关系复杂，操作程序繁琐，审理周期漫长，因此中介机构或个人被法院指定为管理人后，应当制订工作计划。制订工作计划有利于掌控工作进度，提高工作效率，节约破产成本。工作计划应包括财物接管、财产清理、债权登记、债权人会议、破产清算、财产分配、程序终结等破产环节中的各项具体工作安排，以及人员分工、费用预测、时间节点等内容。管理人应当将工作计划报法院备案，法院则按照工作计划对管理人的工作进行监督。当管理人在规定时间内完成某阶段清算工作时，管理人应当进行阶段性小结，并向法院报告。管理人如在工作计划规定的时间内未完成某项工作时,应向法院说明原因,并要求适当调整工作时间。

④维稳工作报告

企业进入破产程序,无力清偿债权人的债权,而企业职工将失去劳动岗位和收入来源,因此企业破产可能给社会稳定带来一定的影响。新《企业破产法》对维护社会稳定工作是否管理人职责未作规定。有观点认为,现在破产案件的管理人原则上为社会中介机构,与以往的清算组成员大不相同,其无能力处置破产案件中出现的与职工、债权人或其他当事人密切相关的影响社会稳定的情况,因此管理人职责不包括维护社会稳定工作。我们认为,破产法的立法宗旨要求管理人公平清理债权债务,保护债权人和债务人的合法权益,维护社会主义市场经济秩序,要求管理人勤勉尽责,忠实执行职务,处理好债务人、债权人和职工三方的利益关系,维护社会稳定,促进社会和谐发展,是管理人职责的应有之义。管理人在其能力范围内必须担负起因破产引起的一系列社会稳定工作,高度重视维护社会稳定工作,建立必要的措施,正确估计维稳形势,协助、配合好相关单位、部门做好社会稳定的相关工作,并应当及时向法院报告有关债权人、职工的维稳情况,尤其是遇到突发事件,应及时报告法院。

(2)依法对管理人的某些请求行使审批权

审批权是法院对管理人进行监督的主要方式之一。《企业破产法》第二十六条、第二十八条、第二十九条、第一百一十五条规定,下列事项应当经过法院审批:①管理人聘用必要的工作人员;②管理人辞去职务;③在第一次债权人会议召开之前,管理人决定继续或者停止债务人的营业或者有《企业破产法》第六十九条规定行为之一的;④管理人应当及时拟订破产财产分配方案,提交债权人会议讨论。债权人会议通过破产财产分配方案后,由管理人将该方案提请法院裁定认可。

(3)对其他主体的监督意见居中裁判

《企业破产法》第二十二条、第二十八条、第五十八条、第六十五条、第六十八条规定,债权人会议认为管理人不能依法、公正执行职务或者有其他不能胜任职务情形的,可以申请法院予以更换;债权人会议对管理人的报酬有异议的,有权向法院提出;债务人、债权人对债权表记载的债权有异议的,可以向受理破产申请的法院提起诉讼;如果管理人、债务人的有关人员违反破产法规定拒绝接受监督的,债权人委员会有权就监督事项请求法院作出决定;管理人拟订的债务人财产管理方案、破产财产变价方案经债权人会议表决未通过的,由法院裁定;管理人制作的破产财产分配方案经债权人会议二次表决未通过的,由法院裁定。

3. 事后规制

(1)管理人履职情况评价机制

自《企业破产法》出台以来,理论界便一直呼吁成立管理人协会或对管理人进行监督、管理的行政机构,但在正式设立之前仍然需要有人对管理人的工作业绩进行评定。鉴于目前由法院负责审核管理人资质、编制管理人名册及在具体案件中指定管理人,且破产程序也是在法院的主持和监督之下完成的,因此当前情况下我们可以认为法院是对管理人履行职责进行评价的适合机构。事后评价机制可以反映管理人的履职情况,评定管理人等级,以作为将来调整管理人名册的依据。事后评价机制关系到管理人是否能够继续留任,关系到管理人将来所承接业务的规模,不失为一种有效的监督方式。

(2)破产案件终结审计

债务人进入破产程序后,其债务由管理人接管,管理人是否以债权人利益最大化的原则来管理和处分债务人财产是判断管理人是否勤勉尽责、忠实履行义务的标准,也直接关系到债权人和债务人的切身利益。《企业破产法》第六十一条明确规定了债权人会议和债权人委员会对破产财产的管理和处分有审查、监督的权利。为此,管理人应当建立一套独立、完整、严格的破产清算财务会计制度,以便债权人通过查阅财务账册,充分了解管理人对破产财产的管理、支配、处分情况以及管理人在清算过程中的收支情况。上海法院在国有企业破产清算案件中会采取破产案件终结后由法院委托审计机构对破产期间的费用进行审计的做法,以实现对管理人履职期间的财务监督。考虑到新《企业破产法》更注重债权人的意思自治,可以将是否进行终结审计的权利赋予债权人委员会或债权人会议,若债权人会议认为有必要,可以向法院提出对管理人执行破产事务期间的账务进行审计,由法院综合案件整体情况决定是否审计。

(四)法院对管理人的指导与协助

法院对管理人工作的指导应当确保管理人的独立性,尊重管理人的专业判断,发挥好管理人制度的作用,同时,应当发挥好债权人会议和债权人委员会的作用,尽量引导利益相关方达成共识,作出决策。

根据破产案件的具体情况,法院可以对管理人的工作进行书面或口头的指导。如徐汇法院在管理人自行确定及委托审计、评估和拍卖机构时,向管理人提出了相关的要求,即要求管理人除应严格审核相关中介机构的资质及不良记录以外,还需审核具体从业人员的资质及不良记录,并在委托审计、评估时管理人应向审计、评估机构提出的具体明确的要求(审计机构十项要求、评估机构三项要求)。

[案例3.8]中富证券有限责任公司破产案[1]

在上海二中院审理的中富证券有限责任公司破产清算一案中,因案情复杂,所涉事项较多,法院在案件进入破产终结阶段之前专门向管理人发送了法律指导意见书,就破产终结前管理人应当完成的工作提出分类法律指导意见,供管理人逐项进行对照自查(详见本书第十章第六节所附[案例10.17]《中富证券破产案件法律指导意见书》)。

基于当前管理人履职的配套制度尚未健全,社会各界对管理人地位的认识尚未统一,因此管理人在财产接管、财产调查、财产变现等各个环节均可能遇到种种障碍。为了保证破产程序的顺利推进,法院在必要时应及时指导帮助管理人完成相关工作。如在破产财产接管阶段,债务人的有关人员不协助管理人接管债务人财产、印章、财务账册、合同等重要文件时,管理人应当及时报告法院,法院可以向妨碍清算的相关人员释明法定义务及责任,经释明后仍然拒绝配合清算的,法院可以采取必要的罚款等强制措施。又如在破产财产调查工作中,管理人遇到相关部门拒绝接受调查的,可以向法院申请调查令或者申请法院依职权调查。在破产财产变现工作中,涉及产权变更必须要相关法律文书的,法院也会根据实际情况,出具相应的裁定书、协助执行通知书等以确保破产程序的顺利进行。

[案例3.9] 静安区法院审理的多起破产案

在静安区法院受理的上海电机集团有限公司、上海电线电缆集团有限公司、正广和集团有限公司、上海骏林集团有限公司等多起破产清算案件中,为清理债务人资产,需要调查债务人企业的开户银行有关资金账户情况。但由于上述企业财务资料严重不全,管理人无法查清债务人名下的所有银行账户,遂申请法院进行调查。法院认为,管理人上述申请事项便于查清债务人全部资产状况,且有利于债务人清偿债务,故决定通过上海高级法院与各商业银行上海分行"关于集中查询被执行人银行存款有关问题的协作纪要"的安排,开展查询工作,并取得了一定成效。

二、债权人会议、债权人委员会对管理人的监督

破产程序中的债权人会议是由依法申报债权的债权人组成,以保障债权人共同利益为目的,以实现债权人的破产程序参与权,讨论决定有关破产事宜,表达债权人意志,协调债权人行为的破产议事机构。债权人会议的职能之一便是监督破

---

[1] 上海市第二中级人民法院(2007)沪二中民三(商)破字第2号。

产案件受理后管理人对债务人财产的管理、处分、清算、分配等活动。[1]

根据《企业破产法》第六十七条的规定，债权人会议可以决定设立债权人委员会，管理人接受债权人委员会的监督。债权人会议并非常设机构，仅存在于会议召开期间，故债权人委员会的设立避免了因债权人会议组织特性造成的权利行使的缺位，解决了债权人会议闭会期间对于管理人监督以及对破产程序的参与权行使问题，更好地保障了债权人的利益。各国（地区）破产法通常规定，债权人会议可以设置常设监督机构，对管理人活动及破产程序进行必要的日常监督。不同国家或地区对于债权人会议常设监督机构的称谓有所不同，有的称为债权人委员会，还有的称为破产监督人或监察人等。[2]

根据《企业破产法》第二十二条、第二十三条、第二十八条、第六十一条的规定，债权人会议对管理人的监督主要通过以下途径实现：(1)管理人应当列席债权人会议，向债权人会议报告职务进行情况，并回答询问；(2)管理人应当向债权人会议提交债务人财产的管理方案、破产财产的变价方案和分配方案，由债权人会议讨论并通过；(3)债权人会议认为管理人不能依法、公正履行职务或者有其他不能胜任职务情形的，可以请求法院予以更换。债权人会议如果对法院决定的管理人报酬有异议，有权向法院提出变更建议。

根据《企业破产法》第六十八条、第六十九条的规定，债权人委员会对管理人的监督主要通过以下途径实现：(1)债权人委员会监督管理人对债务人财产的管理和处分，监督管理人对破产财产的分配，有权要求管理人对其职权范围内的事务作出说明或者提供有关文件。管理人违反本法规定拒绝接受监督的，债权人委员会有权就监督事项请求法院作出决定。(2)管理人处分债务人重要财产的，应当及时报告债权人委员会。管理人应当及时就《企业破产法》第六十九条规定的十类行为向债权人委员会进行报告，未设立债权人委员会的，管理人实施前款规定的行为应当及时报告法院。

《企业破产法》规定管理人有管理和处分债务人财产的职责，同时赋予债权人会议及债权人委员会对管理人上述职责的监督权。实践中，对于债务人的重大资产处置事项，有的管理人向债权人委员会报告（未设立债权人委员会的向法院报告），有的管理人则向债权人会议报告，做法不一。另外，管理人能否自行决定金额相对较小的财产处分行为，避免事无巨细均需向债权人委员会报告或交债权人会议决议，进而影响破产案件的效率，也是亟待解决的问题。对于上述问题，《企

---

〔1〕 王欣新：《破产法》，中国人民大学出版社2011年版，第202页。

〔2〕 王欣新：《破产法》，中国人民大学出版社2011年版，第210页。

业破产法》的规定比较原则,在破产审理实践中,一般采用通过引导债权人会议授权的方式解决。在第一次债权人会议中,法院可引导债权人会议根据案件的具体情况,对管理人的财产处分行为进行授权:如在一定数额以下的,管理人可以先行处理,处理后定期一并报告;数额达到一定标准的,则应到报告债权人委员会,未设置债权人委员会的,报告法院;数额超过一定上限的,需制定财产管理方案,交由债权人会议决定。

第四章　债务人财产的范围与界定

债务人财产，是破产程序启动时至破产程序终结前属于债务人的财产。对于债务人财产范围的界定，直接关系到破产程序能否顺利开展，关系到债权人的合法权益能否得到最大限度的保护。本章介绍了债务人财产的概念，分析了它与破产财产的异同，讨论了实践中一些特殊财产的界定，包括出资人未缴出资、公司高管非正常收入与非法侵占财产、担保物财产、国有土地使用权、集体土地使用权、对外投资、生效文书对债务人财产界定的影响、执行程序中债务人财产的确认问题等。本章还介绍了破产撤销权及破产无效行为，取回权的行使与审查，以及破产抵销权的行使方式等。

第一节　破产程序中的债务人财产

一、债务人财产概述

(一)债务人财产的概念及其法律特征

债务人财产的概念，可以从两个层面进行理解。从程序法的角度来看，债务人财产是指应依破产程序进行债务清理的债务人的所有财产的总称，其着眼点在于债务人财产的清理方法与去向，突出的是“债务人总财产为全部债权人之担保”的法理思想。从实体法角度来看，债务人财产是指债务人在破产申请受理时及在破产程序进行中所有可得扣押财产的总称，侧重的是申请受理财产的实际构成，即其时间和空间上的界限。这两层涵义有机结合，便形成了债务人财产概念的完整内容。[1]

---

〔1〕 李国光：《新破产法理解与适用》，人民法院出版社 2006 年版，第 178 页。

债务人财产具有以下法律特征。

1. 债务人财产必须是债务人有权处分的财产

依照责任自负原理,债务人财产只能以属于债务人的财产分配清偿。债务人或破产管理人因寄存、租赁、借用等原因实际占有或控制的债务人并不享有所有权或经营管理权的财产,也不能成为债务人财产。所有权人或支配权人可行使取回权,请求返还。反之,债务人享有所有权的财产,即使为他人所占有或者管理,也不失其成为债务人财产的特质,财产持有人应在破产程序中向破产管理人交付财产以用于破产清算。

2. 债务人财产是由破产管理人管理、处分的财产

债务人进入破产程序后即丧失对自己享有的财产的控制权和处分权,财产交由管理人进行管理和处分。也就是说,只有管理人才可依据法律按照破产程序对债务人财产进行占有、清理、估价和处理,并按照债务人财产的分配方案将债务人财产分配给债权人,其他任何组织和个人,包括债权人、债务人都无权直接处分债务人财产。

3. 债务人财产是能够强制执行的财产

破产清算程序要将债务人的财产进行处分并分配给债权人,因此,对债务人财产的处分必须满足可以强制执行这一条件,否则就无法通过变卖财产偿还债权人。各国破产立法都将不能扣押的财产排除在债务人财产范围之外。[1] 例如,《日本破产法》第6条规定:“不得扣押的财产,不属于破产财团。”

4. 债务人财产范围具有法定性

为了维护破产清算程序的秩序和效力,避免破产清算程序杂乱无序或绵延不绝,债务人财产的范围应由法律所确定,包括种类范围、期间范围和空间范围。超过法律规定范围的财产不属于债务人财产。例如,在期间范围上,破产清算程序终结后又超过追加分配期间才发现的破产人财产,不作为债务人财产。

(二)债务人财产与破产财产

1. 破产财产的概念

破产财产,是指破产宣告后在破产清算程序中可以分配给破产债权人的破产人的所有财产。破产财产是进行破产分配的基础。如果破产财产缺乏以至于不足以支付破产费用和共益债务,将导致破产程序终止。在破产宣告后至破产清算程序终结期间,破产财产归破产管理人占有、支配并用于破产分配。

---

[1] 李国光编著:《新企业破产法教程》,人民法院出版社2006年版,第145页。

2. 债务人财产与破产财产的关系

关于破产财产，有些国家在立法中仅使用了破产财产的概念，而有些国家除此之外还使用了债务人财产的概念。《企业破产法》第一百零七条第二款规定："债务人被宣告破产后，债务人称为破产人，债务人财产称为破产财产，人民法院受理破产申请时对债务人享有的债权称为破产债权。"可见，我国破产法同时使用了债务人财产和破产财产的概念。因此，尽管债务人财产和破产财产指向同一个事物，但处于不同程序或者阶段时有不同的称谓，在宣告债务人破产之前，称为债务人财产，在宣告债务人破产后称为破产财产。这属于破产制度在立法技术上的处理，不存在对财产的控制手段或处理方法等问题上的差异。[1]

二、债务人财产的时间与空间界定

各国破产法对于债务人财产范围的规定略有不同，差异一般体现在时间范围和空间范围上。在时间范围上，一般有固定主义与膨胀主义之分；在空间范围上，区别在于对境外财产的态度上。

（一）时间概念上的界定——固定主义与膨胀主义

1. 固定主义与膨胀主义的两种界定标准

固定主义指债务人财产仅以破产人在破产宣告时所拥有的财产为限的立法原则，即破产宣告时债务人财产的范围即已固定，包括破产宣告时债务人所有的财产以及将来行使的破产请求权为债务人财产。日本、德国采此模式。

膨胀主义指破产宣告时破产人所有的财产，以及破产宣告后至破产程序终结时破产下所取得的财产，均构成债务人财产，即债务人财产不仅包括债务人被宣告破产时所有的财产，而且包括破产程序终结前新取得的财产，债务人财产的范围在破产宣告后仍然有所膨胀扩大。这项原则突出了破产宣告的效力，扩及于破产程序终结时破产人享有权利的一切财产。英国采此模式。

两者相比较而言，固定主义的主要优势有以下两点。第一，固定主义注重破产程序的效率性，有利于降低程序成本，提高程序效益。固定主义能够将债务人财产的范围固定在破产宣告或破产申请这一条时间基线上，使之不再经常变更，加快了破产程序的运作速度。第二，固定主义能够促使债务人从"非自愿型破产"向"自愿型破产"转变，从而使破产程序的启动机制进一步趋于健全和完善。

膨胀主义的主要优势有以下两点。第一，有利于维护破产债权人的合法权益，提高破产债权的受偿比例。因为债务人财产范围的扩大，意味着破产债权受偿率

〔1〕 王东敏：《新破产法疑难解读与实务操作》，法律出版社2007年版，第157页。

的提高。第二,将破产宣告后破产人新取得的财产列为债务人财产,即可排除破产人对它的占有和处分,新得财产的无益浪费因此得以避免。

如前所述,固定主义与膨胀主义两者各具利弊。但纵观破产法的发展史,固定主义与膨胀主义的立法分野是以自然人破产制度为前提的,所谓"固定主义或膨胀主义适用问题仅限于自然人破产情形,始有讨论价值"。[1] 鉴于我国破产法只适用于企业法人,故在此问题上当然采用膨胀主义立法原则。《企业破产法》第三十条规定:"破产申请受理时属于债务人的全部财产,以及破产申请受理后至破产程序终结前债务人取得的财产,为债务人财产。"此时,在破产申请时直至破产程序终结前,若包括判决书、调解书等生效的法律文书明确某债权归属债务人所有的,该债权应列入债务人财产之中。这种情形下,我国破产法立法所采取的膨胀主义立法原则优势凸显,总体上有利于维护破产债权人的合法权益,提高破产债权的受偿比例。

2. 我国破产法对债务人财产时间概念上的界定

我国曾实施的《企业破产法(试行)》第二十八条规定:"破产财产由下列财产构成:(一)宣告破产时破产企业经营管理的全部财产;(二)破产企业在破产宣告后至破产程序终结前所取得的财产;(三)应当由破产企业行使的其他财产权利。已作为担保物的财产不属于破产财产,担保物的价款超过其所担保的债务总额的,超过部分属于破产财产。"而现行《企业破产法》第三十条规定:"破产申请受理时属于债务人的全部财产,以及破产申请受理后至破产程序终结前债务人取得的财产,为债务人财产。"可见,《企业破产法(试行)》和《企业破产法》均采取膨胀主义的立法模式,但两者规定计算破产财产的起始时间不同,《企业破产法(试行)》是以"破产宣告"为界限,《企业破产法》是以"破产申请受理"为界限。

《企业破产法》将债务人财产单独列为一章的原因在于《企业破产法》规定的破产程序与《企业破产法(试行)》规定的破产程序意义并不完全相同,在重整程序与和解程序中存在不需要宣告债务人破产的情况。在破产宣告之前,被申请进入破产程序的人为债务人,其财产统称为债务人财产。在破产宣告后,债务人为破产人,其财产才相应成为破产财产。

(二)空间概念上的界定——境内财产与境外财产

1. 对境外财产的两种界定标准

在空间范围上界定债务人财产,实际上是指是否将债务人境内的财产和境外的财产均归入债务人财产的问题。境外财产是否归入债务人财产,与一国破产法

---

[1] 李昌道:《香港法律实用全书》,复旦大学出版社 1997 年版,第 167 页。

在破产程序域外效力问题上的态度有关,也与国际范围内就破产程序是否进行合作的现实状态有关。债务人财产在空间范围内不仅需要在破产法上肯定本国破产程序的域外效力,还要财产所在国承认本国破产程序的效力并给予协助。司法管辖的原因,对债务人在境外的财产很难控制,并且还存在对等立法等因素,因此有些国家破产法规定的债务人财产范围不涉及境外的财产,境外民事主体破产也不能执行其在该国境内的财产。《日本破产法》采取的就是这种态度。有些国家破产法规定,债务人的财产无论在一国境内还是境外,均属于债务人财产。

2. 我国破产法对债务人财产空间概念上的界定

对于债务人财产在空间范围上的界定问题,《企业破产法(试行)》并未规定债务人境外财产是否归入债务人财产。但是,2002 年最高人民法院《破产案件若干规定》第七十三条第四款规定:"破产企业在境外的财产,由清算组予以收回 。"该规定体现了我国法院对该问题的总体司法态度。《企业破产法》第五条第一款中明确规定:"依照本法开始的破产程序,对债务人在中华人民共和国领域外的财产发生效力。"第五条第二款中具体规定:"对外国法院作出的发生法律效力的破产案件的判决、裁定,涉及债务人在中华人民共和国领域内的财产,申请或者请求人民法院承认和执行的,人民法院依照中华人民共和国缔结或者参加的国际条约,或者按照互惠原则进行审查,认为不违反中华人民共和国法律的基本原则,不损害国家主权、安全和社会公共利益,不损害中华人民共和国领域内债权人的合法权益的,裁定承认和执行。"

第二节 实践中债务人财产范围特殊情形的界定

一、出资人未缴出资情形的界定

《企业破产法》第三十五条规定:"人民法院受理破产申请后,债务人的出资人尚未完全履行出资义务的,管理人应当要求该出资人缴纳所认缴的出资,而不受出资期限的限制。"出资人的出资构成公司注册资本,是公司开展生产经营活动的物质基础。我国法律对出资人的出资义务作出了明确的规定,出资人依照公司章程或者合同约定缴纳出资,是其必须履行的法定义务。当公司生产经营状况出现破产原因时,如果其出资人还没有完全履行出资义务,不能因为企业已经进行破产程序而免除出资人的出资义务。

此外,出资人虚假出资或者抽逃出资,除了必须缴纳其所认缴的出资外,还要受到由公司登记机关责令改正、处以罚款等行政处罚。《公司法》第二百条、第二百零一条作出了相应规定。如果构成犯罪的，还必须依照《刑法》第一百五十九条的规定承担相应刑事责任。

[案例4.1]上海鑫洋工贸公司破产清算案[1]

上海鑫洋工贸公司成立于1993年11月1日，自2003年6月起停止经营。由于其资不抵债，不能清偿到期债务，并且连续较长时间未从事经营活动，丧失清偿能力，于2009年向浦东新区法院申请破产。法院受理后，于2009年7月15日在《人民法院报》刊登了破产公告，共统计登记债权人4户，债权总额为136131.41元。经查，上海鑫洋工贸公司基本户银行存款为11.17元；应收账款150337.26元，经多方催讨无果，全部作坏账处理；公司所余存货均已报废。公司无其他有价值的固定资产可作债务人财产予以清偿。在审理过程中，法院发现根据申请人提供的2009年5月31日财务报表，公司实收资本为232707.81元，验资报告反映的注册资本为325000.00元，差额92292.19元系由出资人上海浦东新区工具厂出资不足造成。由于上海浦东新区工具厂已于1996年注销，后经法院审理认定上述出资不足金额应由其保结单位上海浦东新区工业总公司缴纳。2009年10月22日，上海浦东新区工业总公司向法院指定的管理人缴纳了上述出资。

二、公司高管非正常收入与非法侵占财产情形的界定

《企业破产法》第三十六条规定："债务人的董事、监事和高级管理人员利用职权从企业获取的非正常收入和侵占的企业财产，管理人应当追回。"董事、监事和经理、副经理、财务负责人等高级管理人员直接负责企业的生产经营活动，企业生产经营状况的好坏与他们有着密切的联系。所以法律对这些人员规定了比一般企业职工更为严格的要求。如《公司法》中明确规定，董事、监事和高级管理人员应当遵守法律、行政法规和公司章程，对公司负有忠实义务和勤勉义务。董事、监事和高级管理人员不得利用职权收受贿赂或者其他非法收入，不得侵占公司的财产。董事和高级管理人员违反法律规定所得的收入应当归公司所有。董事、监事和高级管理人员执行公司职务时违反法律、行政法规或者公司章程的规定，给公司造成损失的，应当承担赔偿责任。因此，董事、监事和高级管理人员利用职权从企业获取的非正常收入和侵占的企业财产，直接导致公司损失，影响了公司的破产清偿能力。对于这部分损失，应由管理人予以追回，作为债务人财产处理。

---

[1] 上海市浦东新区人民法院(2009)浦民二(商)破字第2号。

三、担保物财产的界定

对于担保物是否应列入债务人财产，在我国立法上存在一个变化的过程。《企业破产法（试行）》第二十八条规定："破产财产由下列财产构成：（一）宣告破产时破产企业经营管理的全部财产；（二）破产企业在破产宣告后至破产程序终结前所取得的财产；（三）应当由破产企业行使的其他财产权利。已作为担保物的财产不属于破产财产；担保物的价款超过其所担保的债务数额的，超过部分属于破产财产。"1991 年《民事诉讼法》第二百零三条规定抵押权问题时明确，抵押物价款超过担保的数额的，超过部分属于破产还债财产。2002 年最高人民法院《破产案件若干规定》重申了上述规定的内容，其第七十一条规定："下列财产不属于破产财产：……（二）抵押物、留置物、出质物，但权利人放弃优先受偿权的或者优先偿付被担保债权剩余的部分除外；（三）担保物灭失后产生的保险金、补偿金、赔偿金等代位物……"之后，《企业破产法》对此项内容再次作出调整，将设定财产担保的财产列入债务人财产，由管理人统一管理，管理人在变价时，应保证享有财产担保物权人获得优先受偿。

《企业破产法》第三十七条明确规定："人民法院受理破产申请后，管理人可以通过清偿债务或者提供为债权人接受的担保，取回质物、留置物。前款规定的债务清偿或者替代担保，在质物或者留置物的价值低于被担保的债权额时，以该质物或者留置物当时的市场价值为限。"可见，对于由债权人占有的质物和留置物，管理人可以通过清偿债务或者提供为债权人接受的适当担保，取回质物或者留置物，即设定质权、留置权的财产属于债务人财产。关于设定抵押权的财产，亦应列入债务人财产中。根据物权法一般原理，物上设定担保权后，其所有权并未发生转移。设定担保的目的在于担保物权人获得优先受偿，而非为获取担保物所有权。此外，将担保物财产列入债务人财产，并不妨碍担保物权人在破产程序中行使别除权，对此在本书第十章第四节中有详细论述，本节中不再赘述。

综上，担保物财产属于债务人财产，破产程序开始以后由管理人统一行使管理权，对设定担保物权的财产实施变价以后，除法律有特别规定的以外，优先清偿抵押权人、质权人、留置权人，对剩余的部分价款，归入债务人财产，分配给其他债权人。如果变价所得价款不足以清偿有财产担保的债权的，对没有清偿的剩余部分债权，可以作为普通债权参加对债务人财产的分配程序。设定担保物权的财产毁损、灭失的，因担保物毁损、灭失而产生的保险金、补偿金和赔偿金等代偿物，仍然属于担保财产，担保物权人仍然享有优先受偿的权利。

四、国有土地使用权的界定

（一）因无偿划拨取得的国有土地使用权

关于企业使用的国家无偿划拨土地，目前主要存在两种产生方式：一种是历史遗留的划拨土地；另一种是根据《土地管理法》的规定，符合无偿使用土地政策而取得的划拨土地，主要包括国家机关和军事用地、城市基础设施用地和公益事业用地、国家重点扶持的能源、交通、水利等基础设施用地、法律法规规定的其他用地。划拨方式主要分为两种：一种是政府直接划拨的国有土地；一种是征用集体土地后再进行划拨的用地。

国务院1990年5月19日颁布的《城镇国有土地使用权出让和转让暂行条例》第四十七条规定，无偿取得的划拨土地使用权的土地使用者，因迁移、解散、撤销、破产或者其他原因而停止使用土地的，市、县人民政府应当无偿收回其划拨土地使用权，并可依照本条例的规定予以出让。1996年，国家土地管理局颁布的（1996）国土函字第51号《对关于现代企业制度试点中土地资产处置有关问题的请示的答复》中指出，划拨土地不属于企业财产或国家授权经营管理的财产。1998年2月17日，国家土地管理局发布《国有企业改革中划拨土地使用权管理暂行规定》，决定对国有企业土地使用权由无偿使用向有偿使用过渡，但在没有完成转变的情况下，则不享有财产权。但该规定第6条第1款同时又规定，国有企业破产或者出售的，企业原划拨土地使用权以出让方式处置。因此，2002年10月，最高人民法院《关于破产企业国有划拨土地使用权应否列入破产财产等问题的批复》第一条明确规定："根据《中华人民共和国土地管理法》第五十八条第一款第（四）项及《城镇国有土地使用权按出让和转让暂行条例》第四十七条的规定，破产企业以划拨方式取得的国有土地使用权不属于破产财产，在企业破产时，有关人民政府可以予以收回，并依法处置。纳入国家兼并破产计划的国有企业，其依法取得的国有土地使用权，应依据国务院有关文件规定办理。"

从上述规定中可以看出，国家对于企业以无偿划拨方式取得的国有土地使用权政策现明确为无偿划拨的财产权属于国家所有。国家对土地逐步实现由无偿划拨向有偿使用过渡。企业出售时，对划拨土地使用权应当实行有偿使用，不再实行无偿使用。企业破产时，有关人民政府可以收回，并依法处置。综上，对于国家无偿划拨的土地使用权，在企业破产时应当由国家收回，不能列入债务人财产。

[案例4.2]上海市民用建筑工程公司破产案〔1〕

2002年9月24日，债务人上海市民用建筑工程公司向浦东新区法院申请破产。申请人系于1952年登记成立的国有企业，因经营管理落后，造成严重亏损。经查，该公司主要资产为国家无偿划拨的土地使用权，而审理时已由政府相关部门收回并划拨至申请人上级单位使用。破产程序中，审理的重点之一即在于是否应将该国有土地使用权予以收回，并变现用于支付职工工资、清偿破产债务。对于此历史遗留导致的划拨土地问题，法院最终依据上述最高人民法院《关于破产企业国有划拨土地使用权应否列入破产财产等问题的批复》第一条的规定，认定涉案土地使用权不应列入债务人财产的范畴，政府收回后进行相应处置符合法律规定。

（二）因出让或转让取得的国有土地使用权

因出让取得土地使用权，是指国家以一次性收取一定出让金的方式，与企业签订土地使用权出让合同，允许企业在一定期限内使用土地，享有土地的使用权。因转让取得土地使用权即从以出让方式取得土地使用权人处受让取得的土地使用权。

出让、转让的取得不同于划拨取得土地使用权。一是有偿使用土地使用权，需要向国家支付一定的出让金，划拨是无偿使用土地，无须缴纳出让金。二是出让、转让是在一定期限内使用土地，而划拨一般是没有期限的。三是出让、转让可以行使土地使用权的各项权能，包括转让、出资、租赁和设定他项权利在内，而划拨土地各项权能是受到限制的，需要履行相应的批准手续。四是出让取得的土地使用权属于债务人财产，而划拨土地不属于债务人财产。依法有偿受让的国有土地使用权是一种完整意义上的财产权，可以依法转让、出租、赠与、继承和抵押等。根据《土地管理法》的规定，土地使用权可以买卖，对于因出让和转让取得的土地使用权，属于买卖土地使用权，买受人获得的是完全意义上的财产权益，可以成为债务人财产。因出让和转让方式而取得的土地使用权是可以流通的，是企业通过支付对价而获得的财产权益，因此在债务人破产时，该土地使用权如果是在使用期限内的，应当作为债务人财产。

（三）因股东以土地使用权出资而取得的土地使用权

以土地使用权出资入股有两种方式：一种是国家授权机关依法合规地直接将土地使用权作价出资折成股份，或者是集体土地所有权人依法合规地将其所有的土地以使用权出资；另一种是因出让或者转让而获得土地使用权的人将使用权出资入股，企业因股东出资而获得的土地使用权。《公司法》第二十七条规定："股东

〔1〕 上海市浦东新区人民法院（2002）浦民二（商）破字第3号。

可以用货币出资,也可以用实物、知识产权、土地使用权等可以用货币估价并可以依法转让的非货币财产作价出资;但是,法律、行政法规规定不得作为出资的财产除外。对作为出资的非货币财产应当评估作价,核实财产,不得高估或者低估作价。法律、行政法规对评估作价有规定的,从其规定。”故以土地使用权出资的,应当进行评估,评估所确定的价值为出资额。企业因股东出资而获得的土地使用权,相当于因转让或者受让取得土地使用权,在其使用期限内,应当属于债务人财产。

[案例4.3] 某制药有限公司申请破产清算案

某制药有限公司破产清算案即存在债务人因其股东以土地使用权出资而涉及土地使用权归属确认的情形。该制药公司由于其资不抵债,不能清偿到期债务,向法院申请破产。经查,该制药公司设立时,其股东A公司系以其下属的某制药厂的净资产出资。而关于该净资产的具体范围是否包含土地使用权发生争议,A公司与该制药公司的另一股东B公司发生诉讼。该诉讼中,法院判决确认A公司的出资范围不包括A公司下属某制药厂的土地使用权。因此,破产受理法院认定:某制药公司未取得涉案土地使用权,该土地使用权不应列入债务人财产范围中。

(四)因租赁而享有的土地使用权

租赁土地使用权,是指国家将国有土地在一定年限内租赁给土地使用者使用并按年度收取租金,土地使用者即取得租赁土地使用权。租赁土地使用权与土地使用权出租不同,租赁土地使用权是国家以所有者身份将使用权交给使用人使用;土地使用权出租是指土地使用权人将其所享有的土地使用权出租。那么,因租赁而取得的土地使用权能否列入债务人财产的范围呢?对此,存在两种不同观点。一种观点认为,现土地使用权人申请破产后,其因租赁而取得的土地使用权可列为债务人财产,但此时破产债权人仍应继续支付租金以获得相应的使用权限。实际上,此时破产债权人从破产债务人处继受取得了租赁权,而对于出租方而言,其可获得同样的租金,利益并未受损。另一种观点认为,因租赁而取得的土地使用权与因交纳出让金而取得的土地使用权有所不同。前者是因租赁关系而取得使用权,承租人对土地是一般意义上的财产使用;后者是因出让、转让关系而取得土地使用权,该土地使用权是完整的财产权,可以转让、出租,设定他项权利等。根据一般租赁关系原理,租赁关系不发生土地所有权的变化和使用权属的变化,所有权与使用权仍然归出租方所有,因租赁关系获得的使用权并非完全意义上的财产权利,不能抵押、租赁、设定他项权利,不能成为债务人财产。[1] 我们赞同第二种观点。无论是租赁土地使用权还是土地使用权出租,在承租人破产时其后果是相同的,破产债

〔1〕 王东敏:《新破产法疑难解读与实务操作》,法律出版社2007年版,第166~168页。

务人依据租赁合同而享有的土地使用权不能成为债务人财产。一般情况下，破产债务人破产时租赁合同尚未到期的，依据《企业破产法》第十八条关于"人民法院受理破产申请后，管理人对破产申请前成立而债务人和对方当事人均未履行完毕的合同有权决定解除或者继续履行"的规定，管理人可以决定解除合同。如果因解除合同承租方可以获得其他权益时，该权益可以成为债务人财产。例如，双方约定提前解除合同时，出租方可以收购承租人在土地上建设的房屋或者其他设施等，或者出租方给予承租人其他方面的经济补偿等，这些经济补偿可以作为债务人财产。

五、集体土地使用权的界定

《土地管理法》第六十三条规定："农民集体所有的土地的使用权不得出让、转让或者出租用于非农建设；但是，符合土地利用总体规划并依法取得建设用地的企业，因破产、兼并等情形使土地使用权依法发生转移的除外。"根据该条规定，农民集体土地使用权不得擅自转让，农村集体所有的农用地不得擅自改变为非农用地。2002 年最高人民法院《破产案件若干规定》第八十条进而规定："清算组处理集体所有土地使用权时，应当遵守相关法律法规。未办理土地征用手续的集体所有土地使用权，应当在该集体范围内转让。"

集体土地所有权不得买卖，但可以被国家征收。处理破产案件一般不涉及国家征收集体土地，因此，集体土地所有权不能划入债务人财产。而对于集体土地使用权的处理，应当依据《土地管理法》的规定进行。根据现有法律法规，企业使用集体土地的，一般存在三种情况：第一种，集体企业所有权人将土地的使用权作为投资，与他人联合建立企业，企业获得集体企业建设用地使用权；第二种，《土地管理法》第六十三条规定的符合土地总体规划，通过兼并、破产、拍卖乡镇企业而取得集体企业土地使用权；第三种，经过征用，集体土地转化为国有土地后，企业取得使用权，实际上企业取得的已经是国有土地使用权。

对于上述集体土地使用权的第一种情况，属于以土地使用权作价出资，债务人在破产时，约定的土地使用权应当为债务人财产。对于第二种情况，因兼并、破产、拍卖取得的集体土地使用权，因获得土地使用权时支付了相应对价，企业破产时应当划为债务人财产。对于第三种情况，征收或者征用的土地，因征收或者征用后集体土地已转为国有土地，应按国有土地使用权的相应法律规定来决定是否列为债务人财产。

六、对外投资财产的界定

对于破产债务人的对外投资财产的界定，主要需解决两个问题。第一，破产债务人的对外投资财产是否为债务人财产。第二，若为债务人财产，应如何进行清理、收回。对于第一个问题，《企业破产法》第三十条明确规定："破产申请受理时属于债务人的全部财产，以及破产申请受理后至破产程序终结前债务人取得的财产，为债务人财产。"债务人对外投资的财产，属于债务人全部财产中的一种。因此当债务人进入破产程序后，其对外投资财产理应归入债务人财产的范畴中。第二个问题是界定破产债务人对外投资财产的难点所在。实践中，不能简单地抽回投资列入债务人财产，而应当区别被投资企业的性质与经营状况。对于经营状况不佳，或已停产、歇业的，进行破产清算，收回投资；对于经营状况良好的，采取不同的收回方式。

（一）债务人在其全额投资的企业法人中的投资资产

第一，转让投资权益。债务人投资设立的企业尚有市场价值的，债务人在该企业的投资应通过协议或拍卖方式转让，转让所得归入债务人财产。转让投资既可以提高对债权人的清偿率，又可以优化市场资源配置，可作为债务人对外投资清理的首选方式。

第二，因经营不佳而解散。债务人的投资设立的企业缺乏市场价值而不能实现转让，但仍有净资产收益的，可解散该企业并进行清算，清算后剩余资产归入债务人财产。

第三，破产。企业经营不佳，不能偿还到期债务，资不抵债，则进行破产。对于债务人全额投资所设立的企业为独立承担责任的主体，且两个企业独立有各自财务的，两企业破产清偿分别独立进行。

（二）债务人在非全额投资企业法人中的投资资产

对于债务人在非全额投资企业法人中投资的清理，也可以参照上述对于全额投资企业中投资的清理方式，采用转让投资、解散企业和破产三种方式。所不同的是，尚需考虑其他投资主体的利益。如债务人在上市公司中的投资可以通过证券交易转让；在合资企业、合作企业、有限责任公司中的投资，根据《公司法》等有关法律和司法解释，通过或出让给其他股东，或对外转让股权的方式清理；若在投资企业也出现上述经营不佳和破产原因的，通过解散清算或破产方式清理。

[案例4.4]上海广能贸易有限责任公司申请破产清算案〔1〕

债务人广能公司在若干公司中均有投资，其投资的大部分公司已于破产受理前委托清算公司进行清算、注销，无剩余资产可归入债务人财产。其中，两家公司已申请破产清算，与广能公司分别独立进行破产清算；对尚在正常经营的一家公司投资，法院通过依法评估拍卖，转让了广能公司投资的股权，并将转让款列入债务人广能公司财产。

（三）债务人在非法人企业中的投资资产

此处所称的“非法人企业”是指合伙型企业和不具有法人资格的中外合作企业。

根据《合伙企业法》的规定，在不损害其他投资人的优先受让权的情况下，债务人在非法人企业中的投资可以依法转让投资。在其他投资人不同意债务人转让投资，而债务人仍对退出投资前的企业债务承担无限责任的前提下，可允许债务人退伙并取回其财产份额。经各方投资人协议同意解散非法人企业的，可以解散企业并进行清算。债务人由此收回的投资，归入债务人财产。

根据《中外合作企业法》的规定，中外合作者的一方转让其在合作企业合同中的全部或者部分权利、义务的，必须经他方同意，并报审查批准机关批准。因此，当中方合作者成为破产债务人时，经外方合作者同意，且经审批机关批准后，其可以对外转让投资，转让所得归入债务人财产。当合伙企业、中外合作企业仅有两方投资人时，当一方破产后，应解散企业并进行清算，如有投资及收益，归入债务人财产。

另外，当合伙企业、中外合作企业仅有两方投资人时，当一方破产后，应解散企业并进行清算，如有投资及收益，归入债务人财产。

七、账面资产与实际资产不符情形时的界定

根据破产法理论，所谓债务人财产应当是指可供进行破产分配的债务人的财产。债务人财产从根本上讲是破产企业全体债权人的财产，债权实现的最终清偿比例与债务人财产的多寡有直接联系。在债务人申请破产清算时，往往会依据其最近一份审计报告中体现的债务人资产与其负债情况，证明其资不抵债符合破产受理的条件。但其中体现的资产情况往往实际为债务人的账面资产情况，账面上的应收账款是否实际能够收回，债务人库存产品实际价值几何，均需通过破产管理人对债务人财产的再次确认。在此情况下，如何对债务人财产范围进行界定，应区

---

〔1〕 上海市浦东新区人民法院（2012）浦民二（商）破字第5号。

分不同情况进行处理。

1. 实际资产小于账面资产，债权人对实际资产金额均无异议并同意按此分配的，法院可依此直接对债务人财产进行调整。

[案例4.5]上海中捷维家建材有限公司申请破产清算案〔1〕

上海中捷维家建材公司申请破产清算时提供的会计师事务所净资产审计鉴证报告载明，债务人账面资产总额10485627.50元，负债总额40513186.77元，净资产为-30027559.27元，属严重资不抵债。法院受理后，破产管理人进行债务人财产清理时发现，债务人实际资产仅为110617.85元，负债总额39612068.01元，净资产实为-39501480.16元。审理中债权人对上述实际资产金额不存异议，表示愿按实际情况进行债务人财产分配。法院据此直接对债务人财产予以了调整。

2. 记载在债务人名下但非由债务人控制的物品，应对其所有权归属进行查实复核后对该财产作出界定。

[案例4.6]上海洋宁国际贸易有限公司申请破产清算案〔2〕

上海洋宁国际贸易公司净资产专项审计报告显示账面资产金额为1279449.75元，负债金额为3755824.18元，净资产为-2476374.43元。其中账面资产中涵盖了登记于债务人名下的机动车三辆，而其中一辆东风牌货车虽登记于债务人名下，但经管理人向债务人了解及案外人所出具的情况说明显示，该车辆并非由债务人购置所有，而系由案外人购置挂靠在债务人名下；该车辆相关证照均不在债务人管理之下。目前该车下落不明，且在针对债务人的财务审计过程中，也未发现债务人曾出资购置该车辆。债务人只为该车辆名义上的"所有权人"，该车辆事实上已无法予以变现处理，该车辆从债务人财产中予以扣除。

3. 产品库存等实物财产，法院应依法评估后对债务人财产进行调整。

[案例4.7]上海广电德麟电子企业有限公司申请破产清算案〔3〕

上海广电德麟电子企业有限公司净资产审计报告中载明债务人资产总额为601752.68元，负债总额2383757.40元，净资产-1781004.72元。其中债务人账目资产中的实物资产主要为存放于仓库中的存货，该批存货系债务人于2007年购入的电子元器件、配件、部件、低值易耗品及因质量问题客户返修退回的电子部件。因年代久远，设备老化，审计报告中认定该电子部件按报废处理。而本案中一债权人认为债务人隐匿资产，其账面资产金额远低于实际资产。鉴于此，对于上述存货

---

〔1〕 上海市浦东新区人民法院(2011)浦民二(商)破字第3号。

〔2〕 上海市浦东新区人民法院(2011)浦民二(商)破字第5号。

〔3〕 上海市浦东新区人民法院(2011)浦民二(商)破字第1号。

作为消耗品、瑕疵品及贬值较快的电子元件，法院与管理人多次至存货堆放现场对存货进行全面清点，对不同物资进行查验分类，并在此基础上委托专业机构进行评估，据此对债务人财产予以调整。

八、执行程序中债务人财产的界定问题

破产程序中，经常涉及与执行程序中财产的衔接问题。如某些负有执行义务的部门有时置法院裁判文书于不顾，拖延办理产权登记手续，未及时将债务人的财产登记至申请人名下，导致争议发生。为此，最高人民法院在(1997)经他字第23号复函中指出："负有协助执行义务的行政部门没有及时办理房产过户手续，由有关行政部门承担责任，诉争房地产权利转移的具体时间应以执行法院的裁判文书生效时间为准。"据此，不涉及执行标的物登记过户的，执行标的物实际交付后，执行完毕；涉及执行标的物登记过户的，自执行法院作出强制转移产权的执行裁定生效并送达给负有协助执行义务的部门时，视为执行程序终结。[1]

此外，最高人民法院于2004年12月22日作出(2003)民他字第52号回复："人民法院受理破产案件前，针对债务人的财产，已经启动了执行程序，但该执行程序在人民法院受理破产案件后仅作出了执行裁定，尚未将财产交付给申请人的，不属于司法解释指的执行完毕的情形，该财产在债务人被宣告破产后应列入破产财产。但应注意以下情况：(1)正在进行的执行程序不仅作出了生效的执行裁定，而且就被执行财产的处理履行了必要的评估拍卖程序，相关人已支付了对价，此时虽未办理变更登记手续，且非该相关人的过错，应视为执行财产已向申请人交付，该执行已完毕，该财产不应列入破产财产。(2)人民法院针对被执行财产采取了相关执行措施，该财产已脱离债务人的实际控制，视为已向权利人交付，该执行已完毕，该财产不应列入破产财产。"可见，法院作出执行裁定后，尚未交付执行申请人的财产，应列入债务人财产。但若上述财产经评估拍卖程序且相关人已支付对价，或者上述财产已脱离破产债务人的控制，则应视为已向权利人交付，该财产不列入债务人财产。

[案例4.8]上海某进出口有限公司破产清算案

上海某进出口有限公司申请破产清算一案，债务人的主要财产系位于上海市浦东新区某地的房产。但该房产因原告宁波某公司诉本案债务人被告上海某进出口有限公司承揽合同纠纷一案，被宁波市某区人民法院予以冻结，并进入执行程序。鉴于该房产尚未拍卖变价，破产案件受理法院遂联系宁波市某区人民法院，要

---

〔1〕 霍敏主编：《破产案件审理精要》，法律出版社2010年版，第75页。

求其协助解除涉案房产的查封，移交财产。经多次沟通联系，该房产成功由破产案件受理法院依法拍卖，所得款项列入债务人财产。

第三节　破产撤销权和破产无效行为

一、破产撤销权与破产无效行为概述

破产法上的撤销权是民法上债权人撤销权制度在破产程序中的延伸。债权人撤销权制度发源于罗马法，又名废罢诉权，即债权人对于债务人所为有害债权之行为得申请撤销的权利。《企业破产法》正式采纳了破产撤销权制度，将《企业破产法（试行）》所规定的大部分无效行为变为可撤销行为。这种变化体现了溯及主义向不溯及主义的转变。与此同时，对债务人主观恶意明显、严重损害债权人利益且有损公益秩序的行为，单独保留适用无效制度，并拓宽了对相关行为规制的期间。我国这种双重制度并行的立法模式对不同的行为规定了不同的法律后果，既遏制和打击了部分严重违法行为，又给予商业正当交易行为合适的空间，达到了宽严相济的立法平衡。

（一）破产撤销权与破产无效行为的概念

1. 破产撤销权的概念

破产撤销权是破产宣告无溯及主义派生出来的制度。破产申请后，债务人丧失对所属财产的占有支配权，债务人财产的管理及处分权利专属于破产管理人。债务人对财产不得作任何处分，如作处分，其效力不得对抗债权人与破产管理人。然而，在破产申请之前，债务人享有对所属财产的当然处分权，其权利无任何限制，处于完全自由状态。但是，倘若债务人在其经营恶化或濒于破产之际，为逃避将来的债务清偿而将其财产隐匿、转让，对其亲属无偿赠与，对一部分债权人提供清偿，或对原来没有担保的债务提供担保等，这些行为就会使债务人的财产显著减少。这些行为严重损害债权人的受偿利益，违背债权人之间平等的受偿地位。故破产法规定了撤销权制度，使其重新归入债务人财产中，以保护破产债权人的利益。

破产撤销权，通常指破产管理人对债务人在破产程序开始前的法定期间内（或称临界期间）与他人进行的、损害债权人利益的行为，否认其效力，并申请法院予以撤销该行为，并将因该行为产生的财产利益回归破产财产的权利。破产撤销权的行使，能够遏制破产债务人与个别债权人在破产程序开始前的临界期间肆意攫取破产财产的行为，进而增加破产财团的价值，为债权人在最大程度上获得债务

清偿提供保障。我国《企业破产法》采用了“撤销权”用语。《企业破产法》第三十一条规定：“人民法院受理破产申请前一年内，涉及债务人财产的下列行为，管理人有权请求人民法院予以撤销：(一)无偿转让财产的；(二)以明显不合理的价格进行交易的；(三)对没有财产担保的债务提供财产担保的；(四)对未到期的债务提前清偿的；(五)放弃债权的。”第三十二条规定：“人民法院受理破产申请前六个月内，债务人有本法第二条第一款规定的情形，仍对个别债权人进行清偿的，管理人有权请求人民法院予以撤销。但是，个别清偿使债务人财产受益的除外。”

2. 破产无效行为的概念

对于遏制债务人的恶意破产行为来说，无效行为制度是比撤销权制度更为有力的法律武器。在当前的企业破产实践中，一些债务人通过隐匿、转移财产或者虚构债务等方式逃避债务，侵害债权人的合法权益的问题还较为突出。对于债务人的这些行为，无论其何时发生，任何人得主张无效，这样的制度设计无疑是为了更好地维护全体债权人的合法权益。《企业破产法》第三十三条规定：“涉及债务人财产的下列行为无效：(一)为逃避债务而隐匿、转移财产的；(二)虚构债务或者承认不真实的债务的。”这是我国破产法对破产无效行为的规定，该规定对债务人主观恶意明显、严重损害债权人利益且有损公益秩序的行为，单独适用无效制度，并拓宽了对相关行为规制的期间。同时，由于无效行为的确认对破产程序开始前的交易安全影响较大，法院宣告无效行为应当坚持合法、审慎原则，既要发挥无效行为制度对恶意破产行为的威慑作用，又要注重保护善意第三人的合法权益。

(二)破产撤销权与无效行为的区别

破产撤销权与破产无效行为的区别主要在于以下几点。

1. 权利行使的主体不同。破产撤销权只能由破产管理人统一行使，其他任何主体不能越权，而且破产撤销权对于行使主体破产管理人来说，既是一项权利，也是一种义务。破产管理人必须行使该权利，否则根据《企业破产法》第二十二条的规定将承担相应的法律责任。而破产无效行为是由于违反了法律的强制规定，任何人都可以主张该行为无效，法院也可以依职权主动对该行为进行审查，进而宣布其无效，它是破产法对破产中存在的相关行为给予绝对无效评价的法律制度。

2. 对破产程序开始前的债务人行为影响不同。适用破产无效行为制度时，只要破产程序启动即会使债务人的行为依法律规定自动归于无效，不论当事人是否主张其无效，也不因当事人的承认而成为有效，它强调的就是国家对违法行为的主动干预和制裁。而在撤销权制度中，则强调当事人意思自由，在撤销权行使之前，该行为仍不失为有效行为。

3. 涉及的行为范围不同。破产撤销权针对在法院受理破产申请前一年内债务人无偿转让财产的、以明显不合理的价格进行交易的、对没有财产担保的债务提供财产担保、对未到期的债务提前清偿、放弃债权的行为，以及在法院受理破产申请前六个月内，债务人在企业不能清偿到期债务，并且资产不足以清偿全部债务或者明显缺乏清偿能力依法应当清理债务的情形下，仍对个别债权人进行清偿的行为。破产无效行为则针对债务人为逃避债务隐匿、转移财产，以及虚构债务或者承认不真实的债务行为。

4. 权利行使的时间不同。破产无效行为制度中，对权利人主张权利的时间没有限制，不管该行为在何时被发现，均可以定为无效。而破产撤销权则规定特定的行使期间，包括一年或半年。

（三）破产撤销权及破产无效行为与民法上相关制度之比较

1. 破产撤销权制度与民法中的撤销权制度

《民法通则》和《合同法》均规定了撤销权。民法上的撤销权并不因破产程序的启动而被排除适用。民法中的撤销权是对一般民事主体有效的法律，性质属于一般法。破产法中的撤销权，是对于特定的人和事，在特定的地区、时间内有效的法律，是依据民法撤销权的原理针对破产的特殊情况而设置的，属于特别法。在其与破产撤销权竞合时，根据特别法优于一般法的原则，应优先适用破产撤销权。

破产撤销权与民法上的撤销权，二者在历史渊源、立法宗旨、行使效果等方面都有共同之处。但二者存在一定的区别，这也体现了破产撤销权的如下特征。

第一，所保护的对象不同。民法上的撤销权保护的是善意相对人、赠与人或者因欺诈、胁迫、重大误解等而受害的当事人的利益；而破产撤销权保护的是所有破产债权人的利益。

第二，可撤销行为的范围不同。民法上的撤销权针对的对象是民事行为，一般是诈害债权人的行为，如《合同法》第五十四条规定的一方以欺诈、胁迫的手段或者乘人之危，使对方在违背真实意思的情况下订立的合同可以撤销，偏颇行为不能被撤销；破产撤销权针对的对象范围较广，不仅包括诈害行为还包括偏颇行为。

第三，对行为人主观要件的要求不同。民法上的撤销权需要审查债务人行为时是否具有主观恶意，在债务人明知其行为有可能加害于债权人时，其行为才有可能被撤销；破产撤销权是纠正债务人行为引起的不公平结果，更注重行为结果的公平与正义，而主观要件不是构成行为失去效力的主要条件。

第四，可撤销行为发生的时间不同。民法上对可撤销行为发生的时间，一般只要求产生在债权成立之后；而破产撤销权往往对行为发生有临界期间的要求。

第五，权利行使的主体不同。民法上的撤销权的行使主体是债权人，破产撤销权的行使主体是破产管理人，撤销的是债务人的行为。

2. 破产无效行为与民法中的无效行为

对违反法定秩序的行为,法律行为制度将其判为无效,不使其发生当事人所欲的后果,以此保证当事人的行为能在法定秩序的规制下发生期待后果。一般民事无效行为制度也具备保护行为人利益的功能,即规定无民事行为能力人、限制民事行为能力人所为的可能有损自身利益的行为无效,以及受欺诈、胁迫下的不真实意思表示发出者的行为无效。我国破产无效行为制度在规制意图上和民法中一般的无效行为制度基本相同,同样给予部分行为彻底否定的评价,通过这种评价来否定不符合公共利益要求的当事人意图。相比于民事无效行为制度而言,由于破产法立法旨意主要是保证债权人的公平清偿,防止债务人财产被侵害,所以并没有一般民事无效行为制度中的保护行为人利益的机制。

二、破产撤销权的权利行使及法律后果

(一)我国破产法关于破产撤销权范围的规定

各国破产立法通常把可撤销行为分为两大类,其一是欺诈行为,又称诈害行为;其二是偏颇行为,又称偏袒性清偿行为。《企业破产法》第三十一条、第三十二条对可撤销行为进行了列举性规定,其范围包括以下内容。

1. 诈害行为

诈害行为包括无偿转让财产、以明显不合理的价格进行交易的行为、放弃到期债权。

(1)无偿转让财产

所谓无偿转让财产,是指债务人在没有取得对价的情况下,将属于自己的财产转让给第三人。债务人如果以无偿转让财产的方式损害债权,第三人无论主观上是否存在过错,也无论是直接受益人还是间接受益人,管理人均有权请求撤销该行为,恢复财产原状,保护债务人的财产。但是,如果债务人以无偿转让财产的方式损害债权,而直接受益的第三人又将取得的财物以公平价格售给他人时,则只能向债务人和直接受益的第三人行使撤销权,不能追及有偿取得人。该有偿取得人为善意取得,直接受益的第三人应当将取得的价款返还债务人,此时并不是原物的返还,而相当于损害赔偿。

(2)以明显不合理的价格进行交易

所谓以明显不合理的价格进行交易,是指债务人以明显低于市场同类价格的条件,或者明显高于市场同类价格的条件与他人进行交易。以明显不合理的价格进行交易,或者是低价将财产或者权益转让给第三人,或者是高价受让财产或者权益,都将严重损害债权人的利益。债务人与第三人以有偿的方式但明显不合理的

价格进行交易损害债权的,管理人有权请求撤销该行为,恢复财产之原状,保持债务人的责任财产。

(3)放弃债权

所谓放弃债权,是指债务人对于人民法院受理破产申请前一年内,对于依法或者依约享有的债权,予以放弃。债务人放弃债权,等于放弃了财产或者财产利益,所以性质上与债务人以无偿转让财产方式损害债权相同。在这种情况下,不论第三人主观上是否存在过错,管理人均有权请求撤销该行为。

2. 偏颇行为

偏颇行为是指债务人以各种方式使相关债权人获得多于其在破产程序中能够得到的清偿。

(1)对没有财产担保的债务提供财产担保

所谓对没有财产担保的债务提供财产担保,是指债务人于人民法院受理破产申请前一年内,对于本来没有设定财产担保的主债务,又设定财产担保。例如,债务人财产仅能或者已不够清偿现有债权,但债务人又将其财产抵押、出质给新的债权人,损害原有债权人的利益;或者将财产抵押、出质于债权人中的一人,损害其他债权人的利益。债务人通过担保方式害及债权的,管理人可以行使撤销权,撤销其抵押、出质行为。需要说明的是,担保被撤销后,担保合同不影响主合同的存在,主合同依然有效。

(2)对未到期的债务提前清偿

所谓对未到期的债务提前清偿,是指债务人于人民法院受理破产申请前一年内,对于本来没有到期的债务,提前予以清偿。债务的到期与否,以债务人与相对人之间签订的合同中约定的履行期限来确认,如果相对人债务履行期限尚未届满,债务人就已经提前履行了义务,即可认定对未到期的债务提前清偿。需要注意的是,如果合同对履行期限没有约定或者约定不明确的,按照《合同法》的规定,债务人可以随时履行。在这种情况下,不能贸然认定为对未到期的债务提前清偿。

[案例4.9]某货运代理公司破产清算案

在某货运代理公司破产清算案中,出现了债务人对未到期的债务提前清偿的情形。该货运代理公司本系自然人出资的一人有限责任公司,因自然人股东突然身亡,公司经营陷入混乱,股东的继承人决议解散公司,并向法院提出公司清算申请。在公司清算过程中,清算组经初步清理后认为,公司实际上已处于资不抵债的状况。为确保全体债权人公平受偿,清算组向法院提出申请,请求该货运代理公司由强制清算程序转为破产清算程序,法院对该货运代理公司破产清算一案予以受理。根据清算组掌握的情况,该公司在自行停业前不久,存在提前归还银行贷款的情况，两笔贷款的还款期限当时均未届满，这些提前还贷行为发生在法院受理破产申请前一年内，当属于破产撤销权的范围。

(3)个别清偿行为

所谓个别清偿，是指债务人在对多个债权人承担债务的情况下，只对个别债权人进行债务清偿的行为，损害的是其他多数债权人的利益。因此，为了公平清理债权债务，保护广大债权人的利益，对于债务人的个别清偿行为，应当依法予以撤销。

根据《企业破产法》第三十二条的规定，撤销个别清偿的条件是债务人已经具备破产原因。又据《企业破产法》第二条第一款的规定，破产原因有两个：一是不能清偿到期债务且资产不足以清偿全部债务；二是不能清偿到期债务且明显缺乏清偿能力。只有具备了以上两个情形之一，债务人仍对个别债权为清偿的，管理人方可请求撤销。债务人在破产申请前六个月内不存在破产原因的，管理人不得请求撤销。债务人是否具备了破产原因，应依债务人的客观财务状况而定。债务人是否意识到自己已经陷入了破产困境，是否具有主观恶意，与管理人行使撤销权无关，对撤销权的行使不产生影响。

如果个别清偿可以使债务人财产收益的，则不得撤销。对破产法中规定的“受益”一词如何理解，即对于什么情况下个别清偿属于使“债务人财产受益”，尚需要进一步明确。美国法关于偏颇行为（含追加担保、未到期清偿等）的撤销有详细的除外列举，或可借鉴。美国《联邦破产法典》§547(c)共规定了九项偏颇行为的撤销例外：①为取得新价值而同时实施的交易例外；②常规营业中的付款例外；③新增贷款的担保例外；④后续返还的新价值例外；⑤浮动担保例外；⑥法定担保例外；⑦家庭抚（赡）养费的支出例外；⑧小额消费的移转例外；⑨小额非消费的移转例外。

在实务中，也出现了一些非典型的个别清偿行为，应当根据其行为的实质判断其是否属于破产撤销权的范围。仍以前述（案例4.9）某货运代理公司破产清算一案为例，根据审计机构出具的审计报告显示，该货运公司已处于资不抵债的状态。根据破产管理人掌握的情况，公司的资产主要为应收账款。经清理，发现公司存在相当数量的第三方债权转让，即将公司的对外债权转让给债权人以冲抵债务。以转让第三方债权的方式对债务人的个别清偿行为应否撤销呢？虽然形式上与普通的个别清偿行为有所不同，但由于公司主要资产为应收账款，故将第三方债权进行转让的行为直接减少了公司的资产，损害了广大债权人的平等受偿权，应当属于破产撤销权范围的个别清偿行为。

在进入破产程序后，对于基于生效裁判的执行行为的清偿可否被撤销，目前有否定说和肯定说两种观点。否定说认为，因为就执行行为而言，债务人没有介入其中,并且撤销执行行为可能会削弱生效裁判的权威性和终局性。此外,一个债权人发动执行程序后,其他债权人可以申请破产程序,以中止执行程序。肯定说认为,执行行为与其他偏颇性清偿一样,实质上也是债务人财产的转让行为,造成了债权人受偿上的不公平,因此应承认其可撤销性。

我们认为,基于执行行为的个别清偿可以被撤销。首先,撤销基于执行行为的清偿与生效裁判的终局性和权威性无关。撤销基于执行行为的清偿并不影响据以执行的生效裁判的效力,生效裁判具有的确定力、拘束力并不因此而发生任何变化。所发生变化的仅是破产受理后实现执行力的方式,原来的个别清偿应变为通过集体性的破产程序得到清偿。其次,希望通过破产程序能够自动阻止执行程序的效力是一种不切实际的想法。诚然,破产程序可以中止已经开始的执行程序,但是,这仅限于执行尚未终结的案件。由于一般执行程序并不具有破产程序那样的公开性,其他债权人因为地域、信息不畅等原因,就如其不能了解到期偏颇性行为一样,很可能不能了解到已经开始的执行程序。因此,也就没有机会依法以破产程序去阻却执行程序。最后,结合《民事诉讼法》第二百二十五条关于执行异议的规定,当事人、利害关系人认为执行行为违反法律规定的,可以提出书面异议。当然,虽可行使撤销权,但法律应设置严格的条件加以审查,而举证责任则应由债务人及执行相对人承担。

(二)破产撤销权的构成要件

由于破产撤销权的行使对债权人及债务人的权利均有重大影响,在实务中需严格把握,破产撤销权的行使必须符合以下要件。

1. 客观要件

(1)必须存在有害于破产债权人的行为

有害行为包括使债务人的一般责任财产减少的诈害行为,或者使部分债权人得到偏袒性清偿,破坏了对全体债权人的公平清偿。《企业破产法》采用的是程序判断原则,即建立嫌疑期制度,以立法规定的特定期间内进行的规定行为为撤销权行使对象。一方面,免予举证有利于维护债权人利益;另一方面,对违法行为的构成期间加以适当限制,也有利于维护交易安全,保障市场经济秩序的稳定。

此外,值得注意的是,债务人所为的有害行为有以下几个限制条件:其一,必须是法律意义上的处分行为,如转让财产、提供担保行为,而不能是事实处分行为,如损毁财产;其二,必须以财产为标的,债务人基于收养子女、认领非婚生子女等目的而为的身份行为,基于人身信任关系而发生的行为以及以养老金、抚恤金等禁止扣押之物或权利为标的的行为等不能被撤销;其三,应当是已成立或有效的行为,且其有效性在撤销权行使之时仍然存在。如果该行为根本就没有成立,或因意思表示有瑕疵而无效，则应根据民法的相关规则予以处理。

(2)必须发生在破产程序开始前法定可撤销期间内

破产程序开始后，债务人的财产归破产管理人占有管理，债务人失去了占有、处分权，其处分行为属于无权处分，不发生物权效力，因此一般不会损害债权人的利益。在破产程序开始前易发生债务人的有害行为，如果不对有害行为加以限制，势必会破坏交易安全。故法律规定在法院受理破产申请前一年内发生的债务人无偿转让财产、以明显不合理的价格进行交易、对没有财产担保的债务提供财产担保、对未到期的债务提前清偿、放弃债权的行为，以及在法院受理破产申请前六个月内发生的个别清偿行为应被撤销。

(3)必须有基于被撤销行为而实际获益的人存在

撤销权行使的作用，在于将债务人不当处置的财产回复到债务人财产中。因此，只有存在行为获益人的情况下，破产管理人才能找到追偿主体，达到追回财产的目的。如果不存在行为获益人，如债务人抛弃自己的某项财产所有权，实际毁损了自己的财产，或者行为获益人已不存在或难以查证的，就无法行使撤销权。

2. 主观要件

对于破产撤销权的成立，是否以债务人存在主观恶意作为其构成要件，我国《企业破产法》对撤销权采取形式判断原则，未规定撤销权以当事人包括转得人交易时存在主观恶意为构成要件。

(三)破产撤销权的行使

1. 权利的行使方式

大多数国家的法律规定撤销权由破产管理人以诉讼的方式请求法院为之，由受理破产案件的法院专门管辖。《企业破产法》第三十一条规定，管理人有权请求人民法院予以撤销。可见，我国立法对破产撤销权行使方式的规定，是需要破产管理人以诉讼方式请求人民法院予以撤销。这种规定当然不禁止管理人在对方承认的情况下可直接向可撤销行为的相对人主张权利，追回财产。

2. 权利的行使主体

上述破产撤销权的行使主体是管理人。对于重整期间破产撤销权的行使主体问题，《企业破产法》第七十三条规定："在重整期间，经债务人申请，人民法院批准，债务人可以在管理人的监督下自行管理财产和营业事务。有前款规定情形的，依照本法规定已接管债务人财产和营业事务的管理人应当向债务人移交财产和营业事务，本法规定的管理人的职权由债务人行使。"那么，债务人"自行管理财产和营业事务"本身是否包括"行使破产撤销权"的内容？债务人代行管理人的职权中是否当然包括"破产撤销权"的内容？学者王欣新指出："考虑到撤销权的行使可能与经管债务人的利益发生冲突，而我国目前债务人的破产欺诈行为严重，诚信不足，所以撤销权不宜由经管债务人自行行使，仍应由管理人统一行使。”[1]“在债务人自行管理的情况下，由管理人行使撤销权更符合撤销权的立法宗旨。”[2]但也有学者认为，因托管债务人是重整中的常态管理模式，归托管债务人行使更有现实意义。重整中的“债务人”与“托管债务人”（DIP）是不同的概念，前者是作为债务人企业本身，后者是经营决策和管理机关。目前关于该问题尚没有形成统一的意见，需待法律进一步明确。从实际出发，我们比较赞同前一种意见，即以管理人直接行使为宜。

3. 权利的行使期间

关于破产撤销权的行使期间，大多数国家破产立法都未能作出专门规定。其原因在于，撤销权的行使是以破产程序的存在为前提的，因此当破产程序终结后，撤销权当然也随之消灭。[3]《企业破产法》对此问题也未明文规定，只规定由管理人来行使撤销权。由此推论，撤销权的行使应在管理人开始执行职务时起，到破产程序终结、管理人依法解任时止这段时间。

（四）破产撤销权的法律后果

破产撤销权行使的法律后果是使债务人实施的损害债权人利益的行为，因被撤销而丧失效力，恢复原状。管理人收回被处分的财产或恢复被处分的权利，撤销行为的相对人丧失被撤销的权利，恢复原有权利（如有）。破产撤销权行使的效果是破产管理人行使破产撤销权的目的，它直接关系到破产企业能否恢复到行为发生以前的原始状态，以及破产债权人应得财产及权利利益的最终实现。破产撤销权应当产生如下法律后果。

1. 破产可撤销行为自始无效

破产撤销权的行使使可撤销行为溯及至自始归于无效，从而债务人和可撤销行为相对人的关系也恢复到以前的状态。

根据《企业破产法》第三十四条的规定，相对人因被撤销的行为而取得的债务人财产，管理人有权取回。

2. 破产管理人收回被处分财产或恢复被处分的权利

被撤销权行为无效后，被处分财产或被处分的权利应当恢复到以前的状态。例如，债务人转让的财产应当被管理人收回，负担的债务或设定的担保也应告消

---

[1] 王欣新：“破产撤销权研究”，载《中国法学》2007 年第 5 期。

[2] 王欣新、李江鸿：“论破产重整中的债务人自行管理制度”，载《政治与法律》2009 年第 11 期。

[3] 柴发邦：《破产法教程》，法律出版社 1990 年版，第 232 页。

灭。相对人或受让人丧失因可撤销行为而得的权利，应返还因可撤销行为而得到的财产利益。

三、破产无效行为的权利行使及法律后果

（一）我国破产法关于破产无效行为范围的规定

依据《企业破产法》第三十三条的规定，破产无效行为主要包括以下两类。

1. 为逃避债务而隐匿、转移财产的行为

隐匿、转移财产，是指债务人通过隐瞒债务人财产的信息，将财产置于隐蔽场所或者改变财产位置的方式，从而使管理人不能有效控制、接管债务人财产的行为。[1] 具体来讲，隐匿财产是将财产隐瞒、藏匿的行为。隐瞒是指对有关债务人财产的信息不予披露的消极行为，例如，不在财务报表上记载或不真实记载收支情况，对财产去向进行隐瞒。藏匿是指将财产或者财产权凭证置于未予公开的处所，使之不能依破产程序被有效地接管和处分，例如，将资金转移到关联公司的账户，将收入现款存入以私人名义开设的银行账户。转移财产，是指改变财产的处所，使管理人无法接管控制。例如，通过企业之间的银行支付，将资金从债务人账户转出，进而通过关联交易或多次转账造成资金失去控制或者去向不明；以企业分立或对外投资的名义将资金和其他资产转入其他企业；通过委托、保管、赊销等方式将企业财产交付他人，再利用违约等手段造成财产无法收回的事实。[2] 总之，通过各种形式造成财产流失的假象，但最终又能为债务人或债务人的相关人所得到。

2. 虚构债务或者承认不真实债务的行为

虚构债务，是指债务人将未发生的债务进行申报，意图弥补转移或侵吞债务人财产的亏空等情形的行为。实践中常发生的现象是，债务人向自己的关联公司或者与自己达成私下交易的企业提供虚假的债务证据，作为后者申报债权参加破产分配的凭据，导致破产中真实债权人的分配减少。承认不真实债务是指债务人对于债权人虚构申报的债务予以承认。例如，承认他人捏造的债务，承认内容与真实债务不相符的债务凭据，承认虚构的违约事实，就已过诉讼时效的债务承认虚构的时效中断事由。[3] 虚构债务或者承认不真实的债务通常是为了增加负债，负债是企业法人的消极财产，消极财产增加则积极财产减少，这样虚构债务同样达到减少债务人财产的目的，也损害了债权人利益。这部分不真实债务掩盖下的财产通常

---

〔1〕 安建主编：《中华人民共和国企业破产法释义》，法律出版社2006年版，第54页。

〔2〕 王卫国：《破产法精义》，法律出版社2007年版，第94～95页。

〔3〕 王卫国：《破产法精义》，法律出版社2007年版，第95～96页。

会被行为人私自侵吞，或者与他人串通私分。[1]

(二)破产无效行为的权利行使

1. 权利的行使方式

无效与撤销的根本性差异在于，撤销首先要有特定人主动主张使效力丧失，才能构成无效力。与此相反，无效不待任何人的主张，[2]即无效之法律行为固不必请求法院为无效之宣告即属无效，但当事人仍欲提起确认之诉时，自亦无妨。[3]在现实中，若当事人一方认为法律行为无效而对方不同意无效，往往需要相关人向法院请求，经过法律的确认程序给予认定，这就和可撤销行为一样需要相关人通过诉讼的方式向法院请求确认。[4]

在破产法下，对于虚构、承认不真实债务的行为，如果债务人没有实际履行，则权利人可以直接认定其无效而不予履行。在其他情况下，权利人可以向债务人或相对人提出无效主张并要求其返还所得利益，也可以直接向法院以诉讼方式主张无效。

2. 权利的行使主体

对破产无效行为行使的主体，根据民法的一般原则，对绝对无效的法律行为，任何人都能主张其无效。在破产程序中，管理人有权以债务人为逃避债务而隐匿、转移财产为由起诉要求财产占有人返还相关财产，或者以债务人虚构债务或承认不真实的债务为由起诉请求确认相关行为无效。上述情况下，管理人无正当理由未提起诉讼，根据最高院奚晓明在《民事案件案由规定理解与适用》(2011 年修订版)中的意见，债权人有权向人民法院提起诉讼要求财产占有人返还财产或者请求确认相关行为无效。

(三)行使破产无效行为的法律后果

总体来讲，法律将行为评价为无效，第一层的法律后果即法律明确规定不保护该行为，同时否定行为人希望发生的意图。第二层次的法律后果包括所有物返还、侵权损害赔偿、不当得利返还等在内的民事责任。第三层次的法律后果则是对于严重违法以至于构成犯罪的行为给予刑事上的制裁。行使破产无效行为的法律后果包括以下几点。

---

[1] 李曙光："破产无效行为"，载《法制日报》2007 年 8 月 12 日。

[2] [日]我妻荣：《新订民法总则》，于敏译，中国法制出版社 2008 年版，第 359～360 页。

[3] 郑玉波：《民法总则》，中国政法大学出版社 2003 年版，第 442 页。

[4] 刘凯湘：《民法总论》，北京大学出版社 2006 年版，第 316 页。

1. 行为自始无效

行为本身被确认为无效，并溯及民事法律行为发生时。

2. 承担返还、赔偿责任

相对人因该行为获得的财产应返还并归入破产财产，造成了实际损害后果的，由债务人的法定代表人和其他直接责任人员依法承担赔偿责任。

3. 刑事责任

对于严重性达到刑法规制的行为，刑法将给予更严厉的惩罚制裁。

第四节　取　回　权

《企业破产法》第三十八条、第三十九条和第七十六条均涉及取回权问题的规定。其中第三十八条是关于取回权问题的一般规定，第三十九条是关于出卖人取回权的规定，第七十六条是关于重整期间取回权行使的规定。

一、取回权概述

取回权，是指债务人进入法院破产案件审理程序后，对于债务人占有的不属于债务人所有的财产，或债务人作为买受人尚未支付全部价款并实际控制的财产，财产所有人或出卖人所享有的不依破产程序而直接取回该财产的权利。

取回权具有以下特征：(1)取回权的标的物虽为债务人占有，但不属于债务人财产；(2)取回权的标的物属于取回权人所有，或者取回权人对该标的物享有支配权，且该标的物需特定化的客观存在；(3)取回权的行使不依破产程序，但必须通过管理人；(4)取回权的行使只限于取回特定化的原物；(5)取回权是一种实体权利，具有绝对性和无条件性。

取回权制度的设立，对于保护处于非破产人所有但又为破产人占有之财产的真正所有人具有重要意义。第一，公平保护债权人的合法权益。对债权人而言，公平一方面要求对在实体法上具有相同性质的债权人做到一视同仁、平等对待，从而体现破产法律面前一律平等原则；另一方面又要求对实体法上具有不同性质的债权人做到区别对待，形成先后次序，从而体现实体法的原则精神和价值追求。[1]可见，公平的理念是取回权人享有取回权的价值基础。第二，维护社会经济秩序。破产取回权制度保证了取回权权利人与破产人、债权人之间既存的经济关系、财产

〔1〕 汤维建：《破产程序与破产立法研究》，人民法院出版社2001年版，第537页。

关系不会因为破产程序的进行而受到实质影响，在维护正常社会经济秩序方面发挥了重要作用。

[案例4.10] 广东国际信托投资公司破产案[1]

该案中有17家债权人以信托存款为依据向广东国际信托投资公司（以下简称广东国投公司）清算组申报债权金额38亿元。部分境内债权人认为信托存款属于信托财产，具有独立性，受托人广东国投公司对信托财产不具有所有权，只具有经营管理权，信托财产的所有权属于委托人，要求行使取回权。广东省高级人民法院经审理认为，广东国投公司向存款人出具信托存款单，但约定存款人将资金存入广东国投公司，到期取回本息的内容，具有存款合同的特征，存款人与广东国投公司双方设定的是债权债务关系，并非信托关系，应当确认为破产债权，存款人不享有取回权。

以下案例同样涉及货币资金取回权问题，审理中形成的两种不同观点表明此类案件值得深入研究。

[案例4.11]S公司诉Y公司取回权纠纷案

2007年6月6日，原告S公司与被告Y公司授权的物业服务商G公司签订为期三年的房屋租赁合同，租赁被告名下埃力生国际大厦若干区域。被告委托G公司向原告收取租赁押金及物业管理费押金共计873735元作为合同履行担保。2010年6月5日，原告依法办理退租手续，但被告未依约返还原告租赁押金及物业管理费押金。2010年8月16日，黄浦区法院裁定受理某银行上海分行对Y公司的破产申请，Y公司进入破产清算程序。清算过程中，原告认为其存放于被告处的租赁押金及物业管理费押金不属于被告财产，原告依法享有取回权，故诉至法院，请求取回存放于被告处的押金873735元。

另查明，G公司收取租金押金和物业费押金后已全部转交被告，被告并未设立专户存放押金，资金进入账户后与其他银行存款混同，账目中则以“G公司应付款”列项。被告破产清算案件立案当日，被告账上货币资金仅存4486.62元。

押金并非一种通常法律意义上的“物”。货币作为具有高度替代性的种类物，一般而言是没有区别的，只不过在本案中其性质是押金。对于本案中的押金能否取回，产生了两种观点。

第一种观点认为，由于货币的特殊性，要对押金行使取回权，必须进行特定化。由于本案原、被告在租赁合同中已明确约定“押金在租赁期内不能转作租金或其他费用”，故可认定双方已通过约定将押金特定化。在这种情况下，即便押金被挪

---

〔1〕 案例来自《中国审判法律应用支持系统》数据库。

用,亦应视为特定化,因此可允许原告取回。尽管被告目前没有足额现金,但由于被告存在其他资产,可在变现后允许取回相应数额的资金。

第二种观点也认为,只有特定化的情况下才能允许对货币资金行使取回权。而对于特定化的理解则与第一种观点不同。按照2003年6月9日最高人民法院《关于河南省高级人民法院就郑州亚细亚五彩购物广场有限公司破产一案中董桂琴等50家商户能否行使取回权问题请示的答复》([2003]民二他字第14号)中所述的意见,董桂琴等50家商户与五彩购物广场形成了委托收取销售货款的关系,现有证据不能证明五彩购物广场对所收取的货款开立专门账户加以管理,即五彩购物广场代收的货款没有特定化,由于货币作为动产的特殊属性,董桂琴等50家商户对没有特定化的货款不具有所有权关系,在企业破产还债程序中不能行使取回权,可以以普通债权人的身份参与破产财产的分配。同理,本案中原告交纳押金873735元,尽管约定了"押金在租赁期内不能转作租金或其他费用",但原告没有采取相应的具体措施使押金特定化,也没有要求或者监督被告开设专门的账户保存。被告挪用了该笔押金,并且被告在破产清算时现金已经基本消耗殆尽,仅剩4486.62元。因此,被挪用的押金形态已经发生了转变。至于代偿性取回权,原告也无法主张,因为被告对押金的使用方向不明。总之,押金被混同于被告的资金,这种情况下不应允许原告从被告将来变现的其他资产中取回押金。

该案一审法院采纳了第一种观点,而二审法院则采纳了第二种观点。我们认为二审法院对"特定化"的理解更为全面。

二、取回权的类型及权利来源

根据取回权成立的法律依据不同,可以将取回权分为一般取回权与特殊取回权。适用破产法中概括性规定的取回权为一般取回权,适用破产法中特别规定的为特殊取回权。

(一)一般取回权的权利来源

《企业破产法》第三十八条规定:"人民法院受理破产申请后,债务人占有的不属于债务人的财产,该财产的权利人可以通过管理人取回。"根据文意,对不属于债务人的财产,其所有权人或者其他物权人均可主张取回。通常,一般取回权的权源包括所有权、质权、占有权及用益物权,即一般取回权的基础性权利是物权,可以这样认为它只是认可实体法上取回的权利,并不是破产法上特设的新的权利。

1. 所有权是最普遍的取回权基础权利。属于他人所有的财产,由于仓储、保管、加工承揽、委托交易、代销、借用、寄存、租赁等原因而被破产人所占有、使用,财产权利人有权取回。具体表现有:保管人破产时,寄存人或存货人取回寄存物或仓储物;加工承揽人破产时,定作人取回定作物;承租人破产时,出租人收回出租物;承运人破产时,托运人取回托运物;受托人破产时,信托人取回信托财产等。

[案例4.12]实际权利人向名义权利人主张取回权纠纷案〔1〕

G公司于1992年10月以发起人身份认购某电力发展股份有限公司法人股(以下简称某电力法人股)2500万股。同年12月2日,G公司与H公司签订转让协议书,将其认购的100万股某电力法人股转让给H公司,H公司受让股权后应享有的分红或配股等一切权益,由G公司按某电力发展股份有限公司公告或按该公司董事会决议等有效文件公布的股东权益配给H公司。1993年2月16日,H公司向G公司支付转让款人民币260万元。1993年至1997年,G公司一直将上述某电力法人股相应的分配红利转付给H公司。1998年10月6日,G公司被中国人民银行批准关闭清算。1998年12月6日,H公司向关闭G公司托管组发函,要求办理将上述某电力法人股原始股连同历年积累共877500股的股权划转至H公司名下的手续。1999年1月16日,G公司被法院裁定宣告破产。1999年2月8日,H公司向破产清算组发出《关于请求办理股权划转的函》,要求取回前述877500股某电力法人股,并请求办理股权转名手续。该案的焦点问题是,债务人持有的他人股份没有办理过户给实际权利人的手续,实际权利人是享有取回权还是只能就该股份价值申报债权。

对此,法院认为,尽管当时的法律规定发起人认购的非上市公司股份自公司成立一年内不得转让,但是在过了法定禁止转让时限后,G公司和H公司仍然继续履行转让协议约定的内容;H公司已依约支付了转让款,且在长达五年的期间内G公司一直将其取得的某电力法人股红利按照转让数所占比例支付给H公司。可见,涉案某电力法人股的所有权已实际转移,G公司只是名义上持有。在G公司已经被宣告破产还债后,H公司要求取回由G公司名义持有的877500股粤电力法人股的主张应当得到支持。

当然,关于尚未办理过户登记手续的法人股能否取回,还涉及所有权及公示对抗问题,因此也有观点认为不属于行使取回权的范畴。

2. 质权以其所担保的债权为存在理由,当被担保的债权因履行、抵销等法定原因消灭时,质权也随之消灭,质权人应将质物返给出质人。在债权消灭后质物返还前,质权人破产时,出质人就该质物有取回权。但是,若质物因质权人的责任毁损灭失而致设质人不能行使取回权的,设质人只能要求赔偿,并以普通债权人的身份按破产程序受偿。

---

〔1〕 霍敏主编:《破产案件审理精要》,法律出版社2010年版,第87页。

在破产程序中，质押物取回需注意与别除权的区别。别除权的标的物必须是属于破产人所有的财产，不属于破产人所有而由破产人占有的财产，即使设立了债权担保，所有权人或者担保物权人对之行使权利，则是取回权而非别除权。

3. 破产管理人误将他人之物或权利归于债务人财产而占有管理时，对该项财产享有占有权或用益物权的人，虽不是物的所有人，也可依据其占有权或用益用权主张取回权。

（二）特殊取回权的权利来源

根据大多数国家的破产立法，特别取回权主要包括出卖人取回权、行纪人取回权和代偿取回权。

1. 出卖人取回权。《企业破产法》第三十九条规定："人民法院受理破产申请时，出卖人已将买卖标的物向作为买受人的债务人发运，债务人尚未收到且未付清全部价款的，出卖人可以取回在运途中的标的物。但是，管理人可以支付全部价款，请求出卖人交付标的物。"该条中的出卖人取回权是对出卖人权益的特别保护，其设立目的是赋予出卖人在特定情形下自我救济之权利，是不需要征得他人同意即可恢复占有的一种权利，故以形成权来概括出卖人取回权的性质较为准确。

2. 行纪人取回权。它是指行纪人受委托人的委托购入货物，于异地向委托人发运货物后，委托人在尚未收到货物又未付清全部价款时被申请破产的，则行纪人享有取回已发运的标的物的权利。[1] 关于行纪人取回权，我国《企业破产法》没有明确规定，但这种权源性质与出卖人取回权类似。因为行纪合同是行纪人以自己名义为委托人从事贸易活动，委托人支付报酬的合同，因此应当认为允许行纪人取回的目的主要还是保证行纪人获得报酬。

3. 代偿取回权。它是指当取回权的标的财产被非法转让或灭失时，该财产的权利人有权取回转让其财产所得到的对待给付财产或补偿金。[2] 代偿取回权是一般取回权的变种，渊源于民法上的"债的转移"理论和赔偿请求权理论。个别国家的破产立法出于保护取回权人利益、维持公平的目的，设置代偿取回权作为一般取回权行使不能的补救。

三、取回权的行使

（一）一般取回权的行使

根据《企业破产法》第三十八条的规定，取回权行使及审查主要包括以下几点。

---

〔1〕 吴庆宝、王建平主编：《破产案件裁判标准规范》，人民法院出版社2009年版，第163页。

〔2〕 王欣新：《破产法》，中国人民大学出版社2011年版，第151页。

1. 行使取回权可以向管理人主张

在破产程序中,债务人名义下的财产处于管理人管理控制之下,因此根据《企业破产法》第三十八条的规定,取回权人可以通过管理人行使取回权。另外,根据《企业破产法》第七十三条的规定,在重整程序中的债务人可以在管理人的监督下自行管理财产。因此,如果债务人自行管理财产的,取回权人可以直接向债务人主张。

2. 行使取回权可以通过非诉方式

取回权可以通过非诉方式行使,在非诉形式无法实现取回权时,可以通过诉讼方式来行使。

3. 取回权行使的时间

《企业破产法》第三十八条规定了取回权行使的起始时间即人民法院受理破产申请后,但未规定取回权行使的截止时间。实践中,权利人可以在破产财产清理阶段行使,也可以在破产财产分配前行使。但破产案件的审理是有期限的,破产管理人的职责也随破产案的终结而结束,因而取回权的行使没有截止时间限制也是相对的,应理解为最迟至破产财产分配方案实施前。债务人财产分配后,难以再行使取回权。

4. 对取回权的审查

取回权人应向管理人提出书面申请并附相关权利证明,管理人经审查承认取回权人权利的,可依一定程序将该标的物交还于取回权人。但是,为了限制管理人权利的滥用,保护破产债权人的权益,根据《企业破产法》第二十七条、第六十一条和第六十九条的精神,管理人审核认可取回权时,以提交债权人会议或债权人委员会同意为宜。

若管理人对申请取回的标的物或其权利本身是否存在有异议而否认取回权,或者债权人委员会有异议,导致取回权人的主张遭到拒绝,取回权人可以通过诉讼的方式请求法院裁决。

权利人在取回定作物、保管物等财产时,存在相应给付义务的,应向管理人交付加工、保管等费用后,方可取回定作物、保管物。

以下案例是证券公司破产清算案中管理人以制定办法的形式规范取回权的提出和审查,此种做法可供参考。

[案例 4.13]德恒证券有限责任公司破产清算案〔1〕

德恒证券管理人对取回权的审核主要分两大类。一类是根据中国证监会上海

〔1〕 上海市第一中级人民法院(2007)沪一中民三(商)破字第 2 号。

专员办审定的《关于德恒证券有限责任公司原账户清理结果调整情况的报告》，对24家单位的证券类资产进行了定性。对于行政机构已有结论的资产，管理人根据有关材料，结合申请人递交的申请，进行独立审核后报法院和债权人委员会备案。另一类是基于德恒证券以外开立的"监管账户"，行政机构对此类账户没有进行定性。对此，管理人制定了经债权人委员会审查通过并报法院备案的《取回权申请及办理办法》（详见附件），由申请人提交申请及相关证明材料，管理人依据外聘律师审核并出具的专项法律意见后作出最后审查，管理人的审查意见报债权人委员会和法院后，向申请人送达《关于取回申请审核结果的通知》。其余行政意见未归属为可取回资产的，管理人视事实和法律进行判断，作出同意或否定的审查意见。德恒证券管理人在对取回权申请审查时，对行政机构已有结论的，不再需要律师意见。其余的，需对实体问题进行比较全面的判断。

此外，德恒证券管理人在向申请人送达《关于取回申请审核结果的通知》时，还附有需要申请人盖章确认的《回执》。本书将《取回权申请及办理办法》和《回执》附录如下。

附一：德恒证券有限责任公司《取回权申请及办理办法》

为维护德恒证券有限责任公司以及所有权人的合法权益，管理人特制定本办法。

一、关于可取回的标的物

1. 本办法涉及标的物的取回限于不归德恒证券所有，且由德恒证券占有或管理的证券资产及其他资产，包括股票和债券等；

2. 申请取回的标的物须在申请人向管理人送达书面申请之时仍存在；

3. 标的物未被司法限制。

二、取回申请的提出

申请人应以书面形式向管理人提出取回申请；

申请人提出申请的同时应向管理人提交但不限于以下材料：

1. 取回申请

2. 所有权证明

3. 主体身份证明

三、受理与审核

1. 管理人指定内设机构受理相关申请，原则上由原行政清算组受理。受理人在受理申请时应逐份核对申请人递交的材料原件，进行形式审核。

2. 受理申请后，原行政清算组应在核对证据，查明事实的基础上形成初审结论并报管理人。如初审发现需申请人进一步提供材料的，应及时通知申请人。在材料提交齐全的前提下，应在二十个工作日内形成初审结论。

3. 管理人收到初审结论后会同有关机构对初审结论进行审核并形成审核结论。审核结论为认可申请人申请的，由管理人将审核结论通报债权人委员会并报人民法院批准。人民法院批准后，由管理人向申请人发出书面通知，并协同办理取回手续。审核结论不认可申请人申请的，由管理人书面告知申请人结果及相关理由。

四、异议及诉讼

申请人申请未被管理人认可或全部认可的，申请人可向管理人申请复议一次，也可直接向上海一中院提起诉讼。

因财产取回权争议发生的诉讼，原则上由负责参与认定的律师事务所出庭应诉。

经人民法院生效判决认定申请人可以行使取回权的，申请人可凭生效判决书所判定的结果向管理人要求办理取回手续。

五、取回办理

原则上一案一处，可根据管理人工作情况集中或分批予以认可、办理取回财产发放。

申请人应由本人向管理人提供财产取回所需要的包括但不限于银行账号、证券账号等，以确保申请人实现其应有的取回权。

特殊情况下，申请人确无法到场的，应出具经公证机关公证过的授权书，由受托人与管理人共同办理财产取回。

六、重大事项处理

管理人在认定和发放取回权过程中，向上海一中院汇报工作进展。对重大、突发事件应立即向上海一中院并向有关方面通报。

七、其他

本办法由债权人委员会审查通过并报人民法院备案后生效。

附二：回　执

德恒证券有限责任公司管理人：

我公司于____年____月____日签收了《关于取回申请审核结果的通知》（德恒取审号）。我公司声明，如在签收上述《通知》后十五日内不向管理人提出异议，视为我公司同意该审核结论。

×××公司

____年____月____日

（二）特殊取回权的行使

除了上文已作介绍的一般取回权的行使方式和程序、行使时间、行使条件等，还应注意有关特殊取回权的特别规定和构成要件。

1. 出卖人取回权行使的要件

（1）破产程序开始时，出卖人已将货物发送而买受人尚未收到，即在途货运状态。

如果出卖人将货物发送，买受人在收到货物后，法院才受理有关买受人破产清算的案件，由于货物已归买受人所有，出卖人则无取回权可言。

至于买卖标的物在运输途中，买受人亲自或派人提前在途中受领货物，是否会影响出卖人取回权的问题，学界存在肯定、否定和折中的三种观点。肯定说认为出卖人有取回权，否认说主张无取回权，折中说则以买受人主观是否善意为判断依据。对此，我们认为折中观点比较符合出卖人取回权的立法本意，即若买受人提前到运输途中受领货物后，再获悉有关其破产清算案件已被法院受理，出卖人则无取回权。但是，当买受人已经知道法院已受理有关其的破产清算案件而赴中途提前领货，其目的显然是以此排除出卖人取回权，这种情况仍应赋予出卖人以取回权。

（2）买受人或者破产管理人未付清全部价款。

未付清全部价款，是指全部未付或部分未付清，至于付清全部价款的方式，不仅限于现金支付，若以抵销、混同、免除或其他方式使债权消灭时，亦视为已付清全部价款。[1] 同时，这里的未付清货款，并不需要考虑双方约定的付款期限是否已届满，因为破产事实已使出卖人不可能再获得全部货款。

（3）管理人可以支付全部价款，请求出卖人交付标的物。

《企业破产法》第三十九条的“但书”条款，是阻止出卖人行使解除合同权利的法定事由。由此可见，法院受理债务人破产案件并不使出卖人当然享有解除合同的权利，解除合同的最终决定权在破产管理人，而不是出卖人。

2. 行纪人取回权行使的要件

《企业破产法》对此虽无规定，但可从实际出发予以探索。根据上文中有关行纪人取回权的概念可以归纳出行纪人取回权行使的要件，即行纪人已经把货物发送、委托人尚未收到货物、委托人进入破产程序、委托人尚未付清全部价款。

3. 代偿取回权行使的几种情况

《企业破产法》对此没有明确规定，但有其他相应的依据。《破产案件若干规定》第七十二条规定：“财产在破产宣告前已经毁损灭失的，财产权利人仅能以直

---

〔1〕 陈计男：《破产法论》，三民书局1970年版，第201页。

接损失额为限申报债权；在破产宣告后因清算组的责任毁损灭失的，财产权利人有权要求债务人等值赔偿。”最高人民法院民二庭负责人在 2003 年 4 月召开的全国法院审理企业破产案件工作座谈会上的讲话指出：“取回权标的物被债务人或清算组转让。受让方尚未支付对价的，取回权人可以直接对受让方享有请求权，请求受让方支付对价或返还标的物；受让方已经向债务人或清算组支付对价的，取回权人只能向清算组请求归还支付的对价金额或财产。支付的对价已经不存在的，转让行为发生在破产宣告前的，取回权人以返还不当得利或损害赔偿法律关系作为破产债权人参加破产财产分配程序；转让行为发生在破产宣告后的，取回权人应作为共益债权人，在支付破产费用后享有全额赔偿请求权。”[1]上述规定和意见虽然提出于《企业破产法》实施之前，但有关精神仍可参照适用。

此外，也有学者对代偿取回权的行使作了理论探讨。[2]

(1)因债务人转让取回权标的物发生的代偿取回权

在债务人非法转让取回权标的物时，如受让人符合善意取得的条件，或者无法返还财产时，权利人在进入破产程序后，可以行使代偿取回权；在无法行使代偿取回权的情况下，则只能以赔偿请求权申报债权受偿。

如果债务人在破产案件受理之前转让权利人财产，受让人于管理人接管财产时仍未向债务人支付对价的，权利人可以向管理人请求对受让人的给付之请求权行使代偿取回权。管理人宜为之办理债权转让手续。如果债务人在破产程序开始之前已经取得受让人支付的代偿财产，并在破产案件受理后为管理人所接管，则宜分情况处理：代偿财产是特定物，或虽是种类物、货币但能够与破产财产相区分的，权利人可以向管理人请求行使代偿取回权；如果债务人取得的对价财产已与债务人其他财产相混同无法区分，权利人就不能再行使代偿取回权，只能以赔偿请求权申报破产债权求偿。

(2)因管理人转让取回权人的财产发生的代偿取回权

如果管理人在接管债务人财产后误将他人享有取回权的财产转让，作为无权处分行为，该转让合同无效，受让人应返还原物。但如受让人在财产权利人请求时，尚未返还原物或者支付价金，权利人可以要求管理人转让对受让人的请求权，以该请求权为对象行使代偿取回权。如果管理人已从受让人处取得对价财产，且该对价财产能够同债务人财产相区分的，权利人也可以请求对该财产行使代偿取回权。如果管理人取得的对价财产已混同于债务人其他财产无法区分，则无法行

---

〔1〕 江必新主编：《民商审判指导与参考》2003 年第 1 卷，人民法院出版社 2003 年版，第 36 页。

〔2〕 王欣新：《破产法》，中国人民大学出版社 2011 年版，第 154 ~ 155 页。

使代偿取回权。此时,如果管理人没有过失,是依法执行职务过程中导致不当处分他人财产造成损失的,则该项损失应列为共益债务,由债务人财产优先支付。如果是由于管理人未尽到忠实、勤勉义务,给权利人造成损失的,应按我国《企业破产法》第一百三十条的规定,由管理人向权利人承担赔偿责任。

(3)取回权标的物因自然原因或者第三人原因毁损、灭失后的代偿取回权

在这种情况下,如果权利人为被保险人,但保险金由债务人或者管理人受领时,权利人可向管理人请求交还保险金。取回权人的财产在债务人或者管理人控制之下受到第三人的损害,第三人就此支付赔偿金时,权利人可请求债务人或者管理人交还该赔偿金。但是,保险金或者赔偿金被债务人在破产案件受理前领取时,权利人享有代偿取回权的前提是上述金额能够同债务人的其他财产相区分。

(三)取回权行使的限制规定

《企业破产法》第三十八条规定:"人民法院受理破产申请后,债务人占有的不属于债务人的财产,该财产的权利人可以通过管理人取回。但是,本法另有规定的除外。"此条中的"但书"条款指的是《企业破产法》第七十六条的规定,即债务人合法占有的他人财产,该财产的权利人在重整期间要求取回的,应当符合事先约定的条件。按照这一规定,财产权利人在重整期间行使取回权的,应当按照其与债务人事先约定的条件办理。例如,出租人行使取回权的,如果在重整期间,就得待租赁合同到期后才能主张。这主要是考虑到在重整程序中很可能要求取回的财产正是债务人继续经营所必需的,而且它可能会对债务人重整的成功起到一定作用。如果重整成功,事先约定的条件成就时,权利人自然可以取回该财产;如果重整不成功而进入破产清算程序,权利人则可依法行使取回权。

第五节 破产抵销权

一、破产抵销权概述

抵销是民法上的概念,系指二人互负债务时,各以其债权充当债务之清偿,从而使其债务与对方的债务在对等的额度内相互消灭。破产法上的抵销源于民法上的抵销,但又不完全等同于后者。破产法上的抵销权(以下简称破产抵销权),是指债权人在破产申请受理前对债务人即破产人负有债务的,无论是否已到清偿期

限、标的是否相同，均可在破产财产最终分配确定前向管理人主张相互抵销的权利。[1] 它是破产债权只能依破产程序受偿的例外。

世界上大多数国家，如英国、德国、日本，均设立了破产抵销权制度。我国破产制度亦允许破产抵销。《企业破产法》第四十条规定："债权人在破产申请受理前对债务人负有债务的，可以向管理人主张抵销。"设立破产抵销权制度的目的，主要在于以下几点。第一，允许破产抵销是出于公平考量。因为若不允许抵销，则"自己欠破产财团的债务，被要求做出全面履行；与此相对，自己拥有的债权，只能按比例的平均分配（清偿）"，这显然有失公平。[2] 正是基于"自然的公平"原则，一些国家在破产法中专门设立了破产抵销权。第二，允许破产抵销，有助减少债权人风险。破产抵销权制度能避免债权人遭受因债务人破产带来的灾难，同时也能防止引发连环破产。第三，允许破产抵销，有助于促进融资，刺激交易。

破产抵销权制度在破产制度中有特殊的功能。

首先，破产抵销权制度具有简化程序的功能。"一方面，破产抵销权使得破产债权人用其所享有的债权，充抵其对破产债务人所负的债务，不必参加破产程序接受分配，有助于简化破产债权人参加破产程序的繁杂过程；另一方面，破产抵销权又使得破产管理人免予进行先请求破产债权人履行其对破产人所负的债务，而后再分配给债权人的复杂程序，节省破产程序的费用支出，有助于尽快终结破产程序。"[3]所以，破产抵销避免了程序上的重复，缩减了有关费用，达到了司法经济的目的。这项功能是效率价值在抵销制度中的体现，是破产抵销制度的基本价值取向。

其次，破产抵销权制度具有担保的功能。对破产企业行使抵销权如同以对方的债权为自己设质，使自己的债权可以获得优先受偿。而且，与债权设质相比，破产抵销具有简便易行、无风险的特点。在破产抵销的情况下，不待公示当然发生抵销权，也不必经拍卖等繁琐手续即可获得债权清偿。日本最高裁判所称："就行使抵销权之债权人一方而言，在债务人资力不足的场合下，仍能使自己的债权受到确实及充分之清偿利益，这时的主动债权对于被动债权宛如具有类似担保地位之技能。故抵销的目的为简易及公平，机能为担保。"[4]正是因为破产抵销制度彰显了抵销制度的担保功能，才使得抵销制度发挥作用的空间不断扩大，使得其生命力

---

〔1〕 王欣新、王中旺："论破产抵销权"，载《甘肃社会科学》2007年第3期。

〔2〕 [日]石川明：《日本破产法》，何勤华、周桂秋译，中国法制出版社2000年版，第133页。

〔3〕 邹海林：《破产程序和破产实体制度比较研究》，法律出版社1995年版，第320页。

〔4〕 刘得宽："抵销在担保上的机能"，载《民法诸问题与新展望》，中国政法大学出版社2002年版，第852页。

得到增强。

最后,破产抵销权制度具有保障公平的功能。若一味强调抵销制度的担保功能,规避交易风险,必然将损害其他方面的利益。与抵销制度的担保功能相伴而生的是抵销保障公平功能。禁止破产抵销之债以及破产抵销的限定条件突出了破产抵销保障公平的作用。这是破产抵销制度最核心的价值。正是破产抵销制度对公平价值的追求,才使得抵销制度在发展过程中不至于沦为部分人的私器。

二、破产抵销权的行使方式

(一)破产抵销权的行使主体

《企业破产法》第四十条规定:“债权人在破产申请受理前对债务人负有债务的,可以向管理人主张抵销。”因此,破产抵销权只能由破产债权人行使,破产管理人不能主动抵销。而且,权利人一旦行使抵销权,必将造成破产财产的减少,在客观上对其他破产债权人不利,如果允许破产管理人主张抵销,这与破产管理人应当为全体债权人的共同利益活动的职责不符。

[案例4.14]上海安吉通国际物流有限公司破产清算案〔1〕

上海安吉通国际物流有限公司(以下简称安吉通公司)拖欠上海海申汽车运输有限公司(以下简称海申公司)运费人民币207400元未付。2010年9月17日,浦东新区法院受理了安吉通公司申请破产清算一案。此后,海申公司向破产管理人足额申报了债权。破产管理人在清理资产时发现,安吉通公司曾与海申公司协商一致,将安吉通公司所有的型号为SGM7240ATA别克轿车一辆交付海申公司,用以抵偿上述运费,且于2010年5月27日实际交付了车辆。破产管理人认为,该“以车抵债”行为实属个别清偿,应依法撤销,收回车辆。但是,破产管理人考虑到车辆取回可能存在一定难度,遂向法院申请将海申公司占用的车辆作价,与其申报债权相抵销。法院认为破产管理人并非适格的破产抵销权行使主体,准许主动抵销将减少债务人财产,影响全体债权人利益,故不准许破产管理人主动抵销。

(二)破产抵销权行使的客体

《合同法》第九十九条第一款规定:“当事人互负到期债务,该债务的标的物种类、品质相同的,任何一方可以将自己的债务与对方的债务抵销,但依照法律规定或合同性质不得抵销的除外。”该法第一百条规定:“当事人互负债务,标的物种类、品质不相同的,经双方协商一致,也可以抵销。”除此之外,民法上的抵销权,对相互抵销的债权成立的时间、性质等无特殊限制。破产法上抵销权的构成则有所

---

〔1〕 上海市浦东新区人民法院(2010)浦民二(商)破字第10号。

不同，上述一些限制可能并不适用。因为在破产程序中，未到期的债权在破产申请受理后视为到期，附条件的债权也享有受偿权利，不同种类标的物的债权均要折合为货币形式加以等质化，都构成破产债权，所以破产抵销的范围不受标的物种类、性质等的影响，破产抵销权的形式不受标的物种类、性质等的限制。

现代法律对权利的保护中，人身权利高于财产权利，而且破产债权是一种受偿权的财产权利。所以，侵害财产权利产生的损害赔偿债务可以与破产债权抵销，侵害人身权利产生的损害赔偿债务不得与破产债权抵销。[1]

依据《企业破产法》第四十条的规定，可以主张抵销的破产债权须成立于破产申请受理之前。具体存在两种情况：一是破产债权人不得以其已有的债权主张与其在破产受理后对破产债务人所负有的债务相抵销；二是破产债务人的债务人不得以其在破产受理后对破产债务人所取得的债权与其已经负有的债务主张相抵销。

（三）破产抵销权的行使程序

破产债权的实现具有严格的程序性，一般均需经过债权申报及核实确定手续。那么，破产抵销权的行使是否也需要遵循这一程序？《企业破产法》关于这一问题并无直接规定。理论界目前对此有所争议，主要存在以下观点。

1. 积极说。这种观点要求欲行使抵销权的破产债权人需履行债权的申报、调查、确定手续，债权人用以主张抵销的债权应当经过审查和确认。因为享有抵销权的债权与其他普通破产债权最终都要求在破产程序中获得受偿，因此也应有申报、调查、确定的手续。如不需要经上述手续，则如同认可破产管理人具有确定破产债权的权限，但事实上管理人必须按照法律规定程序公平正义地履行自己的职责。要求享有抵销权的债权人申报债权只是使其债权受清偿延期，并不会使其债权有所折损。积极说是目前学界通说。

2. 消极说。持这种观点的学者认为破产债权不需经申报、调查、确定，因为破产债权人在破产宣告时对破产人负有债务，可不依破产程序而实行抵销。

3. 折中说。这种观点认为，作为主动债权的破产债权是否经申报、调查、破产手续，应视管理人对破产债权的存在、数额大小是否有争议而定。也就是说如果破产管理人对破产债权的存否进行质疑，要求其提供证据等，则享有抵销权的破产债权人就需要进行申报手续。反之，若破产管理人对破产债权并无争议，就无须经过繁琐的申报程序。

上述三种学说各有所本。我国破产法并未规定抵销的债权可免予申报。《企

---

〔1〕 霍敏主编：《破产案件审理精要》，法律出版社2010年版，第93页。

业破产法》第四十四条规定:"人民法院受理破产申请时对债务人享有债权的债权人,依照本法规定的程序行使权利。"抵销权人究其实质亦是债权人,故应理解为抵销权人应按破产法规定程序申报债权,这也与通说相符合。

(四)破产抵销权的行使时间

关于破产抵销权的行使时间,《企业破产法》并没有明确的规定。有人认为,破产债权人应该在破产宣告后,破产程序终结前或破产财产分配前这段期间内行使破产抵销权。也有意见认为,破产抵销权的行使期间,始于指定破产管理人之后,止于破产管理人向债权人会议提交其拟定的破产财产分配方案前。司法实践中,更倾向于后一种意见。理由在于以下几点:首先,破产抵销权应当申报。《企业破产法》第四十八条第一款规定:"债权人应当在人民法院确定的债权申报期限内向管理人申报债权。"故只有待指定破产管理人后,抵销权人方能申报债权。其次,"如果债权人在管理人向债权人会议提交其拟订的破产财产分配方案之前主张抵销,管理人可以根据抵销的实现情况拟定或修改破产财产分配方案。如果在此之后,债权人仍有权向管理人主张抵销,则已提交债权人会议通过或法院已裁决认可的破产财产分配方案,必须重新拟定,重新由法院裁定认可,而这将不利于破产程序的有序进行"。〔1〕 这不仅耗时耗力,浪费司法资源,还使得破产财产分配方案将长时间处于不确定状态,也无法进行破产财产的分配。

三、破产抵销权的行使限制

破产抵销权具有优先权性质和担保功能,对与破产人互负债务的个别债权人来说,它能优化其自身地位,使破产债权的实际价值尽可能接近于形式价值。为防止破产抵销权被滥用,损害破产清算秩序和多数债权人的正当权益,《企业破产法》对抵销权的行使作了一定限制。另外,企业破产往往涉及多方当事人利益,为了平衡抵销权人和其他破产债权人的利益,还需遵循《公司法》等其他法律上的规定。

(一)破产法上禁止抵销之债

《企业破产法》第四十条在规定允许债权人主张抵销的同时,还对抵销权行使作出了限制性规定,主要有以下三种情形。

1.《企业破产法》第四十条第(一)项规定,债务人的债务人在破产申请受理后受让他人对债务人的债权,不得抵销。该债权虽成立于破产申请受理之前,但债务人的债务人债权之取得却在破产申请受理之后,在债权转手过程中会出现损害其

〔1〕 韩传华:《企业破产法解析》,人民法院出版社2007年版,第151页。

他破产债权人利益的行为。例如,有某甲欠债务人企业100万元应当偿还,在债务人破产申请被受理后,甲受让了破产债权人乙的破产债权100万元,甲向破产管理人主张抵销。本案争议在于该100万元债权能否抵销。在破产程序中,债务人对破产企业的负债意味着债务人全额清偿,而破产债权则只能在债务人财产范围内平均受偿。因此,如果允许债务人以受让的破产债权来抵销其负债,债务人就可以通过支付少于其对破产企业负债的价款取得对破产企业的破产债权,通过抵销权而抵销其对破产企业负债,债务人以收购破产债权价款与其对破产企业负债之间的差价而受益。转让债权的债权人亦可以高于最终的债权清偿率的价格转让,转让人取得因转让价款与破产分配最终清偿率之间的差额而受益,而减少了破产企业可收回的债务人财产,损害其他债权人的受偿权。所以,甲不能以其受让取得的破产债权抵销其对破产企业所负债务。[1]

2.《企业破产法》第四十条第(二)项规定,债权人已知债务人有不能清偿到期债务或者破产申请的事实,对债务人负担债务的,不得抵销。否则就可能出现债权人故意购买债务人的财产而负担债务,用其不能获得完全清偿的破产债权全额抵销其所负担的债务,使其他债权人可分配财产减少的情形。但债权人因为法律规定如继承,或者有破产申请一年前所发生的原因而负担债务的,不在禁止抵销之列。

[案例4.15]上海宝铁储运有限公司诉上海宝钢运输有限公司财产租赁合同纠纷案[2]

上海宝铁储运有限公司(以下简称宝铁公司)于2004年召开董事会,对宝铁公司2003年利润分配方案进行表决通过。根据该利润分配方案,上海宝钢运输有限公司(以下简称宝钢公司)作为宝铁公司的股东,可获得股利1651405.99元。另外,双方还曾签订资产租赁协议,约定宝钢公司向宝铁公司承租设备,宝钢公司应为此支付宝铁公司设备租金。2006年起,因市场情况发生变化,宝铁公司经营陷入困境。2006年9月1日,宝钢公司派出工作组进驻宝铁公司,接管了宝铁公司的日常运营。2008年12月20日,宝钢公司与宝铁公司签订《还款协议》,约定宝钢公司以2009年4月至2009年12月的租金807216.01元与其可分配利润相抵销。2009年10月21日,宝山区法院裁定受理了宝铁公司破产清算一案。破产管理人认为,作为宝铁公司的股东,宝钢公司在宝铁公司出现经营事故后派出工作组进驻宝铁公司,负责宝铁公司的日常经营及财务管理等工作,因此宝钢公司对于

[1] 霍敏主编:《破产案件审理精要》,法律出版社2010年版,第94页。

[2] 上海市宝山区人民法院(2011)宝民二(商)初字第327号。

宝铁公司资不抵债的状况非常熟悉。在明知宝铁公司不能清偿到期债务的情况下，宝钢公司仍要求以其应付的租赁费抵销股利，此行为侵害了其他债权人的利益，故起诉请求宝钢公司支付租赁费。法院经审理认为，宝钢公司主张以公司利润抵销2009年度租金，事发在破产清算案件受理日前一年内，宝钢公司对于宝铁公司不能清偿到期债务的事实是明知的，而仍故意对宝铁公司负担该债务，这一情形属于法律明文规定的不得抵销债务的情形之一，法院遂判令宝钢公司支付租金。

3.《企业破产法》第四十条第（三）项规定，债务人的债务人已知债务人有不能清偿到期债务或者破产申请的事实，对债务人取得的债权，不得抵销。禁止抵销的理由与第一种情况相同，只不过将禁止的时间提前，不再以破产申请受理日作为节点，而将之提前到得知债务人发生破产原因之时。但是，债权的取得是基于法律规定如继承或者是因破产申请一年前所发生的原因而取得债权的，则不在禁止抵销之列。

（二）公司法上禁止破产抵销之债

股东因未履行出资义务而形成的股东对破产企业的负债，能否与该股东的破产债权抵销，以往实践中曾有争议。德国、日本、韩国公司法均明令禁止股东以其对公司的债权抵销其应相公司缴纳的股款。此举旨在确保公司资本充实，防止股东利用抵销制度虚假出资或抽逃出资，借以损害其他股东和公司债权人的利益。[1]

最高人民法院1995年4月10日在法函[1995]32号《关于破产债权能否与未到位的注册资金抵销问题的复函》中明确规定："……为保护其他债权人的合法权益，武汉公司对货柜公司享有的破产债权不能与该公司对货柜公司未出资的注册资金相抵销。"这是因为，我国企业法人实行法定资本制，开办人或者股东的投资必须足额到位，到位后不能抽逃，这是开办人或股东对所有债权人的一种财产担保。若允许股东将其破产债权与欠付的注册资本金相抵销，实际上是允许公司随意减少注册资本，这会严重损害债权人的利益，所以必须加以禁止。

四、破产抵销权的救济方式

鉴于债权人和管理人在破产程序中处于不同地位，对同一事件的处理与认定会有不同的观察角度，因此管理人与主张抵销权的债权人意见不一致的情况在所难免。那么，破产债权人的抵销请求若未能得到管理人的认可，是否意味着无论管理人的认定意见准确与否，主张抵销权的债权人都将无法在破产程序中实现抵销？

---

〔1〕 蒋大兴："论债转股的法律困惑及其立法政策"，载《法学》2000年第7期。

在这种情况下,设置意见分歧的处理机制是必需的。实践中,债权人向管理人主张抵销权的,应同时提交证明自己债权的材料,由管理人审查。若管理人审核确认,同意抵销的,因抵销行为将使债务人财产减少,故管理人应将相应情况报告债权人会议。若管理人对于债权人申报的债权不予认可,或认为债权人的抵销主张不能成立,或是债权人会议不同意抵销,虽然目前并无明确法律规定,但是为保障债权人合法权利,仍认为可赋予债权人诉权,允许其向法院提起抵销权诉讼。

第五章　债权的申报与确认

破产是债权人依照法律规定实现集体、公平受偿的一种程序。债权人通过其享有的破产债权，参与到破产程序中，出席债权人会议、行使表决权，有权对债务人、管理人实施的影响破产债权人利益的行为进行监督，有权对债权人会议的决议提出异议，最终实现其破产债权的公平受偿。根据《企业破产法》的规定，债权人应当在人民法院确定的债权申报期限内向管理人申报债权，由管理人审查、债权人会议核查，最后由法院对符合条件的破产债权进行确认。对于异议债权，由适格主体通过相应的程序提出其主张。本章阐述了破产债权界定、债权申报的要件和步骤、破产债权的审核与确认、对异议债权的处理等内容。

第一节　破产程序中的债权界定

《企业破产法》第一百零七条第二款规定："债务人被宣告破产后，债务人称为破产人，债务人财产称为破产财产，人民法院受理破产申请时对债务人享有的债权称为破产债权。"据此，破产债权与法院受理破产申请时债权人对债务人享有的债权，两个概念具有相同的基本内涵，但称谓有所不同。在破产程序中，债权人申报债权的目的，就在于将其债权纳入破产债权，以最终获得分配。债权人在破产程序中地位的存在与否，取决于其是否具有符合破产法规定的破产债权；破产债权能否得到清偿及得到多大比例的清偿，取决于其所拥有的破产债权所处的分配顺序。因此，破产程序中的债权如何界定十分重要。为便于论述，本节中使用破产法理论上"破产债权"的概念。

一、破产债权概述

（一）破产债权的概念

《企业破产法》第四十四条规定："人民法院受理破产申请时对债务人享有债

权的债权人，依照本法规定的程序行使权利。”第五十七条第一款规定：“管理人收到债权申报材料后，应当登记造册，对申报的债权进行审查，并编制债权表。”第五十八条第二款规定：“债务人、债权人对债权表记载的债权无异议的，由人民法院裁定确认。”第一百零七条第二款规定：“债务人被宣告破产后，债务人称为破产人，债务人财产称为破产财产，人民法院受理破产申请时对债务人享有的债权称为破产债权。”

根据上述规定，对破产债权的概念应当从实体角度与程序角度两方面进行理解。从实体角度上讲，破产债权是指法院受理破产申请时对债务人享有的金钱债权或可以以金钱价值衡量的债权。从程序角度上讲，破产债权，是指按照破产程序经过申报、核查和确认的，可以通过参与破产程序获得集体、公平受偿的债权。破产债权的实体意义是破产债权的内容，程序意义是破产债权的形式，形式和内容的有机统一构成破产债权的完整内涵。[1] 据此，破产债权，是指人民法院受理破产申请时债权人对债务人所享有的，依法经过破产程序中的申报确认，并以破产财产获得清偿的债权。

我国破产债权的外延经历了从狭义到广义的演变过程。狭义的破产债权专指对破产企业享有的无财产担保的债权，而广义的破产债权泛指对破产企业享有的有财产担保的债权和无财产担保的债权。根据《企业破产法（试行）》第三十条的规定，将有财产担保且并未放弃优先受偿权的债权排除在破产债权之外，此系采用狭义立法。而《企业破产法》规定的破产债权不再以无财产担保或放弃优先受偿权为限，而是概括性地规定“人民法院受理破产申请时对债务人享有的债权称为破产债权”，系采用广义立法，充分保护了债权人之间的平等地位。

（二）破产债权的特征

破产债权是由一般债权在债务人进入破产程序时候转化而来的一种权利，它具有以下几个特征。

1. 破产债权是财产请求权。破产程序的主要目的是将破产财产分配给破产债权人，在破产财产分配时，为找到统一的尺度，破产债权必须是金钱债权或者能折合成一定数额金钱的债权。基于此，对于不能用金钱加以评价的债权，如具有人身性质的债权，则不能转化为破产债权。但是，这种不可代替的请求权如因债务不履行而转化为损害赔偿请求权的，即可折合成一定数额金钱的债权，可以成为破产债权。

2. 破产债权是可以强制执行的债权。对于可强制执行是否构成破产债权必不

---

〔1〕 李永军：《破产法律制度》，中国法制出版社2000年版，第172页。

可少的条件，有两种不同的观点。第一种观点认为可强制执行性只是民法上一般债权的权利保护条件，不应将其视为破产债权的构成要件；第二种观点认为可强制执行性是构成破产债权必不可少的一个条件。[1] 我们赞同第二种观点。破产是在债务人不能清偿债务的情况下由法院主持的一种概括的强制执行程序，所以破产债权必须是能够被强制执行的。

3. 破产债权一般应是受理破产申请时已成立的债权。破产程序的目的就是对所有债权人公平清偿，因此必须划定明确的时间界限，使破产债权的范围相对固定化。根据《企业破产法》第一百零七条第二款关于“人民法院受理破产申请时对债务人享有的债权称为破产债权”的规定，我们认为，破产债权成立的时间限定在法院正式受理破产申请之前，但破产法另有规定的除外。以此时间节点作为来界定破产债权的意义在于：一是可以防止破产债权不断扩大。将破产债权限定在破产申请受理之前，可以保持破产债权范围的稳定性，利于推进破产程序；二是可以区分破产债权和共益债务。共益债务发生在破产程序开始后至破产程序终结前，因其是为债权人的共同利益而产生，所以应当优先偿付。

破产债权于破产申请受理时已成立只是一般性原则，并非绝对，破产法另有规定的除外。基于公平原则的考虑，某些在破产申请受理后发生的债权也可属于破产债权，但须有法律明文规定。例如，《企业破产法》第五十三条规定：“管理人或者债务人依照本法规定解除合同的，对方当事人以因合同解除所产生的损害赔偿请求权申报债权。”也即，进入破产程序的企业因接触尚未履行的合同而使对方当事人遭到损害时，对方当事人的损害赔偿额虽然发生于破产申请受理后，但依据法律明确规定仍可被界定为破产债权。又如《企业破产法》第五十四条规定的不知情继续处理委托事务的请求权，《企业破产法》第五十五条规定的票据付款人继续付款或承兑的请求权，也是如此。

还需注意的是，破产债权形成的时间节点与一般债权转化为破产债权的时间节点是两个不同的概念。[2] 《企业破产法》第一百零七条第二款规定：“债务人被宣告破产后……人民法院受理破产申请时对债务人享有的债权称为破产债权。”据此，一般债权转化为破产债权的时间节点是“宣告破产”。因为有些债务人进入破产程序后，经过审计并不符合资不抵债的破产条件而不能被宣告破产，那么自然

〔1〕 柴发邦：《破产法教程》，法律出版社1990年版，第150页。

〔2〕 既然一般债权转化为破产债权的时间节点是宣告破产，故从严谨角度出发，宣告破产之前都还不能直接表述破产债权的概念。本章破产债权的申报、核实和确认的程序都在宣告破产之前，故实际上还只是符合破产债权构成要件的一般债权的申报、核实和确认，但为了将符合破产债权构成要件的一般债权与广泛的一般债权相区分，行文中为了理解上的方便，直接使用了破产债权的表述。

没有破产债权一说。总而言之,破产债权作为一般债权的根本性质,应该原则上形成于破产申请受理之前,经过申报、审核、确认,界定其确实符合破产债权的特征和条件后,一旦债务人被宣告破产,一般债权就转化为破产债权。

4.破产债权是经过申报(劳动债权除外)、审核并获确认的债权。债权人必须在法院指定的申报期限内主动、及时地申报债权,或在破产财产分配完毕前补充申报债权,才能获得相应清偿。在破产财产分配完毕后再行申报的债权,不予清偿。债权人申报的债权,必须经过管理人审查、债权人会议核查,并由人民法院裁定确认,才真正被界定为破产债权。另根据《企业破产法》第四十八条第二款的规定,债务人所欠职工的工资和医疗、伤残补助、抚恤费用、应当划入职工个人账户的基本养老保险、基本医疗保险费用以及法律、行政法规规定应当支付给职工的补偿金,不需要进行申报,但也需经过债权人会议核实、人民法院裁定确认才能被界定为破产债权。

(三)破产债权与一般债权的区别

破产债权在本质上与一般债权没有区别,是当事人一方要求他方作出特定给付的权利。破产债权只是民法上一般债权的转化形式,一般债权的债权人按照破产程序经过债权的申报、审核和确认,最终被界定为符合破产债权特征和条件的,一旦债务人被宣告破产,一般债权就转化为破产债权,一般债权人就转化为破产债权人,享有破产债权人的权利,参加破产程序并参与破产财产分配。一般债权转化成破产债权后,两者也存在明显的区别,主要表现在以下方面。

1.破产债权与一般债权产生的法律事实不同。一般债权是破产债权的前提和基础,其产生的依据是合同、不当得利、无因管理和侵权行为。破产债权的产生除了一般债权产生的依据以外,还必须存在债务人破产宣告的法律事实。

2.破产债权与一般债权的实现方式不同。一般债权可以通过当事人协商、民事诉讼、民事强制执行等法律制度得以实现;而破产债权在破产程序开始后,不允许债权人通过任何其他方式单独实现债权,其只能通过参与破产程序与其他债权人一起集体、公平受偿。

3.破产债权与一般债权的实现结果不同。一般债权的债权人有权要求债务人清偿全部债务,债权的实现不受债务人财产状况的限制,债务人只有将自己的义务全部履行完毕,才能消灭与债权人之间的债权债务关系;而破产债权的实现则受债务人破产财产的限制,通常不可能全部实现,甚至得不到实现。债务人依破产程序清偿债务后,债权人的债权即使未得到完全清偿,债权债务关系也归于消灭,债权人未得到清偿的债权也不能再获清偿。

二、破产债权的类型

《企业破产法》第一百零九条规定："对破产人的特定财产享有担保权的权利人，对该特定财产享有优先受偿的权利。"第一百一十条规定："享有本法第一百零九条规定权利的债权人行使优先受偿权利未能完全受偿的，其未受偿的债权作为普通债权；放弃优先受偿权利的，其债权作为普通债权。"第一百一十三条第一款规定："破产财产在优先清偿破产费用和共益债务后，依照下列顺序清偿：（一）破产人所欠职工的工资和医疗、伤残补助、抚恤费用，所欠的应当划入职工个人账户的基本养老保险、基本医疗保险费用，以及法律、行政法规规定应当支付给职工的补偿金；（二）破产人欠缴的除前项规定以外的社会保险费用和破产人所欠税款；（三）普通破产债权。"根据上述规定，我国现行破产债权的体系根据清偿顺序的不同可分为优先清偿的债权和顺位清偿的债权。

（一）优先清偿的债权

优先清偿的债权，是指有财产担保且未放弃优先受偿权的破产债权。对于有财产担保且未放弃优先受偿权的债权是否属于破产债权，曾有争议。我们认为，有财产担保的债权也是合法的债权，只是因为其享有优先受偿的权利，在财产分配中与其他普通破产债权有不同的分配方式。也就是说，有财产担保的债权与普通破产债权的区别是受偿的方式，并不涉及破产债权的基本性质。而且，《企业破产法》在规定何为破产债权时并未排除有财产担保的债权，承认了有财产担保的债权属于破产债权的地位。有财产担保的破产债权是一种优先破产债权，其放弃优先受偿权后，或其债权中担保物价款不足以清偿的部分，可自动转为普通破产债权参与集体、公平受偿。此外，关于有财产担保的债权涉及别除权的概念和法律适用问题，在本书第十章第四节另有详细阐述。

（二）顺位清偿的债权

顺位清偿的债权，按照清偿顺序依次为劳动债权、欠缴税款、普通破产债权。其中的普通破产债权没有优先受偿位序，所有普通破产债权在破产程序中集体、公平受偿的债权，法律没有明文规定优先受偿位序的破产债权都是普通破产债权。

在普通破产债权中，无财产担保的到期债权是最主要的种类。凡是在破产申请受理前，以财产给付为内容、以破产财产为给付标的的无财产担保的请求权，均可成为破产债权。此外，《企业破产法》第四十六条、第四十七条、第五十条、第五十一条至第五十五条具体地规定了一些破产债权，尽管这些同样是普通破产债权，但因其有特别的申报要求，才予以逐条列举规定，在受偿位序上并无优先权。本书对此予以详述。

1. 未到期债权

《企业破产法》第四十六条第一款规定:“未到期的债权,在破产申请受理时视为到期。”破产程序是对债务人所有债权的一次性了结,是债权得以清偿的唯一程序,如果不承认债务人的未到期债权,该未到期债权将再无受偿机会,这显然不公平。因此,破产申请受理后,将未到期债权视为到期债权,准予其进行申报。

2. 附期限、附条件债权

《企业破产法》第四十七条规定:“附条件、附期限的债权和诉讼、仲裁未决的债权,债权人可以申报。”附期限债权是指以将来特定时间的到来决定债权的生效或失效而成立的债权。附期限债权有附始期债权和附终期债权之分。附终期债权在法院受理破产申请时,当事人所约定的债权期限未届满,构成当然的破产债权。附始期债权在法院受理破产申请时虽然所约定的期限未届满,但是债权已经成立,与未到期债权在破产申请受理时视为到期同理,附始期债权可视为期限届满,债权人有权申报债权。

附条件债权是指以将来不确定的事实的成就与否来决定生效或消灭的请求权。附条件债权包括附生效条件债权和附解除条件债权。附生效条件债权是指当条件成就时发生效力的债权,在条件成就前,债权虽然有效成立,但尚不发生效力。在破产程序开始时,条件尚未成就的,属于期待权,因法律对期待权的保护,附生效条件的债权应作为破产债权准予申报。附解除条件债权是指当条件成就时即宣告消灭的债权。附解除条件债权为已生效债权,只要破产程序开始时解除条件尚未成就的,就是当然的破产债权。

3. 连带债权

《企业破产法》第五十条规定:“连带债权人可以由其中一人代表全体连带债权人申报债权,也可以共同申报债权。”连带债权,是指同一债务人对几个债权人负有同一债务,连带债权人中任何一个均有权向债务人主张债权,债务人向任何一个债权人履行完义务即对所有债权人履行了义务,债权债务关系归于消灭。因此,连带债权人一人或者多人均可申报破产债权,但是多人申报破产债权的,应作为一个破产债权的共同权利人,其行使表决权也应作为一个债权人共同行使。

4. 连带债务人求偿权

连带债务是指连带债务人对债权人都负有清偿债务的责任,债权人对任何连带债务人都可以要求其清偿全部债务,连带债务人履行了债务,有权要求其他负有连带义务的人偿付其应当承担的份额。《企业破产法》第五十一条规定:“债务人的保证人或者其他连带债务人已经代替债务人清偿债务的,以其对债务人的求偿权申报债权。债务人的保证人或者其他连带债务人尚未代替债务人清偿债务的,以其对债务人的将来求偿权申报债权。但是,债权人已经向管理人申报全部债权的除外。”第五十二条规定:“连带债务人数人被裁定适用本法规定的程序的,其债权人有权就全部债权分别在各破产案件中申报债权。”据此,连带债务人中有一人进入破产程序的,债权人可以选择就其债权申报破产债权,也可以选择不申报破产债权而向其他连带债务人主张债权。当债权人未申报破产债权时,连带债务人中已经有债务人向债权人作了实际清偿的,该实际清偿的债务人对破产债务人有现实求偿权。连带债务人尚未对债权人清偿的,连带债务人可就其将来求偿权申报破产债权。债权人选择申报破产债权的,因债权人所获清偿情况不详,其他连带债务人不可以将来求偿权重复申报债权。债权人在破产程序中没有获得全额清偿的,就未清偿部分仍可向其他连带债务人主张清偿,但连带债务人无法再倒转破产程序要求向破产人追偿。连带债务人中有数人进入破产程序的,债权人可就其债权向该数人全额申报破产债权。但需注意,在前一个破产程序中已获清偿的份额应在下一个债务人分配清偿时相应抵扣。

5. 一般保证人求偿权

《企业破产法》第五十一条规定:“债务人的保证人或者其他连带债务人已经代替债务人清偿债务的,以其对债务人的求偿权申报债权。债务人的保证人或者其他连带债务人尚未代替债务人清偿债务的,以其对债务人的将来求偿权申报债权。但是,债权人已经向管理人申报全部债权的除外。”

如果是一般保证的主债务人进入破产程序,此种情况下一般保证人是否享有先诉抗辩权,存在不同的观点。第一种观点认为,此种情况下,一般保证人仍享有先诉抗辩权,因此如果债权人没有申报债权直接向一般保证人主张债权,则一般保证人在债权人依破产程序可受清偿的部分免除保证责任。故该种情况下债权人是否申报破产债权其实并不影响一般保证人的责任承担,一般保证人无论如何均不得以求偿权申报破产债权。理由是最高人民法院《关于审理经济合同纠纷案件有关保证的若干问题的规定》第二十六条规定,被保证人被宣告破产,债权人不申报债权的,在确认保证人的责任时,应当扣除债权人可以在破产程序中得到清偿的部分。第二种观点认为,此种情况下,一般保证人的先诉抗辩权被取消,债权人可以直接向一般保证人追偿,此时一般保证人也可依据《企业破产法》第五十一条第二款的规定就求偿权或将来求偿权申报债权。依据是《担保法》第十七条规定,“……一般保证的保证人在主合同纠纷未经审判或者仲裁,并就债务人财产依法强制执行仍不能履行债务前,对债权人可以拒绝承担保证责任。有下列情形之一的,保证人不得行使前款规定的权利……(二)人民法院受理债务人破产案件,中止执行程序的……”我们倾向于第二种观点,认为此时一般保证人不再享有先诉抗辩权,债权人可以选择申报债权或是要求一般保证人清偿债权。值得注意的是,最高人民法院《关于适用〈中华人民共和国担保法〉若干问题的解释》第四十五条规定:“债权人知道或者应当知道债务人破产,既未申报债权也未通知保证人,致使保证人不能预先行使追偿权的,保证人在该债权在破产程序中可能受偿的范围内免除保证责任。”因此,如果债权人没有申报破产债权,应当通知保证人,如果没有通知保证人,则保证人可以部分免除责任。

6. 解除合同产生的损害赔偿请求权

《企业破产法》第五十三条规定:“管理人或者债务人依照本法规定解除合同的,对方当事人以因合同解除所产生的损害赔偿请求权申报债权。”破产程序开始后,管理人有权决定继续履行或解除合同,如果管理人决定继续履行合同,则这种履行所产生的债务属于共益债务,应该予以即时清偿;如果管理人决定解除合同,对方当事人因合同解除受到损害的,其损害赔偿根据法律规定可以申报破产债权。值得注意的是,根据法律规定,此种情况下,合同对方当事人只能就因合同解除受到的损害申报,是否能就合同约定的违约金予以申报是有争议的,具体详见本章第四节关于违约金能否被确认为破产债权的论述。

7. 委托人不知情继续处理委托事务的请求权

《企业破产法》第五十四条规定:“债务人是委托合同的委托人,被裁定适用本法规定的程序,受托人不知该事实,继续处理委托事务的,受托人以由此产生的请求权申报债权。”受托人在不知委托人已被受理进入破产程序的情况下,其所谓的委托事务即善意的,是有效的,其由此产生的请求权应作为破产债权允其申报。

8. 票据付款人继续付款或承兑的请求权

《企业破产法》第五十五条规定:“债务人是票据的出票人,被裁定适用本法规定的程序,该票据的付款人继续付款或者承兑的,付款人以由此产生的请求权申报债权。”票据可以背书转让,因此虽然债权人不特定,债务人总是固定的。承兑人或者付款人在承兑或付款前,若未预收票据资金而为付款或承兑的,承兑人或付款人就产生了对出票人的求偿权,该求偿权可以被界定为破产债权。

9. 诉讼、仲裁未决债权

《企业破产法》第四十七条规定:“诉讼、仲裁未决的债权,债权人可以申报。”债务人因失去清偿能力而进入破产程序,其所涉及的诉讼、仲裁肯定很多,对于未审结的案件,可由债权人先行债权申报,以结案结果为债权确认结果。

三、不属于破产债权的情形

破产立法通常除规定哪些债权属于破产债权外,还规定哪些债权不属于破产债权，不得在破产程序中受偿，或处于普通破产债权之后的最后清偿顺序。此类债权在理论上被称为除斥债权或劣后债权。

除斥债权，是指根据破产法的规定因特定原因被排斥于破产程序外，不得从破产财产中受偿的债权。[1] 除斥债权立法例为，台湾地区“破产法”第103条规定：左列各款债权，不得为破产债权“（1）破产宣告后之利息；（2）参加破产程序所支出的费用；（3）因破产宣告后的不履行所生的损害赔偿及违约金；（4）罚金、罚款及追征金。”

劣后债权，是指在破产清偿顺序上排列于普通破产债权之后的债权。[2] 劣后债权立法例为，《日本破产法》第99条规定：“（一）以下债权为劣后性破产债权，其效力次于其他破产债权，但优先于第（二）项规定的约定劣后破产债权……（二）若破产程序开始之前，债权人与债务人已将债权约定为劣后性破产债权，则该债权为约定劣后破产债权。”

除斥债权和劣后债权虽然在范围上有相当的相同性，但其概念含义却大相径庭。（1）从与破产债权的关系而言，除斥债权不是破产债权，不能参加破产程序进行分配；劣后债权是破产债权，可以参加破产程序，只是在清偿顺序上必须后于普通债权。劣后债权的债权人可以参加债权人会议，但是没有表决权。（2）从受偿的概率而言，对于劣后债权，在普通债权清偿完毕后，即使破产财产还有剩余，除斥债权也不得受偿。而劣后债权在普通债权清偿完毕后可以就剩余破产财产进行受偿。一般来讲，破产的前提是债务人丧失了清偿能力，普通的破产债权都难以得到完全清偿，劣后债权实现的可能性微乎其微。但是从学理上来说，为了避免出现债务人破产清算后仍有剩余财产，却对应有义务偿还的债务不予偿还的不合理现象，劣后债权的立法更具有合理性。

我国《企业破产法》没有关于除斥债权或劣后债权的规定，即未明文规定哪些债权不属于破产债权，但最高人民法院的有关司法解释有相应规定。《破产案件若干规定》第六十一条规定：“下列债权不属于破产债权：（一）行政、司法机关对破产企业的罚款、罚金以及其他有关费用；（二）人民法院受理破产案件后债务人未支付应付款项的滞纳金，包括债务人未执行生效法律文书应当加倍支付的迟延利息和劳动保险金的迟延利息；（三）破产宣告后的债务利息；（四）债权人参加破产程序所支出的费用；（五）破产企业的股权、股票持有人在股权、股票上的权利；（六）破产财产分配开始后向清算组申报的债权；（七）超过诉讼时效的债权；

---

〔1〕 王欣新：《破产法》，中国人民大学出版社2011年版，第198页。

〔2〕 王欣新：《破产法》，中国人民大学出版社2011年版，第198页。

(八)债务人开办单位对债务人未收取的管理费、承包费。”另外,第五十八条第二款规定:“职工向企业的投资,不属于破产债权。”我们认为,上述司法解释除第六十一条第(三)项《企业破产法》第四十六条规定的“附利息债权自破产申请受理时期停止计息”,以及第(六)项与《企业破产法》第五十六条规定的补充申报制度有抵触外,其余各项规定在界定破产债权时仍可参照适用。

此外,根据最高人民法院《关于税务机关就破产企业欠缴税款产生的滞纳金提起的债权确认之诉应否受理问题的批复》(法释[2012]9号),“对于破产案件受理后因欠缴税款产生的滞纳金,人民法院应当依照《关于审理企业破产案件若干问题的规定》第六十一条规定处理”。法院受理破产案件后债务人欠缴税款产生的滞纳金属于《破产案件若干规定》第六十一条第(二)项的范畴,不应列入破产债权。

第二节 债权申报的要件和程序

债权申报为债权人平等参加破产程序提供了机会。法院受理破产申请后,虽然可以根据债务人提交的债权债务清册,对债权人的情况进行初步的了解,但是债权债务清册不可能完全记载所有的债权人,而破产程序又是债权人所持债权获得清偿的最后程序,因此为了确保给所有债权人一个平等受偿的机会,公平地保障其权益,必须让所有债权人都有参加破产程序的机会。鉴于此,设立债权申报制度。

一、债权申报的前期准备

人民法院裁定受理破产申请的,应当同时指定管理人,并及时指导管理人做好接受债权申报的准备工作。为了使债权人能够有效申报债权,管理人应做好债权申报的前期准备工作,主要是及时接管债务人的财产、印章和账簿、文书等各项资料;制作债务人的负债清单,调查负债清单上的已知债权人的联系方式,并将负债清单和已知债权人的联系方式及时提交法院,提请法院通知已知债权人。

人民法院应当根据《企业破产法》第十四条的规定,自裁定受理破产申请之日起二十五日内通知已知债权人,并予以公告。通知和公告应当载明申报债权的期限、地点和注意事项、管理人名称或姓名及其处理事务的地址等。

二、债权申报的要件

《企业破产法》对债权申报的主体、受理主体、申报期限、申报方式和内容作出了明确规定,实践操作应立足于法律规定展开。

（一）申报主体和受理申报主体

《企业破产法》第四十四条规定:“人民法院受理破产申请时对债务人享有债权的债权人,依照本法规定的程序行使权利。”据此,债权申报的主体一般是法院受理破产申请时对债务人享有债权的债权人。应注意的是,有些债权虽然发生于破产申请受理以后,但是依照法律规定仍属于破产债权范围的,如解除合同产生的损害赔偿请求权、不知情继续处理委托事务的请求权、继续付款或承兑的请求权,相关权利人(合同相对方、不知情委托人、票据付款人)也属于申报主体。

实践中,关于委托贷款债权由谁作为申报主体,存在不同观点。所谓委托贷款,是指委托人委托受托的金融机构借款给用款人,受托人根据委托人确定的借款对象、用途、期限、利率等,以自己的名义代理发放贷款并监督使用,协助收回贷款,受托人只向委托人收取手续费,贷款风险由委托人承担。关于委托贷款的债权申报主体,有以下几种观点。第一种观点认为,应由管理人与委托人和受托人协商确定其中一个申报主体,若协商不成,可由委托人和受托人作为一个主体共同申报。第二种观点认为,应由受托人作为申报主体,理由是最高人民法院《关于如何确定委托贷款协议纠纷诉讼主体资格的批复》规定,当借款人逾期未还款时,贷款人(受托人)可起诉借款人,当贷款人坚持不起诉的,委托人可以依据委托贷款协议以贷款人为被告,借款人为第三人向法院起诉。第三种观点认为,既然委托人是真正的出借人,且委托贷款债权的风险由委托人承担,所以可直接由委托人作为申报主体。我们认为,债务人破产时,委托贷款的委托人或受托人申报债权均合理有据,但根据不得重复申报的规则,委托人和受托人只能有一个主体申报,不能两者同时申报,以免同一债权双重受偿。

关于受理债权申报的主体,《企业破产法》第四十八条第一款规定:“债权人应当在人民法院确定的债权申报期限内向管理人申报债权。”可见,管理人既是债务人财产的管理人,也是受理债权申报的主体。

（二）申报期限

债权申报是债权人取得参加破产程序地位的条件,因此债权申报期限对于债权的申报是否有效起至关重要的作用。债权申报期限的法律意义在于约束债权人及时行使参加破产程序的权利,防止因个别债权人迟迟不予申报而使得破产案件久拖不决。

《企业破产法》第四十五条规定:“人民法院受理破产申请后,应当确定债权人申报债权的期限。债权申报期限自人民法院发布受理破产申请公告之日起计算,最短不得少于三十日,最长不得超过三个月。”债权申报期限是允许债权人向人民法院申报其债权的一个固定期间。债权申报期间有两种立法模式:一是固定期限,二是酌定期限。《企业破产法(试行)》采用了固定期限主义的模式,而《企业破产法》采用了法院酌定期限主义的模式,由法院根据各个案件的不同情况在法定范围内酌定具体的申报期间。然而,债权申报期间一经法院指定即转化为固定期限,并对所有债权人,包括已知的和未知的债权人均统一适用。

当然,鉴于《企业破产法》新增了破产债权补充申报制度,故《企业破产法》下的酌定期限一经法院指定后,也非转化为绝对的固定期限,而是转化为相对的固定期限。在该相对的固定期限内,债权人未申报债权的,可以在破产财产最后分配前补充申报。

(三)申报方式和申报内容

《企业破产法》第四十九条规定:“债权人申报债权时,应当书面说明债权的数额和有无财产担保,并提交有关证据。申报的债权是连带债权的,应当说明。”该条是对申报方式和申报内容的规定。

关于申报方式,破产法要求应以书面形式提出,这是体现司法程序严肃性和保证争议发生时有据可查的需要。实践操作中往往采取由管理人制作统一格式的债权申请表,供债权人填写并提交。如果债权人(特别是自然人债权人)因客观原因书面申报确有困难的,为了保护债权人的利益,我们认为可允许其口头申报,由接受申报的管理人做好申报债权及相关情况的书面记录,并由口头申报人签字确认。

关于申报内容,应是与债权有关的所有重要信息的全面申报。根据破产法以及审理实务,债权申报的主要内容有债权人基本信息情况、债权性质、债权数额、债权产生原因、有无财产担保、有无保证担保、是否属于连带债权等。

三、债权申报和受理的步骤

债权申报是破产程序启动后的重要环节,债权申报工作的细致和精准度有利于债权的核查和确认,有利于破产程序的顺利进行。总结实践做法,债权申报按照下列步骤进行。

1. 债权人在接到债权申报通知或者获知公告后,应及时向管理人提出债权申报申请,同时提交相关证明材料。

(1)债权人基本信息情况和联系方式。如自然人债权人应提交身份证明,企业法人债权人应提交企业法人营业执照和法定代表人身份证明,事业法人、社会团体等其他组织应提供相应的证明文件。

(2)债权证明材料,证明债权数额、债权性质以及债权发生事实等。

(3)其他特殊材料。如债权有财产担保的,应提供财产担保的证据材料;有第三人担保的,应提供担保人的情况;申报债权属连带债权的,应予以说明并提供证明。

上述申请和申报材料应由债权人签章。

2. 管理人接收申报材料,并给申报人出具相应的接收材料回执。

3. 管理人对申报的债权材料信息是否齐全,债权是否属实、债权是否符合破产债权的性质等事项予以初审,并做好登记,记明初审结果,特别是对有异议的债权应写明理由。

实践中,为了后续工作开展的方便考虑,通常对申报的债权进行分类别登记。

(1)有财产担保的债权、劳动债权、欠缴税款与普通破产债权区分登记。

(2)管理人初步审查认可的债权和不认可的债权区分登记。

(3)债权额确定的债权和不确定的债权区分登记。

4. 管理人应对所有申报的债权及其材料汇总后登记造册,并结合依法无须申报的债权一起编制债权表。债权表应当记明债权人名称、住所、开户银行、申报债权数额、申报债权证据、财产担保情况、申报时间、联系方式、管理人初审情况以及其他必要情况。

5. 债权表和债权申报材料由管理人妥善保管,并供相关当事人查阅。

四、债权申报的规则

根据法律规定的债权申报要求,债权申报可归结为以下几项规则。

(一)本人申报规则

债权申报原则上一般由债权人本人申报,本人不方便的,也可委托申报,但委托代理人需出示代为申报的授权委托书及相关身份证明材料。

(二)分别申报规则

不同性质的债权或者同一性质不同种类的债权,应当分别申报,以便于分别登记造册。比如,担保债权与非担保债权应当分别申报,担保债权中物保债权与人保债权应当分别申报,物保债权中债务人的物保债权与第三人的物保债权应当分别申报。

(三)不得重复申报规则

任何一项债权,债权人仅能申报一次,且仅能受偿一次,不得经过两次申报双重受偿。该项规则的意义主要体现在连带债务和保证债务中有一方破产的情形。比如,根据《企业破产法》第五十条、第五十一条的规定,连带债务人之一破产的,若债权人已经申报债权的,为避免同一债权获两次分配,则其他连带债务人不能依据将来求偿权再行申报债权。

（四）特殊债权免予申报

《企业破产法》第四十八条明确规定了劳动债权免予申报。劳动债权是指因破产宣告前的劳动关系而发生的债权，包括破产企业所欠职工工资和欠缴的基本社会保险费用，以及法律、行政法规规定应当支付给职工的补偿金等其他费用。企业职工人数众多，如果每人均向管理人申报，对管理人和职工都是不小的负担，且职工名册、工资及劳保费用在企业的文件资料中均有记载。因此只需直接对材料审查登记，职工没有异议就可确认。

除了劳动债权是明文规定免于申报之外的，关于欠缴税款和有担保物的债权是否需要申报，实践中有不同的认识。

关于债务人欠缴税款，税务机关是否需要申报，实践中有两种观点。第一种观点认为，欠缴税款需要税务机关进行申报。理由为：不需要申报的债权须有法律明文规定，既然《企业破产法》没有规定欠缴税款无须申报，那么欠缴税款就理应与普通破产债权受到同等对待，故欠缴税款的债权人即有关税务机关应向管理人进行书面申报，并接受管理人审查和债权人会议核查。

［案例5.1］债务人上海科宝汽车传动件有限公司申请破产案〔1〕

该案中，宝山区国家税务局依照债权申报程序对上海科宝汽车传动件有限公司欠缴税款进行申报，申报金额为387701.01元，经管理人审查后，再由债权人会议核查，法院裁定对该笔欠缴税款予以确认。

［案例5.2］债权人A银行、B银行申请债务人Y房地产公司破产案

在黄浦区法院审理的债权人A银行、B银行申请债务人Y房地产公司破产案中，黄浦税务分局主动依照债权申报程序对Y房地产公司的欠缴税款进行申报，申报金额为2.5亿元。经管理人审查后，并由债权人会议核查，法院在破产债权的确认裁定中对欠缴税款进行确认。但该公司所欠欠缴税款仅获得部分清偿，公司顺利完成破产并注销。

从上述案例可以看出，法院破产审理实务普遍认为欠缴税款需要依法申报，且应由法院裁定确认。但申报后是否能够得到最终确认则因案而异，并非一概确认。

第二种观点认为，欠缴税款不需要税务机关进行申报。理由为：欠缴税款是因行政关系产生的债权，如无债务人提供纳税申报资料，税务机关有时无法认定欠税数额，难以准确申报债权，可以由管理人根据破产企业会计账目直接列入债权表，并向债权人公布，利害关系人无异议时，欠缴税款即得到确认，有异议时则通过债

〔1〕上海市宝山区人民法院（2009）宝民二（商）破字第1号。

权确认之诉解决。[1] 而且实务中,如果因税务机关没有进行债权申报,而未对欠缴税款进行破产财产分配,那么最后办理企业注销环节时将产生实际困难,甚至企业无法注销,故主张欠缴税款免予申报。

我们倾向于认同上述第一种观点。主要理由就是,免予申报必须要有法律明文规定,法律无明文规定的,债权人均有申报的义务。

关于有担保物的债权,也存在需要申报和不需要申报两种观点。其实,产生这一争议的根源,是对有财产担保的债权是否属于破产债权有不同的认识。根据本书前面对新旧企业破产法有关狭义破产债权向广义破产债权演变、有财产担保的债权属于优先破产债权的论述,结合《企业破产法》第一百零九条关于用于担保的特定财产也是债务人的财产之规定,我们认为,有担保物的债权作为破产债权的一种,在无法律明文规定免予申报的情形下,理应进行申报。

(五)不得拒绝申报规则

债权申报只是债权人要求参加破产程序,行使一般债权人权利的单方意思表示。这种申报对其他债权人并不构成当然的影响或损害,只有当债权人申报的债权得到审查确认后方能影响到其他债权人,因此管理人和其他债权人可以对债权申报表示异议,但无权对其申报予以拒绝。

五、破产债权申报的变更和撤回

关于破产债权申报的变更和撤回,《企业破产法》尚无相应规定,但实践中存在此情况,本书简单作一探讨。

债权申报的变更,是指债权人在依法申报债权后,对其所申报的债权的数额、性质等事项作出变更。[2] 根据变更的时间,可以分为两种情形。一是在债权申报期限届满前变更。由于债权申报期限尚未届满,债权人可以任意变更其债权事项,管理人只需要将其按照新的债权申报程序办理即可。二是在债权申报期限届满后,破产财产最终分配完毕前变更。这种情形的债权申报变更应该参照债权补充申报的有关程序处理。

债权申报的撤回是指债权人放弃参加债权人会议的权利、表决权、异议权以及接受破产财产分配的权利等。[3] 债权人撤回债权申报是当事人自由意志的体现,并不会影响到其他债权人、破产人的利益,因此不需要取得其他债权人或者债务人

[1] 田学伟、徐阳光:"论破产程序中的税收债权",载《政治与法律》2008 年第 9 期。

[2] 张小炜、尹正友:《〈企业破产法〉的实施与问题》,当代世界出版社 2007 年版,第 140 页。

[3] 张小炜、尹正友:《〈企业破产法〉的实施与问题》,当代世界出版社 2007 年版,第 140 页。

的同意,可以由其自愿撤回。但是法院应对债权申报的撤回原因主动问询,避免其规避法律或是受人胁迫等情况的发生。债权申报撤回后,在申报期限届满前仍可重新申报,在申报期限届满后破产财产最终分配完毕前仍可补充申报。

六、补充申报债权和未申报债权的处理

《企业破产法》第五十六条规定:“在人民法院确定的债权申报期限内,债权人未申报债权的,可以在破产财产最后分配前补充申报;但是,此前已进行的分配,不再对其补充分配。为审查和确认补充申报债权的费用,由补充申报人承担。债权人未依照本法规定申报债权的,不得依照本法规定的程序行使权利。”

(一)补充申报债权的处理

《企业破产法》新设了债权补充申报制度,但对于允许补充申报是否需审查逾期申报的原因未作出规定。一般来讲,债权人逾期未申报债权通常有两种可能:一是归责于自己的原因而未申报;二是基于自己以外的客观原因而未申报。我们理解《企业破产法》上述规定采宽松态度,即不论债权人是出于何种原因逾期未申报,在破产财产分配完毕前均有权补充申报。

1. 补充申报的时间。根据《企业破产法》第五十六条的规定,逾期未申报债权的,可以在破产财产最后分配前补充申报。破产财产最后分配后,债务人财产已全部用于支付破产费用、共益债务和清偿破产债权,此时再申报债权显然已无意义。

2. 补充申报的审核、确认。《企业破产法》没有专门对补充申报债权的审查、核查和确认作出规定,应准用债权申报、确认的一般程序。

3. 剩余财产分配。补充申报没有溯及力,该债权人的受偿受到法定限制。根据《企业破产法》第五十六条的规定,债权人对于补充申报之前已进行的分配不得要求重新分配。即使有财产担保的债权申请补充申报,经审核确认后,若用于担保的财产已经分配完毕,根据破产程序不可逆原理,其担保债权只能转为普通债权参与剩余破产财产的分配。但如果担保财产尚未分配,债权人可主张优先受偿权。

4. 审查、确认费用的负担。因债权人补充申报所产生的债权审查、确认费用,如果作为公益费用由所有债权人承担,对其他债权人而言显然不公平。因此《企业破产法》第五十六条规定,该部分费用由补充申报债权人自行承担。

(二)未申报债权的处理

未申报债权,是指债权人未在规定的债权申报期限内申报自己对于债务人所享有的债权,即债权人既未在法院确定的期限内申报,也未在破产财产最后分配前补充申报。债权人在破产程序中未按规定申报债权的法律后果是丧失依照破产程序所能行使的权利,包括不能在债权人会议上行使表决权等程序性权利和不能参加破产财产分配等实体性权利。

第三节 债权的审核与确认

债权的审查、核查和确认,是关乎破产程序各方当事人程序权利和实体权利的行使,是审理破产案件的主要程序之一。申报债权并非自动成为破产债权,还需经过审核确认,才能成为破产债权。根据《企业破产法》第五十七条、第五十八条的规定,债权审查的主体是管理人,债权核查的主体是债权人会议,债权确认的主体是人民法院。

一、债权审查

债权审查,是指管理人依法对债权人申报债权以及债务人所负其他债务的真实性、合法性进行调查、判断并提出结论的一项审查活动。债权审查是整个破产债权确认程序的基础和关键,审查工作是否全面、客观,对于准确确认破产债权具有决定作用。《企业破产法》第五十七条规定:"管理人收到债权申报材料后,应当登记造册,对申报的债权进行审查,并编制债权表。债权表和债权申报材料由管理人保存,供利害关系人查阅。"但此条对于管理人如何进行审查,没有明确规定。根据破产操作实践,为慎重对待破产案件,管理人应采取形式审查与实质审查相结合的审查方法。

(一)形式审查

形式审查是管理人通过书面审查方式,初步审查债权申报材料是否符合程序性要求。主要包括以下内容。

1. 债权申报时间是否符合规定。

2. 有关申报主体身份、资格的证明材料是否齐全。

3. 有关债权成立、债权数额、是否连带债权、有无财产担保的证据材料是否齐全。

上述材料欠缺或者有明显瑕疵的,管理人可以要求债权人补交或者补正,但是债权人坚持以现有材料申报的,管理人应予登记。

(二)实质审查

实质审查要求管理人对债权申报的实体内容进行审查,主要包括以下内容。

1. 审查债权发生的事实。如证明债权发生的合同、协议书、收款收据、转账凭证、欠款凭证、往来函件。

对于受让所得的债权，除了审查该债权本身的真实成立之外，还应审查债权转让协议是否真实成立，尤其对于经过银行、资产管理公司及其他企业主体多次转让后所得的金融债权，管理人审查时，还应特别注意审查每一次转让的转让协议、省级以上报纸刊登债权转让的公告、债权转让通知书以及债务人签收的回执等。

2. 审查债权本金和利息数额。对于涉及附条件或附期限债权、未到期债权、损害赔偿请求权等特殊债权金额的计算，要特别注意审查是否符合相关法律规定。还需注意的是，根据《企业破产法》第四十六条规定，附利息的债权于破产申请受理时停止计息。

3. 审查债权的合法有效性。审查债权合法有效的依据是民法通则、合同法等实体法中的强制性规范。不受法律保护的债权，不能成为破产债权参与破产分配。但如果因无效民事行为导致债务人应承担返还、赔偿等民事责任的，债权人因此产生返还请求权和损害赔偿请求权，可以认定为破产债权。

4. 审查债权是否有诉讼时效届满的情形。对于超过诉讼时效的债权，管理人应向申报债权人就诉讼时效问题予以说明，并做好特别登记。

5. 审查债权是否有特定财产担保。有财产担保的情况下，除审查主债权外，还要根据物权法、担保法的规定，对财产担保权是否合法成立进行审查。尤其是经过转让的抵押担保债权，因主债权转移时抵押担保债权随同主债权一并转移，主债权不消灭，作为从权利的抵押权也不消失，故审查经过转让的抵押担保债权时尤其应当注意抵押担保债权主债权的有效性。经审查财产担保不能成立或者无效的，应书面通知债权人。债权人有异议的，应予记录。

6. 关于有名义债权的审查。有名义债权，是指具有强制执行力的债权或者经生效裁判确定的债权。[1] 实践中，包括经生效裁判文书、调解书、仲裁裁决书或公证文书确认的债权。对于这类债权，只需审查证明债权的生效法律文书即可。但应注意债务履行情况、是否超过申请强制执行期限等情形。另外，若管理人或其他债权人认为据以申报债权的生效法律文书所确定的债权有错误，或者有证据证明债权人与债务人恶意通过诉讼、仲裁或公证机关虚构债权债务的，应当通过申请再审依法撤销生效裁判，或者向受理破产申请的人民法院申请撤销仲裁裁决，向有关机关申请撤销公证文书。

此外，对于正在诉讼、仲裁的未决债权，由于尚在争议中，无从审查，有待于诉讼、仲裁结果作出。一旦债权被确认，该债权即转化为有名义债权。

---

〔1〕 吴庆宝、王建平主编：《破产案件裁判标准规范》，人民法院出版社2009年版，第215页。

二、债权核查

债权核查,是指债权人会议在管理人对依法申报的债权和无须申报的债权进行审查后的进一步核查。由于管理人的审查结论正确与否不仅关系到申报债权人的切身利益,也关系到其他债权人的利益,因此全体债权人有权对审查结论进行核查。《企业破产法》第五十八条第一款规定:“依照本法第五十七条规定编制的债权表,应当提交第一次债权人会议核查。”该法第六十一条赋予债权人会议的第一项职权即核查债权。

1. 债权人会议核查债权的基本步骤。(1)债权人、债务人可先期查阅管理人制作的债权表和债权申报材料。(2)在第一次债权人会议上,由管理人汇报债权申报、初审情况,对确认和不确认的债权说明理由。(3)债权人会议对债权进行核查。债务人对于债权人申报的债权的真实合法性,债权人之间对于所申报债权的真实合法性,可以相互质询和辩驳。(4)形成债权核查的决议。

2. 债权核查的结果。根据《企业破产法》第五十八条第二、三款的规定,债权核查结果分为两种情况分别处理:债权人、债务人对债权表记载的债权无异议的,债权人会议需要作出决议,会后由管理人提交法院进行债权确认;债权人、债务人对债权表记载的债权有异议的,经过说明、核查、讨论后异议无法消除的,属于异议债权,异议人可以向受理破产申请的人民法院提起诉讼。

三、债权确认

债权确认,是指人民法院对经过申报或者依法无须申报的,已经审查、核查的债权,依法裁定确认或者通过诉讼程序裁判确认的一项程序。

(一)债权确认概述

1. 确认时间。《企业破产法》没有明确规定法院确认的时间,为了及时有效地推进破产程序,实践中许多法院在第一次债权人会议结束后15日内对确定债权作出确认。

2. 确认方式。《企业破产法》第五十八条第二款、第三款规定:“债务人、债权人对债权表记载的债权无异议的,由人民法院裁定确认”;“债务人、债权人对债权表记载的债权有异议的,可以向受理破产申请的人民法院提起诉讼”。据此,存在两种不同程序的债权确认方式。(1)直接裁定确认。对于债权人、债务人无异议的债权,法院直接以裁定形式确认债权表。(2)诉讼程序确认。对于债权人、债务人有异议的债权,法院不能以裁定方式确认,而是待异议人向法院提起债权诉讼后,依诉讼程序审理后作出裁决。

3. 确认效力。经人民法院裁定确认的债权人可据此参加以后阶段的破产程序,行使法律赋予的各项程序权利和实体权利,俟债务人被宣告破产,所确认的债权则转称为破产债权,参与破产财产的分配。

(二)实践中债权确认的若干问题

1. 关于违约金能否确认为破产债权的问题

对于已由生效裁判文书确定的违约金,应直接确认为破产债权,异议人有异议的,只能通过申请再审等程序主张。

[案例5.3]上海某进出口有限公司破产清算案

2009年9月4日,债权人上海某实业有限公司向浦东新区法院起诉债务人上海某进出口有限公司,要求解除双方的购销合同,并支付违约金和逾期付款利息。该案经法院调解,解除双方购销合同,以及由债务人支付违约金。之后,债务人上海某进出口有限公司申请破产清算,浦东新区法院予以受理。在破产清算中,债权人上海某实业有限公司就该笔违约金申报债权。然而,另一债权人浙江某器材股份有限公司对该笔违约金债权提出异议,并向中级法院申请再审,后被该中级法院驳回再审申请。2010年12月30日,法院根据破产管理人的申请,对管理人编制的包括该笔违约金债权在内债权表予以裁定确认。

对于未经生效的裁判文书确定的违约金是否也能够申报并确认为破产债权,存在不同的观点。第一种观点认为,未经仲裁或者司法途径确定的违约金,因其具备惩罚性的性质,不宜准其申报债权。因为此时破产企业的财产已经交由管理人管理,由参加破产程序的债权人共同受偿,如果承认该未决违约金,则实际上将其惩罚功能转嫁到所有破产债权人身上,显然不合理。因此,合同违约责任未决的,仅准其以实际损害赔偿请求权为债权申报。第二种观点认为,尽管违约金有惩罚性的特征,但毕竟是以惩罚性为辅,以补偿性为主。未经仲裁或者司法途径确定的违约金,也应准其申报,由管理人进行初步审查,第一次债权人会议进行表决。如果其他债权人有异议的,可以通过司法途径确认该笔债权。实践中多采用第二种观点。

[案例5.4]上海汇裕国际货物运输代理有限公司破产清算案[1]

在债务人上海汇裕国际货物运输代理有限公司破产程序中,债权人上海添凯国际货物运输代理有限公司(以下简称添凯公司)向破产管理人申报运费及违约金为破产债权,债权人会议对运费作为破产债权没有异议,但是对违约金作为破产债权提出了异议。据此,债权人添凯公司向破产案件受理法院提起破产债权确认

〔1〕 上海市浦东新区人民法院(2011)浦民二(商)破字第8号、(2012)浦民二(商)初字第715号。

诉讼，要求确认违约金为破产债权。经过法院审理就争议的违约金作出判决支持了原告诉请。

上述案件中，对未经生效的仲裁裁决或者法律文书予以确定的违约金，如果债权人会议表决有异议的，为异议债权，应通过司法途径解决。

2. 关于超过诉讼时效的债权能否确认为破产债权的问题

关于超过诉讼时效的债权，如果债权人要求申报，实践中一般都准予申报。但对该债权确认的权利是属于债权人会议还是属于债务人，存在分歧。

我们认为，超过诉讼时效债权的债权人虽然仍享有起诉权，但已经丧失了胜诉权，该债权已经得不到公权力的保护，不能仅因为债务人认可，就可确认。否则，在正常情况下得不到支持的超过诉讼时效的债权，在破产程序中反而可以得到确认，对于其他未超过诉讼时效的债权人而言不公平。因此，超过诉讼时效的债权应准予申报，是否确认为破产债权，由债权人会议决定。

［案例5.5］债务人上海宏豪建筑工程有限公司申请破产案、张家港市港帆混凝土制品有限公司诉上海宏豪建筑工程有限公司破产债权确认纠纷案〔1〕

在上海宏豪建筑工程有限公司破产清算一案中，债权人张家港市港帆混凝土制品有限公司（以下简称港帆混凝土公司）向管理人申报了债权248200.70元，但管理人认为债权已过诉讼时效，因此在债权表上列为不予确认的债权。港帆混凝土公司认为其曾向债务人主张过债权，诉讼时效应当从主张之日起重新计算，并向法院提起债权确认诉讼，诉请确认该笔债权。法院经审理后认为，港帆混凝土公司的债权已经超过诉讼时效，遂判决驳回了该公司的诉请。

3. 关于超过申请强制执行期限未申请执行的债权能否确认为破产债权的问题

关于超过申请强制执行期限未申请执行的债权能否确认为破产债权的问题，有三种观点。第一种观点认为，超过申请执行期限，只是丧失了通过司法强制手段实现债权的权利，但债权仍然存在，因此仍然可以作为合法有效债权予以申报并确认。第二种观点认为，根据《民事诉讼法》第二百三十九条的规定，申请执行的期间为二年，过了申请执行的时效，申请人向法院申请执行的，法院应不予受理。所以超过申请执行期限的债权已经转化为自然之债，得不到公权利的保护，虽然给予申报登记，但也只是对公司债权债务情况的一种客观记录，最终是否对自然之债给予清偿由债权人会议决定。第三种观点认为，破产程序是概括执行程序，破产债权的条件之一必须是可以强制执行的债权，对于超过强制执行期限的债权，已经无法

〔1〕崇明县人民法院（2010）崇民二（商）破字第1号，崇明县人民法院（2010）崇民二（商）初字第156号。

通过强制执行程序受偿，也就不应再界定为破产债权。

我们认为，可以强制执行是破产债权的一项基本性质，超过申请强制执行期限未申请执行的债权，即使债权人再向法院申请强制执行也得不到受理，故而此类债权不宜被确认。

第四节 对异议债权的处理

一、异议债权概述

（一）异议债权的概念

所谓异议债权，是指在破产申请受理后，破产管理人依据债权人的申报，经审查编制债权表并公示，债权人、债务人对该债权表提出异议的那部分债权。异议债权的构成具有下列要件。

1. 异议发生于破产申请受理后，对于破产申请受理前已经通过诉讼等途径提出异议确认主张，但尚未有定论的债权不在此之列。

2. 异议债权必须是在法律规定的期间内向管理人申报的债权。异议债权的成立以破产管理人编制的债权表为基础，非针对管理人编制的债权表提出异议的债权不属于异议债权。

3. 异议债权的提出主体必须是债务人或相关债权人，即必须是债务人或是已在符合法律规定的申报期限内申报了债权的债权人，否则应视为其放弃参与破产财产分配的权利，更无权对他人的债权提出异议。

（二）异议债权的类型

1. 按提出主体划分

（1）债务人提出。根据《企业破产法》第五十八条第三款的规定，债务人对于债权表上记载的债权有异议的，可以向受理破产申请的人民法院提起诉讼。

（2）债权人提出。根据《企业破产法》第五十八条第三款的规定，债权人对于债权表上记载的债权有异议的，可以向受理破产申请的人民法院提起诉讼。这里包括债权人如对自身债权在债权表上记载有异议的，可以依法提出异议。同时，由于破产程序中的清偿是全体债权人依据各自的债权比例进行的不完全清偿，任何一个债权人债权额的变化都对其他债权人产生影响，故债权人也可对他人债权提出异议。

2. 按债权内容划分

(1)普通债权提出的异议,主要是指合同债权。

(2)对有财产担保的债权提出异议。如前文所述,既然有担保财产的债权需要进行申报,对该项债权也能提出异议。

(3)对劳动债权提出异议,即债务人职工对于自己或其他职工的工资、医疗保险、养老保险、补偿金等存在异议的情形。

(4)对公法债权提出的异议。这主要是指债务人、债权人对于债权表所记载的债务人应缴的社会保险费用、债务人所欠的税款和依法应缴纳的其他行政法规规定的费用等存在异议的情形。

3. 按债权确定与否划分

(1)有名义债权。《企业破产法》第五十八条第三款并未排除对该类债权提出异议,且该债权的确定性及执行力有可能通过相关权利人提出的再审途径被否定。但基于生效裁判的法律效力,根据“一事不再理”原则,异议人无权针对异议债权提出债权确认诉讼。

(2)无名义债权。对于那些不具有执行力或未经生效裁判确定的债权,债权人、债务人无疑有权提出异议。

二、对异议债权的处理

债权人、债务人对管理人编制的债权表记载的债权有异议的,有非诉讼和诉讼两种处理方式。

(一)非诉讼方式:向管理人提出,要求更正债权

根据《企业破产法》第五十八条第三款的规定,对异议债权的处理方式是“可以向受理破产申请的人民法院提起诉讼”,并未排除以非诉讼方式解决异议。我们认为,若管理人对异议债权复查后认可的,即可不必通过诉讼途径解决。如《企业破产法》第四十八条规定:“债务人所欠职工的工资和医疗、伤残补助、抚恤费用,所欠的应当划入职工个人账户的基本养老保险、基本医疗保险费用,以及法律、行政法规规定应当支付给职工的补偿金,不必申报,由管理人调查后列出清单并予以公示。职工对清单记载有异议的,可以要求管理人更正;管理人不予更正的,职工可以向人民法院提起诉讼。”可见,职工对劳动债权有异议的,可先要求管理人更正。实践操作中一般也由异议人先向管理人提出更正请求。需注意的是,通过这种非讼方式处理的,应当在第一次债权人会议召开前提出,管理人亦应在第一次债权人会议召开前抓紧审查。因为,根据《企业破产法》的规定,管理人对破产债权仅有初步审查的权利,并无核查权和确认权。通过异议人非讼方式向管理人提

出后,不论管理人更正与否,均将提交债权人会议核查及法院确认。如果以非诉方式处理异议迟于第一次债权人会议召开,既无实际意义,也不利于及时推进破产程序。

(二)诉讼方式:提起异议债权确认诉讼

异议债权确认诉讼,也称破产债权确认诉讼,是指债务人、债权人对管理人审核记载的债权有异议的,可以向受理破产申请的人民法院提起民事诉讼,由法院以实体判决的形式审查确认有争议的债权。

1. 异议债权确认诉讼的性质

异议债权确认诉讼是《企业破产法》新创设的制度。我国民事诉讼法理论对各类民事诉讼主要区分为给付之诉、形成之诉和确认之诉三种。就异议债权确认诉讼而言,其法律性质应属确认之诉。理由如下。首先,其是为破产程序的顺利进行而产生的,是为破产债务清偿的前提条件之一——破产债权的固定而进行的,因此不能产生破产债务的个别清偿,故不属于给付之诉范畴。其次,异议债权确认诉讼中,并不会因为异议人的诉讼行为而直接导致某种法律关系的变更或消灭,最终该异议是否成立必须由受理破产申请的法院依相关证据作出裁决,因此异议债权确认诉讼亦非形成之诉。最后,异议债权确认诉讼的主要目的是对异议债权进行确认,以便其参与之后的破产财产分配,因此属确认之诉。

2. 提起异议债权确认诉讼的条件

异议债权确认诉讼是为了妥当解决异议债权的实体争议而设置的特殊诉讼程序,其对于提高破产清算效率以及确保破产清偿公平具有十分重要的意义。因此,有必要对其设置相应的条件,从而避免因不当提起异议债权确认诉讼而阻碍破产程序有序进行。

(1)异议债权人已依法申报债权,法律规定无须申报的特殊债权除外

如前所述,债务人、债权人对于管理人编制的债权表有异议的,都可以向受理破产申请的法院提起异议债权确认诉讼。对于债务人而言,所有破产债权均与其切身利益密切相关,其对于相关债权存有异议自然可以提出。而对于债权人则必须区别情形。根据《企业破产法》第四十八条第一款、第五十六条的规定,债权人应当在人民法院确定的债权申报期内向管理人申报债权;债权人未依照破产法规定申报债权的,不得依照该法规定的程序行使提起异议债权确认诉讼的权利。故未按规定申报债权的债权人不能提起异议债权确认之诉。当然,法律规定不用申报的特殊债权除外。

(2)管理人对申报的债权已经审查并编制入债权表,对法律规定不用申报的特殊债权已经调查后公示

《企业破产法》将破产债权的固定分为管理人审查、债权人会议核准、法院裁

定确认三个步骤，故管理人接受债权申报并经审查后编制债权表，乃是债权人会议核准、法院裁定确认的基础，更是债务人或债权人对相关债权提出异议的前提条件。

(3)管理人对相关权利人提出的债权异议不予认可

实践中，债务人、债权人对管理人公示的债权表存有异议，可首先向管理人以书面或口头形式提出，并提供相应证据，由管理人对该异议进行审查，若管理人认为该异议成立，应由管理人对债权表进行相应更改并重新公示，若管理人认为该异议不成立，则异议人可以向受理破产申请的法院提出异议债权确认诉讼。否则，倘若要求异议人只能通过诉讼方式提出异议，则无形之中增加了相关当事人的诉累，不利于破产程序效率的提高。

(4)异议必须是对相关债权的实体争议，而非对管理人审查该债权的程序争议

为确保破产清算的有效进行，防止债务人、债权人针对相关债权随意提出异议，有必要明确异议债权确认诉讼的对象仅限于对债权表上记载债权的实体问题，而不包括对管理人在审查该债权过程中程序性问题的情形。

3. 异议债权确认诉讼中的程序问题

异议债权确认诉讼涉及诉讼当事人、管辖、程序法适用等问题，详见本书第七章相关论述。这里仅对提起异议债权确认诉讼的期限问题进行探讨。

《企业破产法》没有对异议人提起异议债权确认诉讼的时间作出限制性规定，但如果异议人不在合理的期限内提起诉讼，显然不利于破产债权及时得到最终确认。《企业破产法》第六十四条规定："债权人认为债权人会议的决议违反法律规定，损害其利益的，可以自债权人会议作出决议之日起十五日内，请求人民法院裁定撤销该决议，责令债权人会议依法重新作出决议。"实践中，法院通常参照该条规定的期间，要求异议人在债权人会议核查债权结束后的十五日内向人民法院提起债权确认诉讼。异议人逾期不提起诉讼的，则按照债权人会议核查结果确认其是否为破产债权以及其债权额，破产程序照常进行。

[案例5.6]上海宝铁储运有限公司破产清算案〔1〕

在上海宝铁储运有限公司破产清算案中，管理人在债权表中对债权人上海进发冶金科技有限公司申报的债权金额确认为0。上海进发冶金科技有限公司对此提出异议，法院向该公司发出通知，要求其在十五日内提起债权确认诉讼，并告知逾期则按管理人编制的债权表确认的债权金额为准。此后，该公司未在指定的期

〔1〕 上海市宝山区人民法院(2009)宝民二(商)破字第2号。

间提起诉讼,法院遂裁定确认管理人编制的债权表。

实践中有观点认为,既然《企业破产法》没有规定提起异议债权确认诉讼的除斥期间,那么从保护异议人权利的角度考虑,可参照适用诉讼时效期间,即从异议人提出异议之日起二年。我们认为,异议债权确认诉讼属于确认之诉范畴,不包含请求给付财产的内容,不属于债权请求权,故不应适用诉讼时效。而且,如参照诉讼时效期间,将使异议债权长期处于不确定状态,不利于破产程序的有效推进。上述案例表明,破产审理实务并不采纳参照适用诉讼时效的观点,有提高破产案件审理效率的积极意义。

4. 异议债权确认诉讼的判决效力

(1)对债权人的效力

倘若异议得到法院最终裁判确认支持,则异议人可以向管理人申请,要求按照裁判确认的债权更正债权表的错误记载,该项更正将影响债权人参加债权人会议资格、行使表决权、参与破产财产的分配受偿等一系列法律后果,且该法律效力不仅及于异议债权人,而是对全体债权人一起发生法律效力,共同受到约束。倘若异议未能得到法院认可,则管理人无须变更债权表,管理人为该争议债权预提存的分配额,应在其他债权人之间进行分配。

(2)对债务人的效力

无论是债务人提出异议还是债权人提出异议,债务人都作为一方当事人参与诉讼,当然受确认诉讼判决的约束。倘若异议债权得到法院的判决确认,则其应当承认该债权人的地位,倘若该异议债权未得到法院判决确认,则在破产清算程序中免除其相应的债务负担。

(3)对管理人的效力

异议债权确认诉讼中,虽然管理人只是以债务人的名义参与诉讼,但该债权确认诉讼判决的效力同样及于管理人。倘若该异议成立,则其必须按照判决结果对债权表作出更正,并在之后的破产程序中依据更正的债权表对债权人进行财产分配;倘若该异议不成立,其只需按照原编制的债权表继续进行破产清算程序。

5. 异议债权确认诉讼程序与破产程序的衔接

异议债权确认诉讼与破产程序作为两个独立的程序分别进行,破产程序并不会因异议债权确认诉讼的发生而停滞,但异议债权确认诉讼对于破产债权的最终固定具有十分重要的意义。因此,如何更好地协调两者之间的进程是司法实践中必须予以重视的问题。

破产财产分配开始前,异议债权确认诉讼就已经结束的,此时管理人应当依据债权确认判决的结果对债权表进行最后的审查,并提请人民法院以裁定的方式予以确认。在之后的破产财产分配环节,管理人应当严格按照债权表所确认记载的债权数额将破产财产在全体债权人之间进行公平清偿,并于清偿结束后按照破产法的相关规定依法终结破产程序。

破产财产分配开始后,破产清算程序结束前,异议债权确认诉讼终结的,管理人应当在破产财产分配开始前按照异议诉讼未决债权的数额提存分配额。若该异议债权得到法院的最终确认,则管理人应当把预先提存的分配额给予债权人;若该异议债权未得到法院的确认,则管理人应当将该部分提存分配额分配给其他债权人。

第六章　债权人会议

债权人会议是破产程序中的一项重要制度，是实现破产企业债权人自治的基本形式。在我国现行破产程序架构中，虽然人民法院居于主导地位，管理人居于处理破产事务的中心地位，但债权人会议有权决定破产程序中的重大事项，并有权对管理人实行监督。因此，债权人会议可以最大限度地维护债权人利益，保证破产程序公平、公正地顺利进行。本章对债权人会议、债权人委员会的构成及其职权、债权人会议决议予以阐述，并重点介绍了债权人会议的召开流程。

第一节　债权人会议概述

一、债权人会议的特征

债权人会议，是指为方便全体债权人参与破产程序、行使债权人权利、维护全体债权人的共同利益，由依法申报债权的债权人组成的，表达债权人意志、统一债权人行动的自治性临时机构。债权人会议具有以下特征。

（一）特定性

债权人会议由依法申报债权的债权人组成。《企业破产法》第五十九条第一款规定："依法申报债权的债权人为债权人会议成员，有权参加债权人会议。"债权尚未确定的债权人或未依法申报债权的债权人，不构成债权人会议成员。

（二）临时性

债权人会议仅存在于破产程序中，但也不是持续存在于破产程序中，而是根据法律规定和有权召开主体确定的时间召开，是一种临时的非常设组织。

（三）表议性

债权人通过债权人会议表达对破产事务的意见，并形成集中表达债权人整体意志的、对全体债权人具有约束力的决议。

（四）监督性

债权人会议根据《企业破产法》的有关规定，监督管理人执行破产事务。

（五）非民事主体性

债权人会议不具有民事主体资格，不享有民事权利能力和诉讼权利能力，不能独立进行民事活动、参加诉讼活动和承担法律责任。

债权人会议可以设立债权人委员会，作为代表债权人会议行使职权的常设机构。

二、债权人会议与人民法院、管理人的关系

债权人会议与管理人监督与被监督的关系，在本书第三章已有阐述，不再赘述。这里主要阐述债权人会议与人民法院的关系。

前文已述，债权人会议是维护全体债权人共同利益的一种自治机构，人民法院对于债权人会议在法定范围内行使职权不能随意干涉，对于债权人会议形成的决议不能随意否定，以体现对债权人意思自治的尊重。但另一方面，人民法院作为司法机关有权代表国家对债权人会议进行监督、指导，对债权人会议决议进行审查、确认，以体现人民法院在破产程序中的主导作用。根据《企业破产法》的有关规定，人民法院对债权人会议的监督、指导主要表现在以下几方面。

（一）人民法院最终确认破产债权

根据《企业破产法》第五十八条的规定，对于经债权人会议核查通过的申报债权，应提请人民法院裁定确认。如果债权人、债务人对债权有异议，则要通过诉讼程序确认债权。

（二）人民法院决定管理人的更换

根据《企业破产法》第六十一条第（二）项的规定，债权人会议决议更换管理人的，应当向人民法院提出申请，无权直接更换管理人。

（三）人民法院从有表决权的债权人中指定债权人会议主席，决定认可债权人委员会成员

根据《企业破产法》第六十条的规定，债权人会议设主席一人，由人民法院从有表决权的债权人中指定。第六十七条第二款规定，债权人委员会成员应当经人民法院书面决定认可。

（四）人民法院裁定债权人会议未通过债务人的财产管理方案、破产财产变价方案及人民法院认可的破产分配方案

根据《企业破产法》第六十五条的规定，债务人财产管理方案、破产财产变价方案表决未通过的，由人民法院裁定；若破产财产分配方案经二次表决仍未通过

的,由人民法院裁定。第一百一十五条规定,债权人会议通过破产财产分配方案后,由管理人将该方案提请人民法院裁定认可。

(五)人民法院审查批准重整计划,裁定认可和解协议

根据《企业破产法》第八十六条、第八十七条和第九十八条的规定,债权人会议通过的重整计划应当申请人民法院审查批准,未通过的重整计划草案也可以申请人民法院审查批准;债权人会议通过的和解协议,要经过人民法院裁定认可。

(六)法院裁定撤销债权人会议决议、责令重新作出决议

根据《企业破产法》第六十四条的规定,债权人认为债权人会议决议违反法律规定,损害其利益的,可以请求人民法院裁定撤销决议,责令重新作出决议。

第二节 债权人会议的组成及机构设置

一、债权人会议的组成

(一)出席和列席债权人会议的人员

1.享有表决权的债权人。《企业破产法》第五十九条第一款规定:“依法申报债权的债权人为债权人会议的成员,有权参加债权人会议,享有表决权。”据此规定,并非所有的债权人都是债权人会议的成员,只有按人民法院要求在规定的债权申报期限内申报债权的债权人才是债权人会议的成员,为参加债权人会议的当然主体。包括无财产担保的债权人、有财产担保的债权人和代替债务人清偿债务后享有求偿权的人(如保证人)。债权人依法补充申报债权的,该补充申报债权人是以后召开的债权人会议的成员,有权参加以后召开的债权人会议并享有表决权。劳动债权依《企业破产法》第四十八条第二款的规定,不必申报,由管理人调查后列出清单并予以公示。公示的劳动债权与依法申报的效果一样,不影响拥有此项债权的职工债权人作为债权人会议的成员,参加债权人会议并享有表决权。

2.不享有表决权的债权人。(1)根据《企业破产法》第五十九条第二款的规定,对于附条件或附期限的债权、诉讼或仲裁未决的债权,债权虽尚未确定,但债权人申报后亦有权出席债权人会议,其表决权应根据人民法院临时确定的债权额来确定。人民法院不能确定的,该债权人不得行使表决权。(2)有财产担保且未放弃优先受偿权的债权人,可以参加债权人会议,但对“通过和解协议”和“通过破产财产分配方案”两项不享有表决权。

3.债权人委托代理人。《企业破产法》第五十九条第四款规定:“债权人可以

委托代理人出席债权人会议,行使表决权。代理人出席债权人会议,应当向人民法院或者债权人会议主席提交债权人的授权委托书。”

4. 人民法院。人民法院是第一次债权人会议的召集人,当然应参加债权人会议。以后的债权人会议,根据《企业破产法》第六十二条第二款的规定,人民法院认为必要时,或者管理人、债权人委员会、占债权总额四分之一以上的债权人可以向债权人会议的主席提议召开。如果因人民法院认为有必要而召开债权人会议,人民法院应当参加会议。如果非人民法院提议召开,《企业破产法》虽没有规定人民法院应当参加,但我们认为,债权人会议具有讨论决定破产程序中重大问题的职能,基于人民法院在破产程序中的主导地位,也为了体现人民法院对债权人利益的重视,不论债权人会议由谁提议、召集,人民法院破产案件审理法官和书记员都应当参加每一次债权人会议。

5. 债务人的法定代表人以及经人民法院决定的企业其他有关人员。根据《企业破产法》第十五条的规定,债务人的法定代表人承担列席债权人会议并如实回答债权人询问的义务;经人民法院决定的企业财务管理人员和其他经营管理人员,亦应承担该项义务。另根据《企业破产法》第一百二十六条的规定,有义务列席债权人会议的债务人的有关人员,经人民法院传唤,无正当理由拒不列席债权人会议的,人民法院可以拘传,并依法处以罚款;债务人的有关人员违反《企业破产法》规定,拒不陈述、回答,或者作虚假陈述、回答的,人民法院可以依法处以罚款。

6. 职工或工会代表。《企业破产法》第五十九条第五款规定:“债权人会议应当有债务人的职工和工会的代表参加,对有关事项发表意见。”另第八十二条规定:“下列各类债权的债权人参加讨论重整计划草案的债权人会议,依照下列债权分类,分组对重整计划草案进行表决:(二)债务人所欠职工的工资和医疗、伤残补助、抚恤费用,所欠的应当划入职工个人账户的基本养老保险、基本医疗保险费用,以及法律、行政法规规定应当支付给职工的补偿金。”根据上述两条规定,职工或工会代表可以参加所有的债权人会议,但除了对涉及重整计划草案的事项依法享有表决权外,对其他事项仅有发表意见的权利。

7. 债务人的出资人代表。《企业破产法》第八十五条规定:“债务人的出资人代表可以列席讨论重整计划草案的债权人会议。重整计划草案涉及出资人权益调整事项的,应当设出资人组,对该事项进行表决。”据此规定,出资人代表并不能列席所有的债权人会议,只有涉及重整计划草案的债权人会议,其才能列席讨论,但无表决权。只有当重整计划草案涉及出资人权益调整事项,出资人代表才依法享有表决权。

8. 管理人。管理人在破产程序中负责清理、管理、变价、分配债务人财产、决定内部管理、对外营业、代表债务人参加诉讼等工作。由于债务人财产的管理、变价和分配方案等都是由管理人制作并提交债权人会议讨论的，因此《企业破产法》第二十三条第二款规定，管理人应当列席债权人会议，向债权人会议报告职务执行情况，并回答询问。债权人会议在讨论管理人提出的分配方案时，可以对管理人进行必要的询问。管理人应根据债权人会议的讨论和决议结果修改或确定分配方案。因此，管理人是债权人会议法定列席成员。

9. 其他可以参加债权人会议的人员，如审计、评估、鉴定人员。对这类人员是否可参加债权人会议，《企业破产法》没有作出规定。但根据《破产案件若干规定》第四十一条第（五）项的规定，人民法院应当通知审计、评估人员参加债权人会议。债权人会议决议事项可能涉及有社会中介机构出具的专业性较强的审计、评估、鉴定报告，因此可以根据需要，通知这些接受委托的中介机构执业人员列席债权人会议，并接受质询。

（二）参加债权人会议的债权人人数

参加债权人会议是债权人在破产程序中的权利，法律并不强制债权人必须参加会议。但债权人参加人数不足，可能无法形成决议进而影响破产程序的进程。因此，有的国家对出席债权人会议的最低人数作出规定。如英国破产法要求债权人人数在 3 人以上时，3 人出席即符合法定人数，债权人为 2 人时，2 人均须出席。加拿大破产法作了类似的规定。[1] 我国《企业破产法》对此未予明确规定，但从第六十四条关于决议表决规则的规定来看，债权人会议的决议，应由出席会议的有表决权的债权人过半数通过，并且其所代表的债权额占无财产担保债权总额的二分之一以上。由此可以得出，如果债权人会议要形成有效决议，出席债权人会议的有表决权债权人人数所能够代表的无财产担保债权额不得低于无财产担保债权总额的二分之一。为此，《企业破产法》作出一些尽量保障债权人参加债权人会议的规定。如第六十三条规定："召开债权人会议，管理人应当提前十五日通知已知的债权人。"第四十五条规定："债权申报期限自人民法院发布受理申请公告之日起，最短不得少于三十日。"同时，债权人在申报债权时，管理人应当要求其明确联系方式，以便及时有效地通知其参加债权人会议。

二、债权人会议主席

（一）债权人会议主席的产生

债权人会议主席负责主持债权人会议。从各国破产法立法来看，债权人会议

[1] 赵雷主编：《新企业破产法讲读》，中国工人出版社、人民法院出版社 2006 年版，第 133 页。

主席的产生一般有两种方式：一是推选产生，由债权人会议自行选任债权人会议主席。例如，英国破产法规定，债权人会议选任的主席既可以是法官、律师、会计师，也可以是债务人以外的任何第三人。二是由法院指定，即由法院来决定由谁担任债权人会议主席。从理论上讲，由债权人会议推选产生债权人会议主席更符合债权人自治的原则。

在《企业破产法》起草过程中，曾经在2000年的草案中采用了“债权人会议主席从有表决权的债权人中选举产生”的规定。但是，经验表明，债权人会议的成员之间是存在一定利益冲突的，尤其是在人数较少的大债权人与人数众多的小债权人之间，常常存在意见分歧。因此，由债权人会议选举产生债权人会议主席的方法在实践操作中存在较大难度。如果出现债权人会议无法选出主席的局面，债权人会议将无法顺利进行。所以，我国现行立法采取了人民法院指定的方式。《企业破产法》第六十条第一款规定：“债权人会议设主席一人，由人民法院从有表决权的债权人中指定。”虽然采取法院指定债权人会议主席的办法存在一定问题，如由于债权人会议主席是人民法院从债权人中指定，而不是专门从事破产事务的专业人士，缺乏相关的实务技能和法律知识，再加上还有其他工作或者事务，从而不能使其发挥应有的作用。但这些问题通过推选的办法也难以解决。人民法院只能通过更全面的综合考虑，指定出合适的人选。需要指出的是，无论是推选产生还是由法院指定产生的债权人会议主席，都应是自愿担任该职务。否则，容易导致债权人会议主席工作不积极，无法有效维护债权人共同权利的现象。

人民法院指定债权人会议主席以决定书的方式作出，并应告知各债权人指定债权人会议主席的决定。

(二)债权人会议主席的任职资格

从《企业破产法》第六十条的规定来看，债权人会议主席的任职资格仅为“有表决权的债权人”这一项。也就是说，只要是有表决权的债权人都可以被指定为债权人会议主席。但根据债权人会议主席所担负的职责和工作范围，我们认为，人民法院在考虑指定的债权人会议主席人选时，应把握以下几个条件。

1. 债权人会议主席人选，可以是作为债权人的自然人，也可以是作为债权人的企业法人或其他组织。指定企业法人或其他组织担任债权人会议主席的，企业法人或其他组织通过委派人员行使债权人会议主席职权。

2. 债权人会议主席应代表较高的债权额。因高额债权人在破产程序中利益最为重大，对破产程序最为关注，是破产案件中参加会议最积极的人。[1] 可考虑债

---

〔1〕 孙应征主编：《破产法法律原理与实证分析》，人民法院出版社2004年版，第131～132页。

权人会议主席从有表决权的前十大债权人中指定。

3. 债权人会议主席应当具备一定的组织协调能力，或者有相关的实践经验。

4. 债权人会议主席应当具有较强责任心，能公平地为全体债权人利益作公共服务。

[案例6.1]深圳市秦驰自行车有限公司破产清算案〔1〕

广东省深圳市中级人民法院于2008年3月20日受理渣打银行(中国)有限公司深圳分行(以下简称深圳渣打银行)申请深圳市秦驰自行车有限公司(以下简称秦驰公司)破产清算一案。查明，秦驰公司截止到2007年4月30日账面资产总额18618269.40元、负债总额76892213.74元、净资产总额-58273944.34元，已严重资不抵债。深圳市中级人民法院于2008年7月8日裁定宣告秦驰公司破产清算后，于次日作出民事决定书指定深圳渣打银行为该案债权人会议主席，主持债权人会议，依法履行债权人会议主席职责，并告知各债权人指定深圳渣打银行为债权人会议主席的决定。

[案例6.2]上海科宝汽车传动件有限公司破产清算案〔2〕

2009年7月22日，宝山区法院根据上海科宝汽车传动件有限公司(以下简称"科宝公司")的申请裁定受理该公司破产清算一案。审理中，管理人某会计师事务所有限公司对科宝公司的财务状况进行了审计，截至2009年7月22日，该公司的资产总额为人民币152928540.14元，负债总额为205451242.03元，净资产为-52522701.89元。科宝公司已无法支付到期的贷款、利息和货款等，并且资产不足以清偿全部债务。宝山区法院于2009年11月10日裁定宣告科宝公司破产，并于同日作出民事决定书指定交通银行股份有限公司上海杨浦支行担任债权人会议主席。

上述两案例中法院指定的债权人会议主席均为银行债权人。首先，两案例中银行作为普通债权人申报债权后，属于有表决权的债权人，符合债权人会议主席的任职条件。其次，两案例中银行担任债权人会议主席具有两方面优势：一是两案例中的银行债权人对债务人均享有较大的债权，具有典型的代表性；二是银行作为专业金融机构，具有法律和财会方面的专业人才，亦有组织经验，有利于履行债权人会议主席的职责。最后，银行对债务人破产事务有较大参与热情，有利于推动破产程序顺利进行。

---

〔1〕 霍敏主编：《破产案件审理精要》，法律出版社2010年版，第163~164页。

〔2〕 上海市宝山区人民法院(2009)宝民二(商)破字第1号。

（三）债权人会议主席的职责

1. 主持债权人会议。《企业破产法》第六十条第二款规定："债权人会议主席主持债权人会议。"我们认为，根据审理实践，债权人会议主席主持债权人会议的具体工作包括：(1)宣布会议开始，说明会议议题和注意事项；(2)就有关程序事项提出表决动议并主持表决；(3)主导会议议题的审议进程，维护会议秩序，例如安排发言顺序、限定发言时间、决定会议休会；(4)就有关会议议题的有关事项询问出席会议的债权人、债务人和管理人；(5)就有关会议决议事项宣布表决规则，主持表决进程；(6)宣布表决结果；(7)审阅会议、决议记录；(8)宣布会议闭会，并于会后向人民法院报告会议情况。

2. 召集债权人会议。《企业破产法》第六十二条第二款规定："以后的债权人会议，在人民法院认为必要时召开，或者管理人、债权人委员会、占债权总额四分之一以上的债权人向债权人会议主席提议时召开。"根据该条规定，债权人会议主席在接到人民法院认为有必要召开的通知或接受相关主体提议后，应尽快确定债权人会议的召开时间，并予以召集。同时，将召集情况报告人民法院。

3. 其他事项。主要是法律和司法解释规定的一些事务性工作，例如，根据《企业破产法》第五十九条第四款的规定，接受债权人委托代理人出席债权人会议的授权委托书；根据《管理人报酬规定》第八条第二款和第十八条的规定，接受管理人关于管理人报酬方案调整内容的报告。

三、债权人委员会

（一）债权人委员会制度的沿革

按照国际惯例，债权人为维护自己的利益，监督破产清算的整个过程，各国破产法一般均规定债权人会议可以设立常设机构。有的国家称其为监查人（监察人），有的称为检查人、债权人代表、监督委员会、债权人委员会等。[1] 名称虽有不同，但机构设置的目的都在于代表债权人对整个破产程序进行监督，保护债权人的全体利益。在下文中，债权人会议的这一常设机构统称为债权人委员会。

关于债权人委员会是否为必设机构及其成员的选任主体，各国立法有不同的规定。

首先，关于债权人委员会是否为必设机构的问题。对此有三种立法例。一是必设主义，英、美、法、意及我国台湾地区等采此立法原则。二是选择主义，如日本。依《日本破产法》的规定，是否设置监察委员会应于第一次债权人会议上决议。三

〔1〕 李永军：《破产法律制度》，中国法律出版社2000年版，第143页。

是法院决定主义。德国法采此立法原则。依《德国破产法》的规定,法院应当根据债权人或债权人代表的人数,在第一次债权人会议上决定是否任命债权人委员会,但最终决定权取决于债权人会议。

其次,关于债权人委员会的选任主体方面。法国法规定只有法院才能在宣告破产程序开始的判决中指定债权人会议主席;英、美、日等国规定债权人委员会应由债权人会议选任,法院不予干涉;德国结合前两种做法,采取双轨选任制,法院和债权人会议均可选任债权人委员会的成员。

我国最早引入债权人委员会类似机构的,见于最高人民法院2002年颁布的《破产案件若干规定》第三十九条第二款的规定:"必要时,人民法院可指定多名债权人会议主席,成立债权人会议主席委员会。"这里所谓的"债权人会议主席委员会"的职能,类似于此后规定的债权人委员会。《企业破产法》第六十七条对债权人委员会作出了明确规定:"债权人会议可以决定设立债权人委员会。债权人委员会由债权人会议选任的债权人代表和一名债务人的职工代表或者工会代表组成。债权人委员会成员不得超过九人。债权人委员会成员应当经人民法院书面决定认可。"该条规定从立法上明确债权人委员会不是必设机构,设立与否由债权人会议决定,同时规定了债权人委员会成员的组成和产生方式。

(二)债权人委员会的设立

1. 设立债权人委员会的考虑因素

破产程序有繁简难易的区分,实践中,并非每一破产案件都有设立债权人委员会的必要。依据《企业破产法》第六十七条的规定,债权人委员会并非必设机构,设立与否由债权人会议决定。债权人会议在决定是否设立债权人委员会时,一般会考虑下列因素:一是债权人的人数多少;二是破产财产的实际价值大小;三是对破产财产的清理、估价、变卖的复杂和难易程度;四是债权人分布的行政区域;五是预期破产程序的持续时间等。[1] 一般而言,债权人会议于第一次会议上就应决定是否设置债权人委员会,但也可在破产程序进行中根据需要决定设置。债权人会议主席在主持债权人会议时可将是否设立债权人委员会作为一项待决事项提交债权人会议讨论、审议和表决。人民法院、管理人或债权人也可建议在债权人会议中增加是否设立债权人委员会的表决事项。

2. 债权人委员会成员的组成

债权人委员会的组成成员应具有全面的代表性。《企业破产法》第六十七条第一款规定:"债权人会议可以决定设立债权人委员会。债权人委员会由债权人

---

[1] 邹海林:《破产程序和破产法实体制度比较研究》,法律出版社1998年版,第159页。

会议选任的债权人代表和一名债务人的职工代表或者工会代表组成。”债权人委员会由两类债权人组成，其中一名为债务人职工代表或工会代表，其余成员则为债权人代表。就债权人委员会的组成从几个方面予以说明。

（1）职工代表或工会代表的设置，是基于维护职工权益的考虑，此为法律强制性规定。

（2）关于债权人委员会其他成员资格，《企业破产法》第六十七条规定的必须是债权人，但未明确是否必须为有表决权的债权人。我们认为，债权人委员会的成员要履行重要的责任、承担相当的工作量，需要较强的责任心，债权人委员会成员应有必要投入热情。因破产程序的进行与有表决权的债权人自身的利益实现具有更加密切的关系，他们作为债权人代表能够更加尽职尽责，维护所有债权人的利益，所以宜将债权人代表范围限定在有表决权的债权人中。在选任债权人代表时，要考虑到该债权人是否有必要的相关知识、足够的时间和精力、良好的品德素质，是否与管理人存在可能影响其监督管理人的私人关系，以及是否热心债权人会议工作等。

（3）关于债权人会议主席是否能够成为债权人代表，《企业破产法》亦未予明确。我们认为，只要经债权人会议选任决定，债权人会议主席也可以成为债权人委员会成员。且依照法理，为了防止破产程序中机构重复设置，权责关系复杂化，债权人会议应尽量选任债权人会议主席为债权人委员会成员。

（4）关于债权人委员会成员的产生方式，依据《企业破产法》第六十七条的规定，职工或工会代表以外的成员由债权人会议选任。债权人会议选任后，将选任结果提交人民法院审核，人民法院认可的，以决定书形式加以确认。

（5）关于债权人委员会成员的更换问题。某些情况下，如债权人委员会成员因身体原因无法继续履职，或债权人会议对债权人委员会成员工作情况不满，认为其专业胜任能力不足，则债权人会议可要求更换债权人委员会成员。虽然《企业破产法》第六十一条第一款第（四）项赋予债权人会议更换债权人委员会成员的权利，但债权人会议行使该权利时，仍应同初次选任债权人委员会成员的做法，以债权人会议决议方式提出并将决议提交人民法院，同时还应说明更换理由。因债权人委员会成员是经人民法院书面决定认可的，故更换债权人委员会成员也应经人民法院审核，审核确认后，人民法院仍以书面决定方式认可更换债权人委员会成员。

3. 债权人委员会成员的人数

关于债权人委员会成员的人数，根据《企业破产法》第六十六条的规定，债权人委员会由选任的债权人代表会同一名职工或工会代表组成，成员人数不得超过

9人。为避免陷入表决僵局,一般人数应设定为3人至9人的奇数。

4.债权人委员会的表决方式

关于债权人委员会的表决方式,因债权人委员会成员一般在3人以上(含本数),故应采用少数服从多数的方式进行表决,但是通过的决议应占全体债权人委员会成员的半数以上。

5.债权人委员会履职费用及报酬

关于债权人委员会履行职务的费用,《企业破产法》并无相关规定。考虑到债权人委员会是为全体债权人的利益服务,故因履职而发生的必要支出,如基本的通信、交通、会务支出,可作为破产费用,从破产财产中优先拨付。但是,债权人委员会履职费用类似于《企业破产法》第六十一条所规定的管理人的费用,也应提交债权人会议审查。除此费用外,债权人委员会成员无权获得其他报酬。

第三节 债权人会议的职权

各国破产立法对债权人会议的职权均有明确规定,但规定的方式不同。有些国家的破产法采取集中规定的方式,如我国《企业破产法》设专条集中列举了债权人会议的十一项职权,但也有些国家对债权人职权是分散规定于破产程序的其他章节中。债权人会议职权的设定,不仅牵涉债权人会议与管理人之间的职权划分,而且涉及债权人会议与法院之间的职权划分,甚至还会影响到破产立法究竟是采用债权人自治、法院主导还是管理人中心主义的程序运作模式。从我国立法关于债权人会议的职权设定内容来看,我国采取了在债权人自治基础上突出法院主导和管理人中心主义的混合模式。

一、债权人会议的职权

根据《企业破产法》第六十一条的规定,债权人会议行使下列职权。

(一)核查债权

由于债权是债权人在破产程序中行使权利的依据,故调查并核实债权是破产程序中一项极为重要的工作。核查债权即通过对债权的审查,确认债权是否成立,有无担保及其数额,有无表决权以及行使表决时代表的债权额,并确定表决议案的债权总额和债权人会议通过决议时的有效债权额等问题。上述事项的查明是进行其他程序的前提。

如本书前文所述,债权人在申报债权时,向管理人提交自身的身份证明材料和联系方式，还应提供债权证明材料，证明债权数额、债权性质、债权发生事实及有无财产担保等。管理人在债权申报时对债权情况进行初审，并分别情况登记造册，并编制债权表。债权人作为利害关系人可以依据《企业破产法》第五十七条第二款的规定向管理人要求查阅，以便在债权人会议召开之前了解债权登记情况。

依照《企业破产法》第五十八条的规定，债权人会议对债权的核查应当在第一次债权人会议召开时进行。但这并不意味着在以后的债权人会议上不能进行债权核查，如债权人会议认为有必要，可再次召开债权人会议核查债权。在债权人会议上，由管理人宣读债权登记、初步审查情况。如果债务人、债权人对债权表记载的债权无异议的，由人民法院裁定确认；如果债务人、债权人对债权表记载的债权有异议的，可以向受理破产申请的人民法院提起诉讼。[1]

(二)申请人民法院更换管理人，审查管理人的费用和报酬

《企业破产法》第二十二条规定："债权人会议认为管理人不能依法、公正执行职务或者有其他不能胜任职务情形的，可以申请人民法院予以更换。"由于管理人被法律赋予审查债权、管理、处分和分配债务人财产等重大职权，如果管理人不能依法、公正地执行职务，必将严重损害全体债权人利益。因此，在赋予管理人职权的同时，也应赋予债权人会议申请更换管理人的权利。基于管理人系由人民法院指定，债权人会议表决通过更换管理人的决议后，应当向人民法院提出申请，另行指定管理人。债权人会议无权自行另选破产管理人。

根据《企业破产法》第四十一条的规定，破产管理人执行职务的费用和报酬属于破产费用。破产费用依法从债务人财产中优先拨付。破产费用的拨付是以债权人清偿收入的减少为代价的。因此，债权人有权监督破产费用的支付，以防止不合理地增加开支而损害债权人的清偿利益。此外，依照《管理人报酬规定》第六条和《企业破产法》第二十八条的规定，管理人应当在第一次债权人会议上报告管理人报酬方案内容，债权人会议对管理人报酬有异议的，有权向人民法院提出。

(三)监督管理人

本节前文所述的申请更换管理人，是债权人会议监督管理人的一种重要方式。这里所说的监督管理人，主要是指依照《企业破产法》的其他规定，对管理人是否忠实、勤勉地履行职务行使监督权。例如，《企业破产法》第二十三条第二款规定："管理人应当列席债权人会议，向债权人会议报告职务执行情况，并回答询问。"

(四)选任和更换债权人委员会成员

债权人委员会是债权人会议确定的代表其行使职权、监督管理人执行职务的

[1] 关于债权核查的方法、步骤和处理结果，详见本书第五章第三节。

常设机构。债权人委员会成员在执行职务中可能出现不胜任工作、不能公平对待全体债权人等情况，债权人会议可以对其进行选任与更换，确保各项工作依法开展。关于债权人委员会成员的选任，在本书前文已有阐述。关于债权人委员会成员的更换方式和程序，也应遵从相同的原则。另依照《企业破产法》第六十七条第二款的规定，债权人会议选任和更换的债权人委员会成员应当经人民法院书面决定认可。

(五)决定继续或者停止债务人的营业

关于债务人继续或者停止营业的决定，根据《企业破产法》第二十六条的规定，在第一次债权人会议召开之前，由管理人作出决定，并经人民法院许可；在债权人会议成立后，则根据第六十一条第(五)项的规定，转由债权人会议决定，以表决方式通过。至于是否还要报经人民法院许可，法律未作规定。

(六)通过重整计划

重整计划是债务人进行重整工作的指导文件。重整计划由管理人或债务人提出，内容包括重整企业的经营方案、债权分类、债权调整方案、清偿方案等。重整计划要对债务人在整个重整期间的所有重大工作作出安排，故重整计划要经债权人会议审议通过。依据《企业破产法》第七十九条第一款的规定，重整计划草案由债务人或管理人制作，并且必须在人民法院裁定债务人重整之日起的6个月到9个月内同时提交债权人会议和人民法院。

(七)通过和解协议

和解通常是在债权人作出让步的基础上达成的。债权人让步属于权利处分行为，如免除利息、免除部分本金、延长偿还期限、将债权转为股权，这些必须由权利人自主决定。和解需要债权人承担一定的风险，一旦和解失败，债务人财产可能进一步减少，从而加大债权人的损失。由于是否同意和解关系到全体债权人利益，故必须由债权人会议决定。

(八)通过债务人财产的管理方案

自案件受理，管理人即接管债务人财产。由于管理人代替债务人企业原管理部门成为新的管理者，管理人应对自己接手财产管理工作提出一套相应的管理办法和措施，涉及财物保管、财务开支、债权偿付、继续履行合同、进行诉讼等诸多方面。财产管理方案须经债权人会议讨论通过。债权人会议表决未通过的，根据《企业破产法》第六十五条第一款的规定，由人民法院裁定。管理人的财产管理行为涉及《企业破产法》第六十九条所规定的十类行为之一的，还应当经人民法院批准许可。

（九）通过破产财产的变价方案

破产财产的变价在实际交易中可能增加或减少可分配财产数额，所以破产财产变价是否合法得当，直接关系到债权人的切身利益，应当提交由债权人会议讨论通过，以避免债务人财产损失。根据《企业破产法》第六十五条第一款的规定，债权人会议表决未通过的，由人民法院裁定。

（十）通过破产财产的分配方案

破产程序的主要目的是公平实现债权，破产财产的分配是决定债权人利益能否得到公平实现的关键事项。为保障财产的公正分配，管理人提出的破产财产分配方案应当经过债权人会议讨论后通过，并须报请人民法院裁定后才能执行。根据《企业破产法》第六十五条第二款的规定，债权人会议二次表决仍未通过的，由人民法院裁定。[1]

（十一）人民法院认为应当由债权人会议行使的其他职权

由于债权人会议是债权人的自治机构，许多职权应当由债权人会议自主决定行使，不应当由人民法院包办。人民法院将这些职权交与债权人会议行使，一方面可以减轻人民法院的工作压力，另一方面也充分尊重了债权人的自治权，有利于所作出的决定得到顺利执行。[2] 鉴于《企业破产法》以规定兜底条款的方式规定了债权人会议的该项职权，其职权应当由人民法院根据案件审理需要把握，人民法院应注意善于通过债权人会议对有关破产事务和相关异议作出处理。

二、债权人委员会的职权

根据《企业破产法》第六十八条第一款的规定，债权人委员会行使下列职权。

（一）监督债务人财产的管理和处分

管理和处分债务人财产，是法律赋予管理人的职权，但管理人在管理和处分债务人财产时，必须接受债权人委员会的监督。这包括是否按照债务人财产管理方案进行管理；管理过程中有无违法行为；管理人是否勤勉尽职，有无造成财产损失等内容。债权人委员会的监督重点，应当是管理人对债务人财产实施有重大影响的管理和处分行为。根据《企业破产法》第六十九条的规定，这些行为是指：涉及土地、房屋等不动产权益的转让；探矿权、采矿权、知识产权等财产权的转让；全部库存或者营业的转让；借款；设定财产担保；债权和有价证券的转让；履行债务人和

---

〔1〕 有关内容详见本书第十章第三节。

〔2〕 罗培新主编：《破产法》，格致出版社、上海人民出版社2009年版，第116页；范健主编：《破产法》，法律出版社2009年版，第124～125页。

对方当事人均未履行完毕的合同;放弃权利;担保物的取回;对债权人利益有重大影响的其他财产处分行为。

(二)监督破产财产的分配

破产财产的分配是指按照各债权人的受偿顺序和受偿比例将破产财产在债权人之间进行分配的程序,它直接关系到债权人的债权能否得到公平合理的清偿,因此其必须接受债权人委员会的监督。债权人委员会应当从以下几方面对管理人的分配过程进行全程监督:(1)管理人是否依据债权人会议通过或经人民法院裁定的分配方案进行分配;(2)破产财产分配是否符合法定程序;(3)附条件、附期限债权和未决债权是否按规定提存;(4)提存分配额的后续分配处理情况是否符合法律规定;(5)管理人有无其他不严格执行破产分配方案或违反法律规定的行为。

(三)提议召开债权人会议

债权人委员会在履行职务过程中认为有重大事项有必要召开债权人会议讨论的,可以依照《企业破产法》第六十二条第二款的规定,向债权人会议主席提议召开债权人会议。例如在监督管理人工作方面,债权人委员会发现管理人存在不能依法公正地履行职务或者其他不能胜任职务的情形时,可以向债权人会议主席提议召开债权人会议,并向债权人会议汇报管理人的履职情况,由债权人会议决定是否向人民法院申请更换管理人。

(四)债权人会议委托的其他职权

债权人会议可以授权债权人委员会代行债权人会议的部分职权,但债权人委员会取得该授权应当经过债权人会议的表决,以债权人会议决议的形式作出。债权人委员会的其他职权不能超出债权人会议的职权范围。

三、债权人会议和债权人委员会行使职权的配套规则

为了保障债权人实现依法自治,有效体现债权人会议和债权人委员会的职能,特别是在监督管理人工作方面发挥好作用,《企业破产法》为债权人会议和债权人委员会行使职权制定了若干配套规则。

(一)管理人向债权人会议报告职务执行情况,并回答询问

根据《企业破产法》第二十三条的规定,管理人接受债权人会议和债权人委员会的监督,应当列席债权人会议,向债权人会议报告职务执行情况,并回答询问。在债权人会议闭会期间,债权人委员会作为接受债权人会议委托行使职权的常设机构,也有权听取管理人的履职报告并进行询问。

（二）管理人应及时向债权人委员会报告对债权人利益有重大影响的财产处分行为

《企业破产法》第六十九条规定："管理人实施下列行为，应当及时报告债权人委员会：（一）涉及土地、房屋等不动产权益的转让；（二）探矿权、采矿权、知识产权等财产权的转让；（三）全部库存或者营业的转让；（四）借款；（五）设定财产担保；（六）债权和有价证券的转让；（七）履行债务人和对方当事人均未履行完毕的合同；（八）放弃权利；（九）担保物的取回；（十）对债权人利益有重大影响的其他财产处分行为。"

关于该条规定的"及时报告"是事前报告，还是事后报告，法条本身未予指明。有学者认为，《企业破产法》引入债权人委员会制度的立法初衷是加强对破产程序的日常监督，保障债权人在破产程序中的合法权利。但是第六十九条所规定的管理人实施的一系列关涉债权人利益的重大财产处分行为仅负有向债权人委员会报告的义务，作为监督机构的债权人委员会对前述行为却不能行使相应的监督权，似乎无法实现债权人委员会代表债权人会议行使监督权的立法初衷。

我们认为，债权人委员会理论上是代表全体债权人的利益，但实际上其是从全体债权人中选举出的，其成员本身也是债权人，若赋予债权人委员会过大的权限，一方面，可能使债权人委员会发生道德风险的可能性增加；另一方面，也可能影响管理人的工作效率，影响甚至延误财产处分的有利时机，反而造成债权人利益的损失。根据《企业破产法》第六十一条、第六十二条、第六十八条、第六十九条等有关规定，结合破产案件审理实务，我们对此问题提出以下处理思路：

1. 债权人委员会对管理人准备实施或正在实施的未经债权人会议讨论通过的重大财产处分行为有重大异议的，可以立即要求管理人暂停实施。

2. 管理人对债权人委员会提出的异议应当认真对待，从保护债权人利益的角度重新判断其处分行为的合法性、合理性。

3. 如果管理人认识到其财产处分行为确有不当，应及时停止实施或纠正财产处分行为，并给予债权人委员会回复；如果管理人认为财产处分行为应继续实施，而债权人委员会仍持异议的，或者管理人未予及时回复的，债权人委员会可以提议召开债权人会议讨论决定。管理人认为有必要的，也可以提议召开债权人会议讨论决定。

4. 债权人委员会认为管理人拒绝接受监督，在债权人委员会有重大异议的情况下坚持实施财产处分行为的，或者债权人会议主席未就此问题召集债权人会议的，债权人委员会应有权请求人民法院作出决定。

(三)要求管理人、债务人作出说明或者提供有关文件

《企业破产法》第六十八条第二款规定:“债权人委员会执行职务时,有权要求管理人、债务人的有关人员对其职权范围内的事务作出说明或者提供有关文件。”债务人的有关人员,是指企业的法定代表人以及经人民法院决定的企业的财务管理人员和其他经营管理人员。

(四)债务人不配合债权人会议和债权人委员会行使职权、管理人拒绝接受监督的法律后果

1.《企业破产法》第一百二十六条规定:“有义务列席债权人会议的债务人的有关人员,经人民法院传唤,无正当理由拒不列席债权人会议的,人民法院可以拘传,并依法处以罚款。债务人的有关人员违反本法规定拒不陈述、回答,或者作虚假陈述、回答的,人民法院可以处以罚款。”

2.《企业破产法》第六十八条第三款规定:“管理人、债务人的有关人员违反本法规定拒绝接受监督的,债权人委员会有权就监督事项请求人民法院作出决定;人民法院应当在五日内作出决定。”

第四节 债权人会议的召开

一、债权人会议的召集

(一)债权人会议召集的主要模式

国际上,破产立法采用的债权人会议召集的主要模式有三种:[1]

1.法院召集。债权人会议无论是第一次还是后续的,均由法院召集,但破产管理人、债权人委员会或一定数量的持有一定数额债权的债权人可申请召开,如日本、德国的破产法就采取这种模式。

2.破产管理人召集。债权人会议由破产管理人召集,其他法定人员可申请召开,但法院无召集权,如英美法系的一些国家。

3.法院或债权人会议主席召集。由法院(第一次债权人会议)或债权人会议主席召集(以后的债权人会议),破产管理人或有一定数额债权的债权人有申请召开权,我国破产立法采取该种模式。

---

〔1〕 王欣新:《破产法》,中国人民大学出版社2011年版,第215页。

（二）我国债权人会议的召集模式

《企业破产法》第六十二条规定："第一次债权人会议由人民法院召集，自债权申报期限届满之日起十五日内召开。以后的债权人会议，在人民法院认为必要时，或者管理人、债权人委员会、占债权总额四分之一以上的债权人向债权人会议主席提议时召开。"

1. 第一次债权人会议的召集

第一次债权人会议是法定债权人会议，是在破产程序开始后在法律规定的期限内必须召开的债权人会议。考虑到第一次债权人会议在破产程序中占有十分重要的地位，许多有关破产的重大事项都要在本次会议上决定，各国破产法一般都规定第一次债权人会议必须召开，法院不得为加快破产程序的进度，在债权申报期限届满前就召开债权人会议，也不得以一般债权的清偿率为零为由而取消债权人会议。

第一次债权人会议须完成的事项主要有：成立债权人会议机构，指定债权人会议主席；进行债权核查；决定是否成立债权人委员会；解决人民法院认为需要由其讨论的其他问题。

第一次债权人会议的召集，由于债权人会议主席、债权人委员会等人员及机构尚未产生，故由人民法院召集，在债权申报期限届满后十五天内召开，具体日期由人民法院在通知和公告中确定。为保护债权人的权利，人民法院不得在法定期限之前召开第一次债权人会议，也不得无故推迟召开或不召开第一次债权人会议。

《企业破产法》第一百二十条第一款规定："破产人无财产可供分配的，管理人应当请求人民法院裁定终结破产程序。"如果管理人在第一次债权人会议召开前对债务人的财产状况调查发现，债务人的财产不足以支付破产费用，应当请求人民法院裁定终结破产程序，人民法院经审核，可以作出终结裁定并通知已知的和已申报的债权人。在这种情况下，第一次债权人会议虽未召开，但破产程序已终结，债权人会议实际已被取消，不再召开。

2. 以后的债权人会议的召集

以后的债权人会议是根据破产事务处理进程，当管理人、债权人委员会等机构认为必要时向债权人会议主席提议召开或法院依职权决定召开，就破产事务中的某些重要问题，如破产变价方案、财产分配方案问题进行讨论的会议。

《企业破产法》第六十二条第二款规定："以后的债权人会议，在人民法院认为必要时，或者由管理人、债权人委员会、占债权总额四分之一以上的债权人向债权人会议主席提议时召开。"

人民法院认为的"必要"，是指进行破产程序以保护债权人共同利益的需要。

对此,前文关于债权人委员会部分的阐述中已有所说明,如债权人委员会履职时遇到《企业破产法》第六十九条所规定的事项未经债权人会议表决处理的;管理人履职不当,需债权人会议决定是否向人民法院申请更换破产管理人的;市场条件发生变化,原债权人会议通过的债务人财产管理、变价方案难以实施或实施不符合经济原则,已有新的方案须再次召开债权人会议审议的。

除人民法院外,还存在其他提议召开债权人会议的主体,例如破产管理人在执行破产财产的管理、处分及分配等事务时;债权人委员会在行使《企业破产法》第六十八条所规定的职权时;占债权总额四分之一以上的债权人对破产程序中的问题与债权人会议主席或债权人委员会有不同意见时,如发现有需要债权人会议决议的事项时,均可以提议召开债权人会议。为防止债权人滥用召开债权人会议的提议权而加重债务人或者债权人的负担,《企业破产法》第六十二条规定其代表的债权额必须占债权总额四分之一以上。

二、召开债权人会议的准备工作

(一)债权人会议的主要准备工作

债权人会议的准备工作关系到债权人会议召开的成本,对其需予以充分重视和缜密准备。结合审判实践经验,我们认为需要做如下主要准备工作:

1. 根据法律规定和提议人的提议,确定债权人会议议题。

2. 确定债权人会议的召开时间、地点和参会人员,并通知参会人员。根据《企业破产法》第六十二条的规定,第一次债权人会议应当在债权申报期限届满之日起十五内召开。对以后的债权人会议召开时间,法律不作规定。涉及讨论、表决重整计划草案的债权人会议,根据《企业破产法》第八十四条的规定,应当在收到重整计划草案之日起三十日内召开。

3. 制定会议议程和主持方案,包括会前准备工作方案、会议召开的程序和实施预案。

4. 准备会议所需的文件材料,如债权表、债权申报资料、债务人财产管理方案、和解协议草案、重整计划草案、财产变价方案、财产分配方案。

5. 准备会议召开所需的物品,如文具、饮用水,布置会议场所和接待场所。

6. 联系安排落实保障会议秩序和处置突发事件的保安服务或公安机关。

7. 人民法院与管理人、债权人委员会、债权人会议主席充分沟通,分析可能遇到的各种问题,并制定对策措施。

8. 检查落实各项准备工作。

(二)债权人会议的会务预案

实践中,为保证债权人会议顺利召开,管理人都会就准备工作制定一套债权人会议会务预案,提交人民法院审核确定。本书附录某公司第一次债权人会议会务预案,供实践参考。

[案例6.3]某公司第一次债权人会议会务预案

某公司破产第一次债权人会议将于2×××年11月28日下午1:30于松江区法院召开,为确保会议顺利举行,明确各自职责,特制定本会务预案。

一、会务准备

1. 会议通知发送

由清算事务所于10月30日负责发送。

2. 会议资料准备

(1)破产清算报告、剩余资产处置方案。由清算组××负责,11月18日完成。(2)破产债权表。由清算事务所××负责,注意与会计师事务所审计报告衔接,11月18日完成。(3)会议材料印刷装订。由清算组××负责联系印刷、装订120份,11月25日交清算事务所100份。(4)表决牌制作、资料袋购置。由清算事务所负责,11月22日完成。(5)会议资料装袋。由清算事务所负责,11月26日完成。

3. 会场布置

(1)会标。由清算组拟定,经上海一中院确认后,请松江区法院委托制作并于11月24日前悬挂。(2)主席台布置、席卡制作与摆放。由松江区法院负责,11月26日完成。(3)会场音、影像配套及电源。会场监控摄像、录音、话筒等由松江区法院负责,其中固定摄像3套、移动若干、有线话筒3个、无线2个,11月26日安装调试完毕。(4)座位号粘贴、会场工作区布置。债权人座位号编制由清算事务所负责,11月15日完成,11月26日完成粘贴并落实会场工作区的布置,包括打印机安装就位、矿泉水发放到座位。

4. 其他

会议签到台、席卡布置,签到分组表张贴,签到表、表决表制作,40张会务人员胸卡制作等工作,由清算事务所负责,11月26日完成。

二、安保工作

会议场内负责安保工作人员6人,场外安检2人、维持秩序和引导8人,由上海一中院和松江区法院负责安排。会议和咨询期间的维稳工作,由松江区法院联系落实。

三、物资配备

(1)会议期间需电脑、打印机各2台,接线板若干,由清算事务所负责(自带),

于正式开会前调试完毕，使其处于工作状态；(2)债权人签到时需复印机1台，向松江区法院借用，清算事务所于正式签到前负责接通电源、调试，使其处于工作状态；(3)张贴签到分组表白板2块，向松江区法院借用；(4)摄像、录音、话筒的布置，利用松江区法院法庭内原有设施，再配备部分移动设备，其中固定摄像3套、移动若干、有线话筒3个、无线2个，由松江区法院负责落实；(5)会议用笔100支，资料袋120只，打印机硒鼓2只，打印纸1包，粘贴、装订材料若干，由清算事务所负责。

四、会议期间人员配备及分工

(签到、发会议材料、场外接待、引导、到会统计、表决结果计算、表决统计、安检配套、场内引导、表决检票、咨询、机动等事务的具体安排)

五、会后咨询安排

根据法院的要求，会后需安排一天时间咨询，拟选择×宾馆作为咨询点，以便于安全保卫。咨询人员计划安排18人，其中法院6人、清算组6人、清算事务所4人、会计师事务所2人。

六、车辆安排

因会议地点在松江区，届时会务人员、公司总部人员、办事处人员赴会需安排车辆接送。

七、费用预算

本次会议预计费用若干元(详见清单)，包括邮费、纸张、笔、资料袋等会议费用，及会后咨询的场地和车辆租借、住宿、餐费等费用。

八、其他

会议期间债务人公司总部及部分省市办事处将派员出席，为此，办事处将承担该部分人员的接送和食宿安排工作。

三、债权人会议的规模与方式

在各类破产案件中，破产企业的规模大小各异，债权人数量和债权数额存在差别，法律关系的繁简程度各不相同。对于召开债权人会议的规模和形式，《企业破产法》并无强制划一的规定，实践中可以因地制宜、因事制宜地灵活作出适当安排。在适用传统的集中统一现场会议模式的基础上，可考虑采用其他的会议模式。

1. 债务人为上市公司或金融机构的债权人会议，债权人人数一般都是成千上万的，债权数额庞大，债权分布分散。目前，对于这类大型企业的破产，基本上还是采用传统的现场会议模式召开债权人会议，但会议成本较高。随着信息技术的发展，除现场设置会场外，还可以探索借助证券交易所或金融监管机构发达的网络平台,召集债权人会议。管理人可预先将待决事项制作成完整的说明,通过证券交易所、金融监管机构的公告系统向债权人送达。人民法院在向已知债权人发出的通知及发布的公告中应载明债权人会议的召开形式,并将网络表决操作方式等事项告知债权人。之后在确定的债权人会议召开时间,由各债权人在网络平台上对待决事项进行表决。

2. 债务人为其他大中型企业的债权人会议,债权人人数一般也较多。有的债务人企业在若干城市设立有分支机构,债权人相对集中在这些分支机构所在地。实践中,可以探索在有条件的地方通过电视电话、网络会议的方式设置债权人会议分会场,分会场的相关人员与主会场的相关人员一起进行讨论、表决。对于争议不大的事项,也可以采取书面征询意见和表决的方式。

3. 债务人为小型微型企业,或者事实比较清楚、争议不大的破产案件,除沿用传统的债权人会议外,还可以考虑采用书面表决方式。

以上几种思路符合诉讼经济原则,实践中还可以对其进一步探索。但要强调的是,不论采取何种模式,必须坚持一个前提和两项原则:一个前提是,必须有过半数的债权人且其所代表债权额占无财产担保债权额的二分之一以上同意以其他方式召开债权人会议;两项原则是,不得违背法律关于破产程序的规定,不得有碍当事人特别是债权人依法行使权利。

四、债权人会议的主持

《企业破产法》第六十条规定:"债权人会议设主席一人,由人民法院从有表决权的债权人中指定。债权人会议主席主持债权人会议。"据此规定,债权人会议应由法院指定的债权人会议主席主持,以充分实现债权人自治,人民法院不宜过多介入。但《企业破产法》未明确债权人会议主席的指定时间。通常,人民法院应在债权人会议召开前就指定好债权人会议主席,并在会议开始时予以宣布。

[案例6.4]上海科宝汽车传动有限公司破产清算案、上海宝铁储运有限公司破产清算案[1]

在宝山区法院受理的上海科宝汽车传动有限公司破产清算一案中,法院在第一次债权人会议召开前,依照《企业破产法》第六十条的规定,指定交通银行股份有限公司上海杨浦支行为债权人会议主席。在会议开始阶段就宣布债权人会议主席及其职责,随后由该行主持债权人会议。在该院受理的另一起上海宝铁储运有限公司破产清算一案中,法院也在第一次债权人会议召开前指定中国农业银行股

〔1〕 上海市宝山区人民法院(2009)宝民二(商)破字第1号、(2009)宝民二(商)破字第2号。

份有限公司上海市分行第二营业部为债权人会议主席，履行债权人会议主席的职责。这两起破产案件中，管理人前期准备工作充分，法院与管理人进行多次协商，了解债权组成等情况，故及时指定了具有专业知识的银行债权人为债权人会议主席，实际情况反映这一安排取得了较好的会议效果。

有些简单的小型破产案件，债权人不多，待决事项明了，不存在是否继续营业等重要讨论事项，一般只召开一次债权人会议即可。针对该类简单小型破产案件可根据实际情况，由人民法院协助债权人会议主席主持第一次债权人会议(也是唯一一次债权人会议)。在该次会议上，将有关债权核查、管理人报酬和费用的审核、债务人财产管理方案及破产财产的变价方案等事项一并予以讨论通过，亦符合《企业破产法》的相关规定。

此外，实践中还存在管理人实际主持债权人会议的情形。由管理人主持债权人会议，虽然未必影响债权人行使实体权利，但与债权人会议的性质和法律赋予管理人的职权不相符，明显缺乏法律依据，法院对此种做法应予纠正。当然，需管理人积极协助开展好债权人会议工作的，管理人应当做好。

五、债权人会议的流程

债权人会议因会议规模、讨论事项等内容的不同，每次会议的流程有所差异。本书以召开第一次债权人会议的一般流程为例，归纳债权人会议的流程如下：

1. 宣布会议纪律；
2. 通报债权人到会情况；
3. 告知债权人其权利义务；
4. 宣布合议庭组成人员；
5. 宣布人民法院指定的债权人会议主席及其职责；
6. 宣布会议议程；
7. 人民法院通报案件审理情况；
8. 管理人报告工作；
9. 管理人报告债权申报审核情况，核查债权；
10. 管理人报告报酬以及相关费用情况，核查管理人报酬方案；
11. 管理人报告债务人财产管理方案；
12. 对议决事项进行讨论、表决；
13. 宣布休会。

关于报告破产财产变价方案、破产财产分配方案及其他各事项的讨论、表决，可根据案件情况，安排在第一次债权人会议或以后的债权人会议上进行。

为了更为直观地展示债权人会议召开的流程，下文提供两个实例供参考。第一个是较为简单的债权人会议，内容较为完整，涵盖了实践中大多数债权人会议的基本流程与事项。

[案例6.5]上海某电路板有限公司第一次债权人会议主持提纲

一、宣布会议纪律(略)

二、通报债权人到会情况

法院：松江区法院民事审判第二庭现就债权人金陵公司申请上海某电路板有限公司破产清算一案召开第一次债权人会议。截至目前，在本院指定债权申报期间申报债权的十五户，无财产担保的债权人有十五户，所代表的债权数额×元。本次会议已到会债权人共×户，其中有表决权的债权人×户，所代表的债权额为×元；到会债权人及代表的债权额符合破产法关于债权人会议召开的法定条件，本次会议可以依法进行。

三、告知债权人权利和义务

法院：首先，本院向各位债权人告知债权人会议的职权及债权人的权利。根据《中华人民共和国企业破产法》第六十一条的规定，债权人会议行使下列职权：(1)核查债权；(2)申请人民法院更换管理人，审查管理人的费用和报酬；(3)监督管理人；(4)选任和更换债权人委员会成员；(5)决定继续或者停止债务人的营业；(6)通过重整计划；(7)通过和解协议；(8)通过债务人财产的管理方案；(9)通过破产财产的变价方案；(10)通过破产财产的分配方案；(11)人民法院认为应当由债权人会议行使的其他职权。

根据《破产法》第五十九条第一款、第六十四条第二款之规定，依法申报债权的债权人，有权参加债权人会议，依据审核确定的债权额行使表决权；认为债权人会议的决议违反法律规定，损害其利益的，可以自债权人会议作出决议之日起十五日内，请求人民法院裁定撤销该决议，责令债权人会议依法重新作出决议。债权人会议的决议，对于全体债权人均有约束力。

其中，上海市××区国家税务局未在本院指定的债权申报期间内申报债权，故在本次债权人会议中不能行使表决权。上海某集团有限公司申报债权时，以有财产担保的债权形式申报债权×万元，故其在×万元普通债权数额内行使表决权。

鉴于本次会议到会人员较多，为保障会议各项议程按时进行，会议进行中间不安排提问咨询；如对会议内容有疑问或有其他异议的，可以在会后三个工作日内就有关问题以书面形式提交管理人，由管理人统一回复。

四、告知合议庭组成人员情况

法院：现在告知本案合议庭的组成人员和书记员名单。本案由审判员×××、

×××、×××组成合议庭进行审理，由×××担任审判长。书记员×××担任此次会议的记录员。

现在宣布本次债权人会议的议程：(1)指定债权人会议主席；(2)法院通报案件审理情况；(3)管理人报告《破产管理工作》和《破产财产管理情况报告》；(4)管理人报告债权审核情况；(5)审议管理人报酬、审计费用、评估费用和拍卖费用的计算标准；(6)表决《破产财产变价方案》；(7)审议清算过程中发生的重大事项。

五、宣布债权人会议主席

法院：现在进行债权人会议的第一项议程，由本院根据《企业破产法》的规定指定并宣布债权人会议主席。本院依法指定×××作为债权人会议主席，以后的债权人会议由×××主持(债权人会议主席的职责即具体工作主要有下列几项：第一，宣布会议开始，说明会议议题和注意事项；第二，主持会议讨论，维持会议秩序；第三，就有关议题或有关事项向出席会议的债权人和债务人的有关人员和管理人进行询问；第四，宣布议决结果；第五，对会议的程序作出决定)。债权人会议主席担任会议主持人。

六、案件审理情况

债权人会议主席：下面进行第二项议程，由法院告知案件审理情况。

法院：本院现在向各位债权人告知受理债权人金陵公司申请上海某电路板有限公司破产清算案以来法院审理工作的基本情况。

本院于2011年10月27日收到债权人金陵公司申请上海某电路板有限公司(以下简称“电路板公司”)破产清算一案的申请书，我院经审查后于2011年11月21日依法裁定受理了电路板公司破产清算一案。受理之后，主要做了以下几方面的工作。

1. 依法及时启动破产程序，迅速开展破产清算工作

案件受理后，考虑到电路板公司的实际情况，根据《企业破产法》及上海市高级人民法院关于破产管理人的相关规定，我院于2011年12月9日指定上海华鸿清算事务有限公司为破产管理人，第一时间接收电路板公司财务账册及破产财产。同时，我院依法对案件受理及债权申报予以公告，2011年12月23《人民法院报》在第二版公告了相关事宜。

2. 依法指导、监督管理人，协力完成各项破产清算工作

在电路板公司破产清算过程中，我院依法积极行使司法权，保障清算程序顺利进行。一是参与每次管理人工作会议，帮助管理人共同解决清算过程中遇到的难题，确保清算程序依法推进；二是指导工作人员，提高管理人在审核债权、清收财产等方面的法律适用能力；三是依法指导和监督管理人聘请审计、评估、拍卖等中介

机构；四是协调对电路板公司的诉讼、保全及执行程序，确保电路板公司的破产财产统一纳入破产程序中进行分配；五是帮助管理人追收财产，争取债权人受偿最大化。

通过三个多月的工作，电路板公司的债务已经基本清理完毕。为了使债权人对电路板公司破产清算工作有一个完整的了解，我院召集了本次债权人会议。关于电路板公司破产清算的具体情况，债权人通过后面的议程将会有更深入的了解。

七、管理人报告工作

债权人会议主席：下面进行会议第三项议程，由管理人作《破产清算工作报告》和《破产财产管理情况报告》。

管理人：宣读《破产清算报告》和《破产财产管理情况报告》（略）。

八、报告债权申报、审核工作

债权人会议主席：下面进行会议第四项议程，由管理人作《债权审核报告》。

管理人：宣读《债权审核报告》（略）。

债权人会议主席：就《债权审核报告》有关问题，作如下释明：

本次会议资料中债权表所记载的债权申报及确认情况，都是经过管理人与申报人进行材料核对、材料补充、管理人出具初步意见、申报人反馈意见、管理人出具最终意见等反复多次程序后确定的。本次管理人就债权申报、审核情况所进行的报告，是对前期工作的总结汇报，请债权人会议核查。

债权人会议主席：刚才签到时，各位债权人代表已经拿到一份破产管理人编制的提请债权人会议核查的债权表。请各位债权人代表仔细阅看手中的债权表，对债权表记载的债权有异议的请举手。

债权人会议主席：（若无债权人对债权表记载的债权有异议）

刚才经过核查，债权人对债权表记载的债权无异议，现提请法院依法裁定，对破产管理人提交债权人会议核查的债权表记载的债权予以确认，确认后的债权表具有法律效力。债权人应依据债权表确定的债权和债权额行使权利，表决时以债权表确定的债权额计算表决的债权额。

债权人会议主席：（若有债权人对债权表记载的债权有异议）

刚才经过核查，债权人×对债权表记载的债权有异议，债权人×可以就争议的债权另行提起诉讼。对破产管理人提交债权人会议核查的债权表记载的债权，除债权人×的债权外，其他均提请法院裁定确认，确认后的债权表具有法律效力。债权人应依据债权表确定的债权和债权额行使权利，表决时以债权表确定的债权额计算表决的债权额。债权人×对债权提出异议，在债权确认前债权人×不得行使表决权。

九、审议管理人报酬、审计费用等费用的计算标准

债权人会议主席:下面进行会议第五项议程,审议管理人报酬、审计费用、评估费用和拍卖费用的计算标准。

十、报告破产变价方案

债权人会议主席:下面进行会议第六项议程,由管理人作《破产财产变价方案》。

管理人:宣读《破产财产变价方案》(略)。

债权人会议主席:电路板公司破产清算过程中,松江区法院与江苏昆山法院等协商,要求其及时解除对电路板公司财产的查封、冻结措施。现上述法院已解除对破产财产的查封、冻结措施。管理人接收的财产主要是原材料、机器设备等动产。为便于最终的财产分配,也为了保证财产的价值,需根据法律规定变卖上述财产,请债权人会议核查。

债权人会议主席:(若无债权人对债权表记载的债权有异议,则由法院审判长宣布裁定确认)

十一、审议清算过程中发生的重大事项

债权人会议主席:下面进行会议第七项议程,审议清算过程中发生的重大事项。

管理人:逐项表决重大事项(略)。

十二、宣布散会

债权人会议主席:各位债权人,本次会议各项议程到此已全部进行完毕。现在宣布上海某电路板有限公司第一次债权人会议结束。请管理人代表和债权额占前五位的债权人代表、债权人会议主席在会议记录上签名。请各位债权人有序退场。

现在散会。

第二个案例是上市公司破产重整案件,该案件因案情较为复杂、涉及的利益方人数众多,召开了多次债权人会议,本书附录第一次、第二次债权人会议的流程,可供参考。

[案例6.6]上海华源股份有限公司重整案债权人会议流程[1]

上海华源股份有限公司第一次债权人会议流程

一、宣布会议纪律

书记员:下面宣布会议纪律(略)。

二、法院主持会议

法院:上海华源股份有限公司破产重整案第一次债权人会议现在开始。

[1] 上海市第二中级人民法院(2008)沪二中民四(商)破字第2号。

申请人上海泰升富企业发展有限公司以上海华源股份有限公司不能清偿到期债务为由,向本院申请上海华源股份有限公司破产重整。上海华源股份有限公司对申请人提出的重整申请表示同意。本院认为,被申请人上海华源股份有限公司不能清偿到期债务,明显缺乏清偿能力,符合破产重整的条件,故依据《中华人民共和国企业破产法》第二条第二款之规定,于2008年9月27日以(2008)沪二中民四(商)破第2-1号民事裁定受理本案。根据《中华人民共和国企业破产法》第二十二条、最高人民法院《关于审理企业破产案件指定管理人的规定》第十八条第(四)项之规定,本院同时指定包括中国银行业监督管理委员会上海监管局、中国证券监督管理委员会上海监管局、上海市金融服务办公室、上海市国有资产管理委员会、华润医药集团有限公司的相关人员以及北京市金杜律师事务所组成的上海华源股份有限公司清算组为管理人,依法行使管理人职权。

根据《中华人民共和国企业破产法》的规定,本院今天召集上海华源股份有限公司第一次债权人会议。出席本次债权人会议的有:审理华源股份重整案的法院合议庭成员、华源股份清算组全体成员、华源股份公司管理人员以及在法院规定的债权申报期限内向管理人申报债权的×名债权人。

根据《中华人民共和国企业破产法》的规定,债权人会议应设主席一人,由人民法院从有表决权的债权人中指定,由债权人会议主席主持债权人会议。本院指定债权人中国工商银行股份有限公司上海市分行第二营业部为债权人会议主席,该单位委派王某某为其代理人。

根据《中华人民共和国企业破产法》第六十条第二款的规定,债权人会议由债权人会议主席主持。下面请债权人会议主席主持会议。

三、债权人会议主席宣布上海华源股份有限公司重整案会议议程

债权人会议主席:中国工商银行股份有限公司上海市分行第二营业部接受法院的指定,作为华源股份债权人会议主席主持会议。本次会议的议程如下:

第一项:核查债权;

第二项:管理人作阶段性工作报告,债权人审查管理人的工作报告;

第三项:重整计划草案(预案)相关内容的解读和说明。

四、核查债权

债权人会议主席:下面进行会议第一项议程,核查债权。现在请华源股份管理人工作人员郝某某作核查债权的说明。

(管理人工作人员郝某某作核查债权的说明,债权人核查债权,提交核查债权确认书,工作人员收取债权确认书;对债权有异议的债权人,在会后三个工作日内以书面形式向管理人提出。)

五、管理人作阶段性工作报告

债权人会议主席:下面进行会议第二项议程。请华源股份管理人负责人北京市金杜律师事务所王某某律师作华源股份管理人阶段性工作报告。

王某某律师:《华源股份管理人阶段性工作报告》。

债权人会议主席:以上管理人就前一段的工作向债权人会议作了汇报,各位与会债权人对于管理人的报告有什么看法和意见?

(债权人提问,管理人、审计和评估人员回答。)

债权人会议主席:由于时间关系,如果债权人还有其他问题,可以在会议之后,通过口头或书面的方式向管理人提出。

六、重整计划草案(预案)的解读和说明

债权人会议主席:下面进行会议第三项议程,对华源股份重整计划草案(预案)进行解读和说明。

现在请华源股份清算组成员北京市金杜律师事务所刘某某律师宣读重整计划草案(预案),并对重整计划草案(预案)进行介绍说明。

刘某某律师:宣读重整计划草案(预案),对重整计划草案(预案)进行说明。

债权人会议主席:以上是管理人对重整计划草案(预案)作的介绍、解读和说明,债权人已经对重整计划草案有了一个了解。如果债权人对于重整计划还有什么不清楚的,可以在本次会议之后,通过口头或书面的方式向管理人提出。管理人联系方式如下:上海市陆家嘴东路××号招商局大厦31楼,邮政编码200120,电话:021-×××××××××,联系人:郝某某。

七、宣布散会

债权人会议主席:华源股份重整案第一次债权人会议所有会议议程进行完毕。第二次债权人会议定于2008年11月20日下午13:30在×××××召开。第二次债权人会议将对华源股份重整计划草案进行表决,请各位债权人届时参加。

现在宣布散会。

上海华源股份有限公司第二次债权人会议流程

召开时间:2008年11月20日下午13:30

参加人员:审理华源股份重整案件的合议庭成员、管理人、职工代表、税款债权人、普通债权人、担保债权人

债权人会议具体流程如下。

一、宣布会议纪律

书记员:宣布会议纪律(略)。

二、法院宣读债权确认裁定和赋予部分债权人的临时债权额的决定

法院：上海华源股份有限公司第二次债权人会议现在开始。

上海二中院审理上海华源股份有限公司重整一案，在本院确定的30日债权申报期限内，共有148家债权人向管理人申报了251笔债权，债权申报总计金额为2488856275.21元。管理人对上述债权进行审查后，编制债权表提交第一次债权人会议核查。各债权人对管理人编制的债权表进行了核查，共有5家债权人申报的总计金额为人民币485202952.43元（四亿八千五百二十万二千九百五十二点四三元）的担保债权，2家债权人申报的总计金额为人民币9384834.49元（九百三十八万四千八百三十四点四九元）的税款债权，134家债权人申报的总计金额为人民币1692792715.58元（十六亿九千二百七十九万二千七百十五点五八元）的普通债权，以上共计人民币2187380502.50元（二十一亿八千七百三十八万零五百零二点五零元），债权人与债务人对此均无异议，管理人遂请求本院裁定予以确认。

本院认为，上海华源股份有限公司管理人的请求符合法律规定。依照《中华人民共和国企业破产法》第五十八条第二款之规定，裁定确认：第一次债权人会议核查通过的债权人的债权成立。本院的民事裁定书已经在债权人签到时随其他材料分发给了各位债权人，具体内容请自行阅看。

此外，除了上述已确认的债权外，尚有7家债权人申报的债权尚未确定或者对债权性质存有争议。为保障债权人在此后的债权人会议上行使权利，依照《中华人民共和国企业破产法》第五十九条第二款之规定，本院决定，确认上海美建钢结构有限公司等7家债权人享有临时债权额，以行使表决权。本院的民事决定书也已经随其他材料分发给了该7家债权人。

下面，请债权人会议主席主持会议。

三、介绍参会人员

债权人会议主席：

上海华源股份有限公司重整案第二次债权人会议现在开始。我是债权人会议主席中国工商银行股份有限公司上海市分行第二营业部的王某某。

下面介绍一下今天的到会人员。参加本次债权人会议的普通债权人有×家，其中×家同时为华源股份的担保债权人（以实际登记为准）；参加今天会议的还有华源股份的×家税款债权人；×名职工代表；审理华源股份重整案件的合议庭成员、华源股份管理人以及华源股份的管理人员也出席了本次会议。

四、宣布会议议程

本次债权人会议的议程如下：

第一项：由华源股份管理人对华源股份第一次债权人会议上债权人提出的问

题进行答复和说明；

第二项：债权人审阅《上海华源股份有限公司重整计划草案》，管理人作重整计划草案的说明，并集中回答债权人就重整计划草案所关注的问题；

第三项：各组债权人对《上海华源股份有限公司重整计划草案》进行表决。

五、会议第一项议程

下面进行会议第一项议程，由华源股份管理人对上次会议上债权人提出的问题进行答复和说明。

（管理人对问题进行答复和说明。）

六、会议第二项议程

现在我们进行会议的第二项议程，债权人审阅重整计划草案，由管理人对重整计划草案作出说明；债权人书面提出相关问题，由管理人进行解答。

请各位债权人仔细阅读重整计划草案；同时，我们请管理人对重整计划草案作出说明。

（管理人对重整计划草案作出说明。）

除管理人已经说明和已经集中解答的问题以外，如各位债权人还有新的问题，可以将问题以书面形式提出，交给工作人员，由管理人回答。

（债权人写问题，工作人员收问题，管理人代表回答问题。）

（如果没有新的问题）由于时间关系，为了不影响整个会议的进程，回答债权人问题的程序就进行到这里。债权人若有其他不清楚的问题可在会后与管理人沟通。

七、会议第三项议程

现在进行会议第三项议程，请各组债权人对《上海华源股份有限公司重整计划草案》进行表决。在投票之前，请管理人的工作人员对表决规则作出说明。各组债权人分别对华源股份的重整计划草案进行表决。

（债权人填写表决票，工作人员收取表决票。）指定工作人员专门负责某一组表决票的收取。

八、监票和表决结果统计

现在表决票收取完毕，我们选出两名债权人作为监票人，监督表决票统计结果。愿意担任监票人的债权人请举手，谢谢！（工作人员在债权人监督下统计表决结果，监票债权人在表决结果上签字。）

九、债权人会议主席宣布表决结果

（如通过重整计划，债权人会议主席宣布表决结果。）

主席宣布：根据《中华人民共和国企业破产法》的规定，债权人表决通过重整计划的，自重整计划通过之日起十日内，管理人将向上海二中院提出批准重整计划的申请。上海二中院经审查，如认为重整计划符合《中华人民共和国企业破产法》规定的，将裁定批准，终止重整程序，并予以公告。

自人民法院裁定批准重整计划之日起，在重整计划规定的监督期内，华源股份管理人将监督重整计划的执行。

（如未通过重整计划，债权人会议宣布如下表决结果。）

主席宣布：由于普通债权组未通过重整计划草案，根据《中华人民共和国企业破产法》的规定，管理人可以同未通过重整计划草案的表决组协商，该表决组可以在协商后再表决一次。考虑到各位债权人的实际情况，第二次债权人会议暂时休会，2008 年 12 月 1 日下午 13:30，在 × × 继续开会。普通债权组的债权人届时可至 × × 继续开会，进行普通债权组的第二次表决。参加第一次表决的普通债权组债权人已经表决同意重整计划草案的，如果该些债权人届时未继续参加会议的，则其第一次表决意见将作为其表决的最终意见，统计在第二次表决结果中。第二次表决的结果将由管理人书面通知未参加第二次表决的债权人。

现在休会。

六、债权人会议决议

（一）债权人会议的决议规则

关于债权人会议的议决规则，理论上可作三类划分：一是以同意的债权人所代表的债权额的多数或者绝对多数决；二是以人数和债权额双重多数为标准；三是以出席会议的人数的多数同意为标准。因为单采人数标准，虽能保障多数债权人的利益却未必符合少数大额债权人的利益，而单采债权额标准则反过来可能损害多数小额债权人的利益，显然采取人数和债权额双重标准进行表决对保护债权人的全体利益来说更为周全。

我国破产立法将债权人会议的决议分为一般决议和特殊决议两类，此外针对破产重整这一特殊程序，还规定了分组表决的决议方式。对于一般决议，《企业破产法》第六十四条第一款规定："债权人会议的决议，由出席会议的有表决权的债权人过半数通过，并且其所代表的债权额占无财产担保债权总额的二分之一以上。"也就是说，一般决议采取人数和债权额双重多数标准。

特殊决议主要是指《企业破产法》第九十七条规定的通过和解协议的决议。该条规定："债权人会议通过和解协议的决议，由出席会议的有表决权的债权人过半数同意，并且其所代表的债权额占无财产担保债权总额的三分之二以上。"由于和解协议的达成在相当程度上取决于债权人的让步，债权可能被延期或者减免，这直接影响全体债权人的利益并使债权人承担一定的风险。因此,法律对和解协议的通过规定了更为严格的要求,这样既可以照顾债权额多的债权人的利益,又可以兼顾债权额少的债权人的利益。

重整中分组表决,是指按照不同的标准,将债权人分为若干小组,再以小组为单位分别进行表决,然后按各组表决的结果计算债权人表决的结果。依据《企业破产法》第八十二条的规定,根据债权清偿顺序,表决小组一般区分为有担保债权、劳动债权、税收债权、普通债权四个表决组。人民法院在必要时还可在普通债权组中设小额债权组对重整计划草案进行表决。《企业破产法》对重整计划采用分组表决的方式,是因为重整程序中各方利益不同,甚至存在利益冲突。重整程序暂缓了债权人受偿权的行使,在增加普通债权人收回债权可能性的同时也加大了其收回债权的风险,但对于有财产担保的债权人而言,其债权的实现已有一定的保障,重整则需其作出适当让步。如果不对债权分组,则份额较小的部分债权人的意见可能会被忽视。就分组表决规则而言,其类似于特殊决议规则。根据《企业破产法》第八十四条第二款、第八十六条第一款的规定,重整计划的通过首先需各表决组均通过;而各表决组通过的标准为同一表决组的债权人过半数同意且其所代表的债权额占该组债权总额的三分之二以上。

对于债权尚未确定的债权人,除人民法院能够为其行使表决权而临时确定的债权额外,不得行使表决权。对债务人的特定财产享有担保权的债权人,若未放弃优先受偿权,对于以下事项不享有表决权:(1)通过和解协议;(2)通过破产财产的分配方案。

(二)债权人会议决议僵局的处理

我国《企业破产法》未规定债权人强制出席和强制表决的制度,这样就可能导致债权人会议对某些事项无法形成决议而陷入僵局,进而影响破产程序的顺利进行。对此,《企业破产法》规定了补救措施,对影响破产程序进行的重要事项,如《企业破产法》第六十五条第一、二款所规定的,针对债务人财产的管理方案、破产财产的变价方案,经债权人会议表决未通过的;针对破产财产的分配方案,债权人会议二次表决仍未通过的,均由人民法院裁定。人民法院作出裁定后,应依据《企业破产法》第六十五条第三款的规定,在债权人会议上宣布或者另行通知债权人。

由人民法院对重要事项作出裁定代替债权人会议决议是对债权人会议决议僵局的救济方式,是为了提高破产程序的效率。但是人民法院的裁定并不能保证这一裁定可获得多数债权人的支持,因此,《企业破产法》又设置了对人民法院裁定异议债权人的救济途径。依据《企业破产法》第六十六条的规定,债权人对人民法院针对债务人财产的管理方案和变价方案作出的裁定不服的,及债权额占无财产担保债权总额二分之一以上的债权人对人民法院针对破产财产分配方案作出的裁定不服的，可以自裁定宣布之日或者收到通知之日起十五日内向该人民法院申请复议。复议期间不停止裁定的执行。

（三）债权人会议决议的效力

1. 债权人会议决议对债权人的效力。《企业破产法》第六十四条第三款规定："债权人会议的决议，对于全体债权人均有约束力。"其中，《企业破产法》第九十二条第一款规定，经人民法院批准的重整计划须经人民法院裁定后生效，才对债务人和全体债权人均有约束力；第一百一十五条第三款规定，债权人会议通过破产财产分配方案后，由管理人将该方案提请人民法院裁定认可。

值得探讨的是，债权人会议的决议对不享有表决权的债权人是否有约束力。虽然《企业破产法》第六十四条第三款规定债权人会议的决议"对于全体债权人均有约束力"，但我们注意到学界对此有不同认识。有人认为，担保债权人对债权人会议通过的和解协议和破产财产分配方案没有表决权，根据权利义务对等原则，债权人会议通过的这些决议不应约束担保债权人。[1] 有人认为，虽然担保债权人对上述事项没有表决权，但因其就担保物享有的优先受偿权不在和解协议和破产财产分配方案的范围内，所以承认债权人会议决议对担保债权人具有约束力，并不会使担保债权人的利益受到损害。[2] 我们认为，破产法排除有特定财产担保的债权人对通过和解协议与破产分配方案的表决权，是建立在有特定财产担保的债权人不放弃优先受偿权的基础上的。该担保债权人就特定财产享有的优先受偿权不受债务人破产的影响，该担保债权人原则上也不参加破产和解。《企业破产法》第一百零九条、第一百条、第九十六条第二款对此均有相应规定。因此，只要该财产担保债权合法有效，且债权人不放弃优先受偿权，根据权利义务对等原则，债权人会议通过的有关和解协议与破产分配方案的决议对该担保债权人不具有约束力。这属于《企业破产法》第六十四条第三款所称"全体债权人"的特殊例外情形。但如果该财产担保债权被依法确认无效，担保债权人声明放弃优先受偿权，或者担保债权人自愿参加和解的，则上述决议对其有约束力。

2. 债权人会议决议对管理人有约束力，管理人必须遵守、执行。

3. 债权人会议决议对债权人委员会有约束力，债权人委员会必须遵守、执行。

（四）对债权人会议决议的异议和撤销

债权人会议的决议无论是一般决议还是特殊决议，从决议规则来看，都应代表

---

〔1〕 王欣新主编：《破产法原理与案例教程》，中国人民大学出版社 2010 年版，第 195 页。

〔2〕 吴庆宝、王建平主编：《破产案件裁判标准规范》，人民法院出版社 2009 年版，第 230 页。

了大多数债权人的利益，但不能排除所通过的决议损害少数债权人权益的可能。为了给反对债权人会议决议的少数债权人提供维护权益的救济途径，《企业破产法》第六十四条第二款规定："债权人认为债权人会议的决议违反法律规定，损害其利益的，可以自债权人会议作出决议之日起十五日内，请求人民法院裁定撤销该决议，责令债权人会议依法重新作出决议。"根据该款规定，债权人提出撤销债权人会议决议的申请应当具备以下要件：

1. 申请撤销的时间受限。债权人应当自债权人会议决议之日起十五日内提出撤销申请，此为除斥期间，逾期不得提出撤销申请。

2. 申请理由的受限。申请撤销债权人会议决议的理由限于决议违反法律规定或损害债权人利益。这里的"利益"应是指提出撤销申请的债权人之利益，债权人以决议损害债权人共同利益为由提出撤销申请的，人民法院不应受理。

3. 已裁定的事项不得撤销。债权人会议决议事项已经人民法院裁定确认或认可的，债权人不得申请撤销。

4. 提出申请的债权人范围。任何对债权人会议决议有异议的债权人是否都可提出撤销申请呢？通常认为，可提出撤销决议请求的债权人应限于表决时反对债权人会议决议的债权人、享有表决权但未出席债权人会议的债权人以及在表决时尚不能行使表决权的债权人。表决时同意债权人会议决议的债权人不再享有撤销债权人会议决议的申请权。[1]

---

〔1〕 王欣新：《破产法》，中国人民大学出版社 2011 年版，第 223 页。

第七章　与破产程序相关的民事诉讼

破产程序作为整体解决债务人债权债务问题的司法程序，势必会与债务人有关的债权债务关系处理产生联系。对此，需要设定相应的争议解决机制来处理相关争议，保障破产程序顺利进行。《企业破产法》改变了《企业破产法（试行）》的原有制度设计，不再将有关债务人的实体争议纳入破产程序解决，而是由人民法院按照民事诉讼的审判程序进行审理。与破产程序相关的民事诉讼是《企业破产法》实施中衍生的新类型民事诉讼，在诉讼类型、诉讼管辖、当事人确定等方面具有区别于其他民事诉讼的自身特点，而且诉讼案件的审理与破产案件的审理需要相互衔接、互为补充。本书在其他章节的有关论述中已涉及与破产程序相关的民事诉讼，但基于此类诉讼的特殊性，有必要设专章对其加以阐释。本章将通过对与破产程序相关的民事诉讼制度的介绍和实例分析，对审判实务中存在的问题和做法进行梳理。

第一节　与破产程序相关的民事诉讼概述

一、与破产程序相关的民事诉讼之界定

与破产程序相关的民事诉讼，又称破产衍生诉讼，或称有关债务人的民事诉讼。它是指基于债务人破产，相关主体就破产程序中的权利争议所引发的，独立于破产程序之外的民事诉讼。与破产程序相关的民事诉讼与其他民事诉讼相比，具有以下几个特征。

（一）起诉和受理的依据是《企业破产法》的相关规定

当事人之间因财产关系和人身关系提起的民事诉讼，凡符合《民事诉讼法》规定的起诉条件和受理范围，人民法院应当受理。与破产程序相关的民事诉讼的起诉和受理，不仅要符合《民事诉讼法》的基本规定，还要符合《企业破产法》的相关

规定。一方面,《企业破产法》除了规定破产程序外,还给予破产利害关系人通过诉讼途径获得司法救济的权利;另一方面,破产利害关系人只能依据《企业破产法》的规定行使诉讼权利,也就是说,不是所有与破产程序相关的争议都可以通过诉讼方式解决。《企业破产法》对于某些事项或争议(如债务人财产管理方案、破产财产变价和分配方案,因发生争议未获得债权人会议通过),仍采用由人民法院裁定的制度,破产利害关系人即使有异议也不得提起诉讼。

(二)诉讼发生在债务人破产程序期间

按照法院受理破产申请时相关民事诉讼是否已经开始为划分标准,我们把受理破产申请前已经开始、尚未终结的有关债务人的民事诉讼称为既有民事诉讼,把法院受理破产申请后依《企业破产法》规定新提起的有关债务人的民事诉讼称为后发民事诉讼。就既有民事诉讼而言,案件受理时破产程序尚未启动,这类民事诉讼是依《民事诉讼法》的规定提起的。需注意债务人为一方当事人的普通民事纠纷与破产程序相互衔接。例如,《企业破产法》第十九条和第二十条规定,在人民法院受理破产申请后,既有民事诉讼中有关债务人财产的保全措施应当解除,执行程序应当中止,相关案件中止审理,在管理人接管债务人的财产后,诉讼继续进行。后发民事诉讼,则是依照《企业破产法》的有关规定,在破产程序进行中发生的,按民事诉讼程序提起的诉。故与破产程序相关的民事诉讼通常是指后者,发生在债务人破产程序期间。

(三)诉讼标的主要围绕债务人的财产展开

提起这类诉讼的目的,因主体不同而各有差异。就债权人而言,他们主要是请求确认其债权、质疑其他债权人债权、确认其行使抵销权和优先受偿权等;就管理人或债务人而言,他们主要是为了清收债务人的债权、追收对债务人的出资、追回债务人高管人员的非正常收入等。此外,相关的利害关系人还可以主张管理人、债务人高管人员承担损害赔偿责任。尽管各种与破产程序相关的民事诉讼的诉讼标的不同,但当事人之间都是围绕债务人财产范围的增减展开诉辩对抗的,属于实体权利争议。

(四)诉讼程序适用普通审判程序

破产案件除了适用破产法特别程序的案件外,还包括适用民事诉讼法普通审判程序的衍生诉讼案件。《企业破产法》第四条规定:“破产案件审理程序,本法没有规定的,适用民事诉讼法的有关规定。”据此,与破产程序相关的民事诉讼适用民事诉讼法的有关程序规定进行审理,包括一审、二审审判程序,以及普通程序与简易程序。

（五）诉讼参加人具有一定的特殊性

与其他民事诉讼案件不同，除了民事法律关系的债权人、债务人可以成为破产衍生诉讼案件的当事人外，破产程序中的管理人也可以成为诉讼当事人，如破产撤销权诉讼，管理人作为原告参加。此外，因管理人具有代表债务人参加诉讼的法定职责，管理人还作为债务人的诉讼代表人参加诉讼。

二、设置与破产程序相关的民事诉讼之法理基础

《企业破产法》设置与破产程序相关的民事诉讼是采用了国际上通行的破产立法体例与司法惯例，即所谓的分别审判主义。它是指对债务人的破产程序与债务人财产诉讼程序，采取分别审判的处理方法，破产程序主要进行债务人的破产清算，对债务人财产纠纷另行通过普通民事诉讼程序予以解决，两者平行进行，并行不悖。

民事诉讼本质上是建立在双方当事人平等对抗基础上的，由法院运用国家赋予的审判权就争议予以裁判的制度。当事人享有平等的诉讼权利，法院平等地保护当事人诉讼权利的行使，在程序设置上应当赋予当事人充分参与诉讼程序、发表辩论意见、处分自己的民事诉讼权利的机会。法院在充分听取双方意见的基础上，对争议事实作出公平裁判。破产程序的设置也遵循这一基本争议解决构造原理，尤其是在涉及债权人、债务人实体权利保护方面，应该给予当事人更充分的司法救济途径。

相对于分别审判主义，《企业破产法（试行）》采用的是所谓的吸收合并审判主义，即对破产程序与债务人财产诉讼程序采取合二为一的吸收处理方法，将债务人财产争议解决吸收于破产程序，在破产程序中将两类争议予以一并处理。这种做法具有缩短债务人财产纠纷的审理周期、减少诉讼成本以及方便受理破产案件的法院协调处理纠纷的优点。但其缺陷也显而易见，当事人的实体民事权利纠纷不经民事诉讼审判程序而由清算组确定或者法院一裁终局，权利人的合法权益可能未必得到充分保障。《企业破产法》对《企业破产法（试行）》的改变，体现了对当事人诉权的尊重，符合我国法治建设的发展要求。

第二节 与破产程序相关的民事诉讼类型

2011 年 4 月 1 日起施行的《最高人民法院民事案件案由规定》，在二级案由“与破产有关的纠纷”项下分列了 16 个三级案由，除了申请破产清算、申请破产重整和申请破产和解3个案由属于适用破产程序案件类型外,其余13个案由均为与破产程序相关的民事诉讼案件类型。[1] 本书根据这些案件争议的内容,结合上述《最高人民法院民事案件案由规定》,将与破产程序相关的民事诉讼分为五种类型。

需要说明的是,这些诉讼类型只针对后发的民事诉讼案件。既有的民事诉讼的案由因立案时债务人尚未进入破产程序,系根据当事人基础法律关系性质所确定。

一、针对欺诈行为、偏颇行为和无效破产行为的民事诉讼

破产法理论把可撤销的债务人行为分为欺诈行为和偏颇行为两类。前者包括债务人无偿转让财产、以明显不合理的价格进行交易、放弃债权。后者是指债务人以各种方式使相关债权人获得多于其在破产程序中能够得到的清偿。例如,对没有财产担保的债务提供财产担保、对未到期的债务提前清偿、个别清偿。破产无效行为,是指债务人违反法律规定逃避债务,严重损害债权人利益的欺诈行为。例如,为逃避债务而隐匿财产或转移财产、虚构债务或承认不真实的债务等行为。对于欺诈行为、偏颇行为和无效破产行为的民事诉讼,最高人民法院规定了以下三种案由,下面分别予以阐释。

(一)请求撤销个别清偿行为纠纷

《企业破产法》第三十二条规定:"人民法院受理破产申请前六个月内,债务人有本法第二条第一款规定的情形,仍对个别债权人进行清偿的,管理人有权请求人民法院予以撤销。但是,个别清偿使债务人财产受益的除外。"

根据上述规定,当债务人出现破产原因时,为确保全体债权人按照一定顺序和债权比例公平受偿,债务人应当通过破产程序集中清理债权债务,不得对个别债权人进行清偿而使其他债权人的利益受到损害。如果债务人在进入破产程序前六个月内,明知企业出现了法律规定的破产原因,仍然对个别债权人清偿,会导致债务人可分配财产不当减少,从而破坏债权公平清偿原则的,管理人可以通过提起民事诉讼请求法院撤销该个别行为。

[案例7.1]上海某货运代理公司诉A公司、B公司破产撤销权纠纷案

上海某货运代理公司系一人有限责任公司,因公司股东兼法定代表人肖某病逝,公司经营陷入困境。2011年9月21日,浦东新区法院受理该货运代理公司清

---

〔1〕 奚晓明主编:《最高人民法院民事案件案由规定理解与适用》,人民法院出版社2011年版,第411~426页。

算案件。清算组经审计发现，申请人某货运代理公司所有权益（净资产）账面为-6524422.07元，已经资不抵债，清算组遂向浦东新区法院提出破产申请。该院于2011年11月15日裁定受理破产清算申请，并指定破产管理人。管理人在清理原告债权债务的过程中发现，该货运代理公司曾在2011年5月底，与A公司、B公司签订《三方债务转让协议》，约定截至2011年5月31日某货运代理公司欠A公司债务376019.94元、B公司欠某货运代理公司债务133156.80元，三方同意某货运代理公司将其对B公司的债权转让给A公司，债权转让后某货运代理公司与A公司间的债权债务将抵销133156.80元。管理人认为此次债务抵销属于某货运代理公司对A公司的单独清偿行为，应予撤销，故起诉A公司、B公司，要求法院判令撤销上述《三方债务转让协议》。法院经审理认为，某货运代理公司主张破产撤销权符合以下要件：(1)三方债务转让协议构成个别清偿；(2)个别清偿发生时，债务人已经达到破产界限；(3)个别清偿行为发生在破产受理前六个月内；(4)此次个别清偿并不能使债务人财产受益。法院经审理后支持了原告诉请，但同时认为签订协议时原告对于自己身陷经营困境是明知的，原告对于协议被撤销存在过错，故案件受理费由原告承担。判决后，各方当事人均未上诉。

（二）破产撤销权纠纷

《企业破产法》第三十一条规定："人民法院受理破产申请前一年内，涉及债务人财产的下列行为，管理人有权请求人民法院予以撤销：（一）无偿转让财产的；（二）以明显不合理的价格进行交易的；（三）对没有财产担保的债务提供财产担保的；（四）对未到期的债务提前清偿的；（五）放弃债权的。"

根据上述规定，破产撤销权是指债务人在破产申请受理前一年内，实施有害于债权人整体利益的行为，管理人请求人民法院撤销该行为，并使因该行为转让的财产或利益回归债务人财产的权利。

［案例7.2］上海某运动用品公司诉王某及某旧机动车经纪公司破产撤销权纠纷案

松江区法院受理了原告上海某运动用品公司诉被告王某及第三人某旧机动车经纪公司破产撤销权纠纷一案。原告诉称，法院于2008年12月11日受理了债权人申请上海某运动用品公司破产清算的案件。管理人在破产清算过程中发现，被告于2008年7月1日从原告处以2344元的价格购得时价为115575元的车辆，属于以明显不合理的价格进行交易的行为，故诉请撤销该车辆交易行为。法院经审理认为，原告提供二手车销售统一发票欲证明被告以2344元低价购买争议车辆，但被告和第三人均予以否认。而被告和第三人提供的证据反映出原告系将车辆先卖给第三人，第三人再将车辆卖给被告，与原告发生车辆买卖关系的系第三人，而非被告。遂判决驳回原告诉请。

(三)请求确认债务人行为无效纠纷

《企业破产法》第三十三条规定:“涉及债务人财产的下列行为无效:(一)为逃避债务而隐匿、转移财产的;(二)虚构债务或者承认不真实的债务的。”

根据奚晓明主编的《最高人民法院民事案件案由规定理解与适用》(2011年修订版)一书的观点,请求确认债务人行为无效纠纷是指债务人进入法院破产案件审理程序后,管理人或债权人对债务人实施的特定行为提起诉讼,请求法院确认该行为无效的民事纠纷。管理人可以作为原告提起这类诉讼。在管理人不作为的情况下,债权人也可以起诉至法院。

另外,《企业破产法》第三十四条规定,因欺诈行为、偏颇行为和无效破产行为而取得的债务人的财产,管理人有权追回。由于上述三种诉讼是确认之诉,法律没有明确规定是否可以直接判决追回债务人财产。我们认为,为了有效维护债务人的财产,尽量使债权人的整体利益得到保护,根据破产法的上述规定以及民法上的无效行为财产返还原则,法院经审理认为对债务人的相关行为应当撤销或确认无效的,可以直接判令有关当事人返还财产。

二、针对债务人对外债权债务争议的民事诉讼

(一)对外追收债权纠纷

《企业破产法》第十七条规定:“人民法院受理破产申请后,债务人的债务人或者财产持有人应当向管理人清偿债务或者交付财产。债务人的债务人或者财产持有人故意违反前款规定向债务人清偿债务或者交付财产,使债权人受到损失的,不免除其清偿债务或者交付财产的义务。”

根据上述规定,债务人享有的债权系债务人可行使的财产权利,属于债务人财产的组成部分,应当对其予以清理和追收。在人民法院受理破产申请后,债务人的债务人或者财产持有人有义务向管理人清偿债务或者交付财产。债务人也可以通过提起民事诉讼的方式对外追收债权。

[案例7.3]上海某精密压铸公司诉丁某对外追收债权纠纷案

青浦区法院受理了原告上海某精密压铸公司诉被告丁某对外追收债权纠纷一案。原告诉称,法院于2010年12月13日受理了股东陆某对原告申请清算一案。清算组接管债务人财产后发现,原告于2005年8月购入雪佛兰车一辆,总价213562.28元,该车由被告丁某使用。2011年4月22日,清算组召开会议并形成会议纪要,将该车作价8万元由被告向清算组支付,计入清算财产,钱款付清后车辆归被告所有。被告在会议纪要上签字同意两个月内支付价款,但逾期未付,故原

告起诉请求判令被告支付车辆折价款 8 万元。被告辩称，其系原告股东，曾将私人车辆交原告公司使用，2005 年该车报废后公司购置雪佛兰车配给被告，作为对被告旧车的抵偿。法院经审理认为，会议纪要内容合法有效，被告应当履行作出的承诺，被告抗辩意见缺乏依据，故判决支持原告诉请。判决后，各方当事人均未上诉。

（二）破产债权确认纠纷

《企业破产法》第四十八条规定："债权人应当在人民法院确定的债权申报期限内向管理人申报债权。债务人所欠职工的工资和医疗、伤残补助、抚恤费用，所欠的应当划入职工个人账户的基本养老保险、基本医疗保险费用，以及法律、行政法规规定应当支付给职工的补偿金，不必申报，由管理人调查后列出清单并予以公示。职工对清单记载有异议的，可以要求管理人更正；管理人不予更正的，职工可以向人民法院提起诉讼。"

《企业破产法》第五十八条规定："依照本法第五十七条规定编制的债权表，应当提交第一次债权人会议核查。债务人、债权人对债权表记载的债权无异议的，由人民法院裁定确认。债务人、债权人对债权表记载的债权有异议的，可以向受理破产申请的人民法院提起诉讼。"

在破产案件中，债权的申报和确认是保障债权人能够获得公平清偿的重要基础。债务人、债权人与管理人对于债权是否存在、债权数额是否应予偿还等内容发生争议并引起诉讼的，属于破产债权确认纠纷。按债权人的不同，该类纠纷可分为职工破产债权确认纠纷和普通破产债权确认纠纷。

职工破产债权确认诉讼，是指债务人的职工对于管理人所列职工破产债权清单记载内容有异议，请求管理人予以更正，而管理人不更正，职工可以向人民法院提起的民事诉讼。

［案例 7.4］张某诉 HY 证券公司管理人社会保险纠纷案

原卢湾区法院受理了原告张某诉被告 HY 证券公司管理人社会保险纠纷一案。2005 年 11 月 4 日，张某向上海市劳动争议仲裁委员会申诉，要求 HY 公司补缴 2003 年 4 月至 2004 年 3 月的社会保险费差额、补缴 2005 年 10 月至今的社会保险费，分配 1994 年 5 月至今的补充养老金。该仲裁委员会认定，张某 2002 年度月均工资为 7387.73 元，裁决 HY 证券公司为张某补缴 2003 年 4 月至 2004 年 3 月的社会保险费差额 18401.40 元（包括张某应缴社会保险费 4161.20 元）、补缴 2005 年 10 月的社会保险费 827.50 元（包括张某应缴社会保险费 189.70 元）；对张某的其他请求不予支持。张某不服裁决，向原卢湾区法院提起诉讼，要求 HY 证券公司给付补充养老金。一审法院经审理后维持原裁决，驳回张某要求给付补充养老金的诉请。张某提起上诉，上海一中院经审理认为，补充养老金系用人单位在履行为劳动者缴纳基本养老保险费这一法定义务以外根据企业自身情况为劳动者提供的退休收入保障。HY公司已进入破产清算程序,该公司显然已经不具备在法定义务以外再为劳动者缴纳补充养老金的能力。遂判决驳回上诉,维持原判。

普通破产债权确认诉讼,是指债务人、债权人对于管理人编制的债权表记载的债权有异议,请求管理人予以更正,而管理人不更正,债务人、债权人可以向人民法院提起的请求确认债权的民事诉讼。

[案例7.5]上海某运输公司诉上海某货运代理公司破产债权确认纠纷案

浦东新区法院受理了原告上海某运输公司诉被告上海某货运代理公司破产债权确认纠纷一案。原告诉称,2011年11月15日,法院受理了被告上海某货运代理公司破产案件。原告就一笔运费和滞纳金向被告破产管理人申报债权869600.36元,其中运费598130.80元、滞纳金271469.56元。2012年2月24日,管理人向原告发出《申报债权审查报告》,确认被告应付运费为535496.40元,对原告申报的滞纳金未予确认。原告提出异议,但管理人认为滞纳金未经诉讼,缺乏依据。故原告起诉请求判令被告向原告支付滞纳金271469.56元。诉讼中,原告同意将诉请调整为确认之诉,即要求确认原告对被告享有滞纳金债权271469.56元。被告辩称,滞纳金的截止日期应为法院裁定的破产受理日,且滞纳金约定每日2‰过高,申请法院调整。法院经审理认为,被告拖欠运费,原告有权请求被告赔偿滞纳金,但计算方法应予调整,通过对滞纳金本金、起算日期、截止日期和计算标准的分析判断,法院认定被告应付滞纳金为18328.86元;因被告已进入破产清算程序,滞纳金应被确认为原告应享有的债权。遂判决确认原告享有因被告拖欠运费产生的滞纳金18328.86元。判决后,各方当事人均未上诉。

(三)破产抵销权纠纷

《企业破产法》第四十条规定:"债权人在破产申请受理前对债务人负有债务的,可以向管理人主张抵销。但是,有下列情形之一的,不得抵销:(一)债务人的债务人在破产申请受理后取得他人对债务人的债权的;(二)债权人已知债务人有不能清偿到期债务或者破产申请的事实,对债务人负担债务的;但是,债权人因为法律规定或者有破产申请一年前所发生的原因而负担债务的除外;(三)债务人的债务人已知债务人有不能清偿到期债务或者破产申请的事实,对债务人取得债权的;但是,债务人的债务人因为法律规定或者有破产申请一年前所发生的原因而取得债权的除外。"

根据上述规定,破产抵销权是指债权人在破产案件受理前对债务人负有债务的,无论其债权与所负债务种类是否相同,也不论该债权债务是否附有期限或者条件,均可以用该债权抵销其对债务人所负债务的权利。债权人须在破产程序终结前的法定期间内行使破产抵销权，且主张行使破产抵销权的债权人应当依法申报债权。债权人行使破产抵销权不以诉讼为必要，管理人承认债权人抵销请求的，即发生抵销效果；若管理人对债权人行使破产抵销权有异议，则债权人可以通过提起民事诉讼解决该问题。相关内容，可详见本书第四章第五节的阐述。

三、针对债务人主张物权的民事诉讼

（一）取回权纠纷

《企业破产法》第三十八条规定："人民法院受理破产申请后，债务人占有的不属于债务人的财产，该财产的权利人可以通过管理人取回。但是，本法另有规定的除外。"

因行使取回权所引起的纠纷，为取回权纠纷。取回权并非破产法所创设，它其实是物的返还请求权在破产法上的一种体现。取回权依据其成立的依据不同，可以分为一般取回权和特殊取回权，因此而引发的民事诉讼也分为一般取回权诉讼和特殊取回权诉讼两种类型。相关内容，可详见本书第四章第四节的阐述。

[案例7.6]上海某贸易公司诉上海某房地产公司一般取回权纠纷案

黄浦区法院受理了原告上海某贸易公司诉被告上海某房地产公司一般取回权纠纷一案。原告诉称，原告于2007年6月6日与被告授权的物业服务商签订房屋租赁合同，租赁被告名下房产，租期至2010年6月5日。被告委托该物业服务商向原告收取租赁押金和物业管理费押金合计873735元。2010年6月5日，原告依法办理退租手续，但被告未及时返还押金。2010年8月16日，法院受理了被告的破产申请，并指定管理人。原告认为，专门存放于被告处的押金不属于被告财产，其享有取回权，但原告与管理人交涉未果，故起诉请求判令原告可以取回存放于被告处的上述押金及相应利息。被告辩称，确认收到原告交付的押金，但押金交付后所有权已发生转移，原告只享有一般债权，无权行使取回权。法院经审理认为，租赁合同中约定押金在租赁期内不能转为租金或者其他费用，原、被告不仅通过约定，而且事实上已经将押金特定化，故原告向被告交付的押金不属于被告财产，原告对于特定化的押金享有所有权。因原告欠缴的租金，被告有权从其占有的押金中扣除相应款项用于冲抵原告欠缴的租金。故判决被告返还原告押金786027元。判决后，被告提起上诉，后又向二审法院申请撤回上诉，一审判决生效。

（二）别除权纠纷

《企业破产法》第一百零九条规定："对破产人的特定财产享有担保权的权利人，对该特定财产享有优先受偿的权利。"

根据上述规定，别除权是指在破产程序中，对于债务人的特定财产享有担保物

权或者特别优先权的权利人,可不依照破产程序而就该特定财产优先受偿的权利。行使别除权所依据的基础性权利主要为担保物权,即法律规定的抵押权、质权、留置权。此外的其他法律关系中的主体,除非法律有特别规定,不享有优先受偿的权利。别除权人和债务人、管理人之间因优先受偿权的实现而发生的争议,属于别除权纠纷。相关内容,可详见本书第十章第四节的阐述。

四、追收债务人出资人、债务人高管人员财产的民事诉讼

(一)追收未缴出资纠纷

《企业破产法》第三十五条规定:"人民法院受理破产申请后,债务人的出资人尚未完全履行出资义务的,管理人应当要求该出资人缴纳所认缴的出资,而不受出资期限的限制。"

根据上述规定,追收未缴出资纠纷,是指债务人的出资人因未履行或者未适当履行出资义务,管理人在破产程序中对相关出资进行追收而产生的民事纠纷。债务人的出资人在法院受理破产申请后,必须缴纳全部出资额,而不受出资期限的限制。出资人应缴的出资属于债务人财产,管理人依法具有请求出资人履行出资义务的权利。出资人拒不缴纳的,管理人可以向法院提起民事诉讼。

(二)追回抽逃出资纠纷

《公司法》第三十六条规定:"公司成立后,股东不得抽逃出资。"《企业破产法》第三十五条规定:"人民法院受理破产申请后,债务人的出资人尚未完全履行出资义务的,管理人应当要求该出资人缴纳所认缴的出资,而不受出资期限的限制。"

根据上述规定,追收抽逃出资纠纷,是指管理人在破产程序中对债务人的出资人抽逃的出资予以追收而产生的纠纷。股东出资额属于公司法人财产,股东抽逃出资的行为实际上是对公司财产权利的侵犯。进入破产程序后,管理人作为债务人财产的管理者,有权代表债务人要求出资人补足抽逃出资,并将此类出资纳入债务人财产范围,由债权人根据规定进行分配;出资人拒绝缴纳的,管理人可以通过提起民事诉讼的方式予以追回。

[案例 7.7]上海某精密压铸公司诉丁某股东出资纠纷案

青浦区法院 2010 年 12 月受理了上海某精密压铸公司清算案件。原告经审计发现,虽然 2001 年 11 月 22 日验资报告中载明丁某以货币出资 100 万元,但丁某实际出资没有到位。上海某精密压铸公司就此向青浦区法院起诉称,原告股东为陆某和被告丁某,公司注册资本 200 万元,两人各认缴 100 万元,陆某已按约履行出资义务,但被告在出资款验资完毕后以归还借款名义将出资转出,实际未履行出

资义务，故请求判令被告向原告返还出资100万元。被告辩称，沈巷压铸厂系被告所有企业，原告成立后延用原沈巷压铸厂账目，债权债务均由原告收取。该厂原有流动资产3765150.87元、流动负债2103315.82元，两项相抵尚有1661835.05元，故被告已履行出资义务。法院经审理认为，被告在原告公司设立时应投入100万元出资款，但在验资完毕后将资金全部抽走，应认定验资时的100万元出资实际未到位。且根据原告公司的审计报告反映，沈巷压铸厂转入原告的债权与债务相抵，被告抗辩以沈巷压铸厂资产出资的事实不存在。遂判决被告向原告补足出资100万元。判决后，各方当事人均未上诉。

（三）追回非正常收入纠纷

《企业破产法》第三十六条规定："债务人的董事、监事和高级管理人员利用职权从企业获取的非正常收入和侵占的企业财产，管理人应当追回。"

根据上述规定，债务人的董事、经理和高级管理人员利用职权从企业获取非正常收入和侵占企业财产，是对债务人财产的侵犯，应当将其非法所得财产予以追回并纳入债务人财产范围。管理人在人民法院受理破产申请后，应当接管债务人的所有财产，并在破产程序进行期间负责管理和处分债务人的财产，其有权利并且也有义务对非正常收入进行追收。若上述高管人员拒不退还，管理人可以提起民事诉讼。

五、追究行为人损害赔偿责任的民事诉讼

（一）损害债务人利益赔偿纠纷

《企业破产法》第一百二十五条第一款规定："企业董事、监事或者高级管理人员违反忠实义务、勤勉义务，致使所在企业破产的，依法承担民事责任。"

《企业破产法》第一百二十八条规定："债务人有本法第三十一条、第三十二条、第三十三条规定的行为，损害债权人利益的，债务人的法定代表人和其他直接责任人员依法承担赔偿责任。"

根据上述规定，损害债务人利益赔偿诉讼，是指针对由于债务人的有关人员违法执行职务或不当执行职务，造成其任职企业破产，从而损害债权人利益的行为，要求直接责任人承担损害赔偿责任的民事诉讼。债务人的有关人员包括债务人的法定代表人、董事、监事、高级管理人员等。需要注意的是，法律并未明确规定可以提起该诉讼的主体范围。我们认为，从法条中"损害债权人利益"的表述来看，似乎债权人可以为原告。但基于破产程序的特殊性，债权人是通过债权人会议集体行使权利的，而债权人会议又不具有独立的诉讼主体资格，因此不能直接由债权人或债权人会议向有关责任人追究责任。又根据法条的规定，如果企业董事、监事或

者高级管理人员违反忠实义务、勤勉义务，致使所在企业破产，那么债务人才是直接的受害人。因此，由债务人提起追究其高管人员损害赔偿责任之诉，最符合《企业破产法》的规定。这也与《公司法》有关公司高管人员违反忠实、勤勉义务时，公司可追究其损害赔偿责任的原理一致。

（二）管理人责任纠纷

《企业破产法》第一百三十条规定："管理人未依照本法规定勤勉尽责，忠实执行职务的，人民法院可以依法处以罚款；给债权人、债务人或者第三人造成损失的，依法承担赔偿责任。"

管理人是破产案件受理后依法成立的，在法院监督下全面接管债务人企业并负责债务人财产的保管、清理、估价、处理和分配等事务的专门机构。破产程序能否有效、高效地进行，各利害关系人的合法权益能否得到保障，破产立法的宗旨能否实现，都与管理人职权的行使有密切关系。因此，《企业破产法》在赋予管理人广泛权利的同时，也规定了管理人应负有勤勉尽责、忠实执行职务的义务，并对管理人违反上述义务所应承担的责任予以明确。管理人违反忠实、勤勉义务，违法履行职责或不当履行职责的行为给债权人、债务人或者第三人造成损失时，受害人可以向法院起诉要求管理人承担民事赔偿责任。

第三节　与破产程序相关的民事诉讼案件的审理

与破产程序相关的民事诉讼案件的审理适用《民事诉讼法》。其总体上与其他民事诉讼案件的审理规则相同，但又有自身的特点。

一、与破产程序相关的民事诉讼的管辖

审理与破产程序相关的民事诉讼，管辖是首先需要解决的问题。正确确定此类诉讼案件的管辖，一方面便于原告行使法律所赋予的起诉权，便于相关当事人参与诉讼；另一方面便于各级法院明确分工，正确行使审判职权，履行审判职责，从而及时解决纠纷。

（一）破产衍生诉讼管辖的一般规定

《企业破产法》第二十条规定："人民法院受理破产申请后，已经开始而尚未终结的有关债务人的民事诉讼或者仲裁应当中止；在管理人接管债务人的财产后，该诉讼或者仲裁继续进行。"第二十一条规定："人民法院受理破产申请后，有关债务人的民事诉讼，只能向受理破产申请的人民法院提起。"

根据上述规定,法院受理破产案件后不改变既有民事诉讼的管辖法院,既有民事诉讼仍由原受理法院继续审理,而后发民事诉讼则由破产案件受理法院集中管辖。基于既有民事诉讼管辖不因破产案件受理而改变,下文主要阐述后发民事诉讼集中管辖制度。

(二)后发民事诉讼集中管辖在实践中的问题

在立法层面,我国现行司法体制下,存在海事海商、涉外、知识产权等管辖规则,将一些专业性强或者具有政策性因素的案件提高审级或者集中管辖。集中管辖的目的是使相关诉讼便于与破产程序协调,尽快定纷止争,保障破产程序顺利推进。然而,若有关债务人的民事诉讼涉及海事海商之类专业性特别强的案件,作为破产受理法院的普通基层人民法院根本不具备相应的审判力量,无法应对相关案件的审判工作,反而影响相关案件的审判质量和效率,这不是后发民事诉讼集中管辖立法的初衷。有鉴于此,需要建立一个合理规则来摆脱上述实际操作过程中的困境,统一执法。

关于实践中争议较大的管辖冲突情形,本书第十一章将结合案例作专题论述。这里仅探讨关于后发民事诉讼集中管辖是否排除仲裁程序的问题。

人民法院受理破产申请后,债务人与合同相对方能否依据之前订立的仲裁条款申请仲裁?对此,《企业破产法》未作明确规定。实践中存在两种观点:一种观点认为,《企业破产法》第二十一条规定,人民法院受理破产申请后,有关债务人的民事诉讼只能向受理破产申请的人民法院提起,这一规定表明,有关债务人的后发争议只能通过普通民事诉讼的形式进行,排除了仲裁的争议解决方式,相关当事人不能就债务人的民事诉讼提起仲裁;〔1〕另一种观点认为,《企业破产法》第二十一条只规定人民法院受理破产申请后,若提起有关债务人的民事诉讼,由受理破产申请法院集中管辖,但并未限定利害关系人以其他合法方式解决争议。根据一般法理,在法律没有特别规定的情况下,应当允许争议双方根据仲裁约定处理后发争议。纵观《企业破产法》的规定,其在第四十八条和第五十八条中分别规定,职工、债权人、债务人对债权表记载的债权有异议,可以向人民法院提起诉讼,上述规定应理解为排除适用当事人仲裁约定。因此,法院受理破产申请后当事人对存在仲裁条款的合同发生争议时,对仲裁条款的适用范围可作如下界定:有效仲裁条款原则上约束当事人,当事人应将争议提交仲裁机构,但利害关系人对债权表记载债权存在异议时仲裁条款将不再适用,争议当事人应向破产受理法院提起诉讼。

我们倾向于认同上述第二种观点,理由如下:第一,根据《仲裁法》的规定,当

---

〔1〕 李永祥、丁文联主编:《破产程序运作实务》,法律出版社2007年版,第194~195页。

事人订立的仲裁协议具有独立性,即使当事人之间的合同解除或者被撤销、被确认无效,不影响依法成立的仲裁协议的效力;第二,从《企业破产法》第二十条和第二十一条规定来看,法律只规定了有关债务人后发民事诉讼的“集中管辖”,并未规定有关债务人的后发纠纷应由法院“集中主管”,因此我国法律并没有明确规定破产程序可以排除仲裁协议的适用。当然,在实际操作中应当注意三点:一是应严格审核仲裁协议的形成时间,防止当事人补签仲裁协议,规避《企业破产法》关于后发民事诉讼集中管辖的规定;二是管理人应及时、全面地向债权人会议和人民法院报告仲裁案件进展情况;三是破产案件受理法院与仲裁机构应当相互沟通、协调,特别是仲裁机构要注意配合仲裁与破产程序的衔接,如裁决内容的表述、裁决的执行。

二、后发民事诉讼的审判组织

最高人民法院下发的关于执行最高人民法院《关于〈中华人民共和国企业破产法〉施行时尚未审结的企业破产案件适用法律若干问题的规定》的通知(法发[2007]81 号)第二条规定:“根据企业破产法的规定,破产申请受理后,所有有关债务人的民事诉讼只能向受理破产申请的人民法院提起。尚未审结的企业破产案件中,债权人或者债务人的职工依据企业破产法和《规定》第九条或者第十条的规定,向人民法院提起诉讼的,受理破产案件的人民法院应当根据案件性质和人民法院内部职能分工,并依据民事诉讼法的有关规定,由相关审判庭以独任审判或者组成合议庭的方式进行审理。”该通知第三条规定:“对于有关债务人的其他民事诉讼,如债务人合同履行诉讼、追收债务人对外债权诉讼、撤销债务人处分财产行为诉讼、确认债务人处分财产行为无效诉讼、取回权诉讼、别除权诉讼和抵销权诉讼等,受理破产案件的人民法院应比照本通知第二条规定处理。”

上述通知内容虽然是对尚未审结的破产案件新、旧《破产法》适用衔接问题的规范,但对《企业破产法》施行后受理的企业破产案件的相同问题的处理应也可参照适用。依照上述通知的规定,后发民事诉讼的审判组织应当根据案件性质和人民法院内部职能分工,由办理相关案件的民事审判庭进行审理。举例来讲,若案件属于房地产纠纷,则由负责房地产审判的民事审判庭审理;若案件属于法人之间的商事纠纷,则由负责商事审判的商事审判庭审理。

[案例 7.8] 上海某电子公司申请破产重整案

2008 年 5 月 22 日,闵行区法院受理了债务人上海某电子公司申请破产重整案。在破产案件审理期间,该院受理了以债务人上海某电子公司为被告的承揽合同纠纷 1 起、劳动合同纠纷 4 起、道路交通事故人身损害赔偿纠纷 1 起,分别由负责审理不同类型案件的民事审判庭审理。

如果后发民事诉讼案件归负责商事审判的商事审判庭审理，是否应由专门的破产合议庭进行审理，目前没有统一的规定。从熟悉破产审理业务、了解破产案件情况的角度出发，该类案件由破产合议庭审理比较便利。但是从避免法官发生道德风险的角度出发，其由破产合议庭以外的法官审理更为合适。实践中，上海两个中级人民法院以及部分基层人民法院，均采用这一做法，由破产合议庭成员以外的审判人员对相关诉讼案件负责审理。破产案件承办法官与破产衍生诉讼案件承办法官在坚持依法独立审判的前提下，应注意必要的沟通协调，以取得较好的审理效果。

三、后发民事诉讼当事人的确定

在破产程序中，债务人及其主要经营管理者、管理人、债权人、债务人的债务人等相关当事人均有可能成为破产衍生诉讼的当事人。在法院受理破产申请前，债务人作为独立的企业法人，有完全的民事行为能力和诉讼行为能力，可以独立处分自己的民事诉讼权利和实体权利，参加民事诉讼活动。而当人民法院受理破产申请时，将同时指定管理人。此时，债务人的民事行为能力和诉讼行为能力会受到一定程度的限制，管理人将会接管处理债务人的财产和文件资料，同时代表债务人参加民事诉讼。对于后发民事诉讼，实践中存在管理人以自己名义参加诉讼，或者以债务人名义参加诉讼两种做法，故有必要对此作分析。

（一）关于管理人依法代表债务人参加诉讼时当事人的确定

关于管理人依法代表债务人参加诉讼时，列债务人为诉讼当事人还是列管理人为诉讼当事人，目前没有明确统一的规定，实践中有不同的观点和做法。

第一种观点认为，从诉讼法角度来看，债务人的诉讼主体地位仍然存在，应当将债务人列为诉讼当事人，将管理人列为诉讼代表人。其法理依据是法人的民事权利能力和民事行为能力从法人成立时产生，到法人终止时消灭。债务人在企业注销登记前，仍然具有民事权利能力和民事行为能力，包括诉讼行为能力，仍然具有诉讼主体资格。而基于破产程序，债务人的原法定代表人已不具有代表债务人参加诉讼的资格，故将管理人列为诉讼代表人。

第二种观点认为，从破产法角度来看，《企业破产法》在管理人职责方面，赋予管理人管理和处分债务人财产的实体权利，也赋予管理人代表债务人参加诉讼的程序权利。同时，《企业破产法》第三十一条、第三十二条、第三十四条等法条也明确规定"管理人有权请求人民法院予以撤销"、"管理人有权追回"，故凡涉及债务人的诉讼应一律列管理人为诉讼当事人。

上述两种观点和做法均有一定道理。对此问题,我们注意到,最高人民法院奚晓明副院长在2011年全国法院审理企业破产案件工作座谈会上的讲话中指出,"对于有关债务人的实体权利义务发生争议而提起的破产衍生诉讼,原则上应当以债务人为案件当事人,破产管理人或者管理人的负责人作为债务人的诉讼代表人参加诉讼"。我们同时还注意到,最高人民法院办公厅于2011年10月13日印发了《人民法院破产程序法律文书样式(试行)》,其中关于破产衍生诉讼有11种民事判决书样式,其中破产抵销权诉讼、破产债权确认诉讼、取回权诉讼、别除权诉讼、对外追收债权或财产诉讼、追收出资诉讼、追收非正常收入诉讼、损害债务人利益赔偿诉讼8种文书样式采用上述第一种观点的做法,列债务人为诉讼当事人、管理人为诉讼代表人;破产撤销权诉讼(包括请求撤销个别清偿行为)、确认债务人无效行为诉讼、管理人承担赔偿责任诉讼3种文书样式采用上述第二种观点的做法。仔细分析采用列管理人为诉讼当事人的3类诉讼案件类型可以发现,破产撤销权诉讼和确认债务人无效行为诉讼均由债务人违法或不当处分债务人财产行为而引起,管理人是通过提起诉讼来纠正债务人先前的错误处分行为的,这类似于合同法上的债权人撤销权诉讼,管理人更像是代表破产债权人在行使权利。这也是管理人忠实、勤勉尽责的体现。故直接由管理人作原告,有利于分清责任,解决纠纷。至于管理人承担赔偿责任诉讼,因侵权行为人就是管理人,侵权行为发生在管理人履职期间,该法律责任应由管理人自行承担,当然只能将管理人列为被告。

鉴于《人民法院破产程序法律文书样式(试行)》目前所确定的做法,在案件审理实践中应按此列当事人。否则,会导致司法实践与司法规范不一致。总之,我们认为,涉及债务人的破产衍生诉讼应当以列债务人为诉讼当事人、管理人为诉讼代表人为基本做法,仅在上述文书样式确定的3种案件中直接列管理人为诉讼当事人为例外做法。

(二)关于管理人责任纠纷原告的确定

在管理人责任纠纷案件中,管理人因未依照《企业破产法》规定勤勉尽责、忠实执行职务,给债权人、债务人或者第三人造成损失,应当依法承担赔偿责任。在此类纠纷中,管理人为被告应无争议,原告主体则可以是遭受损害的债权人、债务人或者第三人。

此时,若债务人为原告的,作为被告的管理人不能代表债务人参加诉讼,否则就会形成管理人自我诉讼的现象,不利于公正维护债务人的诉权和实体权利。为解决这一问题,可以考虑由债务人特别授权原法定代表人代表债务人参加诉讼,也可以由法院在董事、监事或高级管理人员中指定合适人员代表债务人参加诉讼,这还有待于实践探索。

（三）关于破产衍生诉讼裁判文书中管理人的表述方式

根据《人民法院破产程序法律文书样式（试行）》，列债务人为诉讼当事人时，管理人为个人的，应将担任管理人的律师或者注册会计师列为诉讼代表人；管理人为中介机构或者清算组的，应将管理人的负责人或者清算组组长列为诉讼代表人。

由管理人提起的诉讼，管理人为个人的，应将担任管理人的律师或者注册会计师列为原告；管理人为中介机构的，应将担任管理人的律师事务所、会计师事务所或者破产清算事务所列为原告；管理人为清算组的，应将清算组列为原告，可将其身份标明为该企业管理人。

中介机构或者清算组作为当事人的，还应当将中介机构负责人或者清算组组长列为诉讼代表人。

四、既有民事诉讼与破产程序的衔接

（一）关于既有民事诉讼受理法院不配合解除保全、中止执行如何处理的问题

根据《企业破产法》第十九条的规定，"人民法院受理破产申请后，有关债务人财产的保全措施应当解除，执行程序应当中止"。但在具体法律适用中，由于法律对解除保全和中止执行的实施主体、不及时解除保全和中止执行的法律后果等问题没有明确规定，实践中有时会出现异地保全和执行法院不配合解除保全和中止执行的情况，影响破产程序的正常推进。

[案例7.9]上海某进出口公司申请破产清算案

浦东新区法院于2009年11月24日受理债务人上海某进出口公司申请破产清算一案，并指定了破产管理人。管理人在调查债务人财产状况时发现，债务人在中信银行某支行开设的基本账户被异地某法院于2008年裁定冻结，冻结额度950万元，实际冻结金额516万余元。该异地法院受理的是一起合同纠纷，原告为债权人宁波某电力器材公司，被告为债务人上海某进出口公司。浦东新区法院接到管理人的报告后，于2010年1月11日向异地某法院发出通知书，要求该院解除对债务人财产的保全措施，但该异地法院一直未解除保全措施。为此，浦东新区法院一方面向中信银行某支行发出通知，要求该行在未获得浦东新区法院授权的情况下，不得协助任何单位划拨动用该冻结款，另一方面继续向异地某法院发出通知，要求其对相关案件中止执行，立即解除对债务人的财产保全。2010年12月30日，浦东新区法院宣告债务人破产。此后，浦东新区法院在与中信银行某支行联系的过程中，发现异地某法院在冻结期限届满后未办理续冻手续，遂将上述账户存款划入管理人专用账户。

对此，最高人民法院也在研究解决办法，以保障《企业破产法》的实施。我们

注意到，在2010年最高人民法院印发的《企业破产法司法解释征求意见稿》中曾设计，采取保全措施的人民法院或者国家机关拒绝解除保全措施的，受理破产申请的人民法院可以裁定解除保全措施；人民法院受理破产申请后，其他人民法院或者国家机关不得再对债务人财产采取新的保全措施；执行法院拒绝中止的，受理破产申请的人民法院可以对被执行财产采取保全措施等。

在有关司法解释尚未正式出台前，我们认为对此类情况可按照有关法律和司法解释规定的精神处理，并建议破产案件受理法院做好以下工作：(1)在债务人的财产处于第三方控制的情况下，应当向第三方告知、释明法律规定，明确要求第三方不得擅自处置债务人财产；(2)向采取保全、执行措施的人民法院或者国家机关告知解除保全、中止执行的事由，并通知其将债务人的财产交由管理人接管或转由破产案件受理法院保全；(3)加强与既有民事诉讼受理法院的沟通协商，同时密切关注债务人财产情况；(4)必要时，应及时向既有民事诉讼受理法院的上级法院通报情况，并提请共同的上级法院协调处理。

(二)关于既有民事诉讼恢复审理的时间把握问题

《企业破产法》第二十条规定："人民法院受理破产申请后，已经开始而尚未终结的有关债务人的民事诉讼或者仲裁应当中止；在管理人接管债务人的财产后，该诉讼或者仲裁继续进行。"根据该条规定，既有民事诉讼中止审理后，若要恢复审理，前提条件是"管理人接管债务人的财产"。但对"接管债务人的财产"，实践中有不同的理解。其既可以理解为开始接管财产，也可以理解为接管财产完毕。对接管时点的把握差异很大，影响到既有民事诉讼案件恢复审理的时间。

[案例7.10]上海某管理中心诉HT证券公司证券交易代理合同纠纷案

2004年8月26日，上海二中院受理原告上海某管理中心诉被告HT证券公司证券交易代理合同纠纷一案，上海某管理中心诉请要求确认开设在HT证券公司处的一个资金账户内的资金为原告所有。同年9月20日，该院根据最高人民法院"三暂缓"通知的要求，中止本案的审理。

2007年9月7日，广东省深圳市中级人民法院受理HT证券公司破产清算案，并于同年9月10日公告第一次债权人会议时间，同年10月25日指定管理人。上海二中院遂于同年11月12日恢复案件审理。但HT证券公司管理人于庭前代表HT证券公司辩称：HT证券公司虽已进入破产，但管理人接收财产的工作尚未完成，本案恢复审理违反《企业破产法》第二十条的规定，故拒绝参加庭审。同时，管理人就本案实体抗辩问题提交了证据。对此，上海二中院认为，法院指定管理人后，管理人应当及时、尽快地接收破产企业的财产，避免破产企业的财产处于无人管理状态。本案中，深圳市中级人民法院早在2007年10月25日已经指定了管理人,至本案开庭之日有一个月时间,且第一次债权人会议已定于同年12月24日召开,管理人理当已经接收了HT证券公司的财产。即使管理人至今尚未全部接收完毕,但就本案涉及的主要证据,其已在庭前收集完毕,并已向法院提供,故可以认定就本案争议涉及的财产管理人与HT证券公司之间已经交接,本案恢复审理并无不当。遂根据本案查明事实作出相应判决。判决后,HT证券公司提起上诉。

上海高级法院就一审法院恢复审理的程序问题认为,在深圳市中级人民法院立案受理债务人破产清算一案并指定管理人前,债务人经历了行政托管和行政清算阶段,应当可以认为其财产已经经过清理并基本固定,且有利于管理人全面、及时接收债务人的财产。何况,债务人的管理人已经向原审法院提交了与本案相关的证据材料,说明其事实上已经接收了债务人的财产,否则不可能了解如此具体的情况,故原审法院恢复审理并无不当。遂判决驳回上诉,维持原判。

我们认为,《企业破产法》关于法院受理破产申请后应及时指定管理人的规定,意在管理人及时接管债务人财产,防止债务人财产流失。故被指定的管理人应当在最短时间内实施接管工作。同时,破产法之所以规定在管理人接管财产后法院恢复相关案件的审理,是因为管理人负有管理和处分债务人财产、代表债务人参加诉讼活动的职责,只有当管理人接管财产后,其代表债务人参加诉讼才成为可能。反推,若管理人已掌握诉讼证据材料,应可推断其已接管财产。至于接管财产工作进行了多少,在所不问。因此,从严掌握接管的及时性,有利于防止实践中管理人以未接管债务人财产为由故意不应诉,拖延诉讼时间。当然,接管财产所需时间的长短因案而异,简单的案件管理人可以迅速接管财产,复杂的案件财产接管工作会耗时较长。但不论时间长短,对恢复既有民事诉讼时间的把握还应以不影响管理人参加诉讼并能够行使诉讼权利为原则。上述案例中,一审法院和二审法院注意到债务人在进入破产清算诉讼前已经经历了行政托管和行政清算,财产已基本固定,管理人有时间也有条件及时接收债务人财产,且其提供的相关证据材料也表明了这一点,因此法院恢复审理程序并无不当。当然,为减少争议,这一问题的解决也有待司法解释作出明确规定。

(三)关于裁定驳回破产申请后如何恢复保全、执行的问题

《企业破产法》第二十条规定:"人民法院受理破产申请后,有关债务人财产的保全措施应当解除,执行程序应当中止。"第十二条第二款规定:"人民法院受理破产申请后至破产宣告前,经审查发现债务人不符合本法第二条规定的情形的,可以裁定驳回申请。"根据上述规定,实践中会存在法院裁定驳回破产申请后,如何恢复保全措施与执行程序的问题。

我们认为,在尚无明确规定的情况下,法院裁定驳回破产申请的,管理人首先

应当及时通知原对债务人财产采取保全措施或者执行程序的国家机关或者人民法院,以便相关机关知晓并及时恢复原有的保全措施或者执行程序。同时,受理破产案件的法院应及时移交已接管的被保全财产或者被执行财产。

五、其他法律问题

(一)关于债权人能否主张破产债务人的股东承担清偿责任的问题

根据《公司法》及其司法解释的规定,债权人可以向瑕疵出资的债务人股东主张赔偿责任。但当债务人进入破产程序后,债权人是否还可以直接主张瑕疵出资股东承担责任的问题,需予以讨论。

[案例7.11]上海某商贸公司诉上海某混凝土公司、上海某发展公司买卖合同纠纷案

崇明县法院于2007年9月13日受理原告上海某商贸公司诉被告上海某混凝土公司、上海某发展公司买卖合同纠纷一案。原告就被告上海某混凝土公司股东出资问题诉称,被告上海某发展公司作为被告上海某混凝土公司的股东之一虚假出资,诉请判令被告上海某发展公司对被告上海某混凝土公司应偿付货款及借款等合计704万余元及相应利息的付款义务承担连带清偿责任。崇明县法院经审理对此项诉讼请求予以支持。判决后,两被告提起上诉。

上海二中院二审中查明:债权人上海某建筑材料公司向奉贤区法院申请对被告上海某混凝土公司进行破产清算。奉贤区院已于2008年7月3日裁定受理对上海某混凝土公司的破产清算申请,并指定管理人。二审经审理认为,原告作为债权人有权主张债务人股东承担出资责任。现因上海某混凝土公司资不抵债,处于破产清算程序中,故针对上海某发展公司的出资责任应由管理人在破产程序中予以解决。因此,原告要求债务人股东直接向其承担清偿责任,有违破产财产公平受偿原则。遂改判对原告要求被告上海某发展公司对被告上海某混凝土公司的付款义务承担连带清偿责任的诉讼请求不予支持。

根据《企业破产法》第三十五条的规定,人民法院受理破产申请后,债务人的出资人尚未完全履行出资义务的,管理人应当要求该出资人缴纳所认缴的出资,而不受出资期限的限制。管理人追回出资为债务人财产,全体债权人公平受偿,个别清偿行为无效。故人民法院受理破产申请后,债务人股东未缴出资额应纳入破产财产范围,根据破产财产公平受偿原则,债权人不能直接主张债务人股东在未出资本息范围内对债务人不能清偿部分承担补充赔偿责任。

上述案例也提示我们,在审理其他民商事案件时,要注意了解债务人有无涉及破产案件,以避免裁决错误。

(二)关于既有民事诉讼中给付之诉的诉讼请求调整问题

根据《企业破产法》的相关规定，人民法院受理破产申请后，债务人不得对个别债权人清偿债务，同时债权人也无权以诉讼的方式向债务人提出主张要求其清偿债务。故在既有民事诉讼中，如果是原告诉请被告清偿债务的给付之诉，在被告进入破产程序后，人民法院应当向原告释明，由原告将其给付之诉变更为债权确认之诉，并告知原告可通过申报债权的方式参与破产程序，实现其实体权利。

第八章　破 产 重 整

破产重整是我国《企业破产法》中规定的新制度，与破产清算、破产和解一起，称为破产程序的“三驾马车”。重整是国外破产立法与实践发展产生的制度，它的目的在于使有复苏希望的企业在发生暂时的支付困难时，避免进入破产清算程序，避免因企业破产造成职工失业以及企业间的连锁反应，给社会经济带来损失，从而减少社会震荡。可以说，设立重整制度使得《企业破产法》的理念发生了转变，因为重整是一种再建性的债务清偿程序，它给了债务人一个自我拯救、重新开始的机会。

应当说，重整与以往的整顿制度有很大的不同，由于制度的新颖性，在实务中适用重整制度出现了诸多需要研究的新问题。本章的内容涵盖了重整的整个程序，包括重整申请的提出、法院受理、重整计划的制定、批准与执行等环节，还结合具体的操作规程，介绍了上市公司破产重整的实务。

第一节　破产重整制度概述

一、破产重整制度的发展现状

重整制度在各国中的表述不同。其在美国被称为“重整”，在英国被称为“管理程序”，在法国被称为“司法重整”，在日本被称为“更生”或“再生”。重整制度起源于英国，1929 年英国公司法中设立了管理人制度，规定了一般公司的重整程序。英国 1948 年修正公司法时，特别专篇对整理与重建程序（arrangement and reorganization）作了规定。该制度后经 1958 年、1986 年多次修改形成了目前的重整制度。

虽然英国的重整制度最早确立，但是对于世界影响最大的却是后来居上的美国的重整制度。美国重整制度最早源于衡平法上的管理人制度（equity receiver），当时的公司一旦陷入困境,避免清算的唯一方法就是将公司出售给债权人,防止债务人出售公司财产。但是这种模式存在很多缺点,耗费时间且费用高昂,难以实现使公司复苏的目的。[1] 1933 年,美国八大铁路公司面临财务困难,由于衡平法上的管理人制度无法有效地帮助其脱离困境,国会便制定了《联邦破产法》第 77 条,规定了铁路公司的重整程序。1934 年又制定了 77 条 B 项,规定了其他公司的重整程序。1938 年,沃尔特·钱德勒(Walter. C. Chandler)提出将原 77 条扩充为由第 10 章公司重整和第 11 章偿债安排组成的一般企业重整制度。1978 年,卡特总统签署并颁布《破产改革法》,即现行《破产法》,该法以 11 章系统全面地规定了重整制度,一直沿用至今。[2]

除了英美法系的国家,大陆法系国家的重整制度立法,成就卓著者,首推法国。法国在 1967 年的破产法改革中,曾在破产程序的范围内,采取过一些保护困境企业的措施,但收效甚微。1984 年,法国制定 84 - 148 号法律,修改公司法的有关规定,设立了内部预警(alerte interre)程序以及和解清理(reglement amiable)程序,前者旨在使企业及时发现财务危机的预兆并采取措施防止事态恶化,后者旨在使企业与主要债权人达成延期偿还和削减债务的协议。1985 年,法国公布 85 - 98 号法律《困境企业司法重整及清算法》(loi 85 - du 25 janvier 1985, le redressement et la liquidation judiciaire des entreprises),全面修改破产法,将立法重心转向再建型债务清理制度,其第 1 条开宗明义地指出,该法的立法目的在于"拯救企业,维持生产经营和职工就业,以及清理债务"。该法关于观察程序,重整计划,企业营业的继续或转让,债务人、债权人和职工在程序中的地位以及法院的作用的规定,都体现了这一思想。该法在制度设计上有两个重大的突破,一是实行重整前置,即原则上应首先使用重整程序,只有当企业没有重整复兴的可能时,才转入清算程序;二是实行社会本位,把社会利益置于优先地位,并扩大法院的权力,例如,重整计划无需债权人同意而直接由法院批准生效。[3]

建立重整制度、拯救困境企业是现代破产法改革和发展的大势所趋,我国在新法中果断增设破产重整专章符合历史潮流,是有益的尝试和突破。

二、破产重整制度的价值和特点

重整制度具有双重性,是债务清偿与企业重组的结合。其价值取向偏向折中,

---

[1] 李永军:《破产重整制度研究》,中国人民公安大学出版社 1996 年版,第 18 页。

[2] 王欣新:《破产法》,中国人民大学出版社 2007 年版,第 344 页。

[3] 王卫国:"论重整制度",载法律教育网 http://www.chinalawedu.com/news/16900/175/2004/11/ma983661934181114002337 28_140041.htm,2011 年 8 月 11 日访问。

既保护私权又考虑社会利益。破产法最初是保护债权人的利益的,但随着社会发展和进步,破产法的立法经历了从债权人本位到债权人债务人利益平衡,最后到社会利益本位的变化过程。现代破产法不再是纯粹意义上的私法,而是兼具公私性质的法律。重整制度的建立是破产法社会价值取向发展的一次突破,在现代立法由个体本位逐步向社会本位的转变过程中,重整制度体现国家公权力透过司法程序对私人经济活动的主动介入,在维护当事人权益的同时,也强调保护社会的整体利益。

重整制度与清算、和解不同,它既不像清算那样以将债务人的财产公平分配给债权人的方式消灭债权,也不像和解那样以调整债务关系的方式避免债务人被宣告破产。重整制度是将债务清偿和企业拯救两个目标高度统一起来:一方面通过债务关系调整消除破产原因,避免企业破产;另一方面将债权人权利的实现建立在债务人企业复兴的基础上,全面采取重整措施,力图保留企业的运营价值,以企业继续经营所得偿还债务,最终使债权人得到较清算更多的清偿。通过重整程序,不仅可以在更大程度上维护债权人、债务人、企业出资人的正当权益,而且可以防止出现企业连锁破产、职工失业以及由此引发的社会不稳定等问题。[1]

重整制度的基础理论主要是避免企业营运价值的落空,弥补清算制度造成的社会资源浪费。所谓营运价值就是企业作为运营价值实体的财产价值。在许多情况下,企业的运营价值都会高于它的净资产通过清算变价所能获得的价值回收。在实践中,破产财产变现困难、变现成本高、财产变卖所得远远低于账面价值,以致最后清算成本甚至高于全部财产。这也是重整制度产生并迅速扩张的实践依据之一。重整制度对于维护社会稳定也具有相当的作用,这又是它广受青睐的原因。重整不像清算会解散企业,它仍然保留了企业职工的就业机会,可以有效避免社会产生大的震荡。尤其像一些股份公司、上市公司,这些公司规模往往非常大,如果选择清算,对社会产生的波动可想而知。这是重整制度第二个理论依据:社会政策论。重整制度的出现很大程度是传统的清算中心主义固有缺陷所引起的。传统清算中心主义第一大缺陷就是造成资产价值流失和增加失业救济、连锁破产等社会成本,导致社会资源浪费。其第二个缺陷就是造成普遍的"破产畏惧论",造成社会债务积淀。由于破产清算会带来诸多不便,尤其是它的巨大的成本,因而其往往令人望而却步。清算会带来大量的社会保障问题,这对于一国的社会保障体系是一种严峻的考验。所以在那些社会保障体系还未建立或者成熟的国家,清算被视为一种"罪恶"。

---

〔1〕 王欣新:《破产法》,中国人民大学出版社2007年版,第345页。

债务积淀是一种社会经济病态。它的消极作用有两种表现方式:一是债务数量增加,二是债权效益下降。由此造成的交易风险和成本的提高以及社会经济效率的降低,使社会无法通过效益增长来消化积淀债务,这侵蚀着企业的活力和经济流转的信用基础,最终给国民经济带来灾难性的后果。对于债务积淀要综合处理:一方面完善合同法、民事执行、破产清算制度,加大保证债务履行的力度;另一方面就是建立再建制度,也就是重整制度,所以重整制度的建立在某种程度上是对传统破产清算单一模式的补充、调整。

除此,重整的特征还有:[1]

第一,重整适用对象一般为大型企业。之所以如此是因为破产重整程序费用高、代价大。中小企业一方面承担不了如此大的花费,另一方面很有可能入不敷出,最后使重整成本大于收益。此外就是中小企业涉及的利益相对没有大型企业那么复杂,清算退出在很多时候是更好的选择。因此,很多国家都通过立法严格限制重整的适用范围,如日本将其限制在股份公司,而我国台湾地区则将其限制在公开发行股票或公司债的股份公司。

第二,重整原因更宽泛。由于重整不仅重视事后重建还注重事前预防,所以它的开展原因也较清算和和解更为宽松。这么做的目的在于鼓励当事人对于自己的债权债务风险有个较早的判断,及早地解决企业的债务危机。况且,债权债务风险发现的越早,重整的成本就越小、成功率也越大。

第三,重整的措施具有多样性。重整的价值目标是社会整体利益的提升,由此也决定了它的强制性更强,比如担保物权的限制。这使得它能够采取更多更自由的措施,用尽一切办法拯救企业。实际操作中有企业采用部分或整体出售、合并与分立、追加投资和租赁经营等方式拯救企业。

第四,参与主体更加广泛。破产清算和和解程序的主体仅限于债权人和债务人。而在破产重整程序中,其参加者不仅包括债权人和债务人,还包括股东(出资人)。出资人是企业重整的重要参与方,他不仅有重整的申请权,还有对于重整计划草案通过与否的表决权。

第五,重整程序的优先性。如上述所言,破产重整的社会本位决定了它的优先地位。重整程序一旦启动,其他相关的民事执行程序应当中止,破产清算和和解也应中止。在受理上也是如此,如果同时存在清算、和解、重整的申请,应优先受理重整申请。

---

〔1〕 韩长印主编:《破产法学》,中国政法大学出版社2007年版,第160页。

三、我国破产法规定的破产重整

在我国现行《企业破产法》起草过程中，立法者曾经有这样的想法："在企业出现不能清偿到期债务的情况时，有破产清算、和解、重整三种程序供债权人和债务人根据自己的具体情况予以选择。如果通过和解能得到的利益优于破产清算，债权人出于自己的利益也会同意和解；对符合产业政策和公共利益，又有复苏希望的企业法人，国家和政府主管部门也可以通过注入资本金或申请重整等手段，使其摆脱困境，免于破产，只有在各种措施都无济于事的情况下才会实际破产清算"。[1]

破产重整制度与过去破产法中规定的和解整顿也有根本区别，它们是两种制度，本质不同。整顿以政府为主导，而重整是市场行为。过去企业整顿制度不仅规定得过于简单，缺乏操作性，而且没有规定债权人对企业有进行重整的权利，重整是由破产企业的上级主管部门提出。主管部门更多的是选择庭外重整，特别在于对企业实施兼并。在国务院有关优惠政策的引导下，大量国企实施兼并，兼并成为企业实现市场退出的主流形式。这种模式是在政府主导下进行的，并不是市场意志博弈的结果。而现行重整制度借鉴国外破产立法经验，对申请、审查、重整期间营业、重整计划的制定和批准以及重整计划的执行等方面作了全面的规定，将企业的重整纳入了法治的轨道，避免了行政主导下企业重整可能产生的弊端。

破产重整与破产和解制度也有区别，由于两种程序都包含了债权偿付的内容，而且都体现了债权人债务人的妥协与让步，所以有时候实践中容易混淆重整与和解程序。其实两者还是存在不同之处的。首先是目的的不同。和解程序的价值在于清偿债权，其以债权人利益的实现为终极目标，而重整是一种对债务人的积极挽救程序，它的程序价值体现在企业复苏，而非债权实现上。其次是手段的不同，重整在措施上更加多样。从国外重整程序来看，其名称 reorganization 或者 restructuring 本身就反映出一种企业架构方面的变化。在重整程序中，企业可以引入新股东，导致股本结构变化；可以将企业部分或全部转让，易主经营，导致业务架构变化。而和解则仅仅涉及债权人对债务的减让，并不涉及企业某些方面的结构变化。总的来说，重整具有积极主动性，债务人希望通过自身的努力来作出改变，以拯救自己；而和解是一种被动状态，寄希望于债权人的宽恕。

从具体规定看，我国破产重整制度具有如下特点：

第一，重整程序的适用范围与破产法本身的适用范围相统一。《企业破产法》

---

〔1〕 朱少平、葛毅编：《中华人民共和国破产法——立法进程资料汇编》，中信出版社 2004 年版，第 26 页。

仅适用于企业法人，无论清算、和解还是重整皆如此，《企业破产法》并没有对重整制度作特殊的规定，如国外大多会限制在股份公司、上市公司。立法时关于这个问题就有过争论，立法最终对重整程序的适用范围不作限制的理由在于增加法院的自由裁量，由法院在具体适用的过程中根据具体情况进行判断。[1]

第二，重整程序的申请主义。根据《企业破产法》的规定，重整程序的启动必须由利害关系人进行，法院不可主动依据职权要求重整，必须处于消极中立的地位。利害关系人的范围也是确定的，原则上由债务人和债权人组成，其他主体没有申请重整的权利。但在例外情况下，持有10%出资额以上的出资人在债务人非自愿破产清算程序开始后可以申请对债务人进行重整。此外，国务院金融监督管理机构可以依法申请对金融机构进行重整。

第三，重整程序利益多元化。[2] 重整程序涉及的关系较复杂，不仅涉及债权人和债务人的债权债务关系的了结，而且还往往会影响到债务人财产上负担的其他权利，还会涉及债务人的资本结构以及产业结构的调整等多方面的利益。所以在重整程序中，往往存在各种不同的利益群体，各自代表着各自的权益，利益主体间也常存在许多矛盾。这就要求各方必须从大局出发，从企业拯救、和谐共赢的角度出发，积极寻求利益平衡点，多协调、多合作。重整手段也要多元化，除延期或减免偿还债务外，还可采取向重组者无偿转让全部或部分股权、核减或增加注册资本、向特定对象定向发行新股或债券、将债权转为股份、转让营业或资产等方法。

第四，重整程序具有强制性。根据《企业破产法》的规定，只要债权人会议各表决组及股东组以法定多数通过重整计划，经人民法院批准，重整计划对所有当事人都有法律效力。而且，《企业破产法》还规定了一定条件下重整草案的“强制批准”。在草案有至少一组通过而未获全部表决组通过的情况下，如果草案符合法定条件，债务人或者管理人可以申请人民法院予以批准。人民法院可在保证反对者的既得利益不受损害等法定条件下强制批准重整计划，避免因部分利害关系人的反对而使得重整无法进行。这又一次体现了重整追求社会本位的价值理念。不过需要注意的是，强制批准必须符合保证反对者的既得利益不受损害等法定条件。

第五，债务人可负责制订、执行重整计划。除非债务人存在破产欺诈、无经营能力等情况，根据新《企业破产法》的规定，在重整期间，经债务人申请、人民法院批准，债务人可以在管理人的监督下制定重整计划，在重整计划批准后可自行管理财产和营业事务。这种债务人控制模式相比外部控制人（如管理人）模式具有较

---

〔1〕 李永军：“新破产法焦点问题透视”，载《财会学习》2006年10月刊。

〔2〕 李永军：《破产法》，中国政法大学出版社2009年版，第186页。

多优势，最典型的就是信息优势。作为企业的负责人、管理人，其对于企业过去和目前的经营状况、债权债务关系等都有相当的了解，理论上是处于最佳位置的信息获取者。另外，允许债务人自主管理，也有利于破产重整的顺利进行，消除债务人的抵制因素。如果重整意味着对于公司的控制权将旁落，那么债务人必然千方百计地阻止重整的进行。

重整由于其涉及利益繁杂、主体多元、情况复杂，故特别需要法院作为第三方的介入，来消除各方利益的对立，保持企业运营价值，使重整程序能够顺利进行。法院应该在破产重整程序中发挥裁判功能、协调功能、监督和指挥作用，主导整个重整程序的方向，最终实现企业的社会和经济价值。当然，法院也要按照法定的方式合法地进行干预和调整，尽量保证管理人和各方参与主体的独立性，让重整制度能发挥它市场化、专业化的优势。

第二节 破产重整申请的提出与审查

一、重整申请的提出

（一）提出申请的实质要件

1. 重整的申请人与被申请人

根据《企业破产法》第七条、第七十条和第一百三十四条之规定，重整的申请主体可以分为以下三类：(1)破产程序尚未启动的，申请主体为债务人自身或者债权人；(2)破产程序已经启动后申请重整的，申请主体为债务人自身或者出资额占债务人注册资本十分之一以上的出资人；(3)金融机构重整的，申请主体为国务院金融监督管理机构、债务人自身或者债权人。至于重整的被申请人，根据《企业破产法》第七条之规定，其主要为企业法人。该法第一百三十五条虽然规定企业法人以外的组织可以参照适用本法规定的程序，但只是限于破产清算，没有规定非法人组织能够参照适用破产重整程序。

需要注意的是，在上述分类中，债务人自身申请重整在理论上可以分为主动型申请和被动型申请。[1]主动型申请，是指债务人依照法律规定直接向人民法院申请重整。被动型申请，是指债务人在债权人已申请其破产清算后、宣告破产前向

〔1〕 吴庆宝、王建平主编：《民商事纠纷分类裁判标准规范丛书——破产案件裁判标准规范》，人民法院出版社2009年版，第262页。

人民法院申请重整。

[案例8.1]风华集团公司在被申请破产清算过程中提出重整申请案[1]

广东省肇庆市中级人民法院于2007年6月29日依法裁定受理债权人肇庆市银华网络技术有限公司和肇庆市金叶发展有限公司申请债务人广东风华高新科技集团有限公司(以下简称为风华集团)破产还债一案,指定了风华集团清算组为管理人,该案进入清算程序。而债务人风华集团则在2007年7月6日提出重整申请及重整预案。经审核,法院于2007年7月11日依法裁定准许债务人风华集团进行重整。此后,风华集团因重整方案最终获得法院批准而再生。

2. 债权人申请资格的确定

债权尚未确定的债权人直接申请重整往往会引发被申请人对于债权确定性的抗辩,因此,在实践操作中,除了证据特别清楚或者双方均无争议的债权之外,我们建议有债权争议的债权人先行经过诉讼或其他程序对债权加以确定后,再提出重整申请。但需注意的是,在破产程序启动之后,债权人即丧失重整申请权,该权利只能由债务人或者符合条件的出资人享有。有学者认为这是破产法立法的疏漏之处,债权人理应享有重整的后续申请权。[2] 此外,对于有担保债权的债权人而言,虽法律允许其提出申请,但因重整程序启动后,其担保债权的行使受到限制,因此在实践中,只要担保基本足额,有财产担保的债权人一般都选择在破产清算程序中直接行使别除权,而缺乏申请债务人重整的积极性。

3. 出资人的申请资格

《企业破产法》第七十条对出资人申请重整规定了两项限制性条件:一是出资人只能在债权人申请债务人破产清算且人民法院已经受理,但尚未宣告破产情况下申请重整。此项重整申请权,属于一项被动的程序权利。换言之,出资人只有在债权人启动的破产清算程序中,才能向法院申请债务人重整,而不能直接启动重整程序。与我国台湾地区“公司法”等域外立法例规定公司符合条件股东享有直接重整申请权的规定相比,《企业破产法》对出资人重整申请权所作的限制性规定,对及时利用重整程序拯救困境企业、保护小股东利益,是存在一定制度欠缺的。因为人民法院受理破产清算的申请,是以企业已经发生破产原因为前提的,这时才允许出资人提出重整申请,往往为时已晚,可能使企业丧失重整复苏的最佳时机,甚至因此可能使这一规定本身失去实际意义。[3] 而且在债务人已经符合破产重整

---

〔1〕 王建平:“破产清算程序如何转化为重整程序”,载《人民司法·案例》2009年第12期。

〔2〕 王欣新:“维护债权人的后续重整申请权”,载《人民法院报》2011年11月23日。

〔3〕 王欣新:《破产法》,中国人民大学出版社2007年版,第350页。

的条件,但债权人、债务人迟迟不启动破产程序的情况下,小股东缺乏直接有效的破产保护途径。二是出资人的出资额必须占债务人注册资本十分之一以上。《企业破产法》对享有重整申请权的出资人的持股比例作了最低限制,这符合其他国家和地区破产重整立法的通例。日本《公司更生法》规定,持有债务人已发行股本10%以上的股东可以提出重整申请;我国台湾地区"公司法"规定,连续6个月持有债务人已发行股本10%以上的股东可以提出重整申请。须注意的是,虽然《企业破产法》该条规定在文字上只出现了"(有限公司)注册资本"的表述,但应当认为还包括持有股份有限公司已发行股份总数10%以上股份之股东。

另外,该条规定对出资人的人数及持股时间未作规定。对于人数问题,尽管有观点认为出资人人数不能累计计算,只能限于一人,但我们认为,出资人的人数应当可以累计计算,即单独或者合计达到持股最低比例的出资人均享有申请重整的权利。这与《公司法》的其他规定相一致。[1] 也有学者明确认为"立法关于'出资额占债务人注册资本额十分之一以上'的规定,应当包括多人出资额的合并计算"。[2] 故在理论上,小股东可以通过联合其他股东,或者受让股份的方式,突破最低持股比例的门槛限制。对于持股时间问题,《企业破产法》第七十条未对出资人出资(持股)最低时间作出规定,这样虽不利于限制出资人对重整申请权的滥用,但在当前出资人只能在破产清算程序中被动申请重整的制度安排下,规定最低出资(持股)时间也并不十分迫切。

4. 破产重整的条件

(1)一般条件

《企业破产法》第二条第一款规定:"企业法人不能清偿到期债务,并且资产不足以清偿全部债务或者明显缺乏清偿能力的,依照本法规定清理债务。"从该规定可以看出,我国关于破产条件的规定采用了双重标准:不能清偿到期债务且资不抵债,或者不能清偿到期债务且明显不具有清偿能力,即"清偿不能"+"资不抵债"或者"清偿不能"+"明显缺乏清偿能力"。以上两个标准是选择关系,当事人可以两者选其一作为衡量债务人是否达到破产条件的标准。因此,债务人只要满足上述标准之一,即具备重整条件。

(2)特殊条件

《企业破产法》第二条第二款规定:"企业法人有前款规定情形,或者有明显丧失清偿能力可能的,可以依照本法规定进行重整。"从该规定可以看出,立法对重

---

〔1〕 参见《公司法》第一百零一条、第一百零二条。

〔2〕 王欣新:《破产法》,中国人民大学出版社2007年版,第350页。

整设定了不同于其他破产程序的特殊条件，即在债务人虽然未达到破产条件，但有明显丧失清偿能力可能之时，也可以进行重整。

由于重整的目的是挽救困境企业，所以对濒临破产的企业，作出使其提前进入破产保护程序的制度安排，保障企业在尚有经济复苏可能的情况下，及时通过重整获得司法保护，是十分必要的。

（二）提出申请的形式要件

重整是破产程序之一，因此，申请人提交申请书，应按照《企业破产法》第八条规定："向人民法院提出破产申请，应当提交破产申请书和有关证据。破产申请书应当载明下列事项：（一）申请人、被申请人的基本情况；（二）申请目的；（三）申请的事实和理由；（四）人民法院认为应当载明的其他事项。债务人提出申请的，还应当向人民法院提交财产状况说明、债务清册、债权清册、有关财务会计报告、职工安置预案以及职工工资的支付和社会保险费用的缴纳情况。"在具体实务中，根据申请人的不同，详细的申请材料包括如下：

1. 债务人提出重整申请的，可以提交：（1）债务人财产情况的说明，包括财产状况说明书或财产状况清单、财务报告、资产负债表等；（2）债务人的债务情况的说明，包括详细的债权人名单及所负债务的性质、数额、有无财产担保，以及为第三方或第三方为其提供担保的情况说明和证据材料等；（3）企业职工情况的说明，包括职工安置预案、社会保险、职工工资支付情况及其他税费情况的说明；（4）重整依法需要有关行政主管机关审批的，应提交主管机关同意重整的文件；（5）正在进行的诉讼、仲裁和执行案件情况的说明；（6）债务人重整的可行性分析和重整经营方案、资金筹集方案、资产与业务整顿方案或其他与重整有关的方案；（7）人民法院认为应当提交的其他材料。

2. 债权人提出重整申请的，可以提交：（1）债权发生的事实、性质、数额、有无财产担保等证据材料；（2）债务人明显缺乏清偿能力的证据材料；（3）债务人有再建希望与价值的证据材料；（4）重整依法需要有关行政主管机关审批的，应提交主管机关同意重整的文件。

3. 出资人提出重整申请的，可以提交：（1）证明自己的股东资格、股份数额等内容的证据材料；（2）债务人重整的可行性分析和重整经营方案、资金筹集方案、资产与业务整顿方案或其他与重整有关的方案；（3）重整依法需要有关行政主管机关审批的，应提交主管机关同意重整的文件。

二、重整申请的审查模式

(一)重整申请的审查模式——形式审查与实质审查

各国法律对重整申请的要求各不相同,但就审查内容来看,其不外乎分形式审查和实质审查两个方面。[1] 形式审查的主要事项包括:(1)拟重整的公司是否属法律规定的重整对象;(2)受理法院对重整事件有无管辖权;(3)申请人有无申请权,有无当事人能力及诉讼能力;(4)是否已提出申请书,并在申请书上载明法定事项;(5)申请重整的公司是否确定宣告破产,或是否依破产法达成和解协议。经审查,法院认为申请形式不合法但可以补正的,应限期补正;如不能补正,应裁定驳回。经审查,申请符合形式要件的,则进入实质审查阶段。实质审查主要审查公司是否有重整的必要和可能。据此,法院在作出审查结论之前,应通盘了解公司的业务及财产状况,并调查公司的实际情况。

应当说,相对于形式审查而言,实质审查不但复杂、难以操作,而且意义重大,是重整成功与否的关键环节。基于法院自身能力及审查难度的考虑,各国法律一般都规定法院在审查过程中可以采取各项措施。这些措施概括起来主要有:

1. 征询主管机关的意见。公司主管机关负有监管公司业务的职责,对公司内部业务状况有相当程度的了解,征询其对公司重整的意见,能够有助于法院作出正确的判断。日本《公司更生法》第35条规定,当有公司更生程序开始的申请时,法院应将申请通知监督公司业务的行政官署、管辖公司的本公司住所地税务局的长官及本公司住所地的都道府县及市镇村或类似公共团体的长官。法院认为有必要时,可征求监管公司事业的行政官署的意见。同样,该法第194条规定,对于重整计划草案,法院认为有必要时,也可请求监督公司事业的行政官署、法务大臣、财政大臣等陈述意见。[2]

2. 选任检查人。检查人的任务是调查公司实情,就公司经济、财务、劳资关系、重整前景、重整原因等事项提供信息、材料和意见,供法院审查时参考。日本《公司更生法》和德国《支付不能法》均有关于"临时检查人"的制度安排,用以协助法院审查公司继续经营具有何种前景。对此,我国台湾地区"公司法"的规定则更为详细。根据该法第285条之规定,法院可将对公司业务具有专门学识、经营经验而非利害关系人的人选任为检查人。检查人应在选任后30日内完成下列调查事项并报告法院:(1)公司业务、财务状况及资产估价;(2)依公司业务、财务、资产及生

[1] 汪世虎:《公司重整中的债权人利益保护研究》,中国检察出版社2006年版,第111页。

[2] 汪世虎:《公司重整中的债权人利益保护研究》,中国检察出版社2006年版,第112页。

产设备之分析,是否尚有重建更生的可能;(3)公司以往业务经营之得失及公司负责人执行业务有无懈怠或不当情形;(4)申请书所记载事项有无虚伪不实情形;(5)申请人为公司者,其所提重整方案之可行性;(6)其他有关重整之方案。

3. 通知被申请的公司并听取其意见。在债权人申请公司重整时,法院应告知被申请公司并听取公司意见,以便法院审查时参考。此时可以通过召开听证会的方式,听取各方面的意见。

(二)我国现行《企业破产法》规定的重整申请审查模式

1. 破产法关于重整申请审查的立法规定

现行《企业破产法》关于重整申请审查的规定原则性较强。首先,破产法对重整申请条件未作特殊规定。《企业破产法》第七条规定:"债务人有本法第二条规定的情形,可以向人民法院提出重整、和解或者破产清算申请。债务人不能清偿到期债务,债权人可以向人民法院提出对债务人进行重整或者破产清算的申请。"可见,除"有明显丧失清偿能力可能的"这一情形外,破产法对重整申请并未作出区别于破产清算程序和和解程序的特殊条件。理论上,在债务人出现不能清偿到期债务且资产不足以清偿全部债务,或者不能清偿到期债务且明显缺乏清偿能力两种情形下,申请人既可以申请重整,也可以申请破产清算或和解。其次,在对重整申请条件未作特殊规定的情况下,破产法对重整申请的审查也未作出特殊规定。从审查程序来看,法院对重整申请的立案审查时间、债务人对重整申请的异议时间、法院对异议的处理方式,均与破产清算程序和和解程序相同,重整程序不存在特殊性。从审查内容来看,由于破产法规定的申请重整应当提交的文件范围与申请破产清算和和解的相同,因此,从立法上看不出重整申请审查内容的特殊性。特别是《企业破产法》第七十九条规定:"债务人或者管理人应当自人民法院裁定债务人重整之日起六个月内,同时向人民法院和债权人会议提交重整计划草案。"故理论上而言,重整计划草案的提交时间在重整申请受理之后,因而在提出重整申请时,无论申请人是债务人还是债权人,重整计划草案并不是申请的必备文件,当然也不是法院必须审查的内容。

由于现行《企业破产法》关于重整申请审查的规定存在上述特点,因而实践把握中对重整申请的审查,出现了从严审查但标准不一的情形。

2. 法院对重整申请审查的实践与思考

自 2007 年《企业破产法》实施以来,上海法院累计收到 7 起重整申请案件,[1]其中受理 3 起,裁定不予受理 2 起,另有 2 起申请人撤回申请。在受理的 3 起重整

〔1〕 数据统计截至 2011 年 6 月。因统计方面的原因,重整申请总数可能存在一定误差。

案件中,2 起为上市公司重整,1 起为有限责任公司重整。与同期破产案件近一百五十件的受理数量相比,显而易见,重整并非破产案件的主要类型。而从全国范围来讲,重整案件的数量也不多。以上市公司重整为例,《企业破产法》实施后累计只受理 25 起上市公司重整案件,而同期处于资不抵债状态的上市公司达到了 380 家。[1] 实践表明,引进重整制度拯救困境企业的立法预期与司法实践之间产生了较大的差距。这固然与重整程序属借鉴他山之石的新生事物,其制度特点和价值尚不为大家所熟悉有关,但在一定程度上与法院总体上对重整申请从严审查、谨慎受理的司法态度也有关系,主要原因在于:

(1)重整制度的价值功能尚未被充分认识。当代破产法的功能已经从清算还债转向拯救重建。拯救重建的功能要求对资不抵债或者有资不抵债之虞的企业及时申请破产保护,而不是等到企业价值完全消耗殆尽之际才进行破产清算。所以,在企业尚存重生可能的情况下,最大限度地挽救企业的营业价值,是破产法律制度的立法价值取向。但是,立法预期并未完全内化为司法理念。尽管最高人民法院多次强调要依法受理破产申请,强调对有挽救可能的困境企业要优先适用重整程序,然实践状况表明,制度的推广道路仍然十分漫长。

(2)启动重整程序将产生较大的司法成本。重整成功的核心在于重整计划的制订。由于重整计划往往涉及债务减免、出资人权益调整等事关多方利害关系人的内容,因此重整计划草案的制作与表决,完全是一场不同利益群体之间的博弈,法院为此将承担大量的协调与沟通工作。特别是在重整计划草案不能获得各表决组全体通过的情况下,法院必须基于社会利益的考量进行司法强制干预,作出是否裁定强制批准的抉择,这将给法院带来巨大的审判压力和维稳风险。即使在重整计划通过之后,法院也面临重整计划执行与监督的问题,这不仅耗费时间,也耗费一定的人力成本。

(3)重整程序蕴含较多的商业判断规则。重整程序主要是一个谈判框架,法院是对抗性的利益冲突双方的居中裁判者,而法院的很多裁决往往涉及商业上的判断。首先,需要判断公司是否还具有重整价值,即是否还尚存重生的希望。但是,如何判断公司的重整价值是一个非常复杂的经济学概念,至少包括对公司各种资产及营业要素的评估。其次,需要判断公司未来经营的可行性。重整不同于破产清算和破产和解,重整制度的核心在于公司经营的延续。《企业破产法》第八十一条将“债务人的经营方案”作为重整计划草案的首要必备内容,第八十七条则将“债务人的经营方案具有可行性”作为法院强制批准重整计划草案的必须遵循的

[1] 数据来自 2010 年 4 月 19 日“上市公司破产重整管理人制度研究项目”启动研讨会。

条件。然而,法官判断公司经营方案是否具备可行性,离不开基本的商业判断。

(4)重整失败缺乏必要的程序救济途径。根据《企业破产法》的相关规定,重整程序开始后,如果因重整计划草案未获批准通过等法定原因终止,或者重整计划执行失败,法院必须依职权或者依相关权利人申请,直接裁定宣告债务人破产。据此,重整失败的后果只能是唯一的,即必然导致债务人被宣告破产,这不但忽略了债务人具备重整原因但不一定具备破产清算原因的特殊情况,而且又加剧了法院在受理重整申请时的谨慎态度。而在重整制度的发祥地美国,破产法对此则持有灵活态度。《美国破产法典》第11章“重整程序”把重点放在降低清算的社会成本和保护公司的持续经营上。重整计划如果经表决没有通过,法院可以转入第7章“破产清算”程序,也可以当债权人认为更有利时驳回此案,回到重整程序启动之前的状态。

(5)重整管理人队伍的培育尚不成熟。管理人制度是新《企业破产法》带来的新事物,管理人队伍的发展需要有一个人才慢慢培养、成长的过程。在当前的破产制度运行环境下,管理人在传统的破产清算程序中尚难以发挥制度设计的预期作用,在法律关系和社会经济关系更为复杂的重整程序中,主要以社会中介机构为主的管理人更加难以成为化解各方博弈困局、推动重整程序顺利进行的主导力量。

三、重整申请的审查要点

(一)审查管辖条件

法院受理审查重整申请,首先应当审查级别管辖条件。对符合级别管辖条件的,还要审查地域管辖条件,即债务人住所地是否在本法院管辖范围内。审查时,要避免简单将债务人注册地认定为住所地的错误。

(二)审查申请人的主体资格

各国破产法对于破产重整程序申请人的规定主要有两种模式:一是自由申请;二是限定申请。[1] 自由申请模式充分尊重当事人的自主选择权,规定所有债务人都可以申请破产重整程序,采此模式的国家主要是美国和法国;限定申请模式则规定只有法定主体才可以申请启动破产重整程序,如英国规定只有公司才可以申请启动类似于重整程序的公司管理程序,日本则规定只有股份公司才可以申请更生。

我国新《企业破产法》采取的是自由申请模式,规定所有企业法人都能够适用破产重整程序。《企业破产法》第七十条规定:“债务人或者债权人可以依照本法

---

〔1〕 付翠英:《破产法比较研究》,中国人民公安大学出版社2004年版,第260页。

规定,直接向人民法院申请对债务人进行重整。债权人申请对债务人进行破产清算的,在人民法院受理破产申请后、宣告债务人破产前,债务人或者出资额占债务人注册资本十分之一以上的出资人,可以向人民法院申请重整。"《企业破产法》第一百三十四条规定:"商业银行、证券公司、保险公司等金融机构有本法第二条规定情形的,国务院金融监督管理机构可以向人民法院提出对该金融机构进行重整或者破产清算的申请……" 根据上述规定,申请人必须符合债权人、债务人、出资人、金融监督管理机构等主体要求。

(三)审查申请提出的时间

根据《企业破产法》第七十条的规定,重整程序既可以由债务人或者债权人直接申请启动,也可以由债务人或者出资人在债权人申请进行的破产清算程序中申请启动。《企业破产法》对于直接申请启动的,没有限制申请提出时间;对于破产清算程序中申请启动的,则规定了申请提出的时间,即在法院受理破产申请后、宣告债务人破产前,这也是当今绝大多数国家(除日本之外)的通行立法模式。由于债务人一旦被裁定宣告破产,即产生债务人解散、进入强制清算还债程序的法律后果,故法院在裁定宣告债务人破产后,不能再逆转清算程序,而受理对债务人进行重整的申请。

(四)审查重整条件

重整条件是指法律规定的可以对重整对象开始重整程序的事实状态。[1] 重整制度的价值取向是社会利益本位,目的在于防止企业破产对社会产生冲击,维护正常的社会经济秩序。因此,与破产清算、破产和解程序相比,债务人不必达到失去清偿能力的破产界限,即可申请启动重整程序。

美国破产法对债务人申请重整不要求债务人证明自己无清偿能力,其旨在鼓励负债公司尽早抓住重整时机。日本《公司更生法》规定重整程序开始有两个条件:公司不能清偿届期债务或公司有产生破产原因的危险,故因流动资金短缺陷入困境的公司也可以开始重整程序。英国破产法以公司已成为或很可能成为无清偿能力者为重整条件。我国台湾地区"公司法"则规定公司财务困难、暂停营业或有停业之虞为重整条件。[2]

我国《企业破产法》规定的破产条件较为宽泛,根据《企业破产法》第二条的规定,重整条件主要是指企业不能清偿到期债务且资不抵债,或者企业不能清偿到期债务且明显缺乏清偿能力,或者企业有明显丧失清偿能力的可能。

---

〔1〕 汤维建:《破产程序与破产立法研究》,人民法院出版社 2001 年版,第 407 页。

〔2〕 齐树洁主编:《破产法研究》,厦门大学出版社 2005 年版,第 445 页。

企业不能清偿到期债务是一个确定存在的事实状态。对企业资不抵债或缺乏清偿能力的判断也属于事实判断范畴，主要从企业连续多个财务报告期内资产负债表等财务报表的记载，或者企业是否在一段时间内大范围的停止支付等事实进行审查。而对于企业"有明显丧失清偿能力可能"这一特殊重整条件的判断，则属于可能性判断，需要结合企业库存比率、流动资金速动比率、短期应付账款余额等财务指标，加以综合考量判断。

（五）审查重整可行性

根据各国及地区重整立法的规定，法院启动重整程序除要具备债务人不能清偿到期债务或者有不能清偿到期债务之虞的条件外，尚还需具备重整的可能，即重整具有可行性。日本《公司更生法》第 30 条第 1 款规定："事业继续无显著障碍，但不能清偿届期债务时，公司可以向法院提出更生程序开始的申请。"韩国《公司整理法》第 1 条规定："公司破产重整是针对那些因财政困难而面临破产，但在经济上有重建价值的股份公司，经过对债权人、股东及其他公司关系人的利害关系的调整，以重整企业为目的而进行的法定程序。"我国台湾地区"公司法"第 282 条第 1 款明确规定，公司重整的原因为"因财务困难，暂停营业或有停业之虞，而有重建再生之可能者"。我国台湾地区学者对此评价，惟公司重整之目的，在使濒临困境之公司免于停业或者暂停营业俾其有重建之机会，原条文规定"因财务困难，暂停营业或有停业之虞"即可申请重整，极易使人误解公司重整为一救济措施，为期公司重整制度发挥应有之功能，自应以有重建更生之可能之公司为对象。[1] 否则，即使开始重整程序，最终也会因公司缺乏再生希望以破产清算告终，从而使得重整程序的开展成为徒劳。

审查重整的可行性，亦即债务人有无重整再生的可能，是重整申请审查程序中的重点和难点。如果债务人缺乏再生可能，那么启动重整程序无疑将造成司法资源和社会成本的浪费，且有可能引发难以收拾的不稳定残局。正如美国学者波斯纳指出的，"公司重整并非灵丹妙药……在清算中将丧失工作的经理和在清算中将不可能取得任何东西的小债权人，都会在即使清算使财产更具有价值时也要使公司生存下去。如果重整能够使股东在重整企业中得到很小的股本利益，他们也会对重整极感兴趣。因为，重整对他们来说是一个没有任何损失的建议。如果重整企业赢利了，他们就可以分得利润；如果它失败了，全部损失就落到债权人身上。所以，正像有些破产案件中由于可能使大债权人将成本加于其他利益人而使清算为期过早一样，重整也可能在有些案件中由于可能使经理、小债权人和股东将成本

〔1〕 柯芳芝主编：《公司法论》，中国政法大学出版社 2004 年版，第 420 页。

加于其他债权人而使清算不适当地延期”。[1] 所以，法院在受理重整申请时，必须从经济角度和社会角度对重整的可行性展开必要的审查，综合判断债务人是否具有被挽救的希望，如债务人是否具有继续经营的价值、是否具有重整意愿、重整参与各方是否具有重整能力。但难点在于，《企业破产法》并未对重整申请审查的要点作出提示性的规定，导致实践中缺乏可资借鉴的审查标准。结合上述理论观点及破产审判实践，我们认为，审查重整的可行性可从以下几个方面入手。

1. 重整企业自身的财务状况评估

公司发生不能清偿到期债务之事实或者可能，一般均表明公司财务已经陷入困境。有学者根据公司财务困难的程度不同，将财务困境区分为5种形态：(1)经济性失败，指公司发生重大亏损，此种形态如属短暂失调现象，可通过及时调整运营结构，恢复公司获利能力；(2)财务性失败，指公司不能支付到期债务的本息，即通常所说的财务困难；(3)财务周转困难，指公司流动资产虽然超过负债，但因流动资产中存货和应收账款周转率过低导致流动资产周转缓慢，无法支付到期票据和应付账款；(4)清偿能力薄弱，指公司资产总额虽超过负债总额，但缺乏持续收益能力，流动资金不足以抵偿流动负债，一般情况下，企业负债率超过60%，即丧失向银行借贷、发行企业债券等融资能力，有丧失清偿能力的可能；(5)丧失清偿能力，指公司资产总额明显不足以抵偿其负债总额，公司资本净值已不复存在。此时，公司可随时进入破产程序，但仍有重整可能的，可进行重整。

由于财务困难是产生公司无力偿还债务的原因，则判断公司有否重建再生可能，可以从公司的财务状况入手，判断公司有无继续经营的重整价值。一般而言，尽管造成公司财务困难的原因多种多样，但都可以从改善经营方法、合理调整财务结构、健全人事管理三方面，来判断公司是否具备凤凰涅槃的重整能力。在不剥离重整企业资产的重整类型中，评估重整企业的财务状况，主要通过审查企业的资产负债表、损益表等财务报表，审查企业的资产性质、赢利能力、债务水平和结构等。例如，企业经营亏损的原因？现有资产是否可以有效变现，或者经重整后是否会产生稳定的现金流？如果企业亏损主要是由于债务负担过重，而营业事务处于正常状态，则企业可通过重整程序的债务减免方案走出困境；如果企业的现有资产主要是账龄较长的长期应收账款等变现或赢利能力比较差的资产，则重整成功的可能性不会很大。

---

〔1〕［美］理查德·A.波斯纳：《法律的经济分析》，蒋兆康等译，中国大百科全书出版社1997年版，第528～529页，转引自杨忠孝：《破产法上的利益平衡问题研究》，北京大学出版社2008年版，第138～139页。

2. 重整企业特殊营业价值的评估

有些企业虽然自身财务状况不佳,但具有一些独特的营业价值,这也能够在一定程度上提升其重整的可行性。例如,在我国现阶段的资本市场中,上市公司的上市资格仍然属于稀缺资源,特别受到投资人的青睐。因此,上市公司重整成功的可能性较高。目前进入破产程序的25家上市公司全部适用重整程序,无一选择破产清算,且一半以上已经重整结束,实现重生。

3. 重整企业所处行业的前景评估

在传统重整模式下,重整计划制定的债务的重组方案主要是在豁免少量债务的基础上,延长债务的清偿期限。这样重整企业虽然获得喘息机会,但仍须通过重整期间的持续经营,来逐步清偿对外债务。因此,重整企业所处行业在一段时间内的发展前景,决定了企业再生的前景。如果重整企业所处行业属于国家行政许可的特定行业,则企业的特定经营资质就成为了最有价值的投资亮点。

[案例8.2]北京仙琚生殖健康专科医院有限责任公司破产重整案[1]

北京仙琚生殖健康专科医院有限责任公司(以下简称仙琚医院),成立于2004年8月26日,注册资本1000万元,由于管理不善等因素,2006年10月,仙琚医院向北京市海淀区人民法院提出破产申请。海淀区法院于2006年12月22日裁定受理。经债权申报,仙琚医院破产案申报债权人人数为45人,申报债权总额为2200万余元。与此同时,维多丽亚医疗投资有限公司(以下简称维多丽亚公司)因市场准入问题,对仙琚医院的经营资质存在兴趣,及时介入仙琚医院的破产案件。仙琚医院与维多丽亚公司进一步制定了详细的重整计划方案。经过与债权人沟通,2007年4月20日,仙琚医院向海淀区法院递交了重整申请。重整计划包括:仙琚医院股东兴业公司与置业公司将全部股权以零对价转让给维多丽亚公司,维多丽亚公司通过与各债权人签订和解协议的方式,确定债务偿还主体、偿还比例,并在仙琚医院重新开业运营后,于约定期限内逐步偿还,而原股东兴业公司和置业公司负责安置职工,清偿拖欠工资,从而实现仙琚医院的重整。最后经过债权人会议的表决,该重整方案得以通过。

如果重整企业所处行业属于市场竞争充分的一般行业,而且市场前景不明朗甚至竞争过于激烈达到饱和状态,则该类企业重整成功的难度就大大增加。此时及时清算而不进行重整反而对债权人有利。

---

〔1〕“海淀法院适用新破产法审理首例公司重整案件”,载 http://www.fg110.com/ShowArticle.shtml? ID=200771623295533670.htm。

4. 潜在新投资人重整能力的评估

对于重整企业来说，其往往难以依靠自身力量摆脱困境，而需要新投资人的介入。因此，潜在新投资人的重整能力，对重整的成败可谓十分关键。我们认为，财务状况、经营业绩、行业评价、投资战略等，是评估潜在投资人重整能力的几个重要标准。

5. 不稳定因素的评估及防范

建立符合市场经济要求的企业破产制度，必须建立完善的社会保障制度与之相配套，但目前我国的社会保障体系还难以完全做到这一点。企业重整案件涉及债权人、债务人、出资人、企业职工等多方利益主体，各方矛盾集中、突出，一旦处理不当，极易引发群体性、突发性事件，影响社会稳定。因此，我们审查重整申请，还应当对潜在的风险隐患因素进行评估，以便做好相应的预案。但是，法院审理案件维稳风险是不可避免的，不能因为有维稳风险而将理应进入司法程序的破产重整案件拒之门外，而是要积极主动、有智慧地依靠各方力量的支持，共同疏导并化解破产案件中的各种矛盾纠纷。

[案例8.3]兰宝科技信息股份有限公司破产重整案

兰宝科技信息股份有限公司成立于1993年，在深圳证券交易所上市，由于连续亏损，2006年年度资产负债率高达220%。2007年4月28日，债权人上海美东房地产有限公司向吉林省长春市中级人民法院申请兰宝科技信息股份有限公司破产重整。该案涉及2.4万名中小股东以及十余亿元债务。在案件受理之前，法院即会同长春市政府有关部门制作了涉及保证职工稳定、保证股民稳定、相关信息披露、紧急情况处理等方面的详细完备的社会风险控制预案。在案件审理过程中，法院与政府在重整方案的制定、职工安置等方面进行了广泛的协调和配合。特别是法院与政府共同做债权人工作以及安排其他联动机制，对兰宝公司重整计划的通过起到了至关重要的作用。

6. 重整的其他因素评估

审查重审可行性除了考虑上述因素之外，还要综合考虑其他可能影响重整的因素。因为重整计划是使重整企业起死回生的一个规划，制定计划时可以设定许多目标，但真正执行起来却又是另外一回事。因此，我们审查重整的可行性，必须要评估重整计划执行阶段的外部环境。一是要评估国家宏观政策的变化趋势。例如国家银行贷款政策、房地产调控政策的变化。在上海法院受理的第一起上市公司重整案件ST华源的重整程序中，制定重整计划时各方引入了一家颇有实力的房地产企业作为新出资人，但未料在重整计划执行阶段，国家加紧了对房地产市场的调控，导致房地产企业借ST公司“壳”资源上市的渠道受阻，ST华源直至重整二年后才恢复上市资格。二是要评估重整期间债务人的公司治理环境。重整程序中的公司治理结构问题是当前重整理论研究中的新问题。由于公司在重整期间继续经营,因而公司也存在治理结构问题,但与正常经营状况下的治理结构相比,重整程序中的公司治理结构问题则显得更为复杂,产生以公司董事会为核心的管理层与股东会、债权人会议、管理人之间的多维关系。因此,重整企业的治理结构是否完善,将影响到重整计划的通过与执行。例如在某 ST 上市公司重整申请中,该公司主要股东因公司控制权之争,对重整方案存在严重分歧,可能影响重整程序的顺利推进,这也是造成法院最终未受理重整申请的主要原因之一。

[案例 8.4]A 公司申请某 ST 上市公司破产重整案

申请人 A 公司于 2010 年 3 月 2 日向法院申请某 ST 上市公司破产重整。理由是 A 公司两次共受让某 ST 上市公司原债权人的到期债权 327609665.78 元,而某 ST 上市公司无力还债。被申请人某 ST 上市公司述称:申请人所称属实,除留守人员外,公司已基本遣散劳动员工,公司唯一收入来源为名下房产的出租收益公司同意进行破产重整。某 ST 上市公司第二大股东 C 公司也支持重整。

但是,某 ST 上市公司第一大股东 B 公司反对某 ST 上市公司进行破产重整,其认为:某 ST 上市公司的主要债务是对原控股股东 C 公司所负的债务,这些债务均由 C 公司违法操纵形成,某 ST 上市公司有权追究 C 公司违法行为造成上市公司巨额亏损的责任。C 公司对某 ST 上市公司的债权和赔偿责任相互抵销后,某 ST 上市公司对 C 公司尚享有债权而非债务。因此,A 公司受让的债权不能成立。如某 ST 上市公司收回损失,加上尚存资产,不会出现资不抵债的情形。一旦 B 公司进入公司董事会,将追究 C 公司的责任,追回某 ST 上市公司被侵占和转移的资产,并对公司进行重组,改善公司资产状况。

法院经审查后认为:某 ST 上市公司的原主营业务已完全停滞,无法自力更生,而引入的重组方及重组方案并不明确。另外,在两大股东 B 公司与 C 公司对破产重整明确存在不同意见的情况下,某 ST 公司重整成功的可能性将大打折扣。除此之外,申请人 A 公司目前持有的债权,均系受让自某 ST 上市公司关联企业对某 ST 上市公司享有的债权,债权真实性存在异议。故最后法院裁定不予受理。

(六)法院具体审查步骤

第一步,重整申请人应向法院提交重整申请材料。由于需要对重整申请进行形式和实质两方面的审查,因此,除《企业破产法》第八条规定的必备材料外,法院还可以要求申请人提交能够证明重整可行性的申请材料。

对债务人自行提出重整申请的,一般要求债务人出具重整计划框架及可行性分析报告。对债务人在申请前已经与主要债权人接触并形成初步协商意见的,还可以要求债务人提出重整计划草案,这将大大缩短重整程序,节约司法资源。在美国破产法的实践运用中,其允许债务人与债权人在破产申请前依照破产法有关重整的规定进行事先协商,形成预重整(prepackaged reorganization)的重整申请,以求快速通过重整计划草案。预重整通常是破产和私下重组的混合,在预重整中,重整申请与重整计划被结合在一起,重整计划中的条款由债务人和主要债权人事先商定,并在程序开始后立即将其提交投票表决,这样可以节省时间和谈判成本。在2008年国际金融危机爆发期间,美国法院受理的克莱斯勒汽车集团和通用汽车集团两起重整案件,即是典型的预先安排式的重整案件。这两起案件在法院裁定受理前,债务人与主要债权人(贷款银行和基金)及新的战略投资人已经达成重整方案,因此法院分别只用了2个月和40天的时间,即审理终结这两大超级汽车集团的重整案件,极大地简化了程序,缩短了时间,避免了债务人资产因冗长的重整程序而在金融危机的风暴中进一步缩水贬值。

证券公司申请重整,或者证券公司债权人申请对证券公司进行重整的,还应当提交中国证监会的批准文件。

第二步,法院可以组织申请人、债务人、主要债权人、主要出资人、职工代表等相关利害关系人进行听证,了解利害关系人对重整的意见、建议及态度。听证程序是一种公开、透明的辩论程序,能够向程序参与人提供充分地获取信息和发表意见的机会,秉承中立、理性、可操作性、平等参与和公开的价值理念,是司法正当程序的内在要求。在作为国际金融危机全面爆发的标志性事件的美国知名投资银行雷曼兄弟破产案中,雷曼在申请重整的次日即提出出售资产的紧急申请,而此时雷曼根本没有任何重整方案。在此情形下,破产法院主审法官组织召开了持续长达20个小时的聆讯会议,通过听证的形式充分征求各方意见,最终裁决批准涉及上百亿美元、足以对金融危机造成重大影响的资产出售交易。

重整程序涉及债务人、债权人、出资人、职工等多方利益,而且重整程序消耗的司法成本、社会成本巨大。因而,法院在审查重整申请时必须保持审慎的态度,将听证程序作为一种常态化的审查机制,从机制上保障利害关系人的意见表达权,维护破产案件的程序正义。最高人民法院在法发[2009]36号《关于正确审理企业破产案件为维护市场经济秩序提供司法保障若干问题的意见》中指出,人民法院要充分发挥司法能动作用,注重做好当事人的释明和协调工作,合理适用破产重整程序。对于当事人同时申请债务人清算、重整的,法院要根据债务人的实际情况和各方当事人的意愿,在组织各方当事人充分论证的基础上,对于有重整可能的,应当依法受理重整申请。

第三步,法院如果认为有必要,还可以征询主管机关或者专家的咨询意见。破产重整的成功需要完善的司法体系、熟悉商事规则的法官、成熟的社会保障制度提供保障。法院在重整程序中被赋予自由裁量权的同时,也被考验着自身是否充分具有承担这一职责的能力。重整程序利益博弈强,并且这一博弈贯穿程序始终,特别是"重整计划中关于商机、营运决策等纯粹商务营业事项之判断,或者预测"等问题,由于"通常是以该行业之专门知识与经济为基础所作之价值取舍,既非外行人事前所得臆测,尤非得于事后以结果之成败臧否当初决策正确与否"。[1] 因此,法院在审查重整申请时,可以征询主管机关或者专家的意见。美国破产法典规定,重整方案的提出人可以提出详细的商业计划,向法院提供由财务官、会计师、商业顾问或其他专家出具的证明意见,来证明通过重整债务人完全有能力使其财务状况恢复正常。[2] 法国《困境企业司法重整及清算法》规定,重整计划制定时,司法管理人可以从特派法官、专家等处获取所有可用于制定重整计划的信息和资料;即使法律法规有相反规定,司法管理人仍可以从审计员、职工及职工代表、行政机关及公共机构、互助和社会保障机构、信贷机构、负责集中银行风险与支付的机构等处获取便于了解企业经济与财务状况的信息。[3]

实践中,法院可采取邀请主管行政机关,包括地方政府、国资委、金融办、银监局等行政机构以及相关行业的专家学者召开论证会的形式,从多方面听取主管机关和专家对重整原因及重整可行性的意见,帮助法院准确把好重整申请的受理审查关。必要时,法院可以指定会计师、律师事务所、资产评估机构等中介机构作为检查人,对债务人是否具备《企业破产法》第二条规定的重整原因、是否具备继续经营价值提出专业意见。[4]

(七)重整受理的法律效果

法院对符合条件的重整申请裁定受理后,重整程序即正式开始,并产生相应的法律效果。

1. 程序上的效力

依照《企业破产法》第二章第二节的相关规定,法院受理重整申请后,产生与受理破产申请相同的法律效果,包括诉讼、仲裁、执行等法律程序中止,财产保全措施解除等。

---

〔1〕 王仁宏主编:《商法裁判百选》,中国政法大学出版社 2002 年版,第 129 ~ 130 页,转引自杨忠孝:《破产法上的利益平衡问题研究》,北京大学出版社 2008 年版,第 140 页。

〔2〕 [美]大卫·爱泼斯坦等:《美国破产法》,韩长印等译,中国政法大学出版社 2003 年版,第 757 页。

〔3〕 杨忠孝:《破产法上的利益平衡问题研究》,北京大学出版社 2008 年版,第 140 页。

〔4〕 霍敏主编:《破产案件审理精要》,法律出版社 2010 年版,第 181 页。

2. 实体上的效力

法院受理重整申请后，对债务人、债权人及企业出资人产生以下实体上的特殊法律效力。

一是企业经营权和财产处分权移交。依照《企业破产法》第七十三条的规定，法院受理重整申请后，重整企业的财产和营业事务统一由管理人接管。只有在法院嗣后批准同意重整企业自行管理财产和营业事务的情况下，管理人再将已接管的财产和营业事务交还重整企业。

二是限制担保权的行使。为保证重整企业在重整期间能够继续使用那些为其营业所必要的财产，各国重整立法均作出限制担保权行使的规定，这是重整制度与破产清算制度、和解制度的重大差异。我国《企业破产法》第七十五条规定，"在重整期间，对债务人的特定财产享有的担保权暂停行使。"但是，实施重整制度在拯救困境企业的同时，必须兼顾债权人的合法利益，限制担保权的行使不能以损害担保权人的基本利益为代价。因此，《企业破产法》第七十五条同时规定，"担保物有损坏或者价值明显减少的可能，足以危害担保权人权利的，担保权人可以向人民法院请求恢复行使担保权。"

三是限制公司股东和管理层的权利行使。重整过程中，企业的资产和经营状况处于不确定状态，因此必须限制公司股东和管理层的权利行使。我国《企业破产法》第七十七条规定，"在重整期间，债务人的出资人不得请求投资收益分配。在重整期间，债务人的董事、监事、高级管理人员不得向第三人转让其持有的债务人股权。但是，经人民法院同意的除外。"

第三节 重整计划的制定、批准与执行

一、重整计划的制定与要素

重整计划的概念以及特点

1. 重整计划的概念

重整计划是指由管理人及其他利害关系人制作的，旨在维持债务人企业继续营业，谋求债务人企业再生并清理债权债务关系的协议。进行重整必须制作重整计划。重整计划是否切实可行、能否获得通过，直接决定着重整目标能否实现。因此，重整计划不仅是管理人实施重整行为的依据，而且是重整程序渐趋深入的方针，在整个重整程序中起枢纽作用。

2. 重整计划的特点

(1)重整计划体现了利害关系方的意思自治

重整计划是债权人、债务人企业、股东对重整债权、重整债务及处理股东权的共同意思表示,是债务人企业重整制度立法构架中的主要内容,是企业进行重整的依据。它虽然名为计划,但实际上是一个协议。在未经债权人会议表决通过前,它只是一个由债务人或者管理人提出的协议草案,是债务人或者管理人向所有债权人发出的要约。经债权人会议通过后,重整计划草案便成为一个正式的关于债权债务关系清偿以及其他重整事务的协议[1]。从实践来看,重整是一个协商、迁就和妥协的过程,与其相关的大量工作都是在法院之外完成的。相关人员提出计划前,要做许多准备工作,如分析债务公司的经营现状、目前的财务情况、减少开支和成本的方法、持续经营的远景、方案在商业上的可操作性。这些情况在每个案件中是不同的,因此重整计划的制定应该遵循"意思自治"的原则,即重整计划草案内容由双方协商决定。

(2)重整计划基本内容应当符合法律规定

由于制定重整计划体现了意思自治,法律应允许由市场来决定各经济主体在重整计划中作出适当的商业决策,因此,法律对重整计划草案的规制不应过细。当然,制定重整计划草案也不能天马行空。对此,《企业破产法》第八十一条作了指引性的原则规定:"重整计划草案应当包括下列内容:(一)债务人的经营方案;(二)债权分类;(三)债权调整方案;(四)债权受偿方案;(五)重整计划的执行期限;(六)重整计划执行的监督期限;(七)有利于债务人重整的其他方案"。从这些内容来看,我们认为重整计划草案主要是体现了三方面的安排,一是经营的安排,二是债权债务的安排,三是时间的安排。比较好的重整计划草案是这三方面的安排兼顾了存在的多种利益的草案,因此这样的草案能够为大多数的债权人所接受。

(3)制定重整计划应体现的原则

实践中,制作重整计划一般应遵循以下原则:①公正合理原则。重整计划的内容涉及债权及股权的变动,经认可的重整计划对全体债权人及企业均有约束力,故其内容必须力求公正合理。②条件平等原则。这是指重整计划所规定的条件对于同类性质的权利人之间,应维持平等原则,而不能实行差别待遇,但法律另有规定的除外。③兼顾原则。重整计划应兼顾债权人和股东的利益,同时还应照顾债权人与股东内部不同权利人的利益。利益的失衡会导致重整计划草案无法获得通

---

〔1〕 李曙光、宋晓明主编:《〈中华人民共和国企业破产法〉制度设计与操作指引》,人民法院出版社2006年版,第665页。

过。④切实可行原则。重整计划必须切合实际并易于执行，否则将导致重整失败乃致使企业走向破产。

二、重整计划的制定主体与内容

（一）重整计划的制定主体

重整计划作为重整程序中最重要的法定文件，如何选择一个合格的制定者直接关乎重整计划草案的内容质量，从而最终决定了重整程序可否继续进行下去。对重整计划的制定主体，国际上有不同的立法模式。《企业破产法》第八十条规定："债务人自行管理财产和营业事务的，由债务人制作重整计划草案。管理人负责管理财产和营业事务的，由管理人制作重整计划草案。"根据这一规定，我国的重整计划存在两种制定主体，这样的规定体现了灵活性。

1. 债务人制定重整计划草案

债务人制定重整计划草案是有前提条件的，即债务人自行管理财产和营业事务。《企业破产法》第七十三条规定："在重整期间，经债务人申请，人民法院批准，债务人可以在管理人的监督下自行管理财产和营业事务。"如果债务人被允许自行管理财产和营业事务，表明了法院以及债权人信任债务人的经营管理层。之所以保留原有的债务人管理层并由其制定重整计划草案，是因为其优势是不言自明的。债务人对企业的经营最为了解，特别是企业陷入困境的原因与重整复兴的道路，债务人比起外人如管理人或者债权人应有更深的体会。另外，如果交由债务人来制定重整计划草案的话，也不必担心债务人会消极怠工，使重整计划的质量得不到保证。因为作为债务企业的管理者和经营者，他们自身的利益是与债务企业捆绑在一起的，企业早日脱离困境也是他们的希望所在。

2. 管理人制定重整计划草案

我国的《企业破产法》采取了管理人中心主义，其规定重整程序的具体事项由管理人来操作，这样不但有利于减轻法院的负担，更有利于提高破产重整实行的效率，还有利于提高法院审理破产重整案件的公正性。因此，制定重整计划草案是管理人的权责之一。一般来说，管理人在负责管理债务人财产和营业事务的情况下，在重整程序启动后将有机会了解债务人的业务，此外，管理人是由有关部门、机构的人员组成的清算组或依法设立的律师事务所、会计师事务所、破产清算事务所等各方面的专业人员组成的，具备专业知识，有条件也有能力制定重整计划。相对于债务人而言，管理人制作重整计划的优势在于：管理人既具有专门知识和经营经验，又对债务人状况比较了解，并且在重整程序中居于中立地位。因而管理人制作的重整计划草案，可能更容易得到其他当事人的赞同，从而获得通过。

3. 债权人或者股东一般不宜制定重整计划草案

债权人的目的是实现自身的债权，而且人数众多，对债务人的实际经营状况、财务状况缺乏系统的了解，一般难以作出可行的计划；而对于股东来说，在公司制度中，所有权与经营权完全分离，虽然股东是公司的财产的最终所有者，但其不直接参与或干预公司的生产经营，故其对公司的财产状况及经营状况未必十分了解。另外，在我国的破产案件中，债务人往往已经资不抵债，股东权益已经无法得到保障，此时股东制定重整计划草案的积极性也较有限，难以提出切实有效的重整计划草案。当然，重整计划草案涉及债权人和股东的切身利益，债务人或者管理人在制定重整计划草案时应多听取他们的意见，以此保证利益的平衡，便于重整计划草案获得通过和实施。

尽管一般情况下债权人不宜制定重整计划草案，但审判实践中也有债权人制作的重整计划草案获得了通过的案例，比如在江苏省江阴市人民法院审理江阴市同庆商务印刷有限公司破产重整案的过程中，[1]在管理人提交的重整计划草案未被债权人会议通过的情况下，最大债权人江阴市凯丰化工贸易有限公司提出了新的重整计划草案，并获得了通过。因此，有意见认为，应将重整计划的制定主体扩大至出资人、债权人等利害关系人。主体多元化有助于各方之间的利益制衡，有助于挽救企业。债权人作为债务人的交易伙伴，往往与债务人处于同一行业，熟悉债务人的市场情况，有的还是经营管理方面的行家，其提出的重整计划草案更加有效。因此，我们在实务中可以鼓励和提倡债权人对重整计划草案提出建议，或者将债权人的重整计划草案提交给管理人，最终以管理人名义推出重整计划草案。

（二）重整计划的基本内容

重整计划的内容，是重整计划执行的依据。以法律规定重整计划的内容，有利于重整计划得到顺利的执行。这些法定内容，能够有效地对重整过程进行控制。《企业破产法》第八十一条规定："重整计划草案应当包括下列内容：（一）债务人的经营方案；（二）债权分类；（三）债权调整方案；（四）债权受偿方案；（五）重整计划的执行期限；（六）重整计划执行的监督期限；（七）有利于债务人重整的其他方案。"实践中，重整计划的以下三项基本内容比较重要。

1. 经营方案

制定重整企业的经营方案是旨在维持企业营业、使企业摆脱困境，以达到重建复兴目的的重要措施。启动重整程序的主要目的是清偿债务与复兴企业，因此经营方案是重整计划的核心。经营方案一般可以包含如下内容：（1）发展规划。对

---

〔1〕 汤小夫、刘振："审理破产重整案件的几个基本问题"，载《人民司法——应用》2010年第19期。

于企业在重整期间的发展规划，以及在结束重整程序之后企业的发展思路，重整计划中应给予明确的描述。(2)机构改革方案。随着企业经营业务的继续，有必要在需要的时候增设或撤销某些部门。(3)业务计划。例如对于亏损严重的项目应关停，同时加强效益高的业务项目来增加企业收益。(4)企业改组方案。当企业按现有方式独立经营有显著困难时，重整计划可以规定将企业全部或部分出让，其目的在于确保独立经营的企业得以维持。

需要注意的是，债权人特别是有担保权的债权人放弃通过清算程序直接获得清偿的机会而参与重整的一个最重要的原因，就是他们看到企业复兴的机会，因此，制订企业的经营方案应该充分注意其可行性。实践中，如何判断企业的经营价值以及经营方案的可行性会产生争议，而且法院也未必能够代替债权人作出商业判断。参考国外的实践，一般债务人可以向债权人提供由会计师、商业顾问或其他专家出具的证明意见来证明通过重整债务人完全有能力使其财务状况恢复正常。

经营方案中，值得一提的是引入外来投资者，这种方式比较常用，因为企业进入重整表明自身陷入困境，需要借助外力来脱离困境。这时候债务人企业往往存在资金短缺的问题，债权人对原有管理层也失去信任。而外来投资者的进入，不仅可以带来新的资金，也可以带来新的管理模式，给债权人新的希望。当然，天下没有免费的午餐，外来投资者也要实现自己的目的，比如获得债务人企业的股权甚至是控股权，因此，此时的重整计划就要平衡债权人、原有出资者、外来投资者三方的权益。

[案例8.5]北京五谷道场食品技术开发有限公司申请破产重整案〔1〕

北京五谷道场食品技术开发有限公司(以下简称五谷道场公司)成立于2004年10月，曾经一度辉煌，2008年10月因严重资不抵债正式向北京市房山区人民法院提交了破产重整申请，申请之时五谷道场公司的负债总额为6.2亿元，资产评估总额仅剩4400多万元，共有担保债权人和普通债权人300余人。受理之后房山区法院发挥司法能动性，积极帮助企业寻找战略投资者。经过一次次的会谈、磋商，作为我国最大的粮油贸易加工企业以及世界五百强企业的中粮集团成为重组投资人，并作出承诺：一次性向破产管理人账户提供1.09亿余元，作为清偿资金，专门用于五谷道场公司支付破产费用和共益债务，以及清偿五谷道场公司债务。同时，其承诺在首次招工时优先录用公司原有数千名职工。该重整计划获得债权人会议顺利通过。最终五谷道场公司近5000万元存量资产被盘活，2000余人就业问题得以顺利解决，600家供应商和销售商继续与之合作，企业正式恢复生产，并扩大了市场占有率，1亿余元清偿款顺利发放，且拖欠的职工工资、加班费、社保

〔1〕 北京市房山区人民法院(2008)房民破字第00003号。

基金全额发放。该案办理效果广受好评，被认为是破产重整的经典案例。

2. 债权债务的受偿与调整

债权受偿方案是重整计划草案的主要内容，亦是所有债权人最为关心的，是重整计划草案能表决通过的关键，债权受偿方案的内容应包括清偿期限、条件、数额及顺位、担保的履行及债务的支付方式及时间等具体方案。在实践中，债务人完全清偿债权人的债权是比较少见的，更多是对债权进行降低，比如债权人作一定程度的各种让步，如某分组的债权人按比例减让债权不再要求清偿、延长债权清偿期限、利息或本金的部分或全部减免、以债作价转股增资、利息的延期支付。尤其是债权转股权的方式，在上市公司的重整中更是经常使用。对债权的调整方案，法律不作具体限定，其本意是鼓励当事人采取各种灵活有效的方法实现企业拯救和公平清偿。

3. 执行期限

重整计划的执行，必须以一定的期限为限制。执行期限的长短，可以根据不同的个案来确定，但必须在重整计划中作出明确的规定。如果重整计划的执行期太长，相当于把债权人的利益进行了大规模的拖延，变相地剥夺了债权人的权益；如果重整计划的执行期太短，又不利于债务人企业摆脱财务困境，陷重整程序于无法成功之境。一般来说，债权人对于重整期限的确定也涉及一种商业判断和意思自治，只要债权人会议表决同意，司法不应加以干涉，这也是法律没有明确限制重整期限长短的原因。在目前的司法实践中，一般的重整案件的重整执行期限是一年至三年，但也有的案件中债权人同意八年的重整执行期限。

在实务中，我们建议在重整程序中推行制定预重整方案的方法，通过预重整方案着重对重整的必要性、可行性、可操作性，作出详细的分析，并在方案中提供重整期间营运计划的基本模型和预测的经营指标、偿债能力的数据，制定完善的员工安置或遣散计划；提供重整期营运资金来源的安排计划，如安排减债的，要提出初步的减债计划，如涉及股权调整的，要提供潜在投资者的投资意向书，资信证明等相关文件。采用此种方法提高重整的效率，保障重整方案的顺利执行。

［案例 8.6］雅新电子（苏州）有限公司和雅新线路板（苏州）有限公司破产重整案〔1〕

江苏省苏州市中级人民法院审理了雅新电子（苏州）有限公司和雅新线路板

〔1〕 刘敏："雅新电子（苏州）有限公司和雅新线路板（苏州）有限公司破产重整案评析"，载《民商事审判指导》2009 年第 2 辑；江苏省苏州市中级人民法院民二庭："能动发挥破产重整程序作用，实现对危困企业的司法拯救"，载《人民司法——应用》2010 年第 19 期。

(苏州)有限公司破产重整一案中。该案为苏州市中级人民法院2008年受理的案件。法院督促管理人制作了预重整方案。预重整方案由管理人在进入重整程序前,向所在地政府、主要债权人和法院作详细的报告或举行听证,听取各方对预重整方案的意见,并根据各方意见予以修改和完善,提前了解各方矛盾冲突的焦点,针对妨碍进入重整的相关事实和法律问题找到解决方案,为法院正式受理重整案件铺平道路。后重整计划草案约定于2016年偿还银行债权人的部分贷款余额,获得债权人表决通过。

三、重整计划的表决通过程序

重整计划是否公平合理、切实可行,除直接关系到重整程序的成败外,也与债权人的利益密切相关,因此,债务人或管理人制定重整计划草案后,在法院批准前,首先必须将其交由债权人会议审查通过。对此,我国《企业破产法》第八十四条规定:人民法院应当自收到重整计划草案之日起三十日内召开债权人会议,对重整计划草案进行表决。

(一)表决的组织形式与规则

债权人对重整计划的表决采取分组表决的方式,这是重整计划表决的一大特色。所谓分组表决,是指按照不同的标准,将债权人分为若干小组,再以小组为单位分别进行表决,然后按各组表决的结果计算债权人表决的结果。

之所以对重整计划的表决使用分组表决方法,是因为重整程序中存在不同的利益,即便是同为债权人,不同性质的债权人的态度也是不一样的。因为债务人企业承担的所有债务,其偿还的顺序是不同的,有的债务应当优先偿还,而有些债务必须以其他债务偿还完毕后的财产余额进行偿还。通常意义来说,重整程序暂缓了债权人受偿权的行使,一方面增加了债权人收回债务的可能金额,一方面又加大了债权的风险,即同时增加收益与风险。对于有财产担保的债权人而言,其债权的实现有一定的财产作为保障,风险较小。而对于普通债权人来讲,重整程序往往能够很显著地增加赔偿额度与赔偿风险。如果不对这些债权人进行分组,很可能在全部债权中份额较少的那一类债权人的意见会被忽视。因此,重整计划需要征求每一类债权人的意见。

针对分组,我国《企业破产法》第八十二条规定:“下列各类债权的债权人参加讨论重整计划草案的债权人会议,依照下列债权分类,分组对重整计划草案进行表决:(一)对债务人的特定财产享有担保权的债权;(二)债务人所欠职工的工资和医疗、伤残补助、抚恤费用,所欠的应当划入职工个人账户的基本养老保险、基本医疗保险费用,以及法律、行政法规规定应当支付给职工的补偿金;(三)债务人所欠税款;(四)普通债权。人民法院在必要时可以决定在普通债权组中设小额债权组对重整计划草案进行表决。”根据这一规定,我国采用了强行性分组的方式,即由法律明确规定分组的标准,法院及重整参与人不得改变。有的国家如美国和日本则采取了任意性分组标准,即法律规定了分组标准,但法院或管理人可以根据实际情况改变分组。[1] 实现债权分组以后,在债权人会议上,各组分别进行讨论,提出意见,进行修改,最后由各组独立地进行表决。这样充分保障了不同利益债权人的参与权。

另外,根据《企业破产法》第八十五条的规定,“债务人的出资人代表可以列席讨论重整计划草案的债权人会议。重整计划草案涉及出资人权益调整事项的,应当设出资人组,对该事项进行表决”。在上海二中院审理的上海华源股份有限公司破产重整案中,由于该案涉及股东权益的调整,故专门设立了出资人组以进行表决。

(二)表决的时间安排

1. 第一次表决有时间限制

根据法律规定,人民法院应当自收到重整计划草案之日起三十日内召开债权人会议,对重整计划草案进行表决。我们认为,这段“三十日”的期间是一个非常重要的时间窗口,必须用好。这是因为重整计划必然要涉及每个当事人的切身利益。能否通过重整计划取决于制定人根据所知晓的债务人的事实与境况完成的各种计划安排与设想能否获得不同利益主体的同意。制订重整计划不是闭门造车,在制定过程中即应当注意听取债权人的意见。因此,草案制订者在重整计划草案制作完成后,应及时利用此段时间披露草案的详细内容并与债权人以及其他利益相关主体进行沟通,争取其理解和支持,必要时修改重整计划草案。如果匆忙将草案交付表决,有可能失去宝贵的机会,因为法律规定对表决次数进行了限制。

2. 珍惜第二次表决的机会

另外一个与表决相关的时间问题则涉及二次表决。根据《企业破产法》第八十七条的规定,部分表决组未通过重整计划草案的,债务人或者管理人可以同未通过重整计划草案的表决组协商。该表决组可以在协商后再表决一次。双方协商的结果不得损害其他表决组的利益。应当说,第二次表决至关重要,是最后一次协商机会,如果重整计划草案仍未通过,则交由人民法院裁定。尽管人民法院有权强行裁定通过,但债权人投票通过的应该更受到市场欢迎。法律对于第二次表决如何组织、何时进行,并未作出明确规定,理论上存在当天会议休会后再表决或者间隔

---

〔1〕 罗培新主编:《破产法》,上海人民出版社2009年版,第273页。

一段时间再表决的两种操作方法。采当天会议再表决的，各方可以休会并进行协商，几小时后再行表决，这样可以节省再次召开会议的成本。但实务操作中，基本上没有当天协商的余地和机制。因为重整计划草案已经提前告知，前来投票的代表（尤其是银行债权人代表）不会在几小时内随意变更自己投票的结果，或者因为需要报其上级审批的原因根本无权当场作出决定。而已经制作的重整计划草案往往是多方衡量、几易其稿的成果，制订者亦不可能当场拍板变更。考虑到这些现实情况，法院应根据案情需要，来适当安排第二次表决时间（比如与第一次表决间隔一个月），这样可以留足充分时间让管理人、债务人、债权人之间相互沟通。当然，也不能过于拖延导致久拖不决，耗费债务人破产财产。

［案例8.7］上海华源股份有限公司破产重整案〔1〕

上海二中院审理的上海华源股份有限公司（以下简称华源股份）破产重整一案中，2008年11月11日，法院召集召开了华源股份第一次债权人会议，将管理人编制的债权表提交债权人会议核查。同月20日，第二次债权人会议对重整计划草案进行表决。在第一次表决中，优先债权组、职工债权组、税款债权组依法通过了重整计划草案，普通债权组表决结果未达到法定的数额，重整计划草案未能通过。考虑到本案的实际情况，法院没有当场组织第二次表决，而是决定休会，留下相对充足的时间让管理人与利害关系方沟通，使其通过沟通消除误解，以促成表决通过。沟通之后，在2008年12月1日召开的第二次债权人会议上进行第二次表决，债权人表决通过了华源股份的重整计划草案。也就是说，本案中存在两次表决，但两次表决并非同一天完成。

（三）表决通过的标准

1. 债权人会议表决通过的标准为双重标准

对于重整计划草案表决通过的标准，各国有不同的规定，一般来说表决通过的标准有两种：一种是双重标准，该标准不仅规定了人数标准，而且规定了债权额标准，美国破产法采取了这种标准，规定必须有每类债权中得到承认的确定的债权人人数过半数，且持有的债权数额至少占该组债权额的三分之二通过重整计划时，方视为该组通过计划。〔2〕另一种是单一标准，即仅以债权额或者人数计算。例如我国台湾地区“公司法”第298条规定：重整债权人之表决权，以其债权之金额比例定之；股东表决权，依公司章程之规定。一般来说，双重标准制比单一标准更加公

〔1〕 高长久、汤征宇、符望：“上市公司重整中的法律难题”，载《商事审判指导》（2010年第2辑），人民法院出版社2010年版。

〔2〕 潘琪：《美国破产法》，法律出版社1999年版，第215页。

平合理些。单一标准以债权额或股权额为标准计算表决结果，在实际中会发生少数大的债权人或股东左右局面的状况，其他债权人的权利可能会形同虚设。而双重标准，在很大程度上兼顾了公平，即使少数债权人的债权额很大，但无其他债权人的附合，他也难以左右表决局面。当然，也可以防止多数小债权人联合起来，损害大债权人利益的情况发生。

我国破产法参考了美国破产法的规定。《企业破产法》第八十四条规定，出席会议的同一表决组的债权人过半数同意重整计划草案，并且其所代表的债权额占该组债权总额的三分之二以上的，即为该组通过重整计划草案。第八十六条规定，各表决组均通过重整计划草案时，重整计划即为通过。也就是说，如果有任何一组经表决未能通过重整计划草案，即可认为重整计划草案没有获得通过。

2. 出资人会议表决通过的标准依据公司法规定

出资人会议的表决通过标准不同于债权人会议的通过标准。《企业破产法》第八十五条规定：债务人的出资人代表可以列席讨论重整计划草案的债权人会议。重整计划草案涉及出资人权益调整事项的，应当设出资人组，对该事项进行表决。之所以考虑到出资人的参与，是因为重整程序的出资人所扮演的角色不同于其以往在清算中所扮演的消极角色，重整程序可能影响到其切身利益。重整的主要目的是为了使得债务人企业获得复兴而非消灭，出资人对于债务人企业并未真正丧失所有权。实践中，出资人为了挽救其濒危的股权，往往愿意参与到重整过程中来，尤其是可以通过承担新的出资或者以低价转让股权引进新的投资者等方式为拯救企业作出实际贡献。一方面，在重整计划制定过程中，要充分听取股东的意见；另一方面，当重整计划含有股权变动的内容时，应当征得受此影响的股东的同意。出资人组的表决标准的确定，应按照公司法的规定。《公司法》第四十四条第二款规定：“股东会会议作出修改公司章程、增加或者减少注册资本的决议，以及公司合并、分立、解散或者变更公司形式的决议，必须经代表三分之二以上表决权的股东通过。”出资人权益调整应适用上述规定，出资人组对重整计划中涉及出资人权益调整事项的表决，经参与表决的出资人所持表决权三分之二以上通过的，即为该组通过重整计划草案。

（四）法院在表决中的角色及注意事项

根据《企业破产法》的规定，第一次债权人会议由人民法院召集，而第二次债权人会议准备表决时，往往是债权人会议主席担纲，人民法院的作用主要是列席会议并维持秩序，无须进行过多干预。但实践中，会议的召开有时仍需法院的有效介入。尤其是以下情形需法院介入：有的案件中，债权人会议在法院召开，需要合议庭事先安排；有的案件中，债权人或者出资人众多，需要法院派出法警维护会议秩序;有的案件具有重大影响,法院需要安排和催促管理人保障债权人的知情权。具体而言,法院的介入包括督促管理人做好会议的准备工作、督促债务人和管理人尽到"说明"义务,并安排适当的"询问"程序以消除债权人的疑惑。这是因为根据《企业破产法》第八十四条第三款的规定,债务人或者管理人应当向债权人会议就重整计划草案作出说明,并回答询问。如果没有法院的督促,有时债权人会议可能会变得流于形式。

1. 法院应督促相关人员尽到说明义务

尽管我国《企业破产法》没有就"说明"的形式、内容以及"询问"的内容范围进行细致的规定,但实践中可以根据国际通常做法对其加以探索。例如可以口头说明、在重整计划草案中书面说明,甚至还可以专门印制重整说明材料发放给债权人。说明的内容主要如下:导致债务人破产的背景情况;债务人现有财产和其价值的完整叙述;债务人未来发展的预测;说明书中所用各项材料的来源;债务人在重整程序中的经营预测;有关债务人立即进行清算的假设,其中主要包括每一类债权人在清算中所能获得的分配数额;说明书中所作各项财务分析的会计方法;重整程序中负责债务人营业的管理人员的介绍,包括向他们所支付的报酬;重整程序中所涉及的全部行政费用,包括律师和会计师等各类专业人员的费用;各项应收账款的收取情况,包括有可能发生的坏账;重整程序中所涉及的危险因素;有可能被撤销的偏颇性清偿和欺诈性转让;现有诉讼中胜诉的可能性;等等。总的原则是,说明应使债权人充分了解债务人企业的现在与未来,从而有信心相信重整能成功并表决批准该计划。

实践中,有的债权人会议没有给债权人准备任何书面说明材料,仅仅口头宣读重整计划草案,债权人因知情权得不到充分保障而对重整计划失去信任,自然不会表决通过重整计划草案。在管理人、债务人履行告知义务的过程中,人民法院可以要求他们充分利用网络的优势进行。例如,在江苏法院办理破产重整案件的过程中,对于需要公布的报告和材料,法院指导管理人通过书面函件和互联网络两种方式,借助网络容量大、方便快捷的优势,快速、广泛、详细地发布信息。[1]

2. 法院可以建议在表决过程中安排询问程序

债权人的询问与债务人、管理人或者相关中介机构的回复,也是相关人员尽到说明义务的形式之一。为此,法院应当督促相关人员列席会议,并要求适当安排询问与答复程序。在安排"询问"方面,实践中可注意技巧,比如债权人代表限时发

---

〔1〕 江苏省苏州市中级人民法院民二庭:"能动发挥破产重整程序作用,实现对危困企业的司法拯救",载《人民司法——应用》2010 年第 19 期。

言，或者提出问题，管理人及其他中介机构（审计、评估机构）指定专门人员应对，解答债权人的疑惑。在询问过程中，法院还可以要求债权人采用书面提问的方式，这样可能更有利于维持会议秩序。

［案例8.8］上海华源股份有限公司破产重整案

上海二中院审理的上海华源股份有限公司破产重整案的第一次债权人会议，采取了举手提问的方式，个别债权人因情绪激动，发问变成指责，容易煽动其他债权人形成对立情绪，难以维持良好的会场秩序。第二次债权人会议则吸取了教训，采取了债权人书面递交问题并由管理人及其聘请的中介机构派出代表回答的做法，会议过程井然有序，各方均能够理性思考和衡量利弊，这样有利于重整方案的最终通过。

四、法院对重整计划的批准

一项重整计划制定好以后，需要经过两道手续才能生效。第一道手续就是债权人会议表决通过重整计划草案，重整计划即为正常通过。第二道手续就是法院的批准。法院的批准，是重整计划生效的必要条件，是司法权力在重整程序中发挥作用的重要体现。法院的批准，因重整计划在经第一道手续后出现的不同结果而分为不同情况。如果一项重整计划获得各组债权人或股东的一致通过，并且法院在审查这项重整计划后认为其已符合法律的各项规定，就批准该项计划，这种批准称为正常批准。如果一项重整计划得到某些组债权人或股东的通过，法院可以根据一定的标准，不顾其他组债权人或股东的反对而批准该项计划，这种批准称为强制批准。

（一）正常批准条件的认定

一项重整计划被各表决组均通过以后，制定人应当向法院提出批准该项重整计划的申请，由法院依法决定该计划是否生效。《企业破产法》第八十六条第二款规定：自重整计划通过之日起十日内，债务人或者管理人应当向人民法院提出批准重整计划的申请。人民法院经审查认为符合本法规定的，应当自收到申请之日起三十日内裁定批准，终止重整程序，并予以公告。对法院的审查内容，这一规定仅仅提到了“符合本法规定”，并未具体化。我们认为，法院作为重整计划的审查主体，其进行的这种审查是实质性的审查，审查内容涉及重整计划从拟定到表决通过的方方面面，其中有实体上的要求，也有程序上的要求，还有对重整动机的考察。具体而言，法院需要审查以下几点。

1. 实体合法

也就是说，审查重整计划的内容是否符合法律的规定。其包括重整计划的条款是否符合法律对必要性条款和任意性条款的要求。法律规定不仅仅是《企业破产法》的规定,还包括其他相关法律的规定,比如说与企业经营相关的法律。例如,重整计划约定以走私货物、逃避关税谋利,则肯定是不合法的,因而不能批准。这项审查工作应该说是非常重要的,它直接关系到整个重整程序是否有继续进行的必要。

2. 程序合法

也就是说,考察重整计划的表决是否符合法律的程序规定。例如,对债权人和股东的分类和分组是否符合法律的要求,计划的表决过程是否诚实公正,有无在表决时故意欺诈债权人的行为。

3. 动机考察

也就是说,考察计划制定人主观上是否遵守诚信原则和具有善意,对待重整是否采取严肃认真的态度,是否以企业复兴为根本出发点。如果计划制定人不遵守诚信原则,没有采取严肃认真的态度,甚至抱有欺诈的企图,那么该制定人制定出的计划是很难符合公正原则的,该计划即便被批准也很难执行下去,反而耽误了债权人实现权利。

4. 其他方面的审查

除了上述这些方面以外,还要考虑重整计划是否公平,重整计划是否有助于保障所有债权人的利益,并不偏私于某一类特定的债权人或者其他利害关系人,这就涉及债权人的最低清偿限度及清偿顺序等问题。

总之,法院本着公正、公平的原则全面审查重整计划以后,如果认为计划符合法律规定的各项要求,且能够确信执行该项计划可以保证无论是同意计划的债权人或股东,还是不同意计划的债权人或股东,都有可能因计划的成功而至少可以获得其在清算程序中本可获得的清偿。也就是说,如果该重整计划符合法律所规定的债权人最大利益、公平对待等原则,那么,法院就应当作出批准计划的裁定。

在审查过程中,法院可以运用听证会的方式,听取各方意见后作出批准与否的决定。

[案例8.9] 浙江海纳科技股份有限公司破产重整案〔1〕

浙江省杭州市中级人民法院于2007年9月14日裁定受理了债权人提出重整申请的浙江海纳科技股份有限公司破产重整案。浙江海纳科技股份有限公司管理人于第一次债权人会议上提交了重整计划草案。草案经分组表决通过之后,管理

〔1〕“浙江海纳公司破产重整案审结”,载 http://www.lawtime.cn/info/pochan/pcnews/2007122143081.html。

人向杭州市中级人民法院申请批准重整计划。杭州市中级人民法院专门组织了听证会对重整计划进行研究，听取了该市部分人大代表、政协委员及法学界研究人员等相关人士的意见和建议。最后，法院裁定批准重整计划。

（二）强制批准程序的适用

当一项重整计划未被各表决组一致通过时，如果符合一定的条件，法院也可以裁定批准该项重整计划，这就是强制批准。强制批准是重整程序中颇具特色的制度，它的适用使重整程序明显区别于和解与法庭外债务重组等制度，充分体现了司法权力对重整计划的干预，体现了重整计划制度的程序公正原则。强制批准重整计划时，法院更多考虑的是社会公益或其他利益，这也是和重整制度的社会整体利益优先的原则相呼应的。世界上多数国家在重整中规定了这项制度。例如美国破产法规定的 cram-down 制度，就是强制批准制度。

我国《企业破产法》第八十七条对强制批准制度作出了明确规定："部分表决组未通过重整计划草案的，债务人或者管理人可以同未通过重整计划草案的表决组协商。该表决组可以在协商后再表决一次。双方协商的结果不得损害其他表决组的利益。未通过重整计划草案的表决组拒绝再次表决或者再次表决仍未通过重整计划草案，但重整计划草案符合下列条件的，债务人或者管理人可以申请人民法院批准重整计划草案：（一）按照重整计划草案，本法第八十二条第一款第一项所列债权就该特定财产将获得全额清偿，其因延期清偿所受的损失将得到公平补偿，并且其担保权未受到实质性损害，或者该表决组已经通过重整计划草案；（二）按照重整计划草案，本法第八十二条第一款第二项、第三项所列债权将获得全额清偿，或者相应表决组已经通过重整计划草案；（三）按照重整计划草案，普通债权所获得的清偿比例，不低于其在重整计划草案被提请批准时依照破产清算程序所能获得的清偿比例，或者该表决组已经通过重整计划草案；（四）重整计划草案对出资人权益的调整公平、公正，或者出资人组已经通过重整计划草案；（五）重整计划草案公平对待同一表决组的成员，并且所规定的债权清偿顺序不违反本法第一百一十三条的规定；（六）债务人的经营方案具有可行性。人民法院经审查认为重整计划草案符合前款规定的，应当自收到申请之日起三十日内裁定批准，终止重整程序，并予以公告。"

法院对重整计划的认可，是重整程序中司法职能行使的最集中体现，法院的自由裁量权在此得以充分发挥，并对破产重整程序的成败起到了关键性的主导作用。当然，法院对重整计划的强制批准也不是法官完全的自由裁量，其是在一定规则基础上法院自由裁量权的行使。根据《企业破产法》的规定，法院强制批准重整计划草案时具体应考虑以下原则和标准。

1. 尊重意思自治

强制批准程序多处体现了法律对意思自治原则的尊重。首先，根据《企业破产法》的规定，出现表决问题时，法律鼓励利益相关者协商解决，由债务人或者管理人与未通过重整计划草案的表决组进行协商。如果能够最终协商成功并表决通过，则法院无须进行强制批准。其次，强制批准并非法律主动启动，而是基于申请。虽然强制批准是法院依靠其司法权力干预重整程序的制度，但它的发动有赖于债务人或管理人的申请，并非是一种法院依职权就可以开始的程序。这也是公权在强制批准制度中向当事人"意思自治"妥协的结果。最后，如果所有债权人都反对重整计划草案，则法院必须尊重债权人的意思，不能强制批准。从各国重整法的规定来看，法院对重整计划作出强制批准裁定首先要满足一个基本要求，即应当有一个或几个权益受到影响的表决组已经接受了该项计划。例如，美国破产法中就要求至少有一个表决组同意重整计划草案，才可以适用强制批准。[1] 如果债权人组均不接受该重整计划，那么，对计划实行强制批准则带有专制色彩，完全不符合公平合理的原则。也就是说，强制批准的适用体现了法律对当事人之间意思自治的尊重。适用强制批准的前提是至少有一个表决组通过了重整计划草案，这是法院适用强制批准的最基本的一个技术性标准。如果所有的表决组都没有通过重整计划草案，那么只能按照《企业破产法》第八十八条的规定，由人民法院裁定终止重整程序，并宣告债务人破产。

2. 债权人利益最大化

也就是说，每一个重整计划的债权人或股东，不论他同意还是否决计划，在重整程序中都至少可以获得他在清算程序中本可获得的清偿。尤其是当一组表决重整计划，有的债权人并未接受该项重整计划时，重整法应当对他们的利益提供保护。债权人最大利益原则主要是为了保护对重整计划持反对意见的少数派。按照这项原则，持反对意见的人至少不会因为债务人进行重整而受到损失。具体到法律规定和操作中，即担保债权人的权利得到充分保护，其优先受偿权不能受到实质性的损失，其债权就该特定财产将获得全额清偿，其因延期所受到的损失将会得到公平补偿；职工债权和税收债权应当获得全额清偿；普通债权所获得的清偿比例，不低于其在重整计划草案提请批准时依照破产清算程序所能获得的清偿比例。

当然，因为重整计划从通过到执行尚有一段时间，债权人是否能最终从重整程序中获得多于清算程序可以获得的分配，需要法院依据一定的标准进行判断和预见。例如，重整计划的执行期限不宜过长、债权人可能在重整中获得的债权清偿比例。

---

〔1〕 潘琪：《美国破产法》，法律出版社1999年版，第218页。

3. 公平对待原则和绝对优先原则

公平对待原则是指重整计划草案应当对同一组成员适用相同的清偿原则，公平对待同一表决组的成员，重整计划草案的清偿顺序也应与破产清算的债权清偿相同。举例而言，同是普通无担保债权人，可能因为他们债权数额差距很大受到不同的重视程度，但在清偿率方面，如果给予他们不同的清偿比例，则不符合公平对待原则。需要注意的是，公平对待原则并不适用于任何个人，而是适用于表决组。

绝对优先原则主要是重整计划草案规定的债权清偿顺序，不违反破产清算程序中债权清偿顺序的规定。绝对优先原则适用于享有不同优先顺序的债权人和股东，对其可以从两个方面理解：一是如果任何一组债权人或股东反对一项重整计划，该重整计划就应当保证，在优先顺序上低于这个组的其他组不能先获得清偿；二是重整计划还必须保证，在这个组获得充分清偿之前，优先顺序高于这个组的其他各组不能获得超过其债权数额的清偿，即不能超额受偿。

实务中需要注意的是，公平对待原则和绝对优先原则一般不适用于同意重整计划的组，按照私权自治的原则，任何一组债权人或股东均有权通过协商接受重整计划、降低清偿率、放弃破产法对他们提供的保护。

4. 债务人的经营方案具有可行性

这是一个主观标准，也是现行条件下人民法院最难以把握的标准。一项作出很多承诺的重整计划，可能很受债权人和股权持有人的欢迎，但法院必须考虑这些承诺是否有可能实现。如果一项计划没有实现的可能，继续进行重整通常只会损害债权人的利益，因为这个过程中，很可能会浪费一部分财产。实务中，法官一般很难有足够的商事经验来判断经营方案的可行性，这时可以借助一些专家意见。一般来说，在判断时可以考虑行业经营状况、债务人自身的生产能力和技术水平、有无能力获得足够的现金流度过难关等方面。

（三）法院批准重整计划中需要注意的若干问题

1. 慎用强制批准程序

强制批准的出发点在于平衡债权人、债务人、相关主体利益和社会公共利益。这是最复杂也是对法院在重整程序中司法职能发挥要求最高的程序。这是一个有利有弊的程序。在法院强制批准重整计划时，假如重整成功，可以给其带来一系列的好处，如职工就业问题在一定程度上得到缓解，社会的经济资源得到节约，国家的经济秩序不会受到破坏，国家亦可以节省大量的失业人员福利保障资金。企业作为社会的经济细胞，其健康的存在对整个经济机体意义重大，所以国家希望有种手段或制度能帮助有挽救希望的企业重整成功。但是，如果重整不成，则会耗费许多社会资源，使债务人企业财产贬损，进而影响债权人的清偿，债权人也有可能把怨气发向法院,或者引起其他不稳定因素。因此,法院要慎用强制批准程序,应通过平衡各方利益,尽量由利害关系方表决通过重整计划草案。

[案例8.10]上市公司 * ST 广夏破产重整案〔1〕

2010年1月28日以来,在被债权人起诉的背景下,* ST 广夏进入破产重整,由银川当地法院受理了该案,并指定“公司清算组”出任管理人,由当地政府相关部门负责人担任组长和副组长。2011年6月29日、7月20日,* ST 广夏管理人拟制的重整计划分别被出资人会议和债权人会议否决。不过,11月22日,管理人却将原重整计划提交法院申请批准,12月9日法院批准该计划,* ST 广夏案成为一起重整计划被双否但法院裁定批准的破产重整案。

强制批准裁定引起 * ST 广夏股东的不满。2012年1月6日,三十多位 * ST 广夏股东集体到深圳证券交易所递交申请,同时向证监会信访办提出“要求 * ST 广夏在股东大会上重组方案表决前,暂缓对公司复牌的申请”。2月4日,证监会信访办对此回函:“要求深交所建议管理人充分考虑市场诉求,依据相关规则审慎确定股票复牌时间”。

2. 善于借力克服难题

无论是正常批准还是强制批准,法院在具体的司法实践中,可能遇到的情况会远比法条中列举的规定复杂,如何保障法院正确使用批准的权力,是需要格外关注的问题。在这方面,我们建议法院要善于借力克服难题。一是借助有关政府部门的力量,通过他们做好疏导工作,提供必要的支持,尤其是债务人企业后续经营涉及政府行政许可的,需要政府提前介入表态,法院记明相关笔录。二是借助相关专家的意见,比如涉及重整计划可行性问题时,通过听证程序听取财务咨询专家、管理专家的意见,弥补法官商业判断能力的不足。法院应当将专家意见及时转达债权人,起到一定的沟通作用。

五、重整计划的执行与监督

(一)重整计划执行的性质与效力

1. 重整计划的性质

《企业破产法》第九十二条规定,经人民法院裁定批准的重整计划,对债务人和全体债权人均有约束力。也就是说,重整计划一经法院认可,即具有法律效力。这是一种在各方意思自治基础上形成的、经法院认可的契约,兼具公权和私权两种

---

〔1〕 夏华旺:“ * ST 广夏小股东欲否决重组计划,地方政府拼命‘保壳’”,载《华夏时报》,http://www.chinatimes.cc/caijin/gupiao/2012-02-10/28664.shtml,2011年8月15日访问。

性质，因此，该重整计划对债务人、债权人、出资人、依据计划而负担债务者或提供担保者等诸利害关系人产生法律上的拘束力，无论上述利害关系人是否接受了重整计划，甚至是否出席了债权人会议和出资人会议。

2. 重整计划对债权人的效力

所有的债权人，无论是已经申报债权的，还是未申报债权的，无论是赞成重整计划的，还是反对重整计划的，一旦重整计划获得人民法院批准，就都必须依照人民法院的裁决执行重整计划。当然在行使权利的时间上，未申报债权与已申报债权是不同的。根据《企业破产法》第九十二条之规定，债权人未依照本法规定申报债权的，在重整计划执行期间不得行使权利；在重整计划执行完毕后，可以按照重整计划规定的同类债权的清偿条件行使权利。也就是说，已申报债权在重整计划执行期间内，按照重整计划的规定行使权利，获得清偿；而未申报债权在重整计划执行期间内不能行使权利，不能获得清偿，而只能在重整计划执行期满之后获得清偿。之所以这样规定，是因为债权如果没有按照规定进行申报，那么其在获得清偿的时候必然会带来麻烦，会干扰已申报债权获得清偿。如果未申报债权的债权人是因为放弃清偿而未按期申报，那么就不必给予其清偿。这样规定，也能够促使所有的债权人按照本法的规定，及时申报债权。

3. 重整计划对债务人及其他连带债务人的效力

对于债务人而言，重整计划经法院认可后，除重整计划规定的或法律承认的债权、担保权或股权外，免除其对其他债务的清偿责任，当然前提是执行重整计划。《企业破产法》第九十四条对此规定：按照重整计划减免的债务，自重整计划执行完毕时起，债务人不再承担清偿责任。

对于连带债务人而言，《企业破产法》第九十二条同时规定，债权人对债务人的保证人和其他连带债务人所享有的权利，不受重整计划的影响。一般来说，重整是债权人对债务人清偿债务给予减免优待的一种程序，债务人必须按照重整计划规定的清偿比例与方式进行清偿，不得假借重整程序来逃避破产。这种程序对于债务人的保证人或者其他连带债务人来说，是善意行为。债务人的保证人或者其他连带债务人不得以重整为由，拒绝执行其保证责任或者连带责任，以此对抗善意第三人即债权人的利益。无论重整计划是否执行，都不改变保证人的保证清偿责任或者连带债务人的连带清偿责任。

债权人行使对债务人的保证人和其他连带债务人的求偿权时，应注意以下问题。(1)《企业破产法》第五十一条规定：债务人的保证人或者其他连带债务人已经代替债务人清偿债务的，以其对债务人的求偿权申报债权。若债务人的保证人或者其他连带债务人尚未代替债务人清偿债务的，则以其对债务人的将来求偿权申报债权。但是,债权人已经向管理人申报全部债权的除外。(2)债权人向债务人的保证人和其他连带债务人求偿时,数额中应扣除债权人已从重整计划中获得清偿部分,否则会获得超额受偿。

(二)重整计划的执行主体与监督主体

1. 重整计划的执行主体

重整计划的执行是重整程序的最终落脚点,重整计划执行的好坏直接关系到重整目的能否实现。因此,由谁来执行,如何执行重整计划,在重整中具有不可忽视的影响。因历史背景及价值取向的不同,国际上对于执行人的选派存在两种明显不同的方式:一是以债务人续任为原则;二是以适任为原则,即由管理人担任。这两种方式各有好处。一般说来,债务人最为熟悉企业的业务,由其充任重整计划执行人,因他们驾轻就熟,故可以收到事半功倍之效。而对于管理人来说,企业之所以因财务困难而进行重整,大多与企业负责人的经营不善有关,如果继续由债务人担任重整计划执行人,恐怕难以取得债权人的信任,而管理人负责执行,由于其态度中立,容易取得债权人信任和保护债权人利益。我国《企业破产法》最后采取了债务人担任执行人的模式,第八十九条规定:重整计划由债务人负责执行。人民法院裁定批准重整计划后,已接管财产和营业事务的管理人应当向债务人移交财产和营业事务。同时,为了避免债务人执行重整计划不力,法律又规定管理人作为重整计划执行的监督人,以督促债务人尽到相应的执行义务,若发现债务人违法或有不当情形,可以向人民法院申请解除其职务,另行选派重整执行人。

2. 重整计划的监督主体

重整计划的成功执行,离不开一个良好的监督机制。这种监督作用能促进债务人积极诚实地进行破产重整计划,有利于债权人利益的保护,从长远来看,对债务人偿债能力的恢复以及日后的重新崛起也是有好处的。对此,我国《企业破产法》设立了管理人监督机制,第九十条规定:自人民法院裁定批准重整计划之日起,在重整计划规定的监督期内,由管理人监督重整计划的执行。在监督期内,债务人应当向管理人报告重整计划执行情况和债务人财务状况。第九十一条规定:监督期届满时,管理人应当向人民法院提交监督报告。自监督报告提交之日起,管理人的监督职责终止。管理人向人民法院提交的监督报告,重整计划的利害关系人有权查阅。经管理人申请,人民法院可以裁定延长重整计划执行的监督期限。

管理人是最合适的重整计划执行监督人。《企业破产法》采取了管理人中心主义,法院不再操办具体事务。管理人在经历了对债务人财产的清理及制作重整计划的过程后,对企业的所有事项都已经较为熟悉,而且管理人又具有专门的企业经营能力与经验。另外,管理人地位中立,充当监督人更为公正,有利于各种利益相关者的协调。从法律规定来看，管理人的监督行为分为两种：一是主动监督。比如对公司财务进行检查，对董事、经理执行公司职务时违反法律、法规或者公司章程的行为进行监督，发现违法时有权要求纠正；二是接受汇报。在监督期内，债务人有义务向管理人报告重整计划的执行情况和财务状况。

当然，在这个过程中，人民法院也间接行使着一定的监督权，因为法院对管理人行使一定的监督权。管理人可以在监督重整计划执行的过程中，通过向人民法院报告，让法院知晓重整计划执行状态，以便在特定情况出现时依法作出处理。

3. 重整计划执行与监督之间的关系

重整计划的执行与监督体现了一个制衡机制，对法院、管理人、债务人、债权人各自的权利、义务进行了合理的安排，形成了合理的架构。对于债务人来说，重整计划的执行涉及其切身利益，通常情况下债务人会尽心尽力，以实现企业的起死回生。对于债权人来说，为避免清算的结局，通过了重整计划，其自然是希望重整计划能够得到顺利执行获得更多利益，否则利益可能受损，还不如直接进行清算。但由于破产重整是一项复杂而专业的活动，债权人并不具备这样的专业知识，没有精力去过分关注于债务人的营业，难以保障重整成功。此外，债权人对债务人也缺乏信任，无法建立正常的沟通机制。

在这种情况下，管理人的监督就显得尤其重要。只有建立良好的监督机制，重整计划的执行才不会偏颇，重整计划执行的公正才能得到保证。管理人在债权人与债务人之间起到的是一种杠杆作用，在监督方面，管理人适当向债权人倾斜，代表着分散的债权人形成监督的力量，保障了债权人与债务人之间的利益均衡。当然，这种监督，亦需要一个合理的限度，否则，没有约束的权力最终会导致腐败，致使重整计划的执行又走向另一个误区。在实践中，人民法院可以根据案件实际情况搭建起相应的制衡机制。

[案例8.11] 深泰集团及其子公司重整案〔1〕

在广东省深圳市中级人民法院受理的深泰集团及其子公司重整案中，法院裁定泰丰科技、西部公司、华宝饲料、华宝实业4家深泰集团的主要子公司一并重整，将子公司重整与母公司重整紧密结合起来，创造性地形成集团公司整体重整(1+4)模式。同时，考虑到上市公司本身财产和营业事务较少，而下属子公司业务量大、专业性强，因此，深圳市中级人民法院采用集团公司由管理人负责财产和营业事务，子公司由债务人在管理人监督下自行管理财产和营业事务的新模式，有效防

〔1〕 池伟宏："开拓创新　勇于探索　创建上市公司重整案件审理新模式"，载《商事审判指导》2011年第2辑，人民法院出版社2011年版。

范了法律风险、财务风险和道德风险的发生。这也是一种制衡的新机制,值得借鉴。

(三)重整计划执行期间的事务协调和配合

在重整计划执行期间,存在大量的事务协调性工作,这也是目前中国国情所决定的。尽管《企业破产法》采取了管理人主义,由管理人操作具体事务,有利于减轻法院负担,但实际操作过程中,有大量的协调事务单靠管理人是无法完成的。这也反映了管理人的权责有限,社会各界对于管理人法律地位的理解和接受有一个渐进的过程。在这种情况下,不得不依靠法院从事大量的协调和配合工作,以帮助相关人员完成重整计划的执行。

法院进行协调工作,有可能增加了程序之外的工作量,但却是必要的。根据《企业破产法》的规定,人民法院裁定批准重整计划后,可以终止重整程序。与重整程序期间相比,重整计划执行期间相对较长,可能长达数年,因此实践中为结案考虑,法院往往是在裁定终止重整程序之后就报结案件。但是,法律程序意义上的结案不等于重整过程的结束,如果结案之后重整计划最终执行不下去,还得启动清算程序。从这个意义上来说,重整计划执行期间法院协调配合,为的是案结事了。

根据上海法院在华源股份、华源发展两个上市公司重整案件中的实践操作经验,我们认为在重整计划执行期间,法院需要对以下事务的处理起到协调配合作用:

1. 资产变动司法手续的配合。重整计划往往存在资产处理事宜,包括资产拍卖、权属过户、股票变动等,这些事项的处理,主要由重整计划的执行人、管理人来完成,但有时需要法院司法手续配合,比如出具裁定书、协助执行通知书。例如在上述两案件中,法院因股票冻结、划转事项,多次前往相关的证券登记结算结构,协助执行人、管理人办理手续。

2. 司法机构之间的协调和信息共享。重整程序实质上是将各地的诉讼程序和强制执行程序冻结统一在重整程序框架下的集约化程序,所以必须有一个司法机构之间的协调和信息共享机制。有时候其他法院或司法机构在重整执行期间因不知情仍启动原债权的执行程序或者其他相关司法程序,此时破产审理法院应及时告知和协调。

3. 协调和约束相关主体。重整程序有赖于利害关系人的配合,因此法院应对其保留一定的约束力。这方面主要体现在法院督促债务人、管理人正确履行职责,比如在两者产生冲突时及时介入协调和处理。法院还须审阅管理人提交的监督报告,纠正债务人、管理人的不当行为。另外,法院可以依管理人的申请,根据外部条件的变化或者影响,裁定延长重整计划执行的监督期限。

六、重整失败的判断及法律后果

重整之路并非一帆风顺，中途夭折之情形也屡见不鲜，而重整的失败会导致重整程序的终止。至于重整失败的原因、后果，根据失败发生在重整程序的不同阶段是有所不同的。

（一）重整失败的原由

1. 重整期间

根据《企业破产法》第七十二条的规定，自人民法院裁定债务人重整之日起至重整程序终止，为重整期间。在此期间，主要的任务是制定和通过重整计划草案。在这个期间，重整失败的原因主要有三种。

（1）未能提交重整计划草案

法律对重整计划草案的提出时间有限制，如果未能制定或者提交重整计划草案，则表明重整没有希望或者缺乏可行的方案。对此，《企业破产法》第七十九条规定：债务人或者管理人应当自人民法院裁定债务人重整之日起六个月内，同时向人民法院和债权人会议提交重整计划草案。前款规定的期限届满，经债务人或者管理人请求，有正当理由的，人民法院可以裁定延期三个月。债务人或者管理人未按期提出重整计划草案的，人民法院应当裁定终止重整程序，并宣告债务人破产。

（2）重整计划未能通过

准备重整计划草案是重整期间主要的任务，如果重整计划草案最终交付表决后未被通过，或者通过后人民法院不予批准，或者未被强制批准，则人民法院应裁定终止破产程序。对此，《企业破产法》第八十八条规定：重整计划草案未获得通过且未依照本法第八十七条的规定获得批准，或者已通过的重整计划未获得批准的，人民法院应当裁定终止重整程序，并宣告债务人破产。

（3）债务人自身的原因

如果债务人不配合重整，存在许多不诚信的行为，导致利害关系人认为重整程序仅仅是浪费时间，即便重整计划通过也不会真正执行，这时利害关系人可以请求法院终止重整程序。对此，《企业破产法》第七十八条规定："在重整期间，有下列情形之一的，经管理人或者利害关系人请求，人民法院应当裁定终止重整程序，并宣告债务人破产：（一）债务人的经营状况和财产状况继续恶化，缺乏挽救的可能性；（二）债务人有欺诈、恶意减少债务人财产或者其他显著不利于债权人的行为；（三）由于债务人的行为致使管理人无法执行职务。"

2. 重整计划执行期间

重整计划中，应规定重整计划执行期间，该期间紧接着重整期间，但不同于重整期间。重整计划执行期间相对较长,该阶段主要任务为执行重整计划,使企业起死回生。但是,尽管存在重整计划,但因为种种原因,债务人作为执行人不一定能够真正实施重整计划,达到重整计划的目的。债务人执行重整计划失败的原因,可能是企业经营环境恶化;可能是债务人执行重整计划的能力有限;可能是债务人没有真正按照重整计划去执行;也有可能是重整计划被高估而根本无法实现;还可能是执行过程中会涉及一些相关行政许可因素,比如航线许可、药监审批、外资准入审批,如果无法获得行政许可,在这些情况下,就有必要终止执行重整计划。《企业破产法》并不区分无法执行重整计划的原因是主观原因还是客观原因,统一在第九十三条规定:债务人不能执行或者不执行重整计划的,人民法院经管理人或者利害关系人请求,应当裁定终止重整计划的执行,并宣告债务人破产。这里的利害关系人,是指债务人不执行或者不能执行重整计划将受到利益损失的关系人,包括债权人、出资人等。当管理人或者上述利害关系人向人民法院提出终止重整计划执行的申请时,人民法院如果能够证实债务人的确不能执行或者不执行重整计划,则应当裁定终止重整计划执行,这样有利于保证债权人的受偿权不因为重整计划的进一步执行而遭到损害。

(二)重整失败的法律后果

1. 重整程序终止,宣告债务人破产

重整程序开始之后,如果出现上文所述的原因,则根据《企业破产法》第九十三条,人民法院可裁定终止重整程序,并宣告债务人破产。债务人因此可能转入清算程序。

不过需要注意的是,该条适用时可能会出现争议。因为根据《企业破产法》第二条第二款之规定,企业法人有明显丧失清偿能力可能的,可以依照本法规定进行重整。尽管实践中大部分案件的债务人在资不抵债时才启动重整程序,但是在某些重整案件中,债务人"明显丧失清偿能力"只是一种"可能"性,并不代表债务人已经资不抵债。如果这些债务人的重整计划未被通过时,其并非处于资不抵债状态,是否也应转入破产清算程序?有一种观点认为,若不符合破产条件的,则恢复到公司重整前的状态,而不应转为破产清算。这一争议还有待于将来立法予以明确。

2. 重整计划终止执行,宣告债务人破产

一旦重整计划的执行被人民法院裁定终止,那么债权人与债务人为挽救企业而作出的重整努力就宣告结束,对债务人的挽救也失去了意义。此时,根据《企业破产法》第九十三条,人民法院裁定终止重整计划执行的,应当同时宣告债务人破产。这是为了保障债权人的利益,也为了尽快弥补因为重整程序而延迟清偿给债权人带来的损失。这种情况下不得再对债务人进行任何形式的挽救，不得再行重整或者和解。

应当注意的是一个实务中的问题，因为重整计划执行期间可能较长，如果执行了三五年之后再转入清算程序，是将其视为新的清算案件重新立案还是沿用原有的破产重整案号？这在实务中不乏争议。这对于企业经营虽然不存在实质影响，但却涉及原有案件的结案问题。

3. 重整失败的程序衔接

无论是在哪一阶段，重整失败之后，均应转为破产清算程序。法律规定这是唯一的出路，也就是说，重整程序失败后不会转为和解程序。因为根据法律规定，和解申请必须在人民法院受理破产申请后、宣告债务人破产前提出。我们认为，重整失败之后，表明债务人不具备挽救的条件或者必要，这时候尽快启动清算程序，对债权人利益保护有利，此时如果还转为和解程序，可能会产生过分拖延，使债务人财产增加耗费，不利于债权人。因此法律不再赋予债务人和解的权利。

无论是何种期间导致的失败，一旦法院宣告债务人破产，则债务人私法权利和公法上的资格将受到不同程度的限制。例如必须负担法律规定的一些说明、配合的义务。另外，重整期间可能由债务人管理的企业财产不应再由其掌管，而是由管理人接管债务企业，债务人立即向管理人移交财产和营业事务。但是，我们也要注意到，不同阶段转为破产清算程序，产生的法律后果是有所不同的。

（1）对于重整期间的失败，重整程序终止后，在重整程序终止前发生的共益债务和破产费用，仍然作为破产程序中的共益债务和破产费用，由破产债务人的财产随时支付。债务人在重整程序进行过程中所为的法律行为，仍然具有法律效力，与之进行交易的相对人所得的财产或权利不因重整程序的终止而失去效力。由于在实务中一些费用的支出不可预测或者并非即时支付，所以可以预留一部分费用以备不时之需。

（2）对于重整计划执行期间的失败，此时由于重整计划已经执行，而且债权人可能已经得到部分清偿，因此，这种情况下的终止涉及先前清偿行为的效力。《企业破产法》第九十三条规定："人民法院裁定终止重整计划执行的，债权人在重整计划中作出的债权调整的承诺失去效力。债权人因执行重整计划所受的清偿仍然有效，债权未受清偿的部分作为破产债权。前款规定的债权人，只有在其他同顺位债权人同自己所受的清偿达到同一比例时，才能继续接受分配。有本条第一款规定情形的，为重整计划的执行提供的担保继续有效。"从上述规定来看，这是比较有利于债权人的，因为其原先作出的让步不再有效，同时还受到为重整计划执行提供的担保的保障。之所以这样规定，是因为如果债权人的让步仍然有效，就给了债务人以重整计划来逃脱债务的可能。

第四节　上市公司破产重整

一、上市公司破产重整的特殊性

(一)破产重整是挽救上市公司的有效手段

自上海证券交易所和深圳证券交易所建立以来,我国的资本市场从无到有、从小到大、从区域到全国,得到了迅速发展。上市公司作为重要的经营主体,规模和影响较大,为保障和促进国民经济的平稳快速健康发展作出了巨大贡献。应当说,我国上市公司在资本市场二十多年的洗礼下,有的日渐成熟,迈向国际市场,成为标杆企业;但同时也有一些因经营不善、违规操作等多方面原因濒临破产。这些上市公司的出路,一直成为困扰业界的难题。我国上市公司股权分散、社会流通股东众多而天生具有脆弱性等特点,使得我们很难对濒临破产的上市公司机械适用"择优劣汰"的破产清算程序来处理其隐含的行业风险,否则不仅耗费高额的经济成本和社会成本,而且可能会出现"多米诺骨牌"效应,影响到社会公众利益和社会稳定,甚至引发失业加剧、连锁破产、税收减少、区域经济衰退等一系列社会经济问题。

《企业破产法》中的重整制度,为挽救上市公司及时提供了一个有效的手段,为处理上市公司经营风险找到了一种合适的制度安排,可以兼顾债务人、债权人、股东、职工、社会经济利益之平衡。据统计,至2012年年底,已经有三十余家上市公司启动了破产重整程序,[1]其中许多上市公司由此获得了新生。这些经验表明,重整制度是拯救上市公司经营危机的有效手段。在重整程序中,可以通过债权人延期受偿和豁免债务、股东权益调整清偿债务和引入重组方向上市公司注入优质资产及现金改善公司经营,使上市公司得以存续,最终达到多赢的目的:一是可以实现上市公司盈利,避免其退市和破产清算;二是可以稳定资本市场,维护广大投资者的利益,避免股东损失全部投资;三是债权人的利益能够得到更大程度的保护,债权人将获得远高于在清算条件下所能获得的清偿;四是有利于优化配置社会资源和节约社会财富;五是上市公司恢复持续经营能力可以增加就业、增进税收、

〔1〕"谋求司法行政程序良好衔接　上市公司重整拟建会商机制",载《上海证券报》2012年12月11日。

促进经济健康发展和维护社会和谐稳定。[1]

然而,也应当看到的是,当前我国上市公司重整法律制度虽已基本搭建完毕,但仍处于起步和发展阶段。从立法上来看,《企业破产法》只规定企业一般的重整措施,并没有根据上市公司的特点作出细化的规定,相关的司法解释还在制定过程中尚未出台。这种现状使得有些上市公司在重整过程中,遇到很多法律难题需要解决。例如上市公司重整既涉及破产法的适用,还涉及债转股、重大资产重组、发行新股、发行债券等其他非破产法问题;重整既涉及司法程序,还涉及证监会的行政审批程序;重整涉及债权人、债务人、出资人的利益,需要各方利益达到平衡。这些都给此类案件的审理带来一定的困难。为此,最高人民法院 2012 年 10 月 29 日印发了《关于审理上市公司破产重整案件工作座谈会纪要》(法[2012]261 号),提出了审理上市公司破产案件的三大原则:一是依法公正审理原则,二是挽救危困企业原则,三是维护社会稳定原则。尽管如此,上市公司的破产重整制度仍在建立和完善的过程之中,在这些机制完全建成之前,司法实践如何在重整程序中既能保护债权人利益、优化资源配置,又能同时维护中小股民利益和保持股市稳定,值得认真研究和通过实践不断探索。

(二)上市公司破产重整与重组的区别

除了与普通企业重整存在区别之外,上市公司重整,与证券市场经常提及的上市公司重组,尽管仅有一字之差,但法律含义大不相同,具体可归纳如下。

1. 法律性质不同

上市公司的重组是债权人与债务人之间的自愿行为,具有市场化特征,而上市公司的重整是各方的法律行为,具有强制性。重组中的债权人和债务人均站在自身的经济利益立场上计算重组行为产生的收益或损失,债权人与债务人之间还具有重新谈判的空间。而重整是在法院的监督下,对债务人的生产经营进行整顿和债权、债务关系的清理,并最终达成重整计划草案由债权人进行分组表决。即使个别债权人不同意,重整计划在法院裁定批准后,对全体债权人发生效力。自重整计划执行完毕时起,债务人不再承担清偿责任。

2. 参与主体不同

在重组行为中,参与的主体是债权人、债务人以及战略第三人。债务人股东只能被动地接受和解协议而无任何发言权。而在重整程序中,参与的主体包括债权人、债务人、人民法院、管理人、计划执行人以及债务人股东,而且债权人、债务人和股东作为利害关系人均有权参与表决。

[1] 郭毅敏主编:《破产重整·困境上市公司复兴新视野》,人民法院出版社 2010 年版,第 2 页。

3. 公权力的地位和作用不同

与重组相比较，上市公司重整制度最大的特色在于导入了司法程序，确立了法院在重整中的主导地位。而上市公司的重组完全是当事人之间的私法行为，法院从头到尾都未介入。另外，由于我国公有制的主体地位，政府的国资管理部门往往是上市公司大股东之一，其作为民事主体享有参与上市公司重组的权利。在普通重组程序中，国资管理部门的主导地位与作用较为明显。而在重整程序中，由于司法权力的介入，国资管理部门仅作为股东参与到重整程序中来，其行为受到法院的监管，这在一定程度上保证了重整程序的公正性。

（三）上市公司重整相较重组优点明显

1. 债务清理干净，避免隐藏的"财务黑洞"

我国目前上市公司信息披露机制尚不完善，尤其是一些 ST 上市公司对于担保债务等影响投资者决策的信息披露尚不充分，导致有的重组方进入以后才发现债务问题的严重，陷入"财务黑洞"无法脱身，从而遭受严重经济损失。经过重整的上市公司由于在重整期间各种债权已经申报，即使个别债权在重整期间未申报，在重整计划通过后、执行完毕前再来申报，对其也只按重整计划确定的清偿比率进行清偿，从而消除了其可能承担的额外债务风险。

2. 减少额外的成本

无论是重组还是重整，新的投资者看重的都是上市公司的"壳"。很多重组方希望借壳上市，在目标上市公司债务沉重、未进行重整的情况下进行借壳，重组方会因此多承担巨额债务，重组成本巨大。如果对此类上市公司适用重整程序，进行债务清理后尤其是豁免部分债务再进行资产重组，新投资者就不必承担不必要的债务负担，可以有效降低重组成本。除了债务成本外，还要考虑到其他谈判成本。例如在实践中，上市公司资产被多家债权人查封，如果要进行重组，需要与其一一谈判以求得解封，这种谈判和协调的成本是非常高的。而重整程序则降低了这种成本，比如其他法院采取查封措施的可一并由审理重整案件的法院与之协调以解除查封措施，无须与债权人一一谈判。

3. 提高重组的效率

对处于困境中的上市公司而言，其往往通过选择对企业债务进行重组的方式以期摆脱困境。法庭外的债务重组需债务人与各个债权人进行谈判，达成一致的债务和解协议，因此重组谈判往往旷日持久。即使达成协议，也可能因为个别债权人反悔，从而导致整个债务重组协议无效。破产重整的优势在于，它是法庭内的重组，对参与各方具有强制性，即使在重整计划表决中有个别债权人持反对意见，在法院裁定批准重整计划后，重整计划仍对全体债权人发生约束力。同时，新《企业破产法》引进了破产管理人制度,引入第三方的监督,有利于促进重整过程的公平、公正和客观。此外,重整措施的多样化,使债务人可以在法律的框架下,灵活运用多种措施达到恢复经营能力、清偿债务、重组再生的目的。综上所述,破产重整程序的运用能提高上市公司重组的效率,为上市公司重组扫清障碍。

二、上市公司重整申请的审查程序

一方面,上市公司重整程序的启动与一般重整程序有所不同。首先是对其管辖问题有着特殊规定,根据《关于审理上市公司破产重整案件工作座谈会纪要》的规定,上市公司破产重整案件应由上市公司主要办事机构所在地人民法院管辖,如果主要办事机构所在地不明确,则由注册登记地人民法院管辖,而且此类案件的审理对法官要求较高,一般应由中级人民法院管辖。其次,由于上市公司的特殊性,其重整不仅涉及众多债权人、控股股东利益,还涉及众多中小股民和企业职工利益,上市公司破产清算可能引起下游企业的连锁反应,存在不稳定因素,而且债务重组和资产重组往往涉及行政许可事项。因此,上市公司在重整过程中需要地方政府的支持,而且往往存在行政审批衔接的问题。另一方面,上市公司的破产重整需要符合《企业破产法》的规定。因此,除了进行类似普通重整案件的审查之外,法院在受理上市公司重整申请时还需要从两方面着手。

(一)确认重整申请是否符合法律规定的重整申请条件

上市公司重整程序需要具备什么条件才能启动,法院应如何进行司法审查,是实践中争议较大的问题之一。根据《企业破产法》第二条的规定,企业法人不能清偿到期债务,并且资产不足以清偿全部债务或者明显缺乏清偿能力,或者有明显丧失清偿能力可能的,均可要求破产重整。但是,具备重整原因是否就可以启动重整程序呢?有观点认为,“能否适用重整制度还应当考虑债务人企业是否具备重整能力,即是否具有再生希望和重整价值”。[1] 从国内外重整实践来看,一般是一些关系到国计民生的大企业、具备摆脱困境的能力和希望、有潜在的新投资者,才会启动重整程序。上市公司作为较具有影响力的企业,沦落至破产重整,表明自身陷入了困境。究竟拯救希望如何,由谁进行判断,何时进行判断,则问题颇多。与此相关的是,法院是否可以以没有再生希望为由不允许债务人申请重整?是不是在程序启动之时就必须看到比较确定的再生希望,即存在明确的重组方?由于缺乏明确的法律规定,对于这些问题实践中不乏争议。

---

〔1〕 王靖、刘健:“上市公司重整制度在审判实践中遇到的问题及思考”,载《破产法论坛》(第2辑),法律出版社2009年版,第29页。

1. 法院应该对重整程序的启动进行初步审查

重整程序是一个成本较高、耗时较长且社会代价较大的复杂程序,程序启动之后将中止所有普通债权的清偿及担保权的实现。如果债务人根本没有再生希望,最终会转入破产清算程序,导致重整的启动徒劳无功,而且由于时间的拖延,使得债权人的清偿率越来越低,对其利益无疑产生损害。因此,我们认为,人民法院必须对重整申请加以初步审查,判断其是否有初步的再生希望。但是,确定债务人是否具备再生希望,实际是一个商业判断的问题,取决于对债务人的资本结构、治理水平、技术条件、盈利能力、市场环境等方面的商业因素的分析和预测,由法官来完成这些工作其实是有一定困难的。因为法官虽然对于重整的相关法律较为熟悉,但是对于债权股权的调整、战略投资者的引进、市场现状及将来企业盈利空间,则往往是门外汉。而且,在债权人没有表达意见之前,法官亦无从了解债权人的想法,不能替代他们直接作出决定。

在这种情况下,我们认为,法院进行的应该只是一个非常初步的审查,不宜直接以不具备再生希望为由不予受理破产案件。[1] 如果案件受理以后,利益相关方仍然对适用重整程序还是清算程序存在争议,则最好通过召开听证会的方式,给予各利害关系方充分表达意见的机会,并且在必要时可以聘请有关专家发表意见,弥补法院商业判断知识和经验的不足,这是一种体现程序公正的制度安排。法院在听取各方的意见后,再作出判断,必要时可以以裁定的形式驳回重整申请,这样更加符合破产法的精神。《关于审理上市公司破产重整案件工作座谈会纪要》进一步明确:债权人提出重整申请,上市公司在法律规定的时间内提出异议,或者债权人、上市公司、出资人分别向人民法院提出破产清算申请和重整申请的,人民法院应当组织召开听证会。人民法院应当就申请人是否具备申请资格、上市公司是否已经发生重整事由、上市公司是否具有重整可行性等内容进行听证。

[案例8.12]东星航空公司破产重整案[2]

在东星航空公司破产重整案中,2009年8月11日,东星集团以东星航空公司出资人的身份,与北京信中利投资公司达成协议并制定了重整计划方案,并向湖北省武汉市中级人民法院申请对东星航空公司进行破产重整。武汉市中级人民法院于8月19日作出不予受理裁定。东星集团不服上述裁定,向湖北省高级人民法院

---

〔1〕 应当说,由于中国的特殊国情,启动破产程序存在重重障碍,本身就不容易。因此,实践中如果没有一定的把握,债权人或者债务人也不会轻易申请重整。如果法院以没有再生希望为由拒绝受理,将使得破产案件重整程序的启动难上加难。

〔2〕 "东星航空迎来终审 法院驳回重整裁定破产",载http://www.sina.com.cn,2009年8月27日访问。

提起上诉。8 月 23 日，湖北省高级人民法院裁定由武汉市中级人民法院立案受理。25 日，武汉市中级人民法院组织召开了听证会，并认为在重整方案中，虽然以信中利公司为代表的重整方表明首期将注入 2 亿～3 亿元资金，对东星航空公司的股权、债务进行重整，但其既未提供注入资金的来源、相关融资机关愿意提供融资的证明，也未提供债权人同意将其债权转为股权的证明，更没有对其他债权人的债权利益进行保护的方案，而且缺少国有资产监督管理部门对国有资产部分债券转为股权的相关意见，以及东星航空公司所在地武汉市政府和相关主管部门对该重整方案提供支持和帮助的相关意见。在这种情形下，重整不具有可行性，故裁定驳回申请。

从上述案例来看，对于重整申请的不予受理和受理后驳回重整申请，是处理问题的不同做法，体现了对重整申请审查的不同态度。我们认为，后者体现了立案后依法审查的态度，更为合理。

2. 是否事先确定重组方不应成为启动重整程序的障碍

关于重组方的确定是否为破产重整程序启动的必要条件的问题，我们认为，法律并未规定在重整程序启动之初就必须确定重组方。根据重整的国际实践，在程序启动之前确定重组方，属于预重整 ，是破产法应予鼓励的，因为其大大减少了重整成本。而进入重整程序后寻找重整方，也是完全可行的。相比于普通公司，上市公司进入重整后，作为一种较为理想的壳资源，更容易寻找投资者。因为进入重整程序之后，上市公司各类债务的债权人进行申报，使上市公司的隐形债务充分暴露，降低了重组方的财务风险，重组方只需按重整方案确定的清偿率予以清偿。也就是说，法院裁判为债务豁免提供了强有力的法律保障，大大提高了债务重组的效率，比法院之外的重组具有更大的优势和更大的确定性。这种情况下，重整必定会吸引更多的投资者，而且可能出现多家投资者竞争的情况，大大增加了债务人企业重整成功的机会。

如前述上海华源股份有限公司重整案，华源股份有限公司声称，为了在重整过程中引入拥有优质资产并具备较好盈利能力的重组方，已经与多家公司进行了前期接触与协商，但拒绝向法院披露重组方的具体名称及谈判情况。在重组方未披露的情况下，无法初步分析重整的可行性，对这种情况能否受理破产重整案件，有不同的观点。有的意见认为，没有明确的重组方，不应受理破产案件。另一种意见认为，重组方可以在受理案件后确定，重组方未披露并不妨碍法院受理破产案件。最后法院采纳了第二种意见，华源股份进入重整后，有九家很有实力的投资者前来接洽，给予了管理人充分选择的机会，最终重整得以成功。

又如，在雅新电子（苏州）有限公司和雅新线路板（苏州）有限公司重整案中，在法院的监督下，管理人安永华明会计师事务所上海分所先后在《华尔街日报》、《中国日报》等多家媒体上发布了引进投资者的广告。先后有花旗国际亚太企业创投公司、昌升国际投资集团、美国亿泰证券集团等二十多家潜在投资人前来接洽，但由于对投入大量资金且一次性偿还大部分债务没有达成一致，大部分潜在投资人放弃了投资。最后，通过对投资者实力与破产重整方案的评估，选定悦虎电路有限公司为投资人。[1]

(二)确认重整是否获得行政支持

基于中国的特殊国情，根据相关会议精神，地方法院受理上市公司破产重整案件，需要最高人民法院和中国证监会作出批复，而地方政府的支持函和维稳工作方案，是最高人民法院和中国证监会作出批复的前置性文件。因此，在受理上市公司破产重整案件之前，受理法院必须确认存在上述行政支持。《关于审理上市公司破产重整案件工作座谈会纪要》明确指出："申请人申请上市公司破产重整的，除提交《企业破产法》第八条规定的材料外，还应当提交关于上市公司具有重整可行性的报告、上市公司住所地省级人民政府向证券监督管理部门的通报情况材料以及证券监督管理部门的意见、上市公司住所地人民政府出具的维稳预案等。上市公司自行申请破产重整的，还应当提交切实可行的职工安置方案。"一般来说，上市公司对维护金融市场的稳定、改善投资环境非常重要。另外，在解决职工就业、维护社会稳定方面，上市公司也起着重要的作用。因此，地方政府一般对上市公司破产重整都非常重视，也有特殊要求。例如要求重组后的上市公司不能迁址，公司的注册地应当保持在原地不发生变化。法院与政府部门的事先沟通以及法院对案件的准确定位，会为重整程序顺利进行打好基础。这种沟通可以以多种方式进行，比如会议、上门听取意见、书面函告、听证会。

[案例8.13]浙江海纳科技股份有限公司破产重整案[2]

浙江海纳科技股份有限公司(以下简称浙江海纳)在2007年被债权人袁建华申请破产重整案，该案为全国首例上市公司破产重整案。该案受理前，2007年7月5日，浙江省人民政府就浙江海纳破产重整事宜主持召开了专题会议，认为浙江海纳具备破产重整的现实条件，可以依法对浙江海纳进行破产重整。鉴于上市公司破产重整的特殊性，浙江省高级人民法院结合省人民政府专题会议精神，于2007年7月11日书面通知杭州市中级人民法院对受理浙江海纳破产重整案进行

---

[1] 刘敏："雅新电子(苏州)有限公司和雅新线路板(苏州)有限公司破产重整案评析"，载《民商事审判指导》(2009年第2辑)，人民法院出版社2009年版。

[2] 杭州市中级人民法院(2007)杭民二初字第184号。

立案前评估，通知中还就评估应注意的若干问题提出了原则意见。该案受理后，重整计划经表决通过。在法院审批重整计划的过程中，2007 年 11 月 2 日，杭州市中级人民法院主持召开了案件处理意见征询会，听取了杭州市部分人大代表、政协委员及法学界研究人员等相关人士的意见和建议。与会人士一致认为，应当裁定批准本案的重整计划，同时认为，本案有助于推动司法重整工作的开展，是司法保障经济发展、保护证券市场，尤其保护中小投资者利益进而维护社会稳定的具体体现。

对于本案，最高人民法院法官点评认为："由于上市公司破产重整社会敏感度高、政策性强、利益关系复杂，其方方面面的关系处理需要地方政府和证券监管机构的支持与协调。当地法院在审理过程中得到了中国证监会、浙江省政府、杭州市政府、浙江大学等有关部门和单位的大力支持。人民法院一方面依法独立行使破产重整案件审判权，另一方面充分认识、尊重和利用社会各方面的力量帮助处理案件中的重点、难点问题，主导但不单干，其准确的定位是成功审理本案的必要条件"。〔1〕

鉴于取得上述行政支持是一种重要条件，实践中上市公司往往在申请破产重整之前已经做好相应的工作，受理法院获得这些相应的政府支持文件后，应当按规定报送批准。

三、法院对上市公司重整方案的审查及疑难问题

（一）法院对重整方案的审查着重于合法性审查

重整计划草案的设计，是重整案件的关键。企业能否起死回生，债权人的权益能得到多大保障，与重整计划草案的设计密切相关。重整计划草案一般包括债务重整方案、资产与业务重整方案、经营管理重整方案、股权重整方案、融资方案。从目前许多上市公司破产重整方案来看，主要思路包括债转股、股东权益调整、定向增发，等等。应当说，重整方案既涉及法律问题，也涉及经营管理问题，给人民法院带来了难题。

对此，我们认为，重整是一种挽救企业的经营行为，对于商业经营，法官不是专家，应采取有限介入的态度，主要进行合法性审查，而非可行性审查。方案可行不可行，应由债权人判断。在特定情况下，还可以借助专家意见。例如根据最高人民法院《关于审理上市公司破产重整案件工作座谈会纪要》的要求，有关经营方案涉

---

〔1〕 杨征宇："破产重整制度在上市公司中的运用——浙江海纳科技股份有限公司破产重整案"，载《民商事审判指导》（2008 年第 2 辑），人民法院出版社 2008 年版。

及并购重组等行政许可审批事项的，上市公司或管理人应当聘请经证券监管机构核准的财务顾问机构、律师事务所以及具有证券期货业务资格的会计师事务所、资产评估机构等证券服务机构按照证券监管机构的有关要求及格式编制相关材料，并将其作为重整计划草案及其经营方案的必备文件。此外还可启动会商机制，即由最高人民法院将有关材料函送中国证券监督管理委员会，中国证券监督管理委员会安排并购重组专家咨询委员会对会商案件进行研究。并购重组专家咨询委员会应当按照与并购重组审核委员会相同的审核标准，对提起会商的行政许可事项进行研究并出具专家咨询意见。人民法院应当参考专家咨询意见，作出是否批准重整计划草案的裁定。

如果法院直接能够判断重整计划草案有不合法之处，则应及时指出并加以纠正。如前述在上海二中院审理的上海华源股份有限公司破产重整案中，对重整方案的审查涉及可行性审查及合法性审查。在可行性审查方面，交付表决的重整计划方案没有披露明确的重组方，这种情况下是否具有可行性，法院实难判断。然而债权人会议最终表决通过了该方案。由此可见可行性判断具有很强的主观性，由债权人自主判断为妥。在合法性审查方面，在重整计划草案中，管理人及中介机构报酬方案的披露比较含糊且夹杂于其他部分，法院审核发现后及时指出这种做法不符合司法解释的规定，紧急要求管理人以补充附件的方式，专门披露管理人报酬方案并交付表决，保障了债权人以及股东的知情权。

（二）是否允许“卖壳”式重整

通常意义来说，破产重整的债务人好比病人，如果救治得早，输点血就可以，这时新的投资者可以注入一定资金来提高债务人的清偿能力，或不注入资金而提供现金流。如果输血不够，就要更换器官，比如把不良资产剥离出去，注入优质资产。但实践中，在中国进入重整程序的上市公司往往主营业务已经彻底瘫痪，其资产往往被抵押、质押或者司法冻结，走到破产重整往往是不得已为之。但是，不容忽略的是上市公司“壳”的价值。由于企业在中国上市不易，面临层层审批，因而壳资源日益紧俏，客观上已成为上市公司的一笔财务上没有记载的“无形资产”，上市公司重组的现象亦层出不穷。在法庭外的重组，谈判成本较高，“财务黑洞”不易摸清，投资者容易负债过重。而上市公司进入破产重整后，一般净资产为零，且可以通过破产程序中的债权申报厘清财务状况，不会使投资者遭遇陷阱。另外，债权人会议的表决机制，也大大降低了谈判成本，因此，破产重整上市公司在实务中实际是一种较为理想的“壳”资源。

由于这种特殊的“壳”资源价值，目前关于上市公司破产重整的模式，大体分为两种：一种是普通重整，涉及公司主营业务的重整，使得公司能够持续经营，继续经营原主营业务；另一种则是“壳”资源重整，通过剥离资产和定向增发改变上市公司主营业务后恢复企业经营，在这个过程中，往往是原有资产全部出售，原有职工全部解雇，新的投资者从事的业务与原有上市公司的业务毫无关系。目前绝大多数上市公司重整是“壳”资源重整。因为普通上市即IPO一般要经历一个从尽职调查、评估审计、改制重组、解决法律问题、申报批准等待发行上市的漫长过程，不确定性因素较多，而在“壳”资源重整中，重整方可以较快地通过重整取得稀缺的“壳”资源达到上市目的。对这种“卖壳”式的重整，业内颇有争议。

［案例8.14］北亚集团等企业破产重整案〔1〕

大量的ST公司通过破产重整获得再生。这些公司的新投资者带来的资产及业务与原来的主业毫不相干，其看重的仅仅是上市公司的壳，而且重整程序相对快速。例如S＊ST朝华38天搞定破产重整案，朝华变身矿业股，而其原主业为科技。S＊ST北亚股票于2007年5月25日起暂停上市；2008年2月3日，北亚集团被法院裁定进入破产重整程序；2010年12月27日，法院裁定确认北亚集团重整计划执行完毕，北亚集团破产重整程序已全部终结。北亚集团的主业从原来的“零主业”变为金融及财务性股权投资。对此类现象，有财经人士提出，主板市场的一些ST公司已经成为证券市场基础制度的嘲笑者。该财经人士还提出，从当前的公开信息来看，创业板退市制度的核心是不允许重组和不允许“借壳”推进，主板退市制度也有可能会引入包括交易量、交易报价等市场交易类指标和严格“借壳”重组的条件。不过，这只是初步的设想和希冀，正式出台的具体政策里面会不会有这些内容仍然具有较大的不确定性。

［案例8.15］深信泰丰（集团）股份有限公司重整案〔2〕

普通重整案例：2009年11月10日，广东省深圳市中级人民法院裁定受理上市公司深圳市深信泰丰（集团）股份有限公司（以下简称深泰集团）重整一案。2010年1月15日，深圳市中级人民法院裁定受理深泰集团下属四家子公司深圳市宝安华宝实业有限公司、深圳市华宝（集团）饲料有限公司、深圳市泰丰科技有限公司、深圳市深信西部房地产有限公司重整四案，并分别裁定上述四家子公司重整，子公司重整纳入深泰集团整体重整范围。该案的重整模式主要是出资人让渡

---

〔1〕“38天搞定破产重整案　S＊ST朝华将变身矿业股”，载http://business.sohu.com/20080114/n254641321.shtml；“重组方案下周一上会　S＊ST北亚去留将揭晓”，载http://stock.sohu.com/20120209/n334146797.shtml；叶檀：“退市设计要稳准狠”，载人民网，http://finance.people.com.cn/stock/GB/222942/17334706.html，2012年3月9日访问。

〔2〕池伟宏：“开拓创新　勇于探索　创建上市公司重整案件审理新模式”，载《商事审判指导》（2011年第2辑），人民法院出版社2011年版。

部分股权,债权人获得股票形式的高额清偿,从而改善深泰集团基本面。最后普通债权整体清偿率为21.22%,最大限度地保障了债权人和出资人的利益。深圳市中级人民法院提出,深泰集团重整案并非简单的"清壳"、"卖壳",是全新意义的"再建型重整",保留了上市公司全部有效经营性资产,通过保障债权人获得不少于破产清算的清偿清理上市公司全部债务,使得上市公司以自有业务重获持续经营和盈利能力,节约社会资源,维护企业、员工、股东、债权人、上下游经营者多方利益,有效实现了企业破产重整制度的目的和意义,实现了企业的重整重生,深泰集团及其子公司重整成功后,为国家缴纳税款共1944.77万元。

实践中"壳"资源重整的做法,相当于出售一项行政许可(上市审批),以补偿债权人,保障股民利益。有观点认为,上市公司通过重整彻底剥离原来的资产,由重组方在空壳中注入优质资产,这种资产重组,不具有"经营"的意义。而且,这种做法是为了规避IPO的要求,有逃避监管的目的。因此,从严格意义上讲,这种卖净"壳"式的经营方案不属于破产法意义上的经营方案,也不符合破产重整的立法本义。因此"壳"资源重整不符合破产法规定,不构成法律意义上的重整。

我们认为,破产法并没有对"重整"下一个明确定义,证券法律法规亦未对卖净壳式重整作出禁止性规定。从发达国家和地区的实践来看,在这些国家和地区也存在这种方式。在我国香港,卖"壳"亦是重整方式之一。均富会计师事务所对1998年至2004年重整的香港上市公司的研究结果显示,84家重整的上市公司中,达半数出售其上市地位。这说明上市地位是企业最重要的资产之一,也极有可能是企业、债权人选择重整而非清盘的一个原因。[1]在美国,通过重整取得上市资格的现象也比较常见,称为"逆向上市"(reverse takeover or reserve IPO),这种做法在实践中已经成熟。实践上,破产法律中"重整"这一概念较为模糊,许多重整并非像我们想象中那样,能够使债务人脱胎换骨,通用电气的重整方案核心也只不过是"出售",将优质资产剥离后出售给新公司,实际的经营业务并没有实质性改变。[2]因此,重整模式的选定只要利害关系方同意即可,法院无须过多干涉,除非法律有明确禁止的规定。从这个意义上来说,我们认为,考虑到中国现阶段的特殊国情,对上市公司"卖壳"式的重整方案,尽管不一定鼓励,但不宜认为其不合法而禁止。

---

〔1〕 均富国际:"破产重整:上市公司最新求生术",载 http://www.51guan.net/ap.aspx? ai=956。

〔2〕 通用重整方案是通用将成立一家新公司来收购其优质资产。美国政府与加拿大政府大量注资。重整后新公司的股权结构如下:60%股份将由美国联邦政府持有,12.5%由加拿大政府持有,全美汽车工人联合会以员工债权人代表的身份持有17.5%;旧通用汽车的无担保债权人持有10%。通用汽车的原有股东将不在新公司中持有任何股份。参见李曙光:"通用汽车破产案中法律抉择解析",载《经济参考报》2009年7月14日。

因为这种方案是债权人和出资人表决通过的，构成意思自治。从效果上看，方案使债权人、中小投资者的利益得到更好的保护，而且使债务人摆脱困境，形成了多赢的局面。

（三）股东权益如何调整

根据破产法的理论与实践，重整中不仅可以调整债权人的权利（如减少清偿、延期清偿），还可以调整股东的权益。调整股东权益目前已经成为上市公司重整中的普遍现象。[1] 这是因为，上市公司陷入破产重整的境地，一般靠自己力量难以挽救自己，需要引入重组方。重组方可以为债务人企业维持经营提供所需的现金流，为债务人企业实现技术改造、扩大经营规模等目的提供现金或者技术上的支持，有时还向债务人企业注入新的资产，从根本上挽救债务人企业。但是，重整方之所以选择投资重整公司，就是为了通过获得上市公司控制权而获得高额的投资收益。在这一博弈过程中，势必需要债权人、股东等利益主体作出一定的让步。所以，重组方与债权人、股东之间存在利益博弈，只有找到平衡点，重整计划才能获得顺利通过并得以执行。调整股东的权益，就是要股东作出让步。但是，如何调整，债务人资不抵债时是否可以完全剥夺股东的权利，也是经常引起争议的事项之一。例如在许多上市公司的重整案中，上市公司经审计评估后被确认已经资不抵债，从资产负债表来看，股东权益已经毫无价值。同时，重整方案中又存在债转股、定向增发的内容，在这种情况下，如何在股东与债权人、新投资人之间维持平衡，是法院必须面对的难题。

解决上述问题的核心在于重整中的股权价值认定，但对于这个问题，破产法也没有给出明确的回答。目前存在两种观点，有观点认为，在上市公司的资产不足以清偿债务的情况下，重整计划对股东权益的调整是必须和应当的，具有法律的强制性；也有观点认为，在重整程序中对股东权益的削减应当基于股东的意思自治，因为至少壳资源还有一定的价值，[2] 股东亦应享有。我们认为，在上市公司的资产不足以清偿债务的情况下，应当尽量剥夺股东权益。因为在破产程序中，除了职工利益之外，债权人的权利是最优先的。在债务人资不抵债尤其是严重资不抵债的情况下，即便壳资源存在一定的价值，亦应归于债权人所有，而与原有股东关系不大。这也是国际通行的做法。例如，根据美国证券交易委员会官方网站关于公司

---

〔1〕 例如＊ST 宝硕重整中，全体股东按不同的持股数量让渡 10% 至 40% 不等的股份，＊ST 沧化重整中，持股量在 10 万股以上的股东，每户无偿减持 11%，共计减持 3285.53 万股，以让渡出资权益。参见财经报道“权益让渡频现上市公司破产重整”，载 http://business.sohu.com/20080403/n256072919.shtml。

〔2〕 赵柯：“上市公司重整中的股东权益调整问题研究”，载《民商事审判指导》（第 2 辑），人民法院出版社 2009 年版。

破产程序对投资者的介绍，在绝大多数情况下，破产重整计划将剥夺原有的股东权益。[1] 比如美国通用公司的重整计划草案中，原有股东的股权完全被剥夺。在个别的情况下，会给股东保留名义上的极少部分股权，不超过5%。相比之下，我们国家的破产重整实践中，往往给股东保留了较多的权利，这是由维护稳定的特殊国情所决定的，因为中小投资者众多(维稳成本更高)、债权人相对较少。例如在上海华源企业发展股份有限公司的重整案中，分层级要求所有股东让渡约三分之一股票(具体比例设计参见本章节最后所附的"上市公司重整计划样本")。正是这种特殊的国情，决定了我们难以见到上市公司破产清算的案例。

随着实践的发展，这一问题越来越得到重视。2012年《关于审理上市公司破产重整案件工作座谈会纪要》提出，控股股东、实际控制人及其关联方在上市公司破产重整程序前因违规占用、担保等行为对上市公司造成损害的，制定重整计划草案时应当根据其过错对控股股东及实际控制人支配的股东的股权作相应调整。这一意见将会对今后的实践产生深远的影响。

四、上市公司重整中的信息披露问题

上市公司重整案件的信息披露是重要的环节。根据市场经济的理论，每个市场主体都是理性经济人，只要有足够和畅通的信息，他们便会作出正确的投资决定，包括对重整计划的表决。在我国的实践中，上市公司重整不仅要符合破产法、民事诉讼法等法律的规定，还要遵守证券法、证券监管机构以及证券交易所的信息披露要求。

(一)根据证券法披露

在目前的实践中，中国证券市场的披露制度已经基本成熟，上市公司重整中相关方基本能够依据证券法进行相关的披露。证券法要求的信息披露包括进行定期报告和临时报告。定期报告即根据《证券法》、《公开发行股票公司信息披露实施细则》以及相关的信息披露准则的要求，在季度报告、半年度报告、年度报告中如实披露公司的重整及其进展情况。临时报告即要求披露一些与重整相关的程序性信息，比如申请重整、要求债权人申报债权、召开关系人会议、通过重整计划、批准重整计划。至于具体的披露规则，上海证券交易所和深圳证券交易所2008年新修订的《股票上市规则》，新增"破产"一节，分别就破产、重整、和解的上市公司需要披露的信息、披露内容、披露时点等作出了规定，使上市公司破产重整信息披露有章可循。最高人民法院《关于审理上市公司破产重整案件工作座谈会纪要》则明

〔1〕 参见SEC官方网站，http://www.sec.gov/investor/pubs/bankrupt.htm。

确了具体的披露主体和要求，比如对于股票仍在正常交易的上市公司，相关主体应做好信息保密工作。如果是上市公司的债权人提出破产重整申请的，人民法院应当要求债权人提供其已就此告知上市公司的有关证据。上市公司应当按照相关规则及时履行信息披露义务。上市公司进入破产重整程序后，则由管理财产的主体（管理人或者上市公司）来承担相应的披露义务和责任。实践中，目前上市公司对破产重整基本能够按照相关的证券法规定及时准确予以披露。

（二）根据破产法披露

1. 目前的信息披露规定有待细化

除了根据证券交易所规则加强上市公司重整的信息披露外，还需要加强和完善依据破产法所进行的信息披露。由于破产法重整制度属于新生事物，依据破产法所进行的信息披露实践目前乏善可陈，就需要披露什么信息、由谁披露、通过什么程序披露、债权人及其他利害关系人的知情权如何保障，仍然缺乏明确的规则。目前实践做法也不统一。例如有的案件中，债务人或管理人提前把会议材料寄送给债权人；有的案件中，债权人在会议中才拿到相关材料；有的案件中，债务人或管理人仅仅披露债权确认表以及重整计划草案；有的案件中，债务人或管理人还允许利害关系人查阅审计报告甚至原始凭证。我们认为，上市公司重整程序，往往涉及权利的调整甚至让渡、剥夺，如果没有足够的信息，利害关系人无法作出正确的投票决定。

[案例 8.16] 华源股份破产重整案

在第一次债权人会议上（本次会议的主要议程是确认债权以及对重整计划草案进行说明），管理人告知债权人将在第二次会议上对重整计划草案进行表决，但有的债权人当场提出要求更改议程，要求第二次会议不予表决，而是先要对审计及评估报告进行审阅；有的债权人提出，管理人工作报告中所反映的华源股份的资产状况不清晰，相关的审计、评估报告也未给债权人阅看，债权人要求管理人在交易所网站上公布审计、评估报告，并要求其对前两年审计报告中的保留意见所涉事项作充分说明。另外，重组方亦未披露，债权人无法判断重整后的华源股份的持续经营、盈利能力。该案例表明，由于缺乏细化的规定，各利害关系方容易出现理解上的分歧，不利于重整的进行。

2. 借鉴外国成熟做法改进披露的内容与程序

上述案例，反映出目前破产案件中信息披露的不足之处。我们认为，在信息披露方面，可以借鉴发达国家的成熟经验，从两方面完善我国破产重整中的信息披露。一是披露的内容。在目前的破产重整案件中，由于法律仅仅规定需要制订重整计划草案，大多数案件中并没有专门的信息披露资料，而重整计划草案往往对许多事项又语焉不详，比如对于直接进行清算的可能清偿率，往往只披露一个数字比例，而缺乏支撑该数字比例的具体依据以及计算方法。相比之下，破产法较为成熟的美国，则专门在法律中规定了必须发布"信息披露说明"，[1]并且这种信息披露说明要经过法院的批准。一份美国2003年世通公司破产重整案件的重整计划以及信息披露说明，[2]其中重整计划有53页，而信息披露说明则有108页之多，内容非常详细。通常来说，信息披露说明一般可包括以下内容：债务人的背景情况；现有财产和其价值的叙述；债务人未来发展的预测；债务人在重整程序中的经营预测；有关债务人立即进行清算的假设；说明书中所作各项财务分析的会计方法、估值方法；重整程序中管理人员的姓名、情况及报酬；重整程序中所涉及的全部行政费用，包括律师和会计师等各类专业人员的费用；各项应收账款的收取情况，包括有可能发生的坏账；重整程序中所涉及的风险因素：有无可能被撤销的优惠性清偿和欺诈性转让；现有诉讼的胜诉可能性；重整计划的税务分析；重整计划涉及的证券法问题；等等。[3] 华源股份的重整计划草案在主观努力上，尽可能做得全面周详一些，但相比之下，债权人所获得的信息仍谈不上充分。另外，我们还需要注意到重整计划草案与信息披露说明侧重点的不同。重整计划草案着重于经营方案与权利的调整，为便于表决，不会篇幅过长，因此无法对许多问题进一步解释与说明，而信息披露说明刚好能够克服这一不足，可以通过说明来解答投资者的问题。[4] 二是披露的程序。在这方面，由于缺乏明确的规定，也缺乏有效的披露渠道，因此实践中往往是到了债权人会议之时，债权人及其他利害关系人才能对相关信息了解一二，没有机会事先阅看评估、审计等材料，也无法行使相应的权利，这容易导致债权人对程序产生不信任感。我们建议从两个方面解决这一问题，其一，在司法解释中明确规定重整债务人在将重整计划草案提请表决之前应向债权人和其他利害关系人（如出资人）履行信息披露义务，比如制作信息披露说明，同时允许债权人在认为债务人信息披露不充分时提请法院召开听证会。其二，在上市公司重整中，由证券监管部门设立专门的网站平台，由管理人及时发布信息披露说明以及重整计划草案，便于全国各地的中小投资者能够及时了解信息。

---

〔1〕 美国破产法 § 1125. Post petition disclosure and solicitation。

〔2〕 In re WORLDCOM, Inc Chapter 11 Case No. 02 - 13533(AJG).

〔3〕 潘琪：《美国破产法》，法律出版社1999年版，第214页。

〔4〕 并非所有债权人能够理解破产重整中的种种概念，包括股权的变动等等，中小投资者亦未能理解。以华源股份案件为例，许多中小投资者对于重整计划方案中为什么要缩股、送股等问题纷纷致电证券登记结算部门询问。

附：上市公司重整计划样本

上海华源企业发展股份有限公司（以下简称华源发展）重整计划由释义、前言、正文和结语四个部分组成。正文中详述了该公司的基本情况、权益调整方案、债权受偿方案、经营方案、重整计划的执行要求等内容。本书刊录简略版本如下。

释　义

（略）

前　言

华源发展重整计划的主要内容如下：

重整完成后，华源发展法律主体不变。经重整的华源发展仍是一家在上海证券交易所上市的A股股份有限公司。

华源发展全体出资人将合计让渡20291.09万股华源发展股票，其中限售流通股10528.33万股，流通股9762.76万股。大部分让渡股票将用于清偿普通债权；为吸引优质重组方向华源发展注入资产，剩余部分让渡股票将由重组方有条件受让。

每100元普通债权将获得分配10.49股让渡股票，以华源发展股票2010年10月11日停牌前二十个交易日的加权平均价6.92元/股计算，再加之约3.35%的现金清偿，普通债权最终的综合清偿比例约为75.94%。按照上述方案清偿后，普通债权未获清偿的部分，华源发展不再承担清偿责任。

为清偿预计债权预留的让渡股票及/或财产变现所得，在实际清偿得到最终确认的预计债权，并支付必要破产费用和共益债务后仍有剩余的，将用于向确定之债权人按债权比例补充分配；因债权人未及时领取而提存的让渡股票或款项，提存期限届满相关债权人仍未领取，在支付必要破产费用和共益债务后仍有剩余的，将用于向其他确定之债权人按债权比例补充分配。补充分配将进一步提高普通债权的清偿比例。

华源发展拟实施资产重组，引入重组方向华源发展注入优质资产，以恢复和保证华源发展的持续经营能力和盈利能力。

正　文

一、华源发展基本情况

（一）设立及沿革

（二）股权结构情况

（三）经营情况

（四）申请重整情况

（五）资产情况

1. 资产评估情况

根据评估机构出具的评估报告，以2010年8月30日（即华源发展破产重整案件受理日）为评估基准日，华源发展全部现有资产的账面总值为185190560.69元，评估价值为210275991.11元。其中，流动资产评估价值为48849768.39元、长期股权投资的评估价值为122905637.12元、固定资产的评估价值为38520585.60元。

2. 资产担保情况

3. 资产处置情况

（六）负债情况

1. 债权审查确认情况

根据法院确认债权的民事裁定，华源发展债权表中记载的确定之债权总额为1188547711.79元。

（1）有财产担保债权为62058875.73元，共2家债权人。

（2）税款债权为4783071.68元，共2家债权人。

（3）普通债权为1121705764.38元，共47家债权人。

2. 职工债权情况

管理人根据破产法的规定，对职工债权进行了调查。经管理人调查，华源发展的职工债权为15190370.50元。

3. 预计债权情况

（七）偿债能力分析

1. 偿债能力分析结果

根据偿债能力分析报告，华源发展全部资产的预计可收回金额为185694873.70元，其中担保财产的预计可回收金额为4792924.77元，无担保财产的预计可回收金额为180901948.93元。普通债权的清偿比例为3.35%。

2. 实际破产清算的清偿比例不容乐观

二、出资人权益调整方案

（一）出资人组

（二）出资人权益调整方案内容

华源发展全体股东按照如下比例让渡其持有的华源发展股票：

1. 每名股东持有的1000万股以下（含1000万股）部分的股票，按照33%的比例进行让渡，共计让渡11084.06万股。

2. 每名股东持有的超过1000万股部分的股票，按照38%的比例进行让渡，共计让渡8219.06万股。

3. 香港冠丰自愿将其持有的剩余股票再让渡987.97万股股票，用于支持华源发展重整工作。

根据上述方案，华源发展全体股东共计让渡20291.09万股股票，包括限售流通股10528.33万股、流通股9762.76万股。其中，7558.62万股限售流通股将由华源发展重组方有条件受让；其余2969.71万股限售流通股及9762.76万股流通股将用于按照本重整计划的规定清偿普通债权。

三、债权分类和调整方案

根据破产法的规定，本重整计划对华源发展债权作如下分类及调整：

（一）有财产担保债权组

该组债权总额为62058875.73元，共2家债权人。

有财产担保债权以担保财产实际变现所得（扣除变现税费等必要费用后）优先清偿；该等债权以担保财产实际变现所得不能全额清偿的部分，列入普通债权，按照普通债权组的调整及受偿方案进行清偿。

（二）职工债权组

该组债权总额为15190370.50元。

职工债权不作调整，按照100%的比例清偿。

（三）税款债权组

该组债权总额为4783071.68元，共2家债权人。

税款债权不作调整，按照100%的比例清偿。

（四）普通债权组

该组债权总额为1121705764.38元，共47家债权人。

有财产担保债权就担保财产优先受偿后，未获清偿的部分，按照破产法的规定，将列入普通债权。届时，普通债权总额将有所增加。

普通债权的调整方案如下：

1. 以无担保财产变现所得进行清偿

华源发展现有全部财产将按照第一次债权人会议表决通过的财产处置方案处置变现，无担保财产的实际变现所得（扣除变现税费等必要费用后）在依次支付破产费用、职工债权及税款债权，并按照债权性质预留清偿预计债权的相应款项后，剩余部分将向普通债权人按照债权比例进行分配。

假定华源发展现有全部财产能够按照预计可回收金额变现，则普通债权就财产变现所得可以获得3.35%的清偿；最终的现金清偿率，以实际清偿为准。

2. 以让渡股票进行清偿

每100元普通债权将获得分配7.97股流通股及2.52股限售流通股。

以华源发展股票停牌前二十日的加权平均价格6.92元/股测算，普通债权清偿比例为72.59%；如华源发展现有全部财产能够按照预计可回收金额变现，则普通债权最终的综合清偿比例为75.94%。

华源发展按照上述方案履行完毕清偿义务后，对于普通债权未获清偿的部分，根据破产法的规定，华源发展不再承担清偿责任。

四、债权受偿方案

（一）有财产担保债权组

（二）职工债权组

（三）税款债权组

（四）普通债权组

（五）预计债权

五、经营方案

华源发展目前已停止生产经营活动，其现有全部资产均将通过公开拍卖或变卖方式进行处置。为从根本上挽救华源发展，在对华源发展进行债务重组、减轻其债务负担的基础上，必须引进重组方并通过重组方向华源发展注入具有盈利能力的优质资产，使华源发展获得重生。

（一）资产剥离

管理人根据华源发展第一次债权人会议表决通过的财产处置方案，变现处置华源发展现有的全部资产。

（二）确定重组方并受让股权

具有一定实力且符合中国证券监督管理委员会关于上市公司重大资产重组规范性要求的潜在投资人，可确认为重组方，受让出资人让渡的部分股票。

华源发展重组方受让相应部分让渡股票的条件包括：

1.承诺以证券监管部门认可的方式向华源发展注入具有相当盈利能力的优质资产，拟注入资产应当符合证券法规及证券监管部门的要求，符合国家当前产业政策及导向，且不属于周期性、高耗能、高污染或其他限制上市类的行业；

2.提供不少于400万元的资金支持，用于维持华源发展自重整计划获得法院批准之日至资产注入完成前所必要的运营及管理费用。

（三）重组方注入资产

重组方应当在重整程序终结之后以证券监管部门认可的方式（包括但不限于重组方以资产认购华源发展非公开发行的股份等方式）向华源发展注入净资产不低于20亿元并具有一定盈利能力的优质资产，使华源发展恢复持续经营能力和持续盈利能力，成为业绩优良的上市公司。

六、重整计划执行完毕的标准及执行期限

（一）重整计划执行完毕的标准

本重整计划执行完毕的标准，以应向确定之债权人分配的款项及/或让渡股票（不包括补充分配的款项及/或让渡股票）已转账、过户完毕，预留的财产变现所得及/或让渡股票已划入管理人账户内为准。

（二）重整计划的执行期限

本重整计划的执行期限为6个月，自法院裁定批准重整计划之日起计算。华源发展应当在此期限内，严格依照本重整计划的规定向债权人履行完毕清偿义务。

（三）执行期限的延长

如非华源发展自身原因，致使重整计划无法在上述执行期限内执行完毕，华源发展应于执行期限届满前15日，向法院提交延长重整计划执行期限的申请，并根据法院批准的执行期限继续执行。

七、重整计划执行的监督期限

（一）监督期限

（二）监督期限内管理人的职责

（三）监督期限的延长

八、关于重整计划特殊事项的说明

结　语

（略）

上海华源企业发展股份有限公司管理人

二〇一〇年十一月十二日

第九章　破 产 和 解

现代破产法的理念已不再是单纯的清算主义，而是越来越重视和强调再建主义。我国新《企业破产法》中，将破产和解与破产清算、破产重整并列为三大破产程序。本章从破产和解制度的概念、功能和立法演进入手，具体阐述了破产和解的基本程序，包括受理阶段审查要点、和解协议的性质和效力、法院认可和解协议的审查要素、和解协议失败后的法律后果等，并介绍了自行和解与破产和解的区别。同时通过案例的形式介绍了审判实务中适用破产和解制度的成功经验，并对目前尚存争议的问题进行了探讨。

第一节　破产和解制度概述

破产和解制度最早出现于1673年的《法国商事条例》。1807年的《法国商法典》也规定有破产和解制度的内容。但作为预防破产的和解制度，则首创于1883年比利时颁布的《预防破产之和解制度》。为了避免传统破产制度给社会经济带来消极后果，欧亚一些国家也纷纷效法，制定单独的和解法，与传统的破产法并驾齐驱。尤其是20世纪70年代出现了以企业复兴为目标的破产改革运动，各国相继建立起企业拯救与再建型的重整、和解制度。

一、破产和解制度的概念与功能

（一）破产和解制度的概念

破产和解制度，是指在债务人发生破产原因时，为了避免破产宣告或者破产分配，由债务人提出和解申请以及和解协议草案，经债权人会议讨论通过并经法院许可的关于解决债权债务问题的一系列制度。破产和解制度具有以下特点。

1. 破产和解是预防和避免债务人破产的制度

避免债务人破产无非包含三层含义：一是避免对债务人适用破产清算程序；二

是避免法院宣告债务人破产；三是避免通过破产清算分配破产人的财产。[1] 破产程序的最大宗旨在于使全体债权人公平受偿，而如果企业经破产清算后解体，往往会带来一系列影响，包括工人失业、生产力浪费等。破产和解通过债权人在债务履行期限和数额上的让步，以债务人和债权人会议达成和解协议的方式，使破产企业得以继续生存、继续生产经营，从而避免债务人破产。

2. 破产和解相比破产清算与破产重整来说，程序相对简单，成本较小

在破产清算的情况下，债务人被宣告破产后进入清算程序，法院必须审查债务人的所有资产状况，指派管理人接管破产企业，并进行必要的审计评估，转让破产财产，落实职工安置等事项，程序较为复杂、费用较高。破产重整程序虽然与破产和解程序同属于再建型制度，但重整程序所要实现的目标高于和解程序，重整是积极地挽救债务人企业使其恢复生机的制度，和解只是消极地避免债务人破产。不使其消亡即可的制度，重整需要考虑的因素和所做的工作也远多于和解程序。因此，在破产法“三驾马车”中，和解制度是程序最为简单、成本最小的制度。

3. 破产和解对和解协议的决议要求更加严格

由于和解程序旨在更多地保护债务人的利益，债务人可在和解协议草案中提出清偿债务的期限，甚至可以要求减少债务数额，这对债权人来说是不利的。为有效保护债权人利益，各国均对和解协议的通过规定了更为严格的要求。例如我国《企业破产法》规定，通过和解协议草案的决议，必须占无财产担保债权总额的 2/3 以上；日本破产法规定可决强制和解，应有可行使表决权的出席破产债权人的过半数、其债权额相当于已申报破产债权人总债权的 3/4 以上者的同意。而债权人会议的其他决议，如对破产财产分配方案的通过只要债权额占债权总额的半数以上的债权人同意即可。[2]

4. 破产和解具有强制性

一般民法意义上的和解，是指债权人与债务人在法院不参与的情况下双方自愿就债权债务关系的处理达成协议。《企业破产法》第一百零五条规定的和解是自行和解，这种协议具有债权合同的性质，需债权人全体一致同意，所以严格来讲并非破产法上的破产和解制度。破产和解是在法院的参与下，债务人与债权人集体——债权人会议，就债权债务清偿达成协议。所有的债权人就和解协议而言被视作一个整体，债权人会议则为其代表机关，而不要求债务人征得每个债权人的同意。和解协议经债权人会议表决通过并经法院认可后，对每个债权人（包括不同

---

〔1〕 霍敏主编：《破产案件审理精要》，法律出版社 2010 年版，第 201 页。

〔2〕 李永祥、丁文联主编：《破产程序运作实务》，法律出版社 2007 年版，第 302 页。

意和解协议的债权人)均发生效力,债权人的多数意志对少数人的意志产生强制,少数债权人的利益必须在“私法民主”产生的集体意志下,[1]故又称为强制和解。

(二)破产和解制度的功能与目标

作为破产清算制度的补充,和解的基本目标是预防破产(包括破产宣告或破产清算)、克服破产清算制度无法回避的缺陷。和解制度具有实现这一目标的如下功能。

1. 在债权人谅解妥协的基础上,积极了结债权债务关系

破产清算制度是通过司法程序以清算、分配方式强制解决不能清偿的债权债务关系,其基本功能在于使债权人在不能完全满足其债权利益的情况下获得一种公平的分配,以维护社会正常的交易秩序。破产和解是债务人与债权人通过自愿协商,在相互谅解的基础上,积极了结债权债务的一种方式。两种程序均由债务危机所引发,但对债务危机的解决方式明显不同。相对于破产清算程序而言,破产和解是一种积极的偿债办法。它通过减免债务数额、延长债务履行时间,缓解了债务积淀的负担和压力,为债务人再建提供了机会和条件。在这样一种状态下,有可能通过恢复债务人生产经营能力来促进债权效益的提高。

2. 保护债权人权益的同时,维持债务人的资产利益

传统破产制度是以债权人为中心的强制偿债制度,其特点是片面强调债权利益,排斥或忽视债务人利益。把破产当事人置于冲突的前提之下,强制性解决债务危机,不但加深了债权人与债务人之间的利益对立和冲突,也有损于债权人自身利益,增大了强制偿债给社会经济生活带来的负面效应。忽略债务人的资产利益,并不能有效保护债权利益。这就需要从制度上引导债权人从帮助债务人摆脱困境的角度出发,用妥协退让的方法为债务人维护或提高其资产价值提供新的机会和条件。作为对破产清偿的积极补救,和解制度必须负有这种功能和作用。当然,和解协议能否达成,关键取决于债权人对偿债期限、债务数额及还债方式作出让步的限度。我们不能要求债权人为了债务人的利益作出退让,和解制度只能通过债权人在强制清算与退让清偿之间的利益权衡中,安排一种可供破产当事人选择的机会和条件。

3. 努力实现债权人债权利益的最大化

破产清算是极端的偿债方式而非最佳方式。这种方式存在着程序费用高昂、时间和精力耗费过多、破产财产巨大贬值、失业救济等社会负担加重的缺陷。特别是破产财产的廉价分配降低了债权效益,也不符合债权人的真实意愿。最大限度

---

〔1〕 李国光主编:《新企业破产法教程》,人民法院出版社2006年版,第324页。

地维护债务人的财产价值,挖掘其偿债能力,即最大限度地满足债权利益,是和解制度应担负的一项重要任务。换言之,如果和解制度不能给债权人带来比破产清算更大的满足,债权人宁愿选择破产清算。应当看到,和解也并非安全的清偿方式。债务的延缓,市场的变化以及和解协议生效,破产程序终结、债务人恢复支配其财产以后的经营情况,有可能形成一种新的风险和损失。但是,从经济学角度看,财产的经营价值高于闲置价值,闲置价值又高于清算价值。破产财产的清算变价必然存在价值上的损耗。可见,债务人财产的闲置或清算必然造成其价值流失和资源浪费,而财产的继续经营可能使债权利益得到更大程度的满足。这才是债权人选择和解的真正动机和根据。

4. 有利于社会秩序的稳定

和解程序能够给债务人带来复苏的希望,而债务人的复苏对社会秩序的稳定具有重大意义。虽然债务人已具有破产原因,但和解程序通过避免债务人破产可以预防因债务人破产可能发生的连锁反应,还能够避免因企业破产而导致的大量工人失业带给社会不稳定因素。[1]

二、新旧《企业破产法》关于破产和解制度之比较

(一)我国破产和解法律制度的演进

1986年《企业破产法(试行)》设立了"和解和整顿"专章,用6个条文规定和解与整顿制度,从此开始了我国破产和解的制度历程。该法规定,在被申请破产的企业(全民所有制企业法人)的上级主管部门提出整顿申请后,由债务人企业向债权人会议提出和解协议草案,再通过双方协商、法院认可、公告等程序中止破产程序。

1991年《民事诉讼法》对非全民所有制企业法人的破产和解作出规定,即企业法人与债权人会议达成和解协议的,经人民法院认可及公告后,中止破产还债程序。

1991年最高人民法院《执行破产法(试行)意见》中又用了8个条文对《企业破产法(试行)》中的和解和整顿进行补充规定,包括整顿方案的内容、和解协议草案的内容、达成和解协议或者达不成和解协议的处理方式等。

1993年8月1日,广东省颁布《公司破产条例》,该条例主要对审查破产和解申请、组建和解清算组、组建和解监督组、认可和解协议、监督债务人业务、撤销和解认可等方面作了规定。1994年3月1日,深圳市颁布《深圳经济特区企业破产

〔1〕 李永祥、丁文联主编:《破产程序运作实务》,法律出版社2007年版,第304页。

条例》,其中关于破产和解的内容与广东省的《企业破产条例》一致。[1] 上述两个条例,是我国首次出现破产和解内容的省级及市级(经济特区)条例,内容也比《企业破产法(试行)》有较大细化。

2002 年,最高人民法院《关于审理企业破产案件若干问题的规定》中有 6 个条文涉及和解制度,增加了法院向当事人提供和解建议、不履行或不能履行和解协议时法院的处理等内容,但仍然有诸多重要问题没有解决,比如缺乏对申请撤销破产宣告制度的规定,对撤销和解程序的条件的规定也不尽完善。

2007 年 6 月 1 日,《企业破产法》施行,其中共有 41 处提及"和解",新法以受理破产前后为节点,将和解分为"直接申请和解"和"破产受理后申请和解"两类,拓宽了和解的适用范围。新法还取消了"整顿"制度,使和解制度摆脱了行政权的束缚。值得注意的是,新法就债务人与全体债权人一致协商达成和解的情况,增加了"自行和解"这一形式,为和解制度增加了一种出路。

新《企业破产法》关于破产和解的具体规定在本章后面的内容中将会详细介绍,本节仅从宏观上对新旧《企业破产法》的破产和解制度进行比较。

(二)新旧破产和解法律制度对比

1. 破产和解的独立性

新《企业破产法》在和解制度的分离上规定得非常彻底,不仅表现在其与破产清算制度的分离上,也表现在其与破产重整制度的分离上。

首先,新法将破产和解程序和破产清算程序分离开来,债务人可以在申请破产之前直接向法院申请适用和解程序。我国原来实行的是不彻底的和解分离主义,根据《企业破产法(试行)》第十七条的规定,在法院受理破产案件后三个月内,被申请破产的企业的上级主管部门可以申请对该企业进行整顿。整顿申请提出后,企业向债权人会议提出和解协议草案。新法将破产和解和破产清算分离开来,当事人在法院尚未受理破产前,就可以提前选择适用破产和解程序;和解申请提出期限也由法院受理破产案件后三个月扩展到破产宣告前,给债务人灵活选择适用破产和解程序提供了更多的机会。

其次,新法解决了原有的破产和解制度与重整制度界限不明、相互交融的问题。在新法出台以前,我国的破产和解制度和重整制度并不完全分开,国有企业的破产和解是其上级机关决定对其进行重整的一个必经程序,和解程序依附于重整制度,缺乏独立性,其适用也受到诸多限制。《民事诉讼法》规定企业法人可以自

---

[1] 因《企业破产法》统一了相关制度,《广东省公司破产条例》已于 2010 年 6 月 2 日废止;《深圳经济特区企业破产条例》已于 2012 年 4 月 25 日深圳市人大常委会第十五次会议第一次全体会议上被提请废止。

行和债权人会议达成和解协议,在和解协议得到法院认可后,破产程序即中止。这说明在非国有企业法人的破产程序中,和解程序具有完全的独立地位。《企业破产法》取消了整顿制度,将破产和解与破产清算、破产重整并列为独立的三个程序,在和解制度上设置了从申请和解到和解失败的一系列较为完整的程序和内容,与国际惯例的破产立法接轨,具有较强的可操作性。

2. 破产和解的适用范围

在新法颁布以前,我国破产制度实行双轨制,按照企业所有制区分适用破产制度,国有企业与非国有企业适用不同的法律,前者适用《企业破产法(试行)》,后者适用《民事诉讼法》。新法则制定了统一的规则,将破产和解的适用范围扩大到所有的企业法人,包括国有企业、法人型集体所有企业、一人独资企业、联营企业、中外合资企业、外商独资企业、法人型中外合作企业等。也就是说,新法摒弃了旧法的双轨制,赋予所有企业法人平等的和解权,所有企业法人的和解在和解申请的机会、条件、适用的程序、法院在其中所起的调解斡旋作用、和解的时间、和解过程的监督、和解程序的结束情形等环节完全一致。

3. 破产和解的申请人

尽管《企业破产法(试行)》第十八条的规定,企业应当向债权人会议提出和解协议草案,但是企业对破产和解的申请并不占有主动权,只有在其上级主管部门愿意对它进行整顿,使之免于破产的,才可以向法院提出整顿意愿,随后被申请破产的企业才能提出和解申请,并且在其重整申请获得法院批准后,该国有企业才享有破产和解权;并且一经法院批准,该国企就必须行使这项权利,不得放弃。《企业破产法(试行)》中的"整顿与和解"制度虽考虑到了企业上级主管部门对破产企业所存资产及负债的整体协调、对决定该企业是否继续运作的宏观筹划,但随着市场经济的逐步完善,多样化资本组建企业进入市场,企业在决定其"市场生命"时体现出越来越强烈的自我意愿。而且在破产程序中,债务人最为了解本企业的实际情况,由其作出是否申请和解的决定最为合理,这也避免了因为债务人根本没有复苏的可能,而强制其接受和解造成不必要的浪费和损失。对此,《企业破产法》明确规定了由债务人作为破产和解申请人。

4. 破产和解的效力

《企业破产法(试行)》第十九条规定,企业和债权人会议达成和解协议,经人民法院认可后,由人民法院发布公告,中止破产程序。然而,和解作为一种当事人之间的债权债务合同,其履行并不属于司法程序内的问题,所以和解协议的达成在程序上应当具有终结破产程序的法律效力,因此,《企业破产法》第九十八条规定,债权人会议通过和解协议的,由人民法院裁定认可,终止和解程序。

5. 破产和解的监督机制

按照《企业破产法(试行)》的规定,法院和债权人会议能够成为和解程序的监督主体。但实践中,法院并不参加和解程序,而且也没有规定债务人应定期向法院报告企业经营的进展状况。债权人会议虽然能起到一定的监督作用,但是由于召开债权人会议费时耗力,债权人会议不可能经常召开,债权人也不可能全部进驻债务企业内部,债权人会议对和解程序的监督很多时候有心无力。《企业破产法》规定了债权人委员会对"对债权人的利益有重大影响的其他财产处分行为"具有监督权,因此可以对和解程序进行监督。

此外,《企业破产法》还规定因债务人的欺诈等违法行为成立的和解协议无效,债务人不执行和解协议的,人民法院经和解债权人的申请,应当裁定终止和解协议的执行,并宣告债务人破产。这些规定,一方面,增加了债务人和债权人的灵活度;另一方面,也是最为重要的,即在人民法院、债权人委员会、债权人和债务人之间进行了权力的分配和制衡,彼此的牵制构成和完善了破产和解制度的监督机制。

三、我国破产和解的实践探索

与破产清算和破产重整程序相比较,破产和解程序更注重当事人之间的意思自治,在构造上呈现出很少的法律干预、简便灵活、低成本的特点。[1] 然而,由于其具有的减债功能较单一,且需以债权人妥协让步为基础,故这方面的案例尚不多。近年来,伴随着破产法"注重企业拯救,强调社会利益"的理念转变,破产和解制度与破产重整制度一样越来越受到重视,相关人员在实践中亦积极进行探索适用,积累了一些成功的经验。

[案例9.1]东莞新兴织造厂有限公司申请破产和解案[2]

东莞新兴织造厂有限公司(以下简称新兴公司)成立于1993年,是东莞最大规模的、集织造和漂染为一体的中外合资企业。2011年6月10日,该公司因经营不善、资不抵债向广东省东莞市第二人民法院申请破产清算。根据会计师事务所出具的清产核资报告及现场勘查的情况,该公司负债七千八百多万元,如果通过破产清算终结企业,普通破产债权受偿率预计不足10%。在本案处理过程中,有一家大型境外企业表示愿意收购新兴公司外方股权,并代新兴公司清偿一定比例的对外债务。在法院的监督及协调下,相关各方进行了一系列的协商,还包括争取让

[1] 金春:"中国重整程序与和解程序的功能与构造",载《政法论坛》2008年第1期。

[2] 案例引自《人民法院报》2012年3月3日第3版。

企业保持正常开工、保障机器设备的正常运转、保障员工正常工作、如期发放工资，等等。2011 年 7 月 26 日，法院经过审查，裁定受理新兴公司的和解申请。最终，法院裁定认可债权人会议通过新兴公司提出的破产方案的决议，境外债权人按债权额的 20% 获得清偿，其他债权人按债权额的 40% 获得清偿。

该案的成功处理，对解决企业如何摆脱经营困境的问题提供了有益的借鉴，为法院审理同类案件积累了宝贵经验。该案若通过破产清算终结企业，不仅该公司多年苦心积累的商业基础付之东流，债权人的利益也无法得到最大限度的保护。成功运用破产和解制度，既减轻了债权人的损失，又盘活了新兴公司的资产，实现了企业的持续经营，保障了社会资源的有效利用。同时为绝大部分员工保留了就业岗位，避免了因企业破产而带来社会负面影响。

[案例 9.2]深圳市千禧龙实业发展有限公司等申请深圳市华之巨科技有限公司破产案[1]

2006 年 3 月 9 日，广东省深圳市中级人民法院受理了深圳市千禧龙实业发展有限公司、深圳市煜琛实业有限公司申请深圳市华之巨科技有限公司（以下简称华之巨公司）破产还债两案。同年 4 月 6 日，深圳市中级人民法院指定成立监管组，[2] 对华之巨公司的印章、证照、财务资料、资产等进行全面接管。监管组委托深圳中法会计师事务所对华之巨公司截至该日的资产负债情况进行了全面审计。根据审计结果，华之巨公司资不抵债（差 13920369.36 元）。

2007 年 6 月 12 日，华之巨公司以债务人的名义向深圳市中级人民法院提出和解申请，深圳市中级人民法院经审查认为和解申请符合法律规定，裁定华之巨公司自该日进入和解程序。截至 2007 年 7 月 26 日，监管组共接受 106 家债权人的债权申报登记，共确认 98 家债权人的债权，共计债权金额为人民币 57988728.75 元。和解协议草案主要内容如下：全体债权人同意放弃利息，华之巨公司以放弃利息后的债权总额人民币 53667857.79 元为基数，按 55% 的比例清偿全部债务，全体债权人放弃剩余的 45% 的债权，担保人为深圳市青春实业有限公司。

在债权人会议召开前，监管组与债务人代理人、债权人会议主席多次召开筹备

---

〔1〕 案例引自霍敏主编：《破产案件审理精要》，法律出版社 2010 年版，第 229 ~ 231 页。

〔2〕 最高人民法院《关于审理企业破产案件若干问题的规定》第十八条规定："人民法院受理企业破产案件后，除可以随即进行破产宣告成立清算组的外，在企业原管理组织不能正常履行管理职责的情况下，可以成立企业监管组。企业监管组成员从企业上级主管部门或者股东会议代表、企业原管理人员、主要债权人中产生，也可以聘请会计师、律师等中介机构参加。企业监管组主要负责处理以下事务：（一）清点、保管企业财产；（二）核查企业债权；（三）为企业利益而进行的必要的经营活动；（四）支付人民法院许可的必要支出；（五）人民法院许可的其他工作。企业监管组向人民法院负责，接受人民法院的指导、监督。"

会议,就和解协议条款、资金监管等相关事宜进行了商议。在商议的基础上,监管组与债务人的担保人在双方认可的银行签订了资金监管协议,对担保人的资金进行监管,确保和解协议能得到实际履行。

2007年7月27日,华之巨公司第二次债权人会议召开,享有表决权的债权人共98家,其中有95家出席会议、3家缺席。各债权人在充分了解华之巨公司的资产状况以及和解协议内容的情况下,当场对和解协议进行表决并在债权人代表的监督下进行现场验票,表决结果为72票同意、21票反对、2票弃权。同意的债权人人数占出席会议有表决权债权人的75.79%,同意人数已过半数;同意的债权人所代表的债权额占无财产担保债权总额的68.02%,超过无财产担保债权总额的三分之二,符合《企业破产法》第九十七条的规定,故第二次债权人会议表决通过了和解协议,且债权人会议通过和解协议后十五日异议期内无债权人提出异议。

2007年8月14日,深圳市中级人民法院裁定认可华之巨公司的和解协议并终止和解程序。2007年11月28日,和解协议顺利履行完毕,管理人依法向华之巨公司移交了公司印章、营业执照等相关证照及监管组接收的公司财产和营业事务。

本案作为成功案例的一大亮点在于:和解协议约定了和解协议执行阶段对债务人的监督。根据《企业破产法》第九十七条的规定,法院裁定认可和解协议,并终结和解程序后,破产管理人就应当将财产和营业事务交还债务人自行管理。对于在和解协议执行阶段如何实现对债务人自营的监督管理,我国破产法未作出具体规定,实践中,为防止债务人在和解执行阶段,滥用财产管理处分权、恶意转移财产,可以通过和解协议对债务人财产管理处分权设定相应的限制。本案中,法院在处理相关问题时充分注意到了这一点,和解协议中就资金监管等相关事宜特别进行了约定,与债务人的担保人签订了资金监管协议,以确保和解协议真正得到履行。

[案例9.3]哈尔滨鼎讯科技发展有限公司申请中国辽宁国际合作(集团)股份有限公司破产案[1]

中国辽宁国际合作(集团)股份有限公司(以下简称中辽国际)是1993年5月经辽宁省体改委批准,由中国辽宁国际经济技术合作公司改组设立的定向募集股份有限公司,原始发起人是辽宁省国有资产管理局。该公司于1996年11月12日至16日公开发行A股1500万股并随后上市交易,成为一家在深圳交易所上市交

〔1〕 案例引自周贤忠:“停牌四年的中辽国际有望复牌”,载《沈阳日报》B08版2008年7月22日;“破产和解　企业重生的另一种方式”,载 http://gsfw.fabao365.com/info/40169/,2010年4月11日访问。

易的上市公司。2003 年之后,经两次股权转让,巨田证券有限责任公司(以下简称巨田证券)受让了发起人所持的全部股权。中辽国际因 2001 年至 2003 年连续三年亏损,被深圳证券交易所于 2004 年 4 月 29 日起暂停上市,存在重大的退市风险。中辽国际 2006 年年报反映,其截至 2006 年 12 月 31 日的净资产为 -3.57 亿元,折合每股净资产 -2.307 元/股,已严重资不抵债。

北京万方源房地产开发有限公司(以下简称万方源)作为中辽国际的重组方强势介入。2006 年 3 月 9 日,巨田证券与万方源签订《股权转让协议》,将其持有的 ST 中辽的 6630 万股(占总股本的 42.86%)协议转让给万方源,有关《收购报告书》等材料则上报中国证监会和深圳证券交易所。

2007 年 2 月,哈尔滨鼎讯科技发展有限公司作为中辽国际的债权人向辽宁省沈阳市中级人民法院提出了对中辽国际实施破产还债的申请。2007 年 10 月 11 日,该院裁定正式受理此案。同年 11 月 5 日,中辽国际提出和解申请,法院经审查认为,中辽国际提出的减债后以现金方式偿还债务的和解方案与破产清算方案相比,更有利于保护债权人的合法权益,符合和解制度的宗旨,同时和解资金有重组方担保,履行和解协议有保障。法院于当天裁定准予和解。

2007 年 11 月 16 日,债权人大会召开并顺利通过中辽国际的债权登记确认报告及和解减债方案,方案规定了 5% 的清偿比例,82.7% 的债权人以记名投票的方式通过和解协议。11 月 20 日,法院裁定认可和解方案,终结和解程序并予以公告,同年 12 月 10 日,和解协议履行完毕。

本案是《企业破产法》施行后第一例上市公司破产和解案件。本案和解成功一方面源于战略投资者万方源的介入,使和解后的债务履行成为可能;另一方面,公开的信息与专业的指导也便于债权人认清偿债形势并自主选择是否接受方案,如法院事先向债权人提供了破产清算审计报告及减债和解方案,使债权人认识到中辽国际的资产和经营状况。债权人大会采取分头摸底、分组讨论、对号就座、记名表决的方式,最终代表 82.7% 债权额的债权人同意“按 5% 的比例以现金方式给付”的和解减债方案。

但对该案中战略投资者的加入,究竟属和解性质还是重整性质,认识不一。我们认为,一般而言,破产和解与破产重整的区别在于和解更侧重于债务减免,而重整更侧重债务人日后的经营和发展,因此破产和解并不意味着排斥战略投资者的介入。有时,破产和解的成功往往还得益于战略投资者与债务人就重组减债方案的沟通,本案正是万方源的早期介入使中辽国际在破产案件受理之初即提出和解申请,并在短短 39 天完成从受理到协议履行完毕的全过程。

第二节 破产和解申请的提出与审查

一、破产和解申请的提出

（一）破产和解的申请主体

《企业破产法》第九十五条第一款规定，债务人可以直接向人民法院申请和解；也可以在人民法院受理破产申请后、宣告债务人破产前申请和解，因此破产和解只允许债务人作为和解申请人。如此规定的原因在于：从和解协议的内容设定及最终履行情况来看，债务人最清楚自身资产负债情况及履约能力，由债务人提出和解申请既符合和解程序运作的经济原则，也符合市场主体自我决定市场生命这一要义，只有在债务人是和解发起人的基础上，展开的谈判才会向和解成功迈进。破产和解是一种预防破产制度，它以维持债务财产的减让为主要内容，以维持债务人的继续经营为主要目标，因此是否以减债的方式和解并继续经营只能由债务人自主决定，法院无权启动，其他各方也无权决定或干涉。

（二）破产和解的提出时间

1. 未进入破产程序前，债务人直接申请和解

根据《企业破产法》第九十五条第一款的规定，债务人可以直接向法院申请破产和解，具体的提出时间由债务人自行决定。

2. 破产申请受理后、破产宣告前申请和解

根据《企业破产法》第九十五条第一款的规定，债务人也可以在法院受理破产申请后、宣告债务人破产前，向法院申请和解。这种情形一般存在于债权人申请债务人破产的案件中。值得注意的是，最高人民法院《破产案件若干规定》第二十五条规定，债务人申请和解的时间范围是“受理企业破产案件后，在破产程序终结前”，也就是说，法院作出破产宣告裁定后，债务人仍能申请破产和解。但按照《企业破产法》的规定，和解的申请时间只能在破产宣告作出之前。因此，债务人在破产宣告后不能再向法院申请破产和解。关于破产宣告后，债务人是否能与债权人自行和解的问题，本书将在自行和解一节中具体阐述。

（三）破产和解申请所需提交的文件

1. 破产和解申请书

按照《企业破产法》第八条的规定，债务人还需要提供破产和解申请书。作为债务人表明与债权人进行和解的意思表示，债务人应向法院提交和解申请书，其内

容需载明债务人的财产状况、申请和解的意思表示及事实与理由。其中债务人财产状况应简要列明财产及债务的总额、类别、现状等。对于有争议的债务，债务人应当单独列明争议数额、争议的原因、是否涉诉等事项；事实与理由部分应列明企业不能清偿到期债务，且资产不足以清偿全部债务或者明显缺乏清偿能力以及企业希望通过破产和解继续经营的请求等情况。

2. 和解协议草案

根据《企业破产法》第九十五条第二款的规定，债务人申请和解，应当提出和解协议草案。和解协议草案是债务人就其所负债务进行和解所采取的初步方案，它是和解程序继续进行的前提，也决定了和解能否成功。

与重整计划相比，和解协议草案以减债为主要内容，不涉及债务人经营方案等内容；与自行和解相比，和解协议草案待债权人会议通过并经法院认可后对全体债权人产生强制力，不同于自行和解协议可灵活地以单独或集体方式作出。一般来讲，和解协议草案应具备如下内容：

（1）清偿债务的财产来源或担保。这是和解草案中决定和解走向的最关键因素。清偿债务的财产来源包括：能确保破产和解实现的现有的或将来的财产，其中包括债务人的现有的企业资产（包括无形资产）、回收债务人应收账款、追讨对外投资收益、转让部分闲置资产、出租或发包厂房或设备等收入方案。[1] 债务人在和解过程中，已取得他人担保作为和解条件的，应当将担保的性质、范围、担保的实施等事项在和解协议草案中载明。债务人同意债权人代表或监督组对和解协议履行进行监督，以确保和解协议执行的，可将其作为和解条件列于和解协议草案中。对于以上提到的对和解债务进行担保的，担保人还应另行出具担保函等书面法律文件。

（2）清偿债务的方案。这主要是指清偿的形式，如金钱清偿债务、实物或股票债券等抵偿债务，和解协议还需明确保证各债权人能够获得清偿的债务比例。

（3）清偿债务的期限。债的清偿具有时间利益，为保证和解协议按时全面履行、保护和解相对方即债权人的整体利益，对和解协议中的履约期限不得作无限制的、不确定的约定。如延期进行一次性清偿的，应当有明确的清偿日；进行分期清偿的，应当分别确定每次清偿的期日；对各个和解债权的清偿期不一致的，应当分别加以说明。

由于破产和解意在使债务人减债后再生，因此债务人要求减让的债务数额或比例也应在和解协议草案中列明。当然，该减让的债务数额或比例应考虑到债权

---

〔1〕 李永祥、丁文联主编：《破产程序运作实务》，法律出版社2007年版，第306页。

人会议的预期,如减让后的可分配财产低于破产清算后可分配财产的,将不利于相关利益方就和解协议进行谈判。

3. 其他资料。由债务人直接申请开始和解程序的,由于法院在此前并未了解债务人基本情况,总结实践做法并结合《企业破产法》第八条破产申请书应载明事项的规定,债务人还需向法院提供企业法人营业执照、法定代表人身份证明、相关债权债务清册等基本信息;有条件的话,还应当附上企业职工情况和职工安置预案、职工工资和社会保险费用缴纳情况等材料。

二、破产和解申请的审查与受理

(一)破产和解申请的审查要点

与自行和解不同,和解申请递交法院后法院需先对其进行审查,并由法院作出是否同意和解的裁定。对于法院审查标准,有学者提出,鉴于破产和解产生于当事人之间的意思自治,因此法院对和解申请的审查应属于形式意义之审查,债务人是否具备和解的实质要件则由债权人会议审议决定。[1] 我们认为,结合审判实践和法律规定,法院应审查如下几点内容。

1. 法院是否具有管辖权

这个问题仅存在于债务人直接申请开启的和解程序。根据《企业破产法》第三条的规定,破产案件由债务人住所地人民法院管辖。该债务人住所地包括债务人的主要办事机构所在地,无办事机构的则以其注册地为住所地,由注册地法院管辖。

2. 当事人是否适格

《企业破产法》规定,企业法人以外的组织进行破产清算的,参照适用破产法规定的程序。但是,对于企业法人以外的组织能否参照适用破产和解程序,法律未作规定。我们认为,对于债务人为个体工商户、个人的,因其不具备法律规定的主体资格而不得适用破产和解程序。

另外需要注意的是,根据《企业破产法》第一百三十三条和第一百三十四条的规定,列入政策性破产规划的国有企业实施破产的特殊事宜、金融机构实施破产的申请,应当按照法律及国务院有关规定办理。因此,上述两类特殊企业申请破产和解的,不得与国家有关规定相抵触。

3. 是否具有破产原因

对于直接申请开始和解程序的,法院应审查债务人是否具有破产原因。根据

---

[1] 王欣新:《破产法》,中国人民大学出版社2011年版,第232页。

《企业破产法》第二条第一款的规定，破产和解原因同破产清算原因，即“不能清偿到期债务，并且资产不足以清偿全部债务或者明显缺乏清偿能力”，具体的判断标准依据见最高人民法院《破产法解释（一）》第一条、第二条、第三条、第四条的具体规定。

4. 是否符合申请时间

根据《企业破产法》第九十五条第一款的规定，债务人可以直接向人民法院申请和解；也可以在人民法院受理破产申请后、宣告债务人破产前，向人民法院申请和解。因此，法院需审查债务人的和解申请是否符合时间规定，尤其是在法院已受理破产清算申请的情形下，如债务人已被宣告破产，则不能启动破产和解程序。

5. 是否提供必备材料

立法对破产和解材料的罗列较为笼统，可按前述申请应提交材料进行审查。鉴于破产和解系债权人让步下的、旨在避免债务人破产的制度，实践中，在债务人提供的和解草案过于笼统等情形，法院在受理阶段可对和解草案进行初步审查，要求申请人限期补正材料。

（二）破产和解申请的受理

受理裁定并予公告

根据《企业破产法》第九十六条的规定，法院经审查后认为和解申请成立的，应裁定和解并予以公告。

需要注意的是，对于债务人直接申请破产和解的，法院还应及时做好以下两项工作：

（1）指定破产管理人。和解期间，债务人的经济事务由破产管理人全权接管，因此法院裁定受理后，应着手指定破产管理人。需要指出的是，最高人民法院颁布了《指定管理人规定》，上海高级法院也从实际出发细化了规定，其中对管理人的指定原则、方法以及管理人名单的规定同样适用于破产和解。

（2）通知破产债权人。法院裁定受理和解并公告后，应一并向已知的债权人发送许可和解裁定以及和解草案，并附申报债权期间、召开债权人会议的时间。

（三）法院裁定受理和解的法律后果

法院裁定和解在程序上有如下效力：第一，启动和解程序，债务人与各债权人等应围绕破产和解的内容，在梳理债权债务的基础上，对和解草案进一步协商，从而使和解草案获得债权人会议通过及法院认可，并最终由债务人按约履行；第二，对于已涉讼或已进入破产程序的债务人而言，正在进行的一般民事执行程序及破产程序中止，未到期的债权此时被视为到期，但对债务人的特定财产享有担保权的权利人，不受裁定和解之约束。

第三节　和解协议的认可与效力

一、和解协议的审查认可

和解协议是债务人与债权人会议经协商让步达成的债务分期清偿或减免清偿,以避免适用破产程序的书面协议。根据《企业破产法》第九十八条的规定,和解协议由债权人会议表决通过后,应以债权人会议决议的形式报人民法院审查,经人民法院依法审查认可后,和解协议始发生法律效力。人民法院收到债权人会议递交的和解协议后,应当及时进行审查。由于破产和解属于强制和解,且将对债权人的利益产生重大影响,故法院应当从程序和实体两方面对和解协议进行全面审查。

(一)程序审查要素

1. 债权人会议程序合法

首先,债权人会议的召集程序应当符合破产法的相关规定,如召集人按规定提前通知了所有已知债权人参加会议。

其次,参与表决的债权人应当享有表决权。审查时应注意以下方面:

(1)有表决权的债权人,应当是依法申报债权并得以确认的债权人。债权尚未确定的债权人,除法院能够为其行使表决权而临时确定债权额的外,不得行使表决权。

(2)有财产担保的债权人。由于和解协议并不影响担保债权人就担保物行使优先受偿权,故依据《企业破产法》第一百条第二款之规定,在担保债权人放弃优先受偿权利之前,其不享有对和解协议的表决权。但在担保债权不能就担保物获得足额清偿的情况下,担保债权人对未获清偿部分的债权,可以行使表决权。

(3)职工债权、税款债权等。根据《企业破产法》第一百一十三条规定的清偿顺序,职工债权、税款债权优先于普通债权受偿。根据《企业破产法》第一百条第二款,"和解债权人是指人民法院受理破产申请时对债务享有无担保债权的人"的精神,享有优先受偿权的债权人不属于和解债权人,除非其放弃优先受偿的权利。故理论上认为,基于优先受偿的性质,职工债权、税款债权不属于和解债权。职工和国家税务机关不能作为债权人参加和解协议的表决,[1]但债务人的职工和工会的代表可以列席债权人会议,对和解方案发表意见。

---

〔1〕 王欣新:《破产法》,中国人民大学出版社2011年版,第233页。

2. 表决票数与债权总额符合法律规定

由于和解协议涉及债权人的重大利益，各国破产法对通过和解协议的表决，往往作出较其他决议更为严格的规定，采取特别多数决的表决方式。我国《企业破产法》第九十七条规定："债权人会议通过和解协议的决议，由出席会议的有表决权的债权人过半数同意，并且其所代表的债权额占无担保债权总额的三分之二以上。"前一条件主要是从债权人人数上考虑，要求由出席会议的有表决权的债权人过半数同意；后一条件则是从债权额的角度考虑，要求表决同意和解协议的债权人所占债权总额必须达到无担保债权的三分之二以上，侧重于对债权比例较大的债权人利益的保护。法院审核时，还应当注意对出席会议的人数、计算票数所占债权总额等内容进行必要的核查。

（二）实质审查要素

和解协议的达成，体现了债务人与债权人会议的意思自治，但其又具有强制和解的特性，系债权人会议以法定多数方式表决通过。故法院对于和解协议内容的审查，一方面，要注重违法情形、社会公共利益和善良风俗；另一方面，为防止债权人的受偿利益因和解协议而受到损害，也要充分考虑对弱势债权人利益的保护。

1. 是否存在《合同法》规定的无效、可撤销情形

破产程序中的和解是债务人与债权人会议在互谅互让基础上达成协议的法律行为，是民事和解的一种特殊形式，因此，和解协议生效首先应当具备《合同法》上合同生效的基本要件。《合同法》第五十二条明确规定了合同无效的五种法定情形，《合同法》第五十四条又规定了合同因欠缺生效要件而可变更、可撤销的具体情形，法院审查和解协议时要注意审查是否存在合同无效和可撤销的情形。例如和解协议是否依据法定程序自愿达成；债务人有无欺诈破产的行为，如隐匿、转移、私分、无偿转让财产，或故意虚构财务账册、财产状况。

2. 是否损害债权人的基本利益

破产和解作为一项独立于清算程序的预防破产制度，其目的不仅是为债务人恢复生产经营提供机会和条件，更重要的目的在于最大程度地实现债权人的债权清偿利益。因此，债务人提出的和解协议应当具有公平性和可行性，不得损害债权人的基本利益。人民法院审核和解协议是否损害了债权人的基本利益，可以从以下几个方面着手：(1)和解协议的内容是否具有真实可行性，如清偿债务的财产来源是否可靠，债务的清偿计划是否明显无法履行。(2)债权人的清偿利益的风险，如和解协议的清偿率是否明显低于破产清偿的分配率。

3. 是否损害少数债权人或利害关系人的利益

我国破产法虽然对和解协议的表决采取特别多数决的方式，要求和解协议的

通过须出席债权人会议有表决权的债权人过半数同意，且其所代表的债权额占无财产担保债权额的三分之二以上。但实践中，一些中小债权人由于债权数额较小、所占比例不大，其在表决时仍处于弱势地位，和解协议的通过可能受到大债权人的操控，而使得中小债权人的利益得不到应有的保障。因此，法院进行实体审查时，对协议内容是否有损部分债权人利益的情形应予以必要关注，保障中小债权人受偿的公平合理性。另外，如果和解协议有损于其他未参加表决的债权人或利害关系人的利益，如影响担保债权、职工债权、企业欠税款清偿的，法院可裁定不予认可。

此外，有观点认为，在破产和解中，债权人平等的理念应当要起支配作用，和解协议所提出的和解条件应同等对待所有债权人。我们认为，为了促使和解协议的有效达成，并不必苛求清偿条件的完全一致，若某些债权人因各种因素，自愿接受对其不利的和解条件，可以允许这种不完全平等的和解协议成立。这样不仅体现了对债权人意思自治的充分尊重，更重要的是，在使该接受不利清偿条件的债权人切实取得清偿利益的同时，兼顾了全体债权人的整体清偿利益。

[案例 9.4]深圳顺通车辆检测服务有限公司自行和解案〔1〕

债务人深圳顺通车辆检测服务有限公司（以下简称顺通公司）召开债权人会议，全部债权人恒福公司、一建公司和恒福发展公司出席了会议，这三个公司所代表的普通债权额占普通债权总额的100%；三家债权人均表示确认监管组审核的债权额并同意与顺通公司签订和解协议。协议约定：(1)由顺通公司先行分期偿还一建公司人民币775万元；(2)由于恒福公司和恒福发展公司已在清偿顺序上向一建公司作出让步，一建公司确认其未获清偿的部分债权人民币280余万元无偿转让给恒福公司所有；(3)……(具体内容略)法院裁定认可了该和解协议。

顺通公司破产案件虽是广东省深圳市中级人民法院在《企业破产法》施行前和解成功的案例，但此案和解协议的表决程序符合《企业破产法》第九十七条的规定，有关债权人明确同意自愿接受和解协议的不平等待遇，应认为该协议合法有效，法院依法予以认可。

（三）审查结果

1. 债权人会议未通过和解协议草案的，根据《企业破产法》第九十九条规定，法院应当裁定终止和解程序，并宣告债务人破产。基于破产和解系建立在债权人谅解妥协基础上的这一本质要求，对于债权人会议否决和解协议草案或者拒绝和解程序的，人民法院只进行程序审查，主要审查债权人会议决议的程序是否合法，

〔1〕 案例引自霍敏主编：《破产案件审理精要》，法律出版社2010年版，第213页。

不必再就和解协议草案的内容进行实质审查。

2. 债权人会议的召集程序、表决方式等存在程序上的瑕疵，如果瑕疵是可以消除或修正的，我们认为，法院不宜因轻微的瑕疵直接否定和解协议的效力，而应当通知债权人会议主席重新召集债权人会议，依照法定程序重新决议。但债权人会议拒绝重新决议或瑕疵无法补正的，法院应裁定不认可和解协议，同时宣告债务人破产。

3. 债权人表决通过和解协议程序合法，但协议内容存在违法事由或侵害了部分债权人、利害关系人利益的，法院可以就存在的问题向当事人进行释明，要求当事人纠正修改协议草案；无法纠正或修改的，法院应当裁定不认可和解协议，同时宣告债务人破产。

4. 债权人会议决议通过和解协议，且决议程序和协议内容均不违反法律规定的，法院应当裁定认可和解协议，终止和解程序。根据《企业破产法》第九十八条的规定，法院认可和解协议，应当出具裁定书，并及时送达债务人、管理人和债权人，同时发布公告。

二、和解协议的效力

法院裁定认可的和解协议具有程序和实体两方面的法律效力。程序上的法律效力主要表现为破产程序终结、债务人继续经营；实体上的法律效力主要表现为对债务人和债权人权利行使所产生的影响。

（一）程序上的效力

1. 和解程序终止。根据《企业破产法》第九十八条的规定，和解协议经法院裁定认可后生效，破产和解程序终止，债务人由此免受破产宣告。但债务人出现不能执行或者不执行和解协议的情况时，人民法院可以依据《企业破产法》第一百零四条的规定，经和解债权人申请，裁定终止和解协议的执行，并宣告债务人破产。

2. 债务人继续营业。和解协议生效后，依照破产法将债务人在财产处分、债务清偿等方面的限制措施予以解除，根据《企业破产法》第九十八条的规定，管理人应当向债务人移交财产和营业事务，并向法院提交执行职务的报告。债务人重新获得了财产与经营控制权，得以自行主持生产经营活动。

（二）实体上的效力

1. 对债务人的效力

（1）严格执行和解协议。根据《企业破产法》第一百零二条的规定，债务人应当依照和解协议规定的数额、期限、方式等来清偿债务。不得违背公平清偿原则，给予个别债权人超过和解协议约定范围以外的额外利益。债务人在完全履行和解协议后，可依和解协议取得相对免责利益，对和解协议减免的债务不再承担清偿责任。

(2)连带债务人及保证人的责任。《企业破产法》第一百零一条规定："和解债权人对债务人的保证人和其他连带债务人所享有的权利，不受和解协议的影响。"这是因为，债权人在和解协议中的妥协与让步，系基于债务人已处于资不抵债困境，迫于破产清算的压力而不得已作出的。故债权人在这种情形下作出的让步，不能作为保证人和其他连带债务人对抗债权人的抗辩理由。债务人的保证人和其他连带债务人仍应按原来的保证范围或约定来承担清偿责任。

2. 对债权人的效力

《企业破产法》第一百条规定，经人民法院裁定认可的和解协议，对全体和解债权人均有约束力。所谓和解债权人是指人民法院受理破产申请时对债务人享有无担保债权的人。因此，我们在理解和解协议对债权人的效力时，应当注意区分不同债权人的性质。

(1)对和解债权人。和解协议经人民法院认可生效后，全体和解债权人必须按照和解协议的约定来行使权利，无论其是否申报债权，是否出席债权人会议参加讨论表决，亦无论其是否表决同意和解方案，均受和解协议约束。原有的债权已经失效，债权人不得再依据原债权主张权利或接受个别清偿。

(2)对特定财产享有担保权的债权人。有财产担保的债权人不享有对和解协议的表决资格，根据《企业破产法》第九十六条的规定，"对债务人的特定财产享有财产担保的权利人，自人民法院裁定和解之日起可以行使权利"。当然，根据《企业破产法》第五十九条第三款的规定，我国法律也允许担保债权人，选择放弃优先受偿权，以取得和解债权人的表决资格，并转而接受和解协议的约束。

(3)对未依法申报债权的债权人。《企业破产法》第一百条第三款规定："和解债权人未依照本法规定申报债权的，在和解协议执行期间不得行使权利；在和解协议执行完毕后，可以按照和解协议规定的清偿条件行使权利。"因此，债权人未依破产法规定申报债权的或补充申报债权的，不能依据和解协议的约定获得清偿。债权人补充申报债权并经管理人确认后，可以在和解协议执行完毕后，按照和解协议规定的清偿条件行使权利。

(4)对和解协议生效后产生的新债权。和解协议执行期间，债务人新产生的债务，如果属于《企业破产法》第四十二条规定的共益债务，不受和解协议的约束，债权人可主张优先从破产财产中获得清偿；如果不属于共益债权，债权可依据《企业破产法》第五十六条的规定补充申报债权。

3. 对后续程序的效力

和解协议生效后，若出现法定事由，债务人仍有可能被法院宣告破产或恢复破产程序。例如《企业破产法》第一百零四条规定："债务人不能执行或者不执行和解协议的，人民法院经和解债权人请求，应当裁定终止和解协议的执行，并宣告债务人破产。"在此种情况下，根据《企业破产法》第一百零四条的规定，和解债权人因执行和解协议已受清偿的部分仍然有效，可以在之后的破产程序中依法对抗第三人。

第四节　自行和解

自行和解，是指在法院受理破产申请后，债务人和债权人全体通过自行协商就债权债务清理达成协议，经法院裁定认可后生效的法律程序。《企业破产法（试行）》对自行和解未作规定，新《企业破产法》从鼓励和解和重视企业拯救的立法目的出发，承认了当事人自行和解的效力。《企业破产法》第一百零五条规定："人民法院受理破产申请后，债务人与全体债权人就债权债务的处理自行达成协议的，可以请求人民法院裁定认可，并终结破产程序。"

一、自行和解与破产和解程序的区别

（一）制度价值不同

自行和解，也称"法庭外和解"，其从制度设计上充分体现了对当事人意思自治的尊重，和解协议的达成完全有赖于当事人之间的意思自治，人民法院并不介入当事人的协商过程。破产和解程序，也称为"强制和解"，是必须符合法律规定的程序。

（二）申请主体不同

启动破产和解程序只能由债务人提出申请，这主要是出于对和解意愿及可行性的考虑。自行和解可以由债务人提出，也可以由债权人提出，自行和解提出时，债务人与全体债权人往往已经达成了自行和解协议。

（三）申请时间不同

根据《企业破产法》第九十五条的规定，债务人提出破产和解申请，可以在法院受理破产申请前，也可以在法院受理破产申请之后，但必须是在法院宣告债务人破产之前。而根据《企业破产法法》第一百零五条的规定，自行和解的申请认可，应在法院受理破产申请之后，不存在破产受理前直接提起自行和解的情形。

（四）启动程序不同

破产和解程序的启动标志是法院裁定受理和解申请，而自行和解并不存在程

序意义上的启动,债务人与债权人的协商也完全是在庭外自主进行的。法律对自行和解的协商程序亦无特别要求,自行和解成功与否,取决于债务人能否与全体债权人就债权债务清偿协商一致,达成和解协议。

(五)表决机制不同

破产和解协议应当由债权人会议以特别多数决的形式表决通过。自行和解不实行多数票决原则,而是要求全体债权人一致同意和解协议。

(六)提交法院认可的形式要求不同

在破产和解中,和解协议应当以债权人会议决议的形式提交法院审查认可。在自行和解中,法律对和解协议达成的形式要件未作限制,可以是在债权人会议上协商,以债权人会议决议的形式作出,也可以由债务人与债权人在破产程序外磋商达成和解协议后,直接将其提交法院认可。

(七)法律效力不同

在破产和解中,和解协议经法院裁定认可后,和解程序终止;若和解协议不能执行,依据《企业破产法》第一百零四条的规定,法院将宣告债务人破产,进而将其转入破产清算程序。自行和解协议经法院裁定认后,产生的法律后果是终结破产程序,即意味着如果自行和解协议不能得到执行,债务人将无法转入破产清算程序。

二、自行和解的构成要件与法律效力

(一)自行和解的构成要件

1. 债务人与全体债权人达成协议

根据《企业破产法》第一百零五条的规定,自行和解必须取得全体债权人的一致同意。在自行和解程序中,并不涉及各债权人债权份额的计算,债务人可以与全体债权人一并达成协议,也可以与债权人逐一签订协议。

需要注意的是,自行和解只适用于所有债权人均已确定的场合。对于债权尚未确定的债权人,在破产清算程序中可以由法院为其行使表决权而临时确定债权额,但在自行和解程序中,自行和解协议的达成和生效事实上意味着破产程序终结,因此债权尚未确定的债权人不能就自行和解协议作出独立的意思表示。

[案例9.5]上海华耀国际贸易有限公司破产案[1]

债务人上海华耀国际贸易有限公司因不履行和解协议导致破产和解失败,进入破产清算程序。后债务人又与多数债权人达成和解意向,部分债权人向法院申

---

[1] 上海市浦东新区人民法院(2010)浦民二(商)破字第2号。

请恢复和解程序。该案中，破产和解失败而进入破产清算程序后，再“恢复”破产和解程序不合法律规定的“破产宣告之前”的时间点，此时债务人与债权人协商和解的行为应属于自行和解，在债务人未能与全体债权人达成协议的情况下，法院最终未受理债权人的和解申请。

2. 法院裁定认可

根据《企业破产法》第一百零五条的规定，债务人和全体债权人协商一致，达成和解协议后，债务人和债权人均可向人民法院申请裁定认可自行和解协议。法院收到申请后，应对自行和解协议进行审查。鉴于自行和解程序的出发点在于鼓励企业自救、充分尊重当事人意思自治，因此法院对自行和解协议的审查和认可，相较破产和解协议，更多地侧重于对违法、无效情形的审查。

法院经审查认为自行和解协议符合法律规定的，应当认可自行和解协议，同时裁定终结破产程序；在裁定作出后应当及时通知债务人和管理人，并发布公告；管理人自收到法院通知之日起终止执行职务，并向法院提交执行职务报告。

（二）自行和解的法律效力

经法院裁定认可的自行和解协议与破产和解程序中经法院裁定认可的和解协议，具有同等法律效力。债务人应当按照自行和解协议规定的条件清偿债务，债权人也必须按照和解协议的约定行使权利，不得主张和解协议约定范围以外的个别清偿和额外利益。《企业破产法》第一百零六条规定，债务人在完全履行和解协议后，对和解协议减免的债务，不再承担清偿责任。

需要指出的是，和解协议不能得到执行的后果与破产和解协议不能得到执行的后果存在重大差异。根据《企业破产法》第一百零五条的规定，自行和解协议一经人民法院裁定认可，破产程序同时终结。这就意味着，如果和解协议不能得到执行，债务人无法转入破产清算程序。而破产和解协议经人民法院裁定认可，只是和解程序的终结，若和解协议不能得到执行，债务人还应转入破产清算程序。

三、破产宣告后的自行和解

自行和解的提出是否受到破产宣告的限制，即债务人被宣告破产后，与全体债权人达成自行和解协议，当事人能否向法院申请裁定认可？由于《企业破产法》对此并未作出明确的规定，故在实践中存在不同的理解。

赞成的观点认为：依据《企业破产法》第一百零五条的规定，自行和解的提出时间应在“人民法院受理破产申请后”，并未限定是“破产宣告前”；而该法第九十五条对破产和解程序的申请时间则明确限定在“人民法院受理破产申请后、宣告债务人破产前”。相较两个法条的表述可见，立法者对自行和解与破产和解两种程序在申请时间上的考量有所不同。第一百零五条的规定,事实上为破产宣告后当事人达成和解留有了余地。同时,最高人民法院《关于审理企业破产案件若干问题的规定》第二十五条第三款规定:"人民法院作出破产宣告裁定后,债权人会议与债务人达成和解协议并经人民法院裁定认可,由人民法院裁定中止执行破产宣告裁定,并公告中止破产程序",根据该款规定,破产宣告后,仍可以申请和解。由于《企业破产法》第九十五条将破产和解的申请时间限定在"破产宣告前",因此破产宣告后不能再申请破产和解,但《企业破产法》第一百零五条并未将自行和解的申请时间限定在"破产宣告前",故在自行和解的程序中仍可适用上述司法解释的规定,破产宣告后,债务人与全体债权人达成自行和解协议,可以向法院申请裁定认可。

反对的观点认为:新《企业破产法》设立了破产清算、破产重整、破产和解三个相对独立而平行的程序,每种程序的制度价值和侧重均有不同。在传统的破产法理念中,债务人一旦被宣告破产,则不可逆转地进入到破产清算程序,从而面临财产的变价分配和主体资格的消灭。所以,在宣告破产后是不可能再逆转到和解程序的,无论是破产和解还是自行和解。以此理念为基础,新《企业破产法》第九十五条将和解申请的时间限定在破产宣告前,是对之前《破产案件若干规定》第二十五条第三款规定颠覆性地修改,这不仅仅是针对破产和解,也包括自行和解。且由于《企业破产法(试行)》并未规定自行和解程序,故《破产案件若干规定》第二十五条原本就不适用于自行和解程序。因此,在破产宣告后,当事人不能向法院申请破产和解,也不能向法院申请自行和解。

我们认为,自行和解有别于破产和解,在制度设计上更侧重于对当事人意思自治的充分尊重。和解制度的设立初衷是鼓励企业拯救,以避免破产清算程序所带来的消极社会影响。既然债务人与全体债权人已经就债务清理达成自行和解协议,那么从企业拯救及成本效率等方面考虑,允许当事人向法院申请认可自行和解协议,将带来更积极的现实意义和更良好的社会效果。根据最高人民法院《正确审理企业破产案件,为维护市场经济秩序提供司法保障若干问题的意见》中"鼓励企业重整再生,充分实现利益相关方共赢效果"的原则导向,从自行和解程序的价值层面以及实际需要出发,在现有法律规定未作出明确限定的情况下,我们倾向于对自行和解的申请时间作宽泛的理解,认为破产宣告后当事人可以进行自行和解。

[案例9.6]B公司破产宣告后自行和解案[1]

A公司申请B公司破产清算,人民法院受理后裁定宣告B公司破产清算。因

---

〔1〕 案例引自霍敏主编:《破产案件审理精要》,法律出版社2010年版,第221页。

B 公司是一家制造电子产品的企业，其主要资产是生产设备和存货，如果按照破产清算程序进行拍卖变现价值将大大贬损，并需承担评估费用和拍卖费用。因此债务人 B 公司与全体债权人就债权债务的处理自行达成和解协议，约定将其现有资产折价进行实物分配，用于清偿所有债务，并请求法院裁定认可。法院认为，债务人 B 公司与全体债权人达成的和解协议符合《企业破产法》第一百零五条的规定，裁定认可和解协议并终结破产程序。

第五节　破产和解失败及处理

破产和解制度，同破产重整制度一样，是希望使破产企业重生的制度安排。但是债权人基于对债务人未来清偿能力的考虑，不同意债务人提出的破产和解草案，或者债务人在履行破产和解协议的过程中，重建失败，丧失履行能力，都有可能导致破产和解失败。《企业破产法》针对破产和解不同阶段出现的状况，规定了三种破产和解失败的情形以及失败后的法律后果。

一、破产和解失败的情形

（一）和解协议草案未通过或未被认可

《企业破产法》第九十九条规定，和解协议草案经债权人会议表决未获得通过，或者已经债权人会议通过的和解协议未获得人民法院认可的，人民法院应当裁定终止和解程序，并宣告债务人破产。

1. 破产和解草案未通过

《企业破产法》第九十七条规定了和解协议决议程序和表决要求。因此如果出席会议的债权人未达到过半数的要求，和解草案将无法交付表决；进入表决程序以后，若和解协议草案未得到出席债权人会议的有表决权的债权人过半数同意，或者虽得到出席会议的有表决权的债权人过半数同意，但其所代表的债权额未达到无财产担保债权总额的三分之二以上，和解协议仍不能通过。

2. 破产和解协议未被法院认可

经债权人会议表决通过以后，破产和解协议还需要法院的审查认可。法院对和解协议的审查包括程序审查和实质审查，具体内容本章第三节已论述。若和解协议的内容违反程序审查要素和实质审查要素，法院对和解协议未予认可，破产和解程序即告终结。

(二)破产和解协议无效

《企业破产法》第一百零三条规定:"因债务人的欺诈或者其他违法行为而成立的和解协议,人民法院应当裁定无效。"据此,对于债权人会议通过的和解协议,人民法院经审查发现存在该条所述情形的,应当裁定和解协议无效。如果债权人发现和解协议存在该条所述情形的,也可以向法院申请裁定和解协议无效。

对于此处的"欺诈或其他违法行为"应如何把握?最高人民法院印发《关于贯彻执行〈中华人民共和国民法通则〉若干问题的意见(试行)》第六十八条规定:"一方当事人故意告知对方虚假情况,或者故意隐瞒真实情况,诱使对方当事人作出错误意思表示的,可以认定为欺诈行为。"在破产和解程序中,其往往表现为债务人为了达到使和解协议通过的目的,采取欺诈、恶意隐瞒等手段,诱使债权人会议作出错误的意思表示;或采取胁迫、乘人之危与主要债权人恶意串通等方式,使得债权人会议作出不利于债权人利益的决议。"其他违法行为"是一个概括性的条款,主要包括违反和规避相关法律和行政法规的行为。

(三)破产和解协议终止执行

和解协议的终止执行是指在和解协议生效后,由于出现了法律规定的事由,法院依和解债权人的请求裁定终止和解协议的执行。《企业破产法》第一百零四条规定,债务人不能执行或者不执行和解协议的,人民法院经和解债权人请求,应当裁定终止和解协议的执行,并宣告债务人破产。

和解协议的终止执行事由为以下两种。

1. 不能执行和解协议

不能执行和解协议属于客观上无法执行,具体表现为债务人的财务状况继续恶化。债务人虽有履行和解协议的诚意,并着手实施相关的和解方案,但市场的风险依然存在,也有可能由非债务人所能预见的原因而导致财务状况继续恶化。此时债务人履行和解协议的能力可能受到损害,为避免给债权人带来更大的不利后果,应当允许相关利益方申请终止和解协议的执行。

2. 不执行和解协议

经法院裁定认可的和解协议,对于债务人、债权人均有法律约束力,债务人应严格按照和解协议履行义务。债务人明示或以行为表明不执行和解协议,使得债权人同意和解协议的根本目的已落空的,和解协议继续执行也就失去必要性。

在和解协议执行过程中,如果出现债务人严重损害债权人利益的行为,例如出现债务人隐匿、私分或无偿转让财产,非正常压价出售财产,对原来没有财产担保的债务提供财产担保,对未到期债务提前清偿以及放弃自己的债权的情形时,债权人有权请求法院终止执行和解协议。

二、破产和解失败后的程序转换

不论出现哪一种失败的情形，均由法院宣告债务人破产，终止破产和解程序，此时破产和解程序向破产清算程序转换。

（一）破产和解草案未通过或未被认可

《企业破产法》第九十九条规定，和解协议草案经债权人会议表决未获得通过，或者已经债权人会议通过的和解协议未获得法院认可的，法院应当裁定终止和解程序，并宣告债务人破产。

（二）破产和解协议无效

《企业破产法》第一百零三条规定，因债务人的欺诈或者其他违法行为而成立的和解协议，人民法院应当裁定无效，并宣告债务人破产。

（三）破产和解协议终止执行

《企业破产法》第一百零四条规定，债务人不能执行或者不执行和解协议的，法院经和解债权人请求，应当裁定终止和解协议的执行，并宣告债务人破产。

三、破产和解失败的法律后果

和解失败后，债务人被法院宣告破产，恢复破产程序。此时破产和解虽然失败，但此前和解债权人因执行和解协议已受清偿的部分，仍可以在之后恢复的破产清算程序中依法对抗第三人。

这种破产和解对续行破产程序的效力，体现了破产和解失败后对债权人利益的保护。需要注意的是，这种效力只发生在和解协议无效与和解协议终止执行的情形中。因为在破产和解草案未通过或未被认可的情形下，和解协议尚未生效、未实际进入协议执行阶段，故不产生清偿和对抗的问题。

破产法针对协议无效和协议终止执行的不同情形，分别作出了相应的规定。

（一）破产和解协议无效情形

依据《企业破产法》第一百零三条第二款，和解协议生效后因存在法定事由被人民法院裁定无效的，和解债权人因执行和解协议所受的清偿，在其他债权人所受清偿同等比例的范围内，不予返还。例如，甲债权人接受了10%的清偿，乙债权人接受了20%的清偿，在和解协议被裁定无效后，乙债权人应当返还多受偿的10%，将其作为破产财产。

（二）破产和解协议终止执行情形

依据《企业破产法》第一百零四条第二款的规定，债权人不能执行或者不执行和解协议的，人民法院经和解债权人请求，裁定终止和解协议执行的，和解债权人在和解协议中作出的债权调整承诺失去效力。和解债权人因执行和解协议所受的清偿仍然有效,和解债权未受清偿部分作为破产债权。

与破产和解协议无效情形不同,在破产和解协议终止执行情形下,如果各债权人已经接受的清偿比例不同,则受偿比例较高的债权人,无须将超出比例的受偿部分返还。这主要是考虑到,和解协议本身是有效的,各债权人依据有效协议获得清偿也是有合法依据的,故无需返还。

《企业破产法》第一百零四条第三款规定,受偿比例较高的债权人只有在其他债权人同自己所受的清偿达到同一比例时,才能继续接受分配。也就是说,如果甲债权人接受了10%的清偿,乙债权人接受了20%的清偿,乙债权人不必返还多受偿的10%,但是在之后的分配中,需先对其他债权人进行破产财产分配,直到各债权人的清偿比例都达到20%时,乙债权人才能参与后续的财产分配。

此外,《企业破产法》第一百零四条特别规定,为和解协议的执行提供的担保继续有效。因而,和解协议因不执行或不能执行而失效,和解债权人在和解协议中作出的债权调整承诺失去效力,但担保人为了和解协议达成而提供的担保仍然有效,担保人应当按照和解协议中约定的内容承担担保责任。

第十章 破产清算

破产宣告作为破产清算程序开始的标志，起着中介性和转折性的桥梁作用。法院对破产申请的受理，并不意味着债务人必将遭受破产清理的命运，唯有债务人被宣告破产时，其全部财产才最终成为债权人公平受偿的集合财产。所以，从这个意义上讲，破产宣告是构成破产程序公平分配债务人财产的核心阶段，没有破产宣告，就没有破产财产的形成，也就不可能有破产分配程序的基本价值。破产宣告后，将由管理人对破产财产进行处理，以最大限度实现债权人的债权。破产财产的变价和分配是破产程序的关键性阶段，也可以说是破产程序的首要目标，破产债权人最关心的莫过于财产分配的时间和比例，而破产管理人从破产宣告起所进行的努力也将集中表现在变价和分配的实施上。本章将分别阐述破产宣告、破产财产的变价和分配、别除权的适用、破产费用和共益债务、破产终结等内容。

第一节 破产宣告

一、破产宣告的特点

破产宣告，是指法院按照法定程序对已经具备破产宣告原因的债务人裁定宣告其破产并进行破产清算的一种司法行为。[1] 一旦法院对债务人作出破产宣告，就意味着债务人已经进入破产清算程序并会导致相应的法律后果。破产宣告是债务人进行破产清算的标志，具有如下特点。

1. 破产宣告的适用对象是具备破产宣告原因的债务人。依照《企业破产法》的规定，破产宣告的适用对象必须满足两个条件：一是仅限于企业法人和法定参照

---

〔1〕 韩长印：《破产法学》，中国政法大学出版社 2007 年版，第 195 页。

适用主体,二是必须具备破产法中规定的破产宣告原因。

2. 破产宣告是专属法院的司法裁判权,其他任何机关和组织都无权对债务人进行破产宣告。

3. 破产宣告是破产程序中的重要转折点。我国破产法规定破产程序因受理而启动,即破产程序以法院受理破产申请为标志。破产宣告不是破产程序的起点,也不是它的终点。破产宣告是一种非同寻常的事实确认,它对债务人的命运和债权人的利益有着重大的影响,且具有不可逆转的性质。[1] 破产宣告的作出,标志着债务人进入破产清算程序,必须走集中分配清偿债务的途径。

4. 破产宣告是确定破产财产范围的基准时间。破产财产的范围与时间有着密切关系,以不同的时间为基准,破产财产也会有所不同。各国破产法都以破产宣告之时作为确定破产财产的基准时间。[2] 至于破产宣告后债务人取得的财产是否属于破产财产,各国规定有所不同。我国破产法采用膨胀主义立法,《企业破产法》第三十条规定破产程序前债务人取得的财产也为破产财产。

5. 破产宣告后即产生一系列的法律后果。法院宣告债务人破产后,会产生一定的法律效力,包括对破产人的效力、对债权人的效力、对第三人的效力以及域外效力等。破产宣告后的重要任务是对破产财产进行变价和分配,其目的在于对破产人的破产财产加以管理和处分,对债权人和第三人的权利请求给予公平的分配与满足。

二、破产宣告的效力

(一)对破产程序参与人及其财产关系的效力

在法院作出破产宣告后,债务人、债务人有关人员、债权人、债务人的财产持有人、债务人的股东、债务人的债务人、管理人等必须接受和遵照法院的破产宣告裁定。破产宣告裁定,无一例外地对他们发生法律效力。

1. 破产宣告对债务人的效力

破产宣告对债务人的效力分为两方面:一是对债务人身份和人格变化的效力,使债务人成为破产人;二是对债务人财产的效力,使债务人财产成为破产财产。兹分述如下。

(1)债务人成为破产人

根据《企业破产法》第一百零七条第二款的规定,债务人被宣告破产后,债务

---

〔1〕 王艳梅、孙璐:《破产法》,中山大学出版社2004年版,第83页。

〔2〕 齐树洁:《民事程序法》,厦门大学出版社2007年版,第369页。

人的身份、人格关系将发生变化，成为真正法律意义上的破产人。这不仅是名称的改变，还意味着其私法和公法上的资格将受到不同程度的限制。作为企业的债务人，在破产清算期间，其权利能力受限制；在破产清算结束后，其主体资格将被依法注销。

(2)债务人财产成为破产财产

根据《企业破产法》第七十三条、第九十八条规定，在重整、和解程序中，债务人可以在管理人、法院和债权人监督下，自行管理财产和营业事务。但是，根据《企业破产法》第一百零七条第二款的规定，债务人被宣告破产后，债务人称为破产人，其财产也称为破产财产。破产人再无权管理处分其财产，只能由管理人专责相关财产的管理处分。也就是说，破产财产成为一个完全为了实现破产清算目的的财产集合体，除管理人或者债权人会议决定认为确有必要继续生产经营外，债务人应停止所有的经营活动，并应当尽快将破产财产变价、分配给全体债权人。为满足破产财产分配的需要，必须分割共同财产，即使当事人约定不得分配或共有关系永续存在的也不能例外。

2. 破产宣告对债务人有关人员的效力

破产宣告对债务人有关人员，如法定代表人、财务人员和其他管理人员，发生法律效力主要体现在以下方面：

(1)债务人有关人员负有《企业破产法》第十五条规定的法律义务，应当积极配合管理人、法院开展破产人的破产清算工作，否则应承担相应的不利法律后果。

(2)负有破产责任的债务人高级管理人员的社会任职资格权利受到限制。《企业破产法》第一百二十五条规定："企业董事、监事或者高级管理人员违反忠实义务、勤勉义务，致使所在企业破产的，依法承担民事责任。有前款规定情形的人员，自破产程序终结之日起三年内不得担任任何企业的董事、监事、高级管理人员。"《公司法》第一百四十七条第三项规定："担任破产清算的公司、企业的董事或者厂长、经理，对该公司、企业的破产负有个人责任的，自该公司、企业破产清算完结之日起未逾三年"的，不得担任公司的董事、监事、高级管理人员。

(3)负有破产责任的债务人高级管理人员应依法承担民事损害赔偿责任。

3. 破产宣告对债权人的效力

(1)破产宣告对全体债权人发生法律效力，主要是对其债权的实现产生重大影响。根据《企业破产法》第一百零七条第二款的规定，债务人被宣告破产后，债务人称为破产人，人民法院受理破产申请时对债务人享有的债权称为破产债权。破产债权意味着债权人难以得到足额的清偿，除非有足够的财产担保。

(2)根据《企业破产法》第一百零九条、第一百一十条的规定，对破产人的特定财产享有担保权的权利人,对该特定财产享有优先受偿的权利;债权人行使优先受偿权利未能完全受偿的,其未受偿的债权作为普通破产债权;放弃优先受偿权利的,其债权作为普通破产债权。

(3)债权人的普通破产债权,只能依照法律规定的清偿顺序,通过法定程序来集体确定分配方案,从破产财产中获得相应的清偿。在破产财产分配完毕后,破产债权不再获得清偿。

4. 对其他破产程序参与人的效力

破产宣告不仅对债务人、债权人发生法律效力,而且对债务人的财产持有人、债务人的股东、债务人的债务人、管理人等其他破产程序参与人发生法律效力,影响他们的权利义务关系。

(二)对法院审理程序的效力

破产宣告是法院依职权作出的,同时其又对法院的司法程序发生法律效力。主要体现为以下方面。

1. 法院作出债务人破产宣告后不能裁定驳回破产申请

《企业破产法》第十二条第二款规定:“人民法院受理破产申请后至破产宣告前,经审查发现债务人不符合本法第二条规定情形的,可以裁定驳回申请。”换言之,由于破产程序具有不可逆转性,法院在作出破产宣告后,不能裁定驳回当事人的破产申请。

2. 法院作出债务人破产宣告后不能裁定债务人进入重整程序、和解程序

这是因为法院作出债务人破产宣告即等于宣告债务人正式进入破产清算程序,而根据我国破产立法和司法解释的规定,应当实行先重整、后和解、再破产清算的效力次序,故破产宣告后不能再返回重整程序。对此,《企业破产法》第七十条第二款规定:“在人民法院受理破产申请后、宣告债务人破产前,债务人或者出资额占债务人注册资本十分之一以上的出资人,可以向人民法院申请重整。”《企业破产法》第九十五条第一款规定:债务人“可以在人民法院受理破产申请后、宣告债务人破产前,向人民法院申请和解。”但是,在宣告债务人破产后,不但债务人、债务人的出资人和债权人不能申请重整、和解,而且该宣告对法院也产生法律拘束力,法院不能再裁定破产人进入重整程序、和解程序。

第二节　破产财产的变价

一、破产财产变价概述

（一）破产财产变价的概念

破产财产的变价，是指管理人将非金钱的破产财产，依照法定的条件和方式出让给他人，使之转化为金钱，以便于进行清算分配的过程。在此过程中，必须实现破产债权的等质化和破产财产的等质化，以保证破产分配的公正和合理。破产债权的等质化，也就是将非金钱的破产债权换算成金钱债权的过程；破产财产的等质化，也就是将非金钱的破产财产转化成金钱状态的过程，这在破产清算程序中是通过破产财产的变价来实现的。[1]《企业破产法》第一百一十一条规定："管理人应当及时拟订破产财产的变价方案，提交债权人会议讨论。管理人应当按照债权人会议通过的或者人民法院依照本法第六十五条第一款规定裁定的破产财产变价方案，适时变价出售破产财产。"

（二）破产财产变价的原则

1. 公开拍卖为主，辅以其他形式

《企业破产法》第一百一十二条规定，"变价出售破产财产应当通过拍卖进行。但是，债权人会议另有决议的除外。"由此可见，变价出售破产财产应当通过拍卖进行。拍卖是指通过拍卖以公开竞价、价高者得的形式变现破产财产。对法律手续齐全、便于公开拍卖的财产，以拍卖方式进行。拍卖是破产财产变现的首选方式。通过拍卖方式可体现破产财产变现的公开原则，最大限度实现破产财产的价值，以避免变价过程中的徇私舞弊、故意降价等违法违规行为。但实践中并非所有破产财产都可以拍卖的方式变现，《企业破产法》第一百一十二条同时规定，按照国家规定不能拍卖或者限制转让的财产，应当按照国家规定的方式处理。在破产实践中，若破产财产属于专业性较强、不具有使用广泛性且存量少又零碎的财产如原材料、半成品、已折旧完毕的财产，可以通过公告竞价变卖等方式对其进行处理。这一做法同样能够起到拍卖的效果，与拍卖相比显得更灵活且可以节省费用。

2. 整体变价与单独变价兼顾

破产清算程序的基本目的在于将破产企业现有财产最大限度地向破产债权人

---

〔1〕 李曙光："破产财产的评估与变价"，载《法制日报》2008年2月17日第7版。

公平清偿,以最大限度增加可供分配的财产。[1] 对破产财产如何合理变现,用何种方式变现等都必须围绕这一基本目的进行。因此,破产管理人在现有破产财产处理、作价等方面必须尽可能采用科学、有效的方法,力争使破产财产变现在价值最高点上得以实现。《企业破产法》第一百一十二条规定:"破产企业可以全部或者部分变价出售。企业变价出售时,可以将其中的无形资产和其他财产单独变价出售。"对于破产财产中的成套设备,可以整体出售;不能整体出售的,可以分散出售。管理人应依据债权人会议通过的变价方案进行变现。

[案例10.1]上海某汽车传动件有限公司破产清算案

在宝山区法院审理的上海某汽车传动件有限公司破产案件中,经第一次债权人会议表决同意,管理人于2010年5月21日至2010年6月29日期间先后进行了四次破产财产的拍卖,前三次由于将房屋、机器、存货分开进行拍卖,价格过高,均告流拍。在2010年6月29日的第四次破产财产拍卖会上,该公司破产财产以资产整体拍卖的方式获得成交,成交价为6380万元,其中固定资产的房屋建筑物及无形资产土地使用权成交价为3668万元,固定资产及设备成交价为2437万元,存货成交价为275万元。破产财产的整体变现,实现了价值最大化。

3. 适时变价原则

为了提高破产财产的变现率,应当允许破产管理人就任后,随时把握市场机会,及时以最有利的方式实施破产财产的变现。破产管理人应当依照债权人会议通过的破产财产变价方案,或者征得监督人同意,适时变卖破产财产。适时变价原则的本质,是赋予破产管理人最大限度实现破产财产变现价值的灵活处置权,而这种灵活处置权又必须尊重债权人的集体决定权。下列某证券有限责任公司破产案件,对债务人自营股票即采用了适时变价原则,充分保证了财产价值。

[案例10.2]某证券有限责任公司破产清算案

在上海二中院审理的某证券公司破产清算案中,截至2007年3月12日,某证券公司自营某石油股票6084万股,占某石油全部流通股36264万股的约16%,因为这些股票均在该证券破产管理人的控制席位上,管理人未集中抛售而是逐步减持该石油股票。按照2007年9月12日的股价,某石油的市盈率高于当时市场平均水平,股价已经偏高;该股票实际股价已经从行政清算期间最低的不足3元上涨至10元以上,考虑改送股因素,累积涨幅巨大;由于该证券公司持有16%以上的流通股,如果大量抛售,势必引起股价大幅下跌,因此逐步在牛市阶段减持是该资产变现的最佳选择。当时上证指数已到5000点以上,涨幅巨大,已处于市场高风

[1] 李国光:《企业破产清算》,人民法院出版社2002年版,第289页。

险阶段，故管理人逐步减持所持有的该石油股票，变现价值实现了利益最大化，也未引起股价波动。至于该证券公司自营的其他股票、权证，由于市值相对较小，对市场不构成影响，管理人拟直接抛售变现。

鉴于股票、权证的变价与股市行情密切相关，选择变价时机对于财产的最终变现价值有很大的影响，以上案例体现了适时变价原则，最大程度地实现了变价价值。

4. 特殊财产限制原则

对于限制流通的财产或只能由国家指定部门收购的财产，管理人应与有关部门联系，以国家定价或与收购方商定的价格将其出售给有关部门。《企业破产法》第一百一十二条规定，按照国家规定不能拍卖或者限制转让的财产，应当按照国家规定的方式处理。一般说来，限制转让的财产主要包括以下几类：(1)国家专有财产，如矿产等自然资源属于国家专有。(2)危险品和受管制的物品，凡与公共安全关系重大的物品，如非军用的猎枪、火枪、弹药、爆炸物、麻醉物、剧毒品、放射性物品，禁止任意流通。(3)对与稳定国家金融秩序有关的物品，如黄金、白金、白银和金银制品限制转让，由中国人民银行统一管理和经营。(4)历史文物。历史文物是具有历史、艺术、科学价值的国家珍宝，文物必须出售给国家指定的文物收购单位。[1] (5)涉及行政许可的财产性权利。

[案例10.3]上海某药业有限公司破产清算案

在上海某药业有限公司破产清算案件中，管理人发现该公司有三十六项药品注册证因已经过期而未纳入破产财产评估范围，但有其他制药企业向管理人提出要求购买该批药品许可证。根据《药业注册管理办法》第一百一十四条的规定，改变国内药品生产企业名称、改变国内生产药品的有效期的补充申请，由省级药监部门受理，符合规定的，予以审批。因此，管理人提出对该批药证进行处置以维护债权人的利益。此后，管理人委托拍卖公司对该批药品注册证进行拍卖并成交。但有关药监部门认为，该批药品注册证的转让需经行政许可，不能擅自转让，故不予办理变更手续。

二、破产财产变价流程

(一)变价方案的拟订

1. 变价方案拟订主体

《企业破产法》第一百一十一条规定，“管理人应当及时拟订破产财产变价方案，提交债权人会议讨论。”据此，拟订破产财产变价方案的主体应是管理人。管

〔1〕 柴丽：“破产财产的清偿顺序及原则”，载《法制与社会》2008年1月。

理人在接管破产企业后，应对企业资产、账册等进行清理，这是对破产财产进行评估和变价的重要前提，破产管理人在对破产财产进行管理时，应尽到善良管理人的职责，管理人的工作绩效直接影响财产变现工作的展开。

[案例10.4]上海某仪表机械制造有限公司破产清算案

在闸北区法院审理的上海某仪表机械制造有限公司破产案件中，管理人接收了破产企业的营业执照、印章及财务账册，接管了破产企业财产，对破产财产进行认真清理。管理人通过双挂号信的形式向债权人发函二百余封，并通过查询工商信息网、公用网等网站的形式进行发函并电话催讨，收到了半数以上债权人的回应，对日后的变价及分配起到了良好的基础作用。

2. 评估工作

企业被宣告破产，其破产财产会以不同的形式存在，如固定资产、流动资金、债权、股权、知识产权。管理人须聘请有资质的中介机构与会计师对破产财产进行评估作价，按所作价格计算破产财产的总额，以在具体分配破产财产时将这些财产以不同的形式分配到债权人手中。资产评估要防止错评、误评、漏评。要对破产人的财产进行分配，必须先对破产财产进行全面、准确的评估。

(1)评估基准日的确定

资产评估机构接受客户的委托评估任务后，应确定委托评估对象于某一日的公允价值。资产的价格随时间的变化而变化，不同的评估基准日的将产生不同的评估结果。资产评估是为特定的经济行为服务的，选择的评估基准日应有利于评估结果有效地服务于评估目的，避免由于评估基准日的选择不当给当事人造成不必要的损失。在评估环节中，最重要的就是基准日的选择。法律对基准日的确定无明确规定，在破产实践中，评估基准日与评估报告日最好接近，评估基准日距离评估报告日不能超过一年，破产企业的评估基准日宜为破产宣告日，这样将有助于客观、真实地反映特定评估目的下资产的公允价值，切实维护各方当事人的合法权益，减少基准日后的调整事项。

(2)评估机构的选择

评估机构的资质直接影响到今后变价的效果，实践中选择评估机构有以下两种操作方法。

①由法院随机摇号

采用随机摇号指定评估机构是为数不多的法院采取的做法。具体操作流程如下：管理人向受理破产案件的法院提出随机指定评估机构的申请，受理法院到高级法院的评估单位储备系统进行摇号，根据随机摇号的结果指定中介机构。评估机构确定后，由法院发函给管理人，将随机指定的评估机构的相关情况告知管理人，以便双方开展合作。法院采取此种方法的理由是，第一，法院作为国家公权力机关，在指定中介机构方面更加公正、权威、客观；第二，法院对管理人执行破产事务负有监督的职责；第三，避免道德风险，虽然绝大多数管理人具有勤勉敬业的执业操守，但道德风险仍然不可避免，由法院采用计算机摇号的方式，具有随机性，能够保证客观、中立。

目前，普陀区法院采取此种做法，广东省深圳市中级人民法院也采取此做法。普陀区法院在审理上海某玻璃深加工有限公司、上海某技术经营有限公司等企业破产清算案件中，均采用随机摇号的方式进行财产评估，总体效果较好，可以避免权力寻租，实现阳光破产，缩小当事人想象空间，也是对承办法官的保护，从机制上保障其中立、客观性。《深圳市中级人民法院破产案件管理人管理规范（试行）》第五十六条规定："经本院许可，管理人可以委托中介机构进行审计、评估、拍卖。审计、评估、动产拍卖、深圳市外的不动产拍卖，由本院司法辅助工作办公室以摇号方式确定中介机构，深圳市内的不动产应当委托深圳市土地房产交易中心拍卖。"

但事物总是具有两面性，有的管理人认为这样做存在两方面的弊端：一是评估费用较高，为破产企业带来过重负担，不利于债权人利益的实现；二是不能很好地调动管理人的积极性，且与评估机构的工作协调较为困难。

②由管理人选定

这是目前实务工作中选择中介机构采取的主要方式。将选定评估机构的权利赋予管理人的理由如下：第一，符合法律相关规定，也体现了权力与责任的对等。《企业破产法》第二十五条规定了管理人的履责范围，其中第（二）项、第（三）项和第（六）项可理解为包含对债务人财产进行审计、评估、拍卖等事项，管理人有权依法处置破产企业财产并承担相应法律责任。第二，方便管理人顺利开展工作。管理人选择并委托中介机构，有利于其与中介机构良好沟通，因为中介机构作为受托人负有向管理人报告的责任，两者关系紧密，便于管理人的管控。第三，评估费用的确定会更加合理。管理人选择中介机构，可对其报价议价，达到降低费用的效果。第四，有利于选择更合适的中介机构。管理人可挑选符合办案之需的合适的中介机构，更好地完成相关事务。此外，部分管理人本身就是会计师事务所，具备审计和评估资质，可直接提供专业服务并保证服务质量和效率。

[案例10.5]上海化学试剂有限公司破产清算案〔1〕

在杨浦区法院审理的上海化学试剂有限公司（以下简称试剂公司）破产清算案件中，该公司财产已经变价的价值为207892.81元，资产负债率已经达到

---

〔1〕 上海市杨浦区人民法院（2011）杨民二（商）破字第1号。

151.88%。根据管理人破产费用预算,破产费用和共益债务共计约33万元。按照试剂公司向管理人移交的固定资产清单,管理人经实地清查,发现试剂公司共有固定资产10项,其中车辆1辆、机器设备9项。管理人经反复比较,最终选定了上海中财信会计师事务所有限公司、上海申威资产评估有限公司、上海东方国际商品拍卖有限公司作为评估、审计和拍卖单位,并报债权人会议讨论通过。最终的审计、评估、拍卖费用控制在10万元左右,以利于破产费用的合理应用及破产工作的顺利展开。

但是这样做也存在道德风险,如果管理人在选定评估机构的过程中不能忠诚履职,会产生权力寻租。

③研究探索采两种方案优势的折中方案

上述两种做法各有利弊,学界与实务界还需根据破产案件的特点,研究确定适当的做法。破产案件选定评估机构与普通案件不同,常会遇到破产财产不足以支付破产费用的情形。我们认为,可考虑采取法院摇号与管理人选定方式优点互补的第三种方法。最高人民法院《委托评估、拍卖工作规定》明确规定:"人民法院采用随机方式确定评估、拍卖机构。高级人民法院或者中级人民法院可以根据本地实际情况统一实施对外委托。"据此,可采取由法院统一对外摇号产生委托中介机构,同时赋予管理人一定范围内的自主选择权的办法。具体设想是,由行业协会将本行业内达到较高资质等级、具备较强专业人才和较好服务质量的中介机构列入名册中,法院审理破产案件时需指定中介机构的,在名册内经摇号产生若干家机构(比如2至3家),再由管理人通过报价、竞价对这些机构进行综合考量和评判,然后选定一家机构;或者,事先制定管理人认可的评估机构名册,然后在名册中摇号确定一家中介机构。通过上述方式选定中介机构,既可以保证法院依法进行监督指导,也可让管理人有一定程度的选择权,比较合理。

3. 变价方案的内容

《企业破产法》第一百一十一条规定:"管理人应当及时拟订破产财产变价方案,提交债权人会议讨论。管理人应当按照债权人会议通过的或者人民法院依照本法第六十五条第一款规定裁定的破产财产变价方案,适时变价出售破产财产。"破产方案的内容主要应反映各类破产财产的价值、可变价状况以及相应的变价原则和变价措施;破产人为国有企业的,破产财产变价措施应当符合国有资产管理的相关规定;对货币和有价证券类之外的资产,变价措施一般应为拍卖方式。

附:破产财产变价方案样式〔1〕

《×××(破产人名称)破产财产变价方案》

(××××)××破管字第×号

一、变价原则

阐述本方案确定的财产变价原则。

二、破产财产状况

分别列明经审计、评估的破产人货币(有价证券)资金、应收账款和预付账款、对外债权、对外投资、存货、固定资产等各类破产财产的状况。

三、破产财产变价方案

分别列明各类破产财产的处置措施。

(一)对外债权、对外投资的处置

1. 经调查发现确无追回可能或追收成本大于债权本身的,报请债权人委员会审议,予以核销处理。

2. 破产人的债务人已破产的,依法申报债权。

3. 其他对外债权、投资的处置方案。

(二)存货、固定资产、无形资产的处置

一般采取拍卖方式进行变价。需要采取拍卖之外的变价措施的,列明相应的变价措施。

(三)其他破产财产的处置

四、变价预备措施

对拟公开拍卖财产遭遇流拍时的预备处置措施。

五、设定担保权的特定财产的变价处置方案

(二)变价方案的通过

在实践中,变价方案在多数情况下是由债权人会议表决直接通过的。以普陀区法院2010年至今的破产清算案例为例,由债权人表决直接通过的案件占到破产案件的80%。由于变价方案是管理人根据清理后的结果制定的,契合破产企业实际,因此可以获得较高的通过率。就通过的途径而言,管理人应根据清理后的结果制定破产财产的变价方案,并提交债权人会议审核。根据《破产法》的规定,债权人会议的决议由出席会议的有表决权的债权人过半数通过,并且其所代表的债权

〔1〕 最高人民法院民二庭编:《〈人民法院破产程序法律文书样式(试行)〉和〈管理人破产程序工作文书样式(试行)〉适用与解读》,法律出版社2012年版,第255页。

额占无财产担保债权总额的1/2以上。

若变价方案不能获得所代表的债权额占无财产担保债权总额的1/2以上、出席会议的有表决权的债权人过半数通过，即根据《企业破产法》第六十五条的规定，破产财产的变价方案经债权人会议表决未通过的，由人民法院裁定。裁定的结果，法院可以在债权人会议上宣布或者另行通知债权人。管理人拟订的破产变价方案经过债权人会议通过或法院的裁定认可，即具有法律效力，管理人必须遵照执行。

(三)变价方案的执行

变价方案的执行就是将变价方案付诸实施以取得财产的价值。《企业破产法》第一百一十二条第一款规定："变价出售破产财产应当通过拍卖进行。但是，债权人会议另有决议的除外。"可见，拍卖是破产财产变价的主要形式，破产财产变价方案的执行就是以拍卖或者其他形式实现财产价值的过程。破产财产的拍卖，是指企业被依法宣告破产后，管理人将需要变现的破产财产交由专业拍卖中介机构，按确定的竞卖程序，将破产财产出售给出价最高的竞买人。这种办法的好处是可以通过出价者之间的竞争提高财产的售价，但是出售程序较复杂、操作成本较高。所以，采用拍卖形式变价的破产财产，应该是价值较高并有多个购买者竞价可能的财产，例如土地使用权、房屋、成套设备。

1. 拍卖原则

总的来说，破产财产的拍卖应遵循以下原则：(1)规避道德风险。应避免有权处置部门或经办人员利用其处置中特有的地位、权力和信息不对称的优势，以看似"公开、透明"的拍卖处置方式从拍卖相对人处谋取不法利益，甚至直接与拍卖相对人内外勾结，暗箱操作，以拍卖手段作道具，弄虚作假，实施外界所说的"假拍卖"，导致资产流失。(2)严格控制成本。由于破产企业已经资不抵债，因此在破产拍卖时，应严格控制资料费、拍卖公告费、标的展示费、拍卖会场地费等费用以控制拍卖成本。(3)法院加强管理。拍卖程序要在法院的监管下真正做到公开透明，真正实现破产财产变现的最大及最优化。

2. 拍卖形式

采用拍卖方式变价破产财产时，管理人应与拍卖行办理破产财产的委托拍卖手续，同时对破产财产的拍卖进行必要的协助和监督。在司法实践中，以拍卖方式对破产财产进行变价时可能会产生如下情况。

(1)流拍一次，上级公司收购

[案例10.6]上海某音像中心有限公司破产清算案

在黄浦区法院审理的上海某音像中心有限公司破产案件中，该公司申请破产时的资产总额如下:现金1310.45元、银行存款31872.57元、固定资产账面价值34425.07元以及东芝背投2台、电视幕墙1套、防伪税控系统1套、电脑1台、打印机1台、空调5台。在流拍一次后,管理人清理资产时,聘请了大宏评估公司对上述设备进行价值评估,评估上述设备价值为9774.25元,经管理人发函征求意见,债权人一致同意由债务人的上级公司(最大债权人)以评估价格收购上述设备。

(2)流拍一次,降价后再次拍卖

如果破产财产中的某些财产,按照折算破产财产时所确定的价格卖不出去,管理人可适当降价出卖。

[案例10.7]上海某汽车传动件有限公司破产清算案

2010年10月19日,上海某汽车传动件有限公司管理人向宝山区法院提出申请,由于第一次、第二次、第三次的拍卖底价分别为1.229亿元、1.0445亿元、7800万元,拍卖价格未到购买人心理价位造成流拍,破产财产变价无法完成,故申请召开第二次债权人会议,讨论将财产降价后再次进行拍卖。在2010年10月18日召开的第二次债权人会议上,管理人制作的破产财产分配方案经第二次债权人会议表决通过,将再次拍卖的底价定为6300万元,最终通过降价拍卖的方式实现了破产财产的变现。

(3)无法再拍卖的可进行变卖,由债权人买入

当破产财产拍卖一再流拍时,可改为变卖方式出售。变卖是与拍卖相对应的方式。破产财产的变卖是指管理人在债权调查完结后,参照资产评估的结果,以适当的价格出售破产财产的行为。变卖在程序上较拍卖更灵活,没有时间和场所的限制与约束。

变卖的价格应该适当、合理,一般来说,有市价的,应按照市价变卖;没有市价的,由管理人以自己认为适当的价格变卖。变卖价格通常是在企业宣告破产后,由管理人在对企业财产进行清理时所作的估价。

变卖的方式,一般是交信托商店收购、交商店代卖或者直接出售给有关单位和个人。前两种形式,一般用于出售企业生产的日常生活用品;后一种形式,主要用于生产资料和其他工业原材料的变现。在实践中,后一种形式较为常见。管理人变卖破产财产的情况,必须向法院报告,法院发现变卖有损债务人和债权人的利益时,可要求管理人停止变卖,或变更变卖方式、价格等。

[案例10.8]上海某太阳能技术有限公司破产清算案

在闵行区法院审理的上海某太阳能技术有限公司破产清算案件中,该公司开发、生产及销售太阳能系列的产品,具有很强的专业性。但太阳能技术目前在我国能源市场的发展仍处于起步阶段,市场占有率很低,该公司生产的产品种类也相对

单一,拍卖公司组织两次拍卖均流拍。为避免破产费用进一步增加,拍卖公司建议管理人采取议价方式出售破产财产,管理人提请债权人会议讨论同意后,债权人将该财产买入,破产财产顺利分配完毕。

第三节 破产财产的分配

一、破产财产分配概述

(一)破产财产分配的概念

破产财产的分配,又称破产分配,是指对于已经确认的破产债权人的债权,由破产管理人将破产财产处理后所得的钱款,按照法定的顺序,依照程序及经债权人会议通过的分配方案,进行清偿的过程。[1]《企业破产法》第一百一十五条规定:"管理人应当及时拟订破产财产分配方案,提交债权人会议讨论。……债权人会议通过破产财产分配方案后,由管理人将该方案提请人民法院裁定认可。"

破产分配是破产清算程序的关键性阶段,也是破产程序的首要目标,所以破产管理人从破产宣告起所作的努力也将集中表现在分配的实施上,破产债权人的关注点也集中于分配的时间及比例上,实施合理的分配至关重要。由于破产企业的破产财产不能满足所有债权的清偿要求,清偿的先后顺序直接影响着债权人的债权清偿比例,所以在破产企业的财产不足以清偿其对破产债权人的所有债权时,法律对各种债权序位的规定体现了社会正义和社会政策的导向。

破产财产分配顺序,即是在将破产人的财产依法分配给各类债权人的过程中,基于破产追求的公平受偿价值取向,以及债权原因多样化和债权人抵御风险能力差异等因素,最终确定的受偿先后顺序。破产分配顺序适当,破产分配的公正将得以体现,破产法的价值功能将得以发挥。

(二)破产财产分配的原则

1. 财产分配顺位法定原则

顺位法定原则,是指破产分配中破产人不同类型的债权,其受偿顺序由法律明确规定,不允许当事人自行决定。债权产生原因的多样化和债权人抵御风险能力的差异,特别是破产法所追求的公平受偿价值取向,决定了在分配中不能将不同债权作简单化的相同处理,客观上要求有一个受偿的先后顺序,而顺位法定原则正是

---

〔1〕 李国光:《新企业破产法疑难释解》,人民法院出版社2006年版,第433页。

这种客观要求的体现。

2. 平等清偿原则

所谓平等清偿原则是指同一顺位的债权获得的清偿额是平等的，即按照债权额比例清偿。[1] 平等清偿原则也是各国立法中所遵循的共同原则。在破产清算中，将各种性质的债权或权益区分开来，体现了公平原则的要求。具体而言，在破产财产的分配上，公平原则主要体现在：其一，必须按法定顺序分配，在前一顺序的债权人获得全额清偿前，后一顺序的债权人不得参加分配；其二，如果破产财产不足清偿某一顺序的债权人，则该同一顺序的债权人应按各自的债权额，依相同的比例获得清偿。

3. 货币分配为主兼以实物分配的原则

《企业破产法》第一百一十四条规定："破产财产的分配应当以货币分配方式进行。但是，债权人会议另有决议的除外。"货币作为种类物，具有很强的可分割性，在破产财产进行分配时应将货币分配作为首选方式。原则上一切财产的分配都应该实行货币分配，这样可使分配结果具有可比性，体现破产分配的公平、公正、公开。但在特殊情况下，债权人会议可以决议采取实物分配、债权分配等非货币方式进行分配。破产财产无法以合理的价格变现的，或者变现的费用高于所得价款的，只要半数以上债权人愿意接受的，可以采用非货币方式分配。

[案例10.9]上海某仪表机械制造有限公司破产清算案

在闸北区法院审理的上海某仪表机械制造有限公司破产清算案件中，破产财产及清算费用开支情况报告显示，截至破产受理日，债务人资产总额615487.16元，负债总额为3132934.31元、所有者权益为-2517447.15元。债务人的可分配现金为零，只有实物可进行分配，可分配的实物包括可拆机芯、水表、水表齿轮、磁性表座等，经评估，实物可抵债金额为8403.27元。从破产财产分配方案征询意见的反馈情况看，"实物分配为主、现金分配为辅"的方案得到半数以上债权人认可，最终该分配方案获得通过，分配效果较好。

二、破产财产分配流程

（一）分配方案的拟订

《企业破产法》第一百一十五条规定："管理人应当及时拟订破产财产分配方案，提交债权人会议讨论。破产财产分配方案应当载明下列事项：（一）参加破产

[1] [美]斯蒂芬·加奇：《商法》（第二版），屈广清、陈小云译，中国政法大学出版社2004年版，第677页。

财产分配的债权人名称或者姓名、住所;(二)参加破产财产分配的债权额;(三)可供分配的破产财产数额;(四)破产财产分配的顺序、比例及数额;(五)实施破产财产分配的方法。管理人在拟定分配方案前,应先对可供分配的财产登记造册,制作财产清单。”

破产财产分配顺序需根据《企业破产法》第一百一十三条的规定:“破产财产在优先清偿破产费用和共益债务后,依照下列顺序清偿:(一)破产人所欠职工的工资和医疗、伤残补助、抚恤费用,所欠的应当划入职工个人账户的基本养老保险、基本医疗保险费用,以及法律、行政法规规定应当支付给职工的补偿金;(二)破产人欠缴的除前项规定以外的社会保险费用和破产人所欠税款;(三)普通破产债权。破产财产不足以清偿同一顺序的清偿要求的,按照比例分配。”

1. 优先清偿的费用和债务

(1)破产费用

破产费用是指法院受理破产申请后发生的费用,须在法定支出范畴中,其基本特点是“成本性支出”。根据《企业破产法》第四十一条的规定,破产费用有:破产案件的诉讼费用,管理、变价和分配债务人财产的费用,管理人执行职务的费用、报酬和聘用工作人员的费用。

(2)共益债务

共益债务指人民法院受理破产申请后,为了全体债权人的共同利益以及破产程序顺利进行而发生的债务。根据《企业破产法》第四十二条,共益债务包括:因管理人或者债务人请求对方当事人履行双方均未履行完毕的合同所产生的债务,债务人财产受无因管理所产生的债务,因债务人不当得利所产生的债务,为债务人继续营业而应支付的劳动报酬和社会保险费用以及由此产生的其他债务,管理人或者相关人员执行职务致人损害所产生的债务,债务人财产致人损害所产生的债务。

2. 顺位清偿的债务

(1)破产企业职工的劳动债权

破产企业职工的劳动债权指破产人所欠职工的工资和医疗补助、伤残补助、抚恤费用,所欠的应当划入职工个人账户的基本养老保险、基本医疗保险费用以及法律、行政法规规定应当支付给职工的补偿金。这里需要注意的是破产企业的董事、监事和高级管理人员的工资应按照该企业职工的年平均工资计算。

对于职工欠薪问题,在实践中常通过政府设立的维稳基金或鼓励第三方垫款等方式,优先解决破产企业职工的安置问题。关于政府或第三方就劳动债权的垫款,在司法操作中,根据2009年最高人民法院《关于正确审理企业破产案件为维护市场经济秩序提供司法保障若干问题的意见》第 5 条的规定,“有条件的地方,可通过政府设立的维稳基金或鼓励第三方垫款等方式,优先解决破产企业职工的安置问题,政府或第三方就劳动债权的垫款,可以在破产程序中按照职工债权的受偿顺序优先获得清偿”。

(2)社会保险费及欠缴税款

除基本养老保险和基本医疗保险外的其他社会保险费用以及国家税款同属于该顺位的债权,两者在依照上述方法确定后,具有相同的受偿权。当破产财产变现后,清偿完优先顺序债权后即无剩余财产的,二者均得不到清偿;清偿完优先顺序债权后仍有结余的,开始清偿社保费用和欠缴税款,剩余财产不足以清偿二者之和的,按照比例进行清偿。

(3)普通债权

除职工债权、社保费用和税收债权外的无担保债权及放弃优先权利的债权,统称为普通债权。这些债权无论其产生原因和性质如何,均应在职工债权、社保费用和税收债权清偿完毕后才能按比例得到清偿。

关于破产企业欠缴税款所产生的滞纳金是随税款本身优先清偿,还是作为普通债权清偿的问题,在以往的司法实践中做法不一。2012 年 6 月,最高人民法院作出的《关于税务机关就破产企业欠缴税款产生的滞纳金提起的债权确认之诉应否受理问题的批复》(法释[2012]9 号)明确规定:“破产企业在破产案件受理前因欠缴税款产生的滞纳金属于普通破产债权。”据此,对欠缴税款所产生的滞纳金应与税款本身加以区分,可将其纳入普通债权清偿,不得优先清偿。

3. 财产分配方案的内容

《企业破产法》第一百一十五条规定,由管理人拟定分配方案后提交债权人会议审议。破产分配方案的内容应包括不同破产财产的变价情况以及不同清偿顺位债权人的分配额。破产财产的分配原则上应当以货币分配方式进行,但对于无法变价或者不宜变价的非货币财产,经债权人会议决议同意,可以进行实物分配。未发生但需预留的破产费用包括分配公告费用、破产程序终结后的档案保管费用等费用以及最终确定的管理人报酬及收取情况,应当列入破产财产分配方案。

附:破产财产分配方案样式[1]

《×××(破产人名称)破产财产分配方案》

(××××)××破管字第×号

一、参加破产财产分配的债权情况

简述参加破产财产分配的债权人人数、各类债权总额等基本情况。另行制作《参与分配债权人表》,详细列明参与分配的债权人名称或者姓名、住所、债权性质与债权额等情况。

二、可供分配的破产财产总额

分别列明货币财产和非货币财产的变价额。直接分配非货币财产的,列明非货币财产的估价额。

三、破产财产分配的顺序、比例和数额

(一)破产费用和共益债务的清偿情况

列明各项破产费用和共益债务的数额,包括已发生的费用和未发生但需预留的费用。人民法院最终确定的管理人报酬及收取情况须特别列明。

(二)破产债权的分配

列明剩余的可供分配破产债权的破产财产数额,这些财产依《企业破产法》第一百一十三条规定的顺序清偿。分别列明每一顺序债权的应清偿额、分配额、清偿比例等。

四、破产财产分配实施办法

(一)分配方式

一般以货币方式进行分配,由管理人根据各债权人提供的银行账号实施转账支付或由债权人领取。

(二)分配步骤

列明分配次数和时间,拟实施数次分配的,应当说明实施数次分配的理由。

(三)分配提存

列明破产财产分配额提存的情况,以及提存分配额的处置方案。

五、对特定财产享有担保权的债权情况

(一)对特定财产享有担保权的债权情况

(二)可供清偿的特定财产总额

列明特定财产的变价总额。

---

〔1〕 最高人民法院民二庭编:《〈人民法院破产程序法律文书样式(试行)〉和〈管理人破产程序工作文书样式(试行)〉适用与解读》,法律出版社2012年版,第258~259页。

（三）特定财产清偿方案

特定财产的清偿方案。特定财产不足分配所有担保债权的，还应列明未受偿的担保债权数额。

（二）分配方案的通过

《企业破产法》第一百一十五条规定，管理人应当及时拟订破产财产分配方案，提交债权人会议讨论。破产法规定，债权人会议的决议应由出席会议的有表决权的债权人过半数通过，并且其所代表的债权额占无财产担保债权总额的二分之一以上。

根据《企业破产法》第六十五条的规定，破产财产的分配方案经债权人会议表决未通过的，则由人民法院裁定。裁定的内容，人民法院可以在债权人会议上宣布或者另行通知债权人。由于经法院裁定并通知所有债权人将耗费较大的时间成本，而且裁定结果并非能使多数债权人满意，因此法院裁定并不是分配方案通过的最优路径。在实践中，应尽量争取采用直接通过的方式。由于破产法并未规定分配方案表决通过的次数，因此若第一次不能通过，还可考虑由法院召集管理人在听取债权人意见后根据破产企业实际情况修改分配方案，进行第二次表决，争取再次表决获得通过。

以下附录一份实践中具有代表性的经债务人会议通过的破产财产分配方案。

[案例10.10]上海某进出口有限公司破产财产分配方案

2012年8月，上海某进出口有限公司破产管理人根据浦东新区法院作出的对上海某进出口有限公司破产债权的裁定，以及《企业破产法》第四十一、四十二、四十三、一百零九、一百一十三、一百一十四、一百一十五条等相关规定，制定《上海某进出口有限公司破产财产分配方案》，具体如下。

（一）参加破产财产分配的债权人及债权数额、分配顺序

序号	类别	债权人名称	清偿金额（人民币元）
1	有财产担保的债权	上海某实业有限公司	1600000
2	第一顺序债权	李某	100749.02
3	第二顺序债权	上海某（集团）有限公司	15123.99
4	第二顺序债权	上海浦东新区税务局	312966.04
5	第三顺序债权	某（香港）投资有限公司	125702.73

续表

序号	类别	债权人名称	清偿金额 （人民币元）
6	第三顺序债权	意大利某叉车有限公司	172323.14
7	第三顺序债权	上海某食品机械有限公司	871018.42
8	第三顺序债权	上海某工贸公司	31217.55
9	第三顺序债权	宁波某电力器材股份有限公司	2264229.69
10	第三顺序债权	上海某实业有限公司	3154919.95
11	第三顺序债权	安某	467.15

（二）破产企业资产变现与清算费用支出情况

1.破产资产收回及变现情况

破产管理人接管上海某进出口有限公司后，接受、拍卖企业破产财产，合计变现资产11016766.83元。收回资金及拍卖破产资产收入进入破产管理人专用账户后，获得银行利息23092.30元。

2.清算费用支付情况

破产管理人截至2012年8月19日累积支付破产清算费用2331662.46元。

由于破产管理人在完成破产债权清偿程序后，依据法律规定尚要完成工商、税务、银行、海关、商务等相关注销手续，因此仍将产生一些清算费用，故管理人将从变现资金中留存36000元用于后期费用的支付。如最终剩余资金不足1000元，破产管理人将不再进行二次分配。

（三）破产债权清偿

1.有担保债权的清偿

由于有担保债权的担保物经公开拍卖后的变现价值高于担保金额，故对有担保债权160万元将予以全额清偿。

2.第一、第二、第三顺序债权的清偿

上海某进出口有限公司的破产变现资产在支付有担保债权、破产费用和预留后期清算费用后，可用于偿付的变现资金为7049104.37元。依据法律规定，具体清偿如下：

第一顺序债权，债权总额100749.02元，破产管理人将予以全额清偿；

第二顺序债权，债权总额328090.03元，破产管理人将予以全额清偿；

第三顺序债权，债权总额29098367.71元，可用于清偿的资金为6620265.32元，管理人将按照22.75%的比例进行清偿。

（三）分配方案的执行

1.执行分配方案的主体

《企业破产法》第一百一十六条规定："破产财产分配方案经人民法院裁定认可后，由管理人执行。管理人按照破产财产分配方案实施多次分配的，应当公告本次分配的财产额和债权额。"据此，破产财产分配方案经人民法院裁定认可后，由管理人执行。管理人按照破产财产分配方案实施多次分配的，应当公告本次分配的财产额和债权额。同时，管理人要将执行情况报法院审核。法院在审核过程中要重点关注：分配是否穷尽所有财产，是否还有财产遗漏，分配顺序是否合法等。

2.未受领分配、未决债权分配的处理

《企业破产法》第一百一十八条规定："债权人未受领的破产财产分配额，管理人应当提存。债权人自最后分配公告之日起满二个月仍不领取的，视为放弃受领分配的权利，管理人或者人民法院应当将提存的分配额分配给其他债权人。"第一百一十九条规定："破产财产分配时，对于诉讼或者仲裁未决的债权，管理人应当将其分配额提存。自破产程序终结之日起满二年仍不能受领分配的，人民法院应当将提存的分配额分配给其他债权人。"

第四节 别除权的概念和法律适用

一、别除权的性质与法律特征

（一）别除权的概念与本质属性

别除权是指债权人因其债权设有物权担保或享有特别优先权，而在破产程序中就债务人（即破产人，下同）特定财产享有的优先受偿权利。别除权是大陆法系国家破产法上的特有概念，"它是由破产人特定财产上已存在的担保物权或法定优先权之排他性优先效力沿袭而来，并非《企业破产法》所设。别除权的名称是针对这种权利在破产程序中行使的特点而命名的"，[1]在英美法系中与之相应的概念是有担保的债权（指有约定或法定物权担保的债权），但前者的涵盖范围比后者更广一些。

---

〔1〕 王欣新：《破产法学》，中国人民大学出版社2004年版，第285页。

我国的破产立法从未直接使用别除权的概念。在《企业破产法》的起草过程中,曾经一度在立法草案中使用过别除权这一名称,但后来为使法律能够更加通俗易懂,在立法中便没有再使用这一破产法理论上的专用名词。《企业破产法》第一百零九条规定:“对破产人的特定财产享有担保权的权利人,对该特定财产享有优先受偿的权利”。此条中规定的权利在破产法理论上即属于别除权。[1]

(二)别除权的法律特征

别除权是基础权利在破产问题上的延续,其既体现了最大程度地保障享有别除权的债权人的合法权益的一贯品质,又体现了与破产程序息息相关的特殊性,其存在以下特征:

1. 别除权是以破产申请受理前成立的设定担保的债权为基础的权利。在保持担保物权等其他制度下法律关系的延续性和对破产企业仅有的剩余财产实现公平分配之间寻求平衡,是破产制度不得不面对的问题。因享有别除权的债权人相对于其他普通债权人,就特定财产有优先受偿权,因此,别除权不能由债权人与破产人任意设定。《企业破产法(试行)》第三十二条第一款规定:“破产宣告前成立的有财产担保的债权,债权人享有就该担保物优先受偿的权利”,该条明确了作为别除权的基础债权须符合系破产宣告前成立的债权这一条件。而现行《企业破产法》则未作如此明确的规定,相关特征表述得比较含蓄,须从相关规定中获知。《企业破产法》第三十一条规定:“人民法院受理破产申请前一年内,涉及债务人财产的下列行为,管理人有权请求人民法院予以撤销……对没有财产担保的债务提供财产担保的……”该条规定一方面加强了对于破产申请前一年内财产担保的审查,考虑了其他普通债权人的利益保护问题;另一方面也表明,法院受理破产申请后,债务人设定担保的债权不得别除。

2. 别除权是一种只能就破产财产中的特定财产行使的权利。《企业破产法》第一百零九条规定突出了别除权的标的物为破产人的特定财产。但是在破产程序中,担保物在其行使权利前灭失、毁损或被征用的,优先受偿权也随之消灭,别除权人对破产人的债权只能作为普通破产债权受偿。但基于担保物权的物上代位性,别除权人对与担保物灭失、毁损或被征用相关的保险金、赔偿金或者补偿金仍享有优先受偿权。

3. 别除权是不依破产程序而优先受偿的权利。根据《企业破产法》的规定,别除权的优先受偿权不受破产清算与和解程序限制,不仅优先于普通破产债权,单

---

〔1〕 王欣新:“破产别除权理论与实务研究”,载 http://www.civillaw.com.cn/article/default.asp?id=42459,2011 年 5 月 30 日访问。

独、及时受偿,也优先于破产费用和共益债务。但在预防企业破产的重整程序中,《企业破产法》依各国破产法之惯例,规定别除权的优先受偿功能受到限制,以免因担保物的执行而影响重整程序挽救企业功能之发挥,但对其实体担保权益仍通过种种措施予以充分保护。[1]

(三)别除财产与破产财产的关系

所谓"别除财产"即为"担保财产",只是因破产程序的启动,在称谓上发生相应变化。应该说,别除财产与破产财产的关系,因新旧《企业破产法》规定的差异,而有本质的区别。

《企业破产法(试行)》第二十八条第二款规定,债务人"已作为担保物的财产不属于破产财产"。显然从立法层面看,别除财产不属于破产财产,两者关系十分明确,但这一规定客观上已不符合市场经济发展的实践需要。从比较法角度看,这与世界各国的整体立法趋势也并不相符。之后,《企业破产法》对两者关系作了修改,从而引发别除财产是否属于破产财产的争议。

[案例10.11]上海某国际贸易有限公司破产清算案

在浦东新区法院受理的上海某国际贸易有限公司(以下简称某贸易公司)破产清算一案中,债权人之一的罗某向法院提出申请,称某贸易公司于2007年4月5日向其借款5000万元,并已将坐落于上海市某处的7套房屋抵押给他,故请求在破产清算程序中行使别除权。审理中,对于该7套房屋是否属于破产财产,产生不同意见。一种观点认为,设定了抵押的特定财产不是破产财产的一部分,债权人行使别除权不应受破产程序的束缚,可随时变现,并就变现所得优先受偿。另一种观点认为,根据《企业破产法》的规定,抵押物在抵押权人行使权利之前,其所有权仍属于所有权人,即债务人所有,所以抵押物也应当属于破产财产,别除权应在破产程序中行使,别除权应待债权表得到确认、财产变价方案确定、破产宣告之后再行使。

应该说,无论从立法的规定来看,还是从理论的推导来看,别除财产应属于破产财产。首先,从立法角度看,《企业破产法》第三十条规定:"破产申请受理时属于债务人的全部财产,以及破产申请受理后至破产程序终结前债务人取得的财产,为债务人财产"。据此规定,担保财产无疑属于债务人财产。而该法第一百零七条第二款规定:"债务人被宣告破产后,债务人称为破产人,债务人财产称为破产财产,人民法院受理破产申请时对债务人享有的债权称为破产债权。"而债务人财

〔1〕 王欣新:"破产别除权理论与实务研究",载 http://www.civillaw.com.cn/article/default.asp?id=42459,2011年5月30日访问。

产范畴并不因债务人被宣告破产而变化,因此,可以认定担保财产即为破产财产。其次,从理论推导看,根据《企业破产法》的规定,破产案件受理后,管理人将接管债务人的全部财产,其中当然包括债务人所有的被设定抵押、被课以特别优先权等担保却又未转移占有的财产,而被接管的全部财产也因债务人被宣告破产而称为破产财产。如果认为担保财产不属于破产财产,管理人对此类担保物不作接管,有损债务人、债权人双方利益。此外,担保物并非债权的替代物,其若在优先清偿担保债权后尚有剩余价值,理应用于清偿其他债务人,无论破产程序是否终结。

综上,将别除财产纳入破产财产的范畴,理解为破产财产的组成部分,比较合理可行。

二、别除权产生的基础权利

别除权并非基于破产制度独立形成的权利,而是实体法相关制度在破产制度中延伸的产物,其使得相应债权人优先受偿的权利在破产程序中得以维系。换言之,别除权的产生,以实体法上的相关民事权利为基础。通观两大法系,英美法系破产制度关于别除权的权利基础主要指担保物权,而大陆法系破产制度关于别除权的权利基础范围比较广泛,除担保法和物权法所涉的担保物权外,还包括法律特别规定的优先权、典权、让与担保所有权和共有物所产生的共同债权。根据《企业破产法》第一百零九条的规定,我国破产制度关于别除权的基础权利是对破产人的特定财产设定的担保权。因此,法定担保物权以及《海商法》、《民用航空法》等法律规定的特别优先权,均可以作为别除权的基础权利。

(一)基础权利类型一:担保物权

1. 抵押权

抵押权是指债权人对于债务人或第三人提供的、作为履行债务的担保的财产,在债务人不履行债务时,可以就其卖得价金优先受偿的权利。[1] 抵押权,作为最为重要的担保物权之一,以不转移占有为重要特征,这既满足了债务人继续使用抵押物的需要,又使得债权人在享有优先受偿权利的同时不承担管理抵押物的责任和风险。随着《物权法》的出台,抵押权制度变得更为丰富,《物权法》在《担保法》所规定的普通抵押权的基础上,又规定了浮动抵押等特殊抵押权。

(1)最高额抵押

最高额抵押是指在预定的最高限额内,为担保将来一定期间内连续交易所产生的不特定债权的清偿而设定的抵押。按照《物权法》的规定,最高额抵押发生在

---

〔1〕 陈华彬:《物权法》,法律出版社2004年版,第469页。

担保的债权确定前，抵押并不因部分债权的转让而转让，除非当事人另有约定；而债权则因依当事人约定或法定而特定化，最高额抵押担保的债务人被宣告破产为最高额抵押所担保的债权特定化的事由之一，该事由一旦发生，债权人应及时向管理人申报债权，并就已设定最高额抵押的抵押物优先受偿。

(2)集合抵押

集合抵押，是指以债务人或第三人的各个不动产、动产与其他财产权利作为一个物（集合物）而设定的抵押，其与普通抵押以抵押人个别财产设定抵押有明显区别。《物权法》第一百八十条第二款规定了集合抵押制度，规定抵押人可以将抵押人包括建筑物、建设用地使用权、生产设备、原材料、半成品、产品等在内的财产一并设定抵押。列入抵押的财产一般仅限于债务人或第三人现有的固定资产，不包括将来取得的任何财产，一旦设定，所有权人对财产的处分权便受到限制，作为集合物组成部分的各个物或权利不得任意分离。在抵押人破产的情形下，集合抵押权人可据《企业破产法》就集合抵押财产目录中的特定标的物行使别除权。

(3)动产浮动抵押

浮动抵押，源于英美法系，是伴随着经济发展对新类型担保制度的需要而产生的。浮动抵押在英美法上称为浮动担保（floating charge），是指企业以其全部资产，包括现在的和将来可以取得的全部资产为标的物设定抵押额的一项担保制度。在浮动抵押中，债务人或第三人将其财产作为一个集合整体抵押给债权人，设定手续十分便捷。我国针对浮动抵押的立法，既借鉴了发达国家的经验，又有自身特色，扩大了抵押人的范围即不限于企业，缩小了抵押标的物的范围即限于动产。《物权法》第一百八十一条规定，“经当事人书面协议，企业，个体工商户、农业生产经营者可以将现有的以及将有的生产设备、原材料、半成品、产品抵押，债务人不履行到期债务或发生当事人约定的实现抵押权的情形，债权人有权就实现抵押权时的动产优先受偿。”当担保事由确定，动产浮动抵押即转换为以抵押人全部动产为抵押物的特定担保，因设定公司破产而转化为特定财产的抵押，动产浮动抵押权即成为别除权的基础权利，动产浮动抵押权人，就法院宣告破产时公司所有的全部财产，享有优先于其他债权人受偿的权利。与之同时，债务人新取得的财产不能再成为别除权的标的物，而须区别于设定担保的特定物纳入破产财产进行分配。另外，为保护所有债权人利益，债务人一旦被宣告破产，管理人即应对破产企业现有的动产进行清点、登记、造册，以免破产人隐匿财产，或与特定债权人串通，将新取得的财产作为原动产浮动抵押的标的物。

2. 质权

质权是指债权人在债务人不清偿其债务时，可以就债务人或第三人移转占有而供作担保的动产或权利所卖得的价金优先受偿的权利。[1]《担保法》和《物权法》都作了类似的规定,可见质权也是产生别除权的基础权利。当出质人一方在质押期间破产的,质押权人可以依质押法律关系主张别除权而优先受偿。质权与抵押权,都属于约定担保物权,质权在要求存在质押合同的同时,还需要满足移转占有这生效要件。因质权有动产质权和权利质权之分,相应的移转占有的方式也有所区别。动产质权以交付的方式移转占有,而权利质权则或是因交付而发生移转占有(如汇票、支票、仓单、提单),或是因基于相关部门的出质登记(如以基金份额、股权、知识产权设立质权)而实现移转占有。

3. 留置权

留置权是债权人在债务人不履行债务时,对其占有的债务人的动产予以留置,并以该动产折价或者拍卖、变卖所得的价款优先受偿的权利。[2] 我国的留置权中不存在债权性质的留置权,仅有担保物权性质的留置权,其当然可以作为别除权的基础权利。按照《物权法》的规定,"因保管合同、运输合同、加工承揽合同发生的债权,债务人不履行债务的,债权人有留置权"。而按照《物权法》第二百三十一条的规定,"债权人留置的动产,应当与债权属于同一法律关系,但企业之间留置的除外"。显然,《物权法》相比于《担保法》,不仅突破了留置权仅适用于某几类合同关系的限制,更是突破了留置权仅适用于合同关系的限制只要属于同一法律关系即可行使留置权。《物权法》在企业间留置问题上甚至突破了属于同一法律关系的限制。因此,不论债权人企业留置标的物所基于的基础关系与被担保的债权是否属于同一法律关系,债权人企业均可行使别除权。

4. 定金

按照《担保法》的规定,定金属于财产担保的范畴,但对定金这种财产担保形式是否构成别除权,《企业破产法》未作直接规定。理论上,有观点从区分定金的标的物是否货币、货币是否特定等角度,为定金构成别除权找突破口。基于该种担保方式的特殊性,对定金能否构成别除权这一问题,可以进一步研究。

首先,虽然定金的担保作用应当是双向的,但是别除权应当是担保物权人或其他权利人对特定物或特定权利所享有的权利,故仅在破产的债务人向债权人交付定金的情形下,可对上述问题予以讨论,而债权人向债务人交付定金的,则不属于此范畴。后者无外乎按照取回权与普通破产债权处理两种可能,与别除权无涉。

其次,最高人民法院《关于审理企业破产案件若干问题的规定》第五十五条第

---

〔1〕 陈华彬:《物权法》,法律出版社 2004 年版,第 547 页。

〔2〕 陈华彬:《物权法》,法律出版社 2004 年版,第 584 页。

二款规定,对清算组决定解除破产企业未履行的合同,另一方当事人因合同解除受到损害而产生的破产债权,“定金不再适用定金罚则”,[1]《企业破产法》第五十三条又规定,“管理人或者债务人依照本法规定解除合同的,对方当事人以因合同解除所产生的损害赔偿请求权申报债权。”换言之,一旦债务人破产,定金的财产担保功能限于解除合同所致违约之外的履约违约范畴,进而解除合同所致违约问题上不存在相应的别除权。

最后,从类型上看,倘若是货币的,因其属于种类物,是以财产的价值形态而非特定物质形态作担保的,所以,已交付之定金与收受定金的破产人的其他财产(如货币)无法分开,一旦交付所有权即转移,除非将作为定金的货币作为一个整体特定化。但该特定化具有不稳定性,债权人事实上可以随意将其与其他货币混同。实践中,在定金问题上,可能产生别除权的,是以货币以外的特定物作为定金标的物的情形。一旦破产债务发生解除合同之外的违约行为,债权人则可通过直接取得该特定物的所有权以实现债权,而无须考量该特定物的价值,这属于比较特殊的优先受偿方式。

(二)基础权利类型二:法定特别优先权

优先权制度起源于罗马法,主要是立法基于对社会政策、公共利益等方面的考虑而设置的,目的是破除债权人之间形式上的平等,维护实质上的社会公平。赋予特种债权以优先权,主要是考虑债权的性质或产生原因,体现公平、正义等法律与社会理念以及保障公共利益和社会利益的立法政策。[2] 简言之,它是指特定债权人依据法律直接规定,对债务人的全部财产或特定财产之变卖价值享有的优先于其他债权人受偿的权利,是法定担保权。其中,对债务人全部财产(非特定财产)享有的优先受偿权利,为法定一般优先权;对债务人特定财产享有的优先受偿权利,为法定特别优先权。显然,通过比较,法定特别优先权完全符合《企业破产法》第一百零九条关于别除权的规定,可以作为别除权的基础权利。而法定一般优先权则不可,其只能依破产程序行使,通常要等到破产财产变价处理后才能够实际行使优先受偿权。从现有法律规定来看,该法定特别优先权的相关规定主要体现在《海商法》、《民用航空法》等立法中。

(1)《海商法》中的法定特别优先权

《海商法》第二十一条规定:“船舶优先权,是指海事请求人依照本法第二十二

---

〔1〕 该规定虽然系基于《企业破产法(试行)》所作出的司法解释,但与现行法律及司法解释不抵触,可继续适用。

〔2〕 郭明瑞、仲相、司艳丽:《优先权制度研究》,北京大学出版社2004年版,第9~10页。

条的规定，向船舶所有人、光船承租人、船舶经营人提出海事请求，对产生该海事请求的船舶具有的优先受偿的权利。”而按照最高人民法院《关于可否将航道养护费的缴付请求列入船舶优先权问题的批复》的规定，有关航道养护费的缴付请求，也可以适用上述第二十二条的规定，属于船舶优先权。船舶优先权在实现方式、权利消灭（包括时效问题）上有其特殊性。《海商法》第二十八条规定：“船舶优先权应当通过法院扣押产生优先权的船舶行使”，其第二十六条规定：“船舶优先权不因船舶所有权的转让而消灭。但是，船舶转让时，船舶优先权自法院应受让人申请予以公告之日起满六十日不行使的除外”。其第二十九条规定：“船舶优先权，除本法第二十六条规定的外，因下列原因之一而消灭：（一）具有船舶优先权的海事请求，自优先权产生之日起满一年不行使；（二）船舶经法院强制出售；（三）船舶灭失。前款第（一）项的一年期限，不得中止或者中断”。可见，船舶优先权的权利时效为特别时效。

（2）《民用航空法》中的法定特别优先权

《民用航空法》第十八条规定：“民用航空器优先权，是指债权人依照本法第十九条规定，向民用航空器所有人、承租人提出赔偿请求，对产生该赔偿请求的民用航空器具有优先受偿的权利。”该法第十九条规定：“下列各项债权具有民用航空器优先权：（一）援救该民用航空器的报酬；（二）保管维护该民用航空器的必需费用。前款规定的各项债权，后发生的先受偿”。民用航空器优先权作为法定特别优先权，在破产程序中可以构成别除权。其规定与《海商法》的规定，同中有异。其第二十条规定：“本法第十九条规定的民用航空器优先权，其债权人应当自援救或者保管维护工作终了之日起三个月内，就其债权向国务院民用航空主管部门登记”。其第二十四条规定，民用航空器优先权应当通过人民法院扣押产生优先权的民用航空器行使。民用航空器优先权的时效较短，《民用航空法》第二十五条规定：“民用航空器优先权自援救或者保管维护工作终了之日起满三个月时终止；但是，债权人就其债权已经依照本法第二十条规定登记，并具有下列情形之一的除外：（一）债权人、债务人已经就此项债权的金额达成协议；（二）有关此项债权的诉讼已经开始。民用航空器优先权不因民用航空器所有权的转让而消灭；但是，民用航空器经依法强制拍卖的除外”。

在《民用航空法》中，除民用航空器优先权外，还存在地面第三人的损害赔偿债权对相应的保险或者担保的优先权。按照该法第一百六十六条、一百六十九条之规定，民用航空器的经营人投保地面第三人责任险或者取得相应的责任担保，应当被专门指定优先支付对地面第三人损害的赔偿。

(3)其他法律中的法定特别优先权

除了上述针对特定行业领域的专门立法之外,在《合同法》等法律中也有法定特别优先权的相关规定。

举例一:《合同法》中的法定特别优先权——建筑工程承包人对建筑工程款的优先受偿权。

《合同法》第二百八十六条规定:“发包人未按照约定支付价款的,承包人可以催告发包人在合理期限内支付价款。发包人逾期不支付的,除按照建设工程的性质不宜折价、拍卖的以外,承包人可以与发包人协议将该工程折价,也可以申请人民法院将该工程依法拍卖。建设工程的价款就该工程折价或者拍卖的价款优先受偿。”对该条规定的具体权利性质,观点不一。有观点认为其属于法定抵押权,也有观点认为其属于留置权。实践中更倾向于承包人的此项权利属于特别优先权的观点。第一,从司法解释看,2002 年最高人民法院《关于建设工程价款优先受偿权问题的批复》中指出,“人民法院在审理房地产纠纷案件和办理执行案件中,应当依照《合同法》第二百八十六条的规定,认定建筑工程的承包人的优先受偿权优于抵押权和其他债权”;第二,倘若其属于留置权或抵押权等,理应在物权法中有所体现,但未见相关规定;第三,从条文表述看,该条规定与《海商法》或《民用航空法》中关于相应法定特别优先权的规定类似,符合《企业破产法》关于别除权的规定。所以,当债务人即发包方破产时,建设工程价款优先权可以构成别除权。

举例二:《担保法》中的法定特别优先权——拍卖划拨的国有土地使用权所得价款对抵押权人的优先受偿权。

《担保法》第五十六条规定:“拍卖划拨的国有土地使用权所得的价款,在依法缴纳相当于应缴纳的土地使用权出让金的款额后,抵押权人有优先受偿权”。该规定既体现了土地使用权出让金优先于抵押权人等其他债权人受偿,又表达了优先受偿标的物(拍卖所得)的特定性,符合法定特别优先权之权利要件,在破产程序中可构成别除权。

三、别除权的法律适用

(一)别除权的行使

1. 别除权的债权申报

各国破产立法对别除权人是否需要进行债权申报规定不一。有的国家认为,别除权人行使权利不受破产程序的限制,故无须申报债权,尤其是在担保物经过登记公示或为债权人占有的情况下。有的国家认为,别除权人只有申报债权才能够受偿。我们认为,尽管别除权人对破产企业的特定财产享有优先受偿的权利,且别除权的行使不依破产程序进行,但是,别除权人作为破产企业的债权人之一,依然应当依照法律规定的期限和程序,在债务人破产时主动向指定的管理人申报债权,并说明债权的金额和担保状况。在别除权经债权人会议和管理人共同确认后,或者存有异议的别除权经法院裁判结果确定后,别除权人即可行使别除权。

《企业破产法》第四十九条规定:“债权人申报债权时,应当书面说明债权的数额和有无财产担保,并提交有关证据”。第五十六条第一款规定:“在人民法院确定的债权申报期限内,债权人未申报债权的,可以在破产财产最后分配前补充申报;但是,此前已进行的分配,不再对其补充分配。为审查和确认补充申报债权的费用,由补充申报人承担。”该法第五十六条第二款规定:“债权人未依照本法规定申报债权的,不得依照本法规定的程序行使权利。”根据这些规定,首先,别除权人也应当申报债权,因其也属于法律规定的“债权人”范畴,而且立法还针对别除权要求申报者“应当书面说明有无财产担保”。规定别除权人的债权也应经过申报与确认程序,使其他利害关系人了解有关情况,可以防止破产欺诈,减少争议,既有利于别除权人行使权利,也有利于破产程序顺利进行。其次,法律规定未依法申报债权所产生的法律后果,是不得依照《企业破产法》规定的程序行使权利,而不是完全丧失受偿权利。

但须强调的是,在管理人占有担保物的情况下,别除权人要求对担保物行使权利,应当向管理人申报债权。但在别除权人占有担保物的情况下,未申报债权不应影响其按照《担保法》及相关司法解释的规定行使权利。但未申报债权者行使别除权不得要求将未能受偿的债权作为破产债权受偿,即《企业破产法》规定的“不得依照本法规定的程序行使权利”。对未占有担保物的别除权人在破产财产最终分配时仍未提出权利要求的,可视为放弃受偿权利。

2. 别除权的行使期间

别除权的行使原则上不应受破产清算程序限制,也不应受破产期间的太多局限。对于允许别除权在破产宣告后至破产终结前行使,在理论及实践上一般并无太多争议,但是,仍需要从实际出发,适度考虑其与破产程序相衔接的问题。

[案例 10.12] 某贸易有限公司破产清算案

该案中,债权人罗某认为其系破产企业的抵押权人,请求对破产企业用于抵押的7套房屋立即进行处置,并认为其有权就处置所得价款优先受偿。法院经分析认为,抵押物的变价应受破产程序约束,本案的抵押物应待债权表得到裁定确认、裁定宣告破产、破产财产变价方案得到债权人会议通过以后再行处置。这样做的理由如下:破产法规定有担保的债权人可以行使优先受偿权,但并未对优先到何种程度作出规定。但若有担保的债权人（特别是不转移占有担保物的情形下）完全不受破产程序约束，随时可将财产变现，除了不符合破产管理人接管破产财产的基本逻辑外，还会产生如下问题：(1)若行使债权发生在债权表确认之前，一旦债权人会议对于债权表记载的该项有担保的债权发生异议，进而产生确权诉讼，则可能产生有担保的债权被否认的结果。这时若担保权已行使，无疑对大多数债权人的利益造成损害。(2)若行使权利发生在破产宣告之前，一旦债权人会议通过和解、重整决议，在破产和解程序中，和解的物质基础就将遭到动摇，不利于维护多数债权人的利益；在破产重整程序中，债务人将无法开展生产经营的整顿工作，重整将失去意义。(3)若行使权利发生在破产财产变价方案通过之前，一旦变价超过担保债权范围，变价超过部分将由普通债权人分配，普通债权人可能对变价方法提出异议。基于上述分析，法院未同意罗某关于立即处置抵押房屋的请求。

至于在破产宣告前，特别是在破产重整期间、裁定和解前以及在破产终结后，别除权人能否行使权利、是否应当受到限制，分述如下。

(1)别除权在重整期间暂停行使

别除权人行使权利是否应受破产程序的限制，一直是破产案件中的难题。最高人民法院《关于贯彻执行〈中华人民共和国企业破产法（试行）〉若干问题的意见》第三十九条第二款规定："担保物权人在破产案件受理后至破产宣告前非经人民法院同意，不得行使优先权。"《企业破产法》第七十五条第一款规定："在重整期间，对债务人的特定财产享有的担保权暂停行使。但是，担保物有损坏或者价值明显减少的可能，足以危害担保权人权利的，担保权人可以向人民法院请求恢复行使担保权。"按照上述规定，在重整程序中，别除权的行使适用"自动中止（自动冻结）"制度，也就是说在重整期间别除权自动中止，别除权人不得行使别除权。别除权"自动中止"制度是各国破产立法及其他相关立法规定破产重整（破产保护、会社更生）法律制度时所确立的基本立法原则，是在重整程序中对别除权行使的法定限制。[1]

(2)别除权在法院裁定和解之前暂停行使

依据《企业破产法》第九十五条、第九十六条的规定，在债务人向人民法院提出和解申请和人民法院裁定和解之前，别除权人应暂停别除权的行使；自人民法院裁定和解之日起"对债务人的特定财产享有担保权的权利人"可以行使权利。需要将这一限制和行使别除权不受和解程序限制作区别。

---

〔1〕 杨春平："我国'别除权'立法及理论研究"，载《河北法学》2010年第28卷第3期。

(3)别除权人在破产终结后是否可行使权利的考量

《企业破产法》对于该问题未作相应规定。别除权人在破产终结后是否可行使权利,不能简单地套用"法无禁止即可为"原则,须对具体问题作具体分析。

因为破产法所要实现的是尽可能实现所有人的公平,不论是重整、和解,还是破产清算。作为别除权人,其可以对自身权利的行使加以合理控制、调整,但不得因此而影响其他债权人债权的实现。因法定特别优先权系基于社会政策、公共利益而设置的,基本上不会发生别除权人不行使别除权的问题,所以须主要从担保物权方面讨论如何加以应对上述问题。这一问题应当通过区分主、客观因素来具体处理。倘若不及时履行别除权是其主观原因所致,譬如别除权人考虑担保物增值空间而不愿在破产期间变现的,可以通过债权人会议的方式对其加以约束,或法院裁定强制别除权人实现债权。倘若是因为客观原因,如虽通过多次拍卖或变卖,但担保物在破产期间仍无法变现,应当允许别除权人在破产程序终结后行使权利。但这并不意味着其可以一直怠于行使担保物权。在破产程序终结后,仍应对担保物权作合理限制。

3. 别除权的行使方式

《企业破产法》规定别除财产属于破产财产,而破产财产变价与分配一章的规定则理所当然地作为别除权行使方式的依据。《企业破产法》第一百一十二条的规定,"变价出售破产财产应当通过拍卖进行。但是,债权人会议另有决议的除外。破产企业可以全部或者部分变价出售。企业变价出售时,可以将其中的无形资产和其他财产单独变价出售。按照国家规定不能拍卖或者限制转让的财产,应当按照国家规定的方式处理。"据此规定,首先,通常情况下,就如何实现别除权,应先以债权人会议决议为第一行使方式,如果没有决议,则应当依法拍卖。其次,对于国家规定不能拍卖或者限制转让的财产,应当按照国家规定的方式处理。

(二)不同别除权之间的清偿位序

由于根据法律规定,在同一标的物上可以设定多个内容不相冲突的担保物权,且基于法定事由,在已经设定担保物权的标的物上还可能产生法定特别优先权,故而很可能发生标的物变价款不足以清偿全部被担保债权的情形。因此,在对破产企业的特定财产行使别除权时,必须解决竞存的担保物权与法定特别优先权之间及多个竞存的担保物权之间的清偿顺位问题。

1. 法定特别优先权与担保物权竞存

法定特别优先权的权利内容、形成要件均由专门法律作出特别规定。因而,在法定特别优先权与担保物权竞存的情况下,除法律特别规定,法定特别优先权一般优先于担保物权受偿。例如,在海商法上的请求权中,当船舶优先权、船舶留置权、船舶抵押权同时产生时,《海商法》第二十五条规定:“船舶优先权先于船舶留置权受偿,船舶抵押权后于船舶留置权受偿。”又如《民用航空法》第二十二条规定:“民用航空器优先权先于民用航空器抵押权受偿”。在船舶优先权、民用航空器优先权与普通留置权和抵押权同时并存时的清偿顺序,也应按此原则确定。

2. 各担保物权之间竞存

关于担保物权,即抵押权、质权、留置权竞存情况下的清偿顺位问题,一般处理原则如下:第一,法定物权优于约定物权;第二,登记物权优于非登记物权;第三,占有物优于非占有物;第四,先设物权优于后设物权。其中后三项处理原则须结合具体情形加以区别运用。基于此原则,抵押权、质权、留置权竞存情况下的清偿顺位如下。

(1)同一担保性质的别除权间的清偿顺序

对同一性质的担保物权构成的别除权之间的清偿顺序的确定较为简单,原则上按照登记或合同生效时间的先后顺序清偿。例如《担保法》第五十四条规定:“同一财产向两个以上债权人抵押的,拍卖、变卖抵押物所得的价款按照以下规定清偿:(一)抵押合同以登记生效的,按照抵押物登记的先后顺序清偿;顺序相同的,按照债权比例清偿;(二)抵押合同自签订之日起生效的,该抵押物已登记的,按照本条第(一)项规定清偿;未登记的,按照合同生效时间的先后顺序清偿,顺序相同的,按照债权比例清偿。抵押物已登记的先于未登记的受偿。”

无论是动产质押,还是权利质权,除非发生转质,通常不会发生质权重合。在转质的情况下,因转质权人的权利是由质权人设定的,所以其清偿顺序应当优先于质权人。

(2)不同担保性质的别除权间的清偿顺序

对不同性质的别除权的清偿顺序的确认较为复杂。

类型一:同一标的物上抵押权与质权竞存。

按照最高人民法院《关于适用〈中华人民共和国担保法〉若干问题的解释》(以下简称《担保法解释》)第七十九条第一款的规定,“同一财产法定登记的抵押权与质权并存时,抵押权人优先于质权人受偿”。但设定在先的抵押权如果未经登记,因《担保法》规定未经登记的抵押权不得对抗善意第三人,故不具有对抗后设定质权的效力,除非质权人明知担保物已经设定了抵押。

类型二:同一标的物上抵押权与留置权竞存。

《担保法解释》第七十九条第二款规定:“同一财产抵押权与留置权并存时,留置权人优先于抵押权人受偿”。该规定体现了法定担保物权优先于约定担保物权的原则。另外,留置权所担保债权的发生,使担保物的交换价值得以维持或增加,所以，留置权优先于抵押权，也体现了法律的公平价值。但留置权人经留置物所有人同意，以留置物设定抵押的，该抵押权优先于留置权。

类型三：同一标的物上质权与留置权竞存。

基于法定担保物权优先于约定担保物权的原则，法定担保物权的留置权一般也优先于质权。但留置权人经留置物所有人同意，以留置物设定质押的，该质权优先于留置权。

（三）别除权与行使权利中费用的清偿顺序

事实上，除了上述别除权之间的清偿顺序外，还涉及别除权与别除权行使过程中相关费用之间的受偿顺位的特殊问题。实践中较多涉及的是关于别除权财产变价拍卖过程中的税款、佣金及土地出让金等费用，问题比较复杂，既需要在实践中继续探索，也需要立法上加以明确。

1. 税款、佣金

对特定的担保财产行使别除权过程中会产生一定数额的税款、佣金，这些费用支付与别除权的清偿顺序如何安排，是在别除权行使上不可回避的问题。我们以下列案例分析说明。

［案例 10.13］某贸易有限公司破产清算案

破产企业某贸易有限公司于 2007 年 4 月 5 日向罗某借款 5000 万元，并将 7 套房屋抵押给债权人罗某。该公司进入破产程序后，罗某申报了债权，并要求行使优先受偿权。罗某主张自己的债权自 7 套房屋拍卖所得款项中优先受偿，并认为拍卖产生的税款应由税务机关向破产管理人申报债权，在破产程序中依法受偿。2011 年 9 月 23 日，上述房产经上海长城拍卖有限公司及上海国际商品拍卖有限公司拍卖，成交金额 7500 万元。税务机关提出，拍卖中产生各类税费约 3200 万元。后经多次协调，税务机关最终确定征税 1817 万余元，包括了营业税、城建税、教育附加费、河道和土地增值税等。

在上述案例中，相关利益方对于房屋变价拍卖所产生税款的清偿顺序问题产生了争议，究其实质，主要是关于在破产程序中处置破产财产所新产生的税款性质之争。一种观点认为，根据《税收征收管理法》第四十五条的规定，“税务机关征收税款，税收优先于无担保债权，法律另有规定的除外；纳税人欠缴的税款发生在纳税人以其财产设定抵押、质押或者纳税人的财产被留置之前的，税款应当先于抵押权、质权、留置权执行”。由此可以推定，发生在担保债权形成之后的税款，应后于担保债权受偿，房产变价所得应由抵押权人优先受偿。而且，对担保财产进行变价主要是为了实现特定财产担保权人（如抵押权人）的债权，而非使全体债权人得到清偿，故而不能将担保财产变价拍卖产生的税款作为破产费用或共益债务优先拨付。另一种观点认为,虽然《税收征收管理法》所称的税收应是企业正常经营中产生的税款,与破产程序中房产变价产生的税款性质有所不同。但是如不缴纳税款,房屋无法过户,影响拍卖成交过户,故其更类似于为实现破产财产价值而必然产生的费用,应自变价所得中优先划拨。划拨后剩余的财产应清偿给担保权人,如清偿后价值还不足以偿付担保债权,则剩余的债权按普通债权清偿。

上述两种观点均有一定的理由,相比较而言,从实际可操作出发,我们更倾向于第二种观点。理由如下:第一,根据《企业破产法》的规定,债务人的担保财产亦属于破产财产,只不过担保权人依法享有优先受偿权。因此包括担保财产在内的破产财产进行变价拍卖,所产生的税费应当属于破产费用的范畴。第二,《税收征收管理法》第四十五条所称的税收应当仅指企业正常经营期间的应缴税款,与破产财产拍卖产生的税款无关。第三,以抵押物变价所得清偿税款并不违反抵押权设立的初衷,也不危及交易安全,且在实际操作上更有利于全体债权人获得清偿。至于相应税款在破产程序中能否获得减免的问题,尚有待法律制度或税收政策上的逐步完善,在此不作探讨。综上所述,破产清算程序中拍卖抵押物所产生的税款,应当在抵押物变价财产中优先支付,剩余价值用来偿付担保债权。若剩余价值不足以偿付担保债权,则不足的部分按普通破产债权清偿。

2. 土地出让金

[案例 10.14]某国际信托有限公司申请破产清算案

在该案的债权申报期间,某市某区的规划和土地管理局,以某国际信托有限公司尚欠其开发土地的超面积土地出让金及动拆迁、市政配套费为由,向清算组申报3869587.04美元之债权,同时要求确认该项债权为优先债权。经债权人会议审议,确认了规划和土地管理局申报的债权成立,但未认定其为优先债权。为此,规划和土地管理局于2009年3月11日向法院提起诉讼,要求确认其申报的债权为优先债权。一审法院审理后认为,规划和土地管理局的债权不属于破产法规定的优先债权,遂驳回了其诉讼请求。规划和土地管理局不服法院判决,提起上诉。二审法院经审理维持了原判。2009年12月,清算组拟对破产人仅存的位于某市某大厦1号楼21A—21F座6套房屋拍卖时,被该区住房保障和房屋管理局告知,该6套房屋所涉土地的出让金及动拆迁费未缴清前,地上房产不能过户。一审法院认为,规划和土地管理局对出让金及动拆迁费之债权已向清算组申报,并登记在债权人清册中。其同时又要求上述6套房屋的受让人替债务人缴清欠款后方能办理过户登记,实属债权的重复主张,也有违商品房登记的相关规定,法院据此多次与规划和土地管理局、住房保障和房屋管理局进行沟通,但未有结果。

就上述案例所暴露出来的实践操作与行政协调的难题,如何克服相关障碍,需要作进一步研究解决。

第五节 破产费用与共益债务

一、破产费用与共益债务的区分

破产费用,又称为财团费用,是在破产程序中为全体债权人共同利益而支付的各项费用的总称。[1]《企业破产法》第四十一条规定:"人民法院受理破产申请后发生的下列费用,为破产费用:(一)破产案件的诉讼费用;(二)管理、变价和分配债务人财产的费用;(三)管理人执行职务的费用、报酬和聘用工作人员的费用。"共益债务,又称财团债务或财团债权,是在破产程序中为全体债权人利益而由债务人财产负担的债务的总称。[2]《企业破产法》第四十二条规定:"人民法院受理破产申请后发生的下列债务,为共益债务:(一)因管理人或者债务人请求对方当事人履行双方均未履行完毕的合同所产生的债务;(二)债务人财产受无因管理所产生的债务;(三)因债务人不当得利所产生的债务;(四)为债务人继续营业而应支付的劳动报酬和社会保险费用以及由此产生的其他债务;(五)管理人或者相关人员执行职务致人损害所产生的债务;(六)债务人财产致人损害所产生的债务。"

应当注意的是,《企业破产法》区分破产费用和共益债务,是其与《企业破产法(试行)》的一大不同。《企业破产法(试行)》第三十四条第一款规定:"下列破产费用,应当从破产财产中优先拨付:(一)破产财产的管理、变卖和分配所需要的费用,包括聘任工作人员的费用;(二)破产案件的诉讼费用;(三)为债权人的共同利益而在破产程序中支付的其他费用。"可见,旧法中没有共益债务的概念,其规定为债权人的共同利益而在破产程序中支付的其他费用也是破产费用中的一项,而新法根据破产费用和共益费用性质的不同作出不同的规定。

从概念上来看,破产费用与共益债务都是为全体债权人共同利益而支付的费用,都是先于破产债权支付的费用,所以破产费用与共益债务较难区分。我们认为,既然《企业破产法》采用了列举式的立法规定了破产费用与共益债务,故还是应严格遵从立法规定,分析该项费用属于立法规定中的哪一项,进而准确定性其是破产费用还是共益债务。

---

〔1〕 王欣新:《破产法》,中国人民大学出版社2011年版,第289页。

〔2〕 王欣新:《破产法》,中国人民大学出版社2011年版,第290页。

例如，破产企业在其他案件中应负担的案件诉讼费，属于破产费用还是共益债务，就是一个值得深入分析的问题。依《企业破产法》第四十一条的规定，“破产案件的诉讼费用”为破产费用，此处的破产费用是指破产案件本身的案件受理费，还是指与破产案件相关的包括破产受理前的案件的诉讼费用？对此存在不同理解。

［案例 10.15］北方证券有限责任公司清算组申请破产案〔1〕

北方证券有限责任公司因借款纠纷一审被判令向该案原告偿还欠款并承担诉讼费。一审宣判后，北方证券有限责任公司提起上诉，经二审法院准许，上诉费可以缓交。后北方证券有限责任公司因严重违规经营被监管机构责令关闭进行行政清理，二审因此中止审理。之后，北方证券有限责任公司被裁定宣告破产，进入破产清算程序。根据《企业破产法》的规定，原中止审理的二审程序在管理人接管该证券公司财产后继续进行。二审最后判决驳回上诉，维持原判，并判令北方证券有限责任公司承担缓交的上诉费。在破产案件中，之前一审二审案件的诉讼费均作为破产费用，优先受偿。

对于该证券公司已进入破产清算程序后，其之前在非破产案件中欠交的诉讼费属何性质，如何清偿，在实践中存在较大争议，主要有四种观点：

第一种观点认为该费用属于共益债务。该观点认为，共益债务是破产程序中管理人为了全体债权人的共同利益使用破产财产而负担的债务。在破产程序开始后，使用破产财产负担债务的目的是使破产企业的整体财产获益。上述案件中，管理人在该证券公司被裁定宣告破产后继续参与恢复审理的二审程序，目的在于对抗债权人主张的债权，避免破产财产因偿债而减少。故该案的诉讼利益实质上归属于全体债权人，欠交的诉讼费可以认为属于共益债务，应从破产财产中随时清偿。

第二种观点认为该费用属于破产费用，但对该费用具体属于破产费用中的哪一种，又有不同意见。一种意见认为，该费用属于破产费用中的“破产案件的诉讼费用”；另一种意见认为，该费用属于破产费用中的“管理债务人财产的费用”。

第三种观点认为该费用属于普通破产债权。首先，该证券公司与债权人之间的纠纷系先于破产案件受理的适用普通程序审理的民事纠纷，不是适用破产程序审理的破产案件，故其欠交的诉讼费不是“破产案件的诉讼费用”；其次，该笔费用也难以归入“管理债务人财产的费用”；最后，《企业破产法》第四十二条以逐项列举的方式规定了六类债务属于共益债务，诉讼费不在上述法条明文规定的范围之内。综上，该证券公司欠交的诉讼费既不能作为破产费用，也不能作为共益债务，

〔1〕 上海市第二中级人民法院(2007)沪二中民四(商)破字第1号。

故只能作为普通破产债权受偿。

第四种观点认为类推适用税收债权。该种观点认为,诉讼费的收取主体为法院。法院作为行使国家审判权的司法机关与税务机关同为国家机关,所以,法院收取的诉讼费与税务机关征收的税款具有同样性质,同为公权债权,该证券公司欠交的诉讼费可以类推适用《企业破产法》第一百一十三条第一款第(二)项关于税收债权的规定,优先于普通破产债权受偿。

我们认为,破产程序中发生的非破产案件诉讼费应属于《企业破产法》第四十一条第一款第(二)项中管理债务人财产的费用,理由如下:人民法院受理破产申请后,债务人即丧失对债务人财产的管理和处分权利。管理人基于维护债务人和债权人双方的利益,接管债务人对破产财团享有的除所有权以外的一切权利,成为破产财团法律上的实际支配者。根据《企业破产法》的规定,管理人接管债务人财产后,原先在破产申请受理前已经开始但尚未终结,因人民法院受理破产申请而中止的有关债务人的民事诉讼继续进行,由管理人代表债务人参加诉讼。此外,管理人也可以代表债务人就债权债务争议等提起诉讼。不论管理人是代表债务人被动应诉还是主动起诉,其或是为了对抗债权人的诉讼主张,保全债务人的财产,或是为了追回被他人占有的债务人财产,避免债务人财产的损失,或是为了追偿债务人对外享有的债权,增加债务人的财产,从而最大限度地保全、增加债务人的整体财产,保障债务人和全体债权人的利益。故破产程序中,管理人代表债务人参加诉讼,产生确定债务人财产权利归属或者维持债务人财产权利状态等涉及债务人财产权属的法律效果,属于对债务人财产进行管理的行为,参加诉讼所产生的费用也就是管理债务人财产的费用,为《企业破产法》规定的破产费用。

二、破产费用与共益债务的清偿

《企业破产法》第四十三条规定:"破产费用和共益债务由债务人财产随时清偿。债务人财产不足以清偿所有破产费用和共益债务的,先行清偿破产费用。债务人财产不足以清偿所有破产费用或者共益债务的,按照比例清偿。债务人财产不足以清偿破产费用的,管理人应当提请人民法院终结破产程序。人民法院应当自收到请求之日起十五日内裁定终结破产程序,并予以公告。"据此规定,破产费用和共益债务的清偿遵循以下原则:

第一,破产费用和共益债务由债务人财产(破产财产)随时清偿。随时清偿,即不依照破产程序中的清偿顺序清偿,不需经过债权申报与确认,不必待破产财产分配时一并偿付,管理人可以随时从破产财产中预支或拨付。破产费用和共益债务一般是按其发生的时间先后顺序随时清偿。[1]

第二，破产费用优于共益债务清偿。虽然这两者均可获得随时清偿，但当破产财产不足以清偿所有破产费用和共益债务时，破产费用应当优先清偿，这样可以保证破产程序的顺利进行。

第三，破产财产不足以清偿所有破产费用时，各类破产费用按比例清偿；破产财产足以清偿破产费用但不足以清偿所有共益债务时，共益债务按比例清偿。这是破产费用或共益债务的内部分配规则。

第四，破产财产不足以清偿破产费用时，提前终止破产程序。债务人财产虽然不足以支付所有破产费用和共益债务，但是破产企业的出资人或者其他利害关系人愿意垫付相关费用的，经人民法院同意，破产程序可以继续进行。这样可以避免因破产企业财产不足，导致破产程序无法进行。

第六节　破产清算程序的终结

一、破产清算程序终结的情形

考虑到破产清算程序终结是破产程序终结最典型的程序，故本节主要围绕破产清算程序终结展开阐述。破产清算程序的终结意味着债权人和债务人以及其他参与者在破产程序中的身份和相关流程划上了一个句号。根据《企业破产法》的相关规定，可以将破产程序终结归纳为三种情形。

（一）破产财产分配完毕而终结

这是破产程序终结的最普遍形式。依照《企业破产法》第一百二十条第二款的规定，破产财产分配完毕后，无论是否所有的债权均能得到全部清偿，管理人都应当及时向人民法院提交破产财产分配报告，并提请人民法院裁定终结破产程序。在上海法院2011年裁定终结的50件破产清算案件中，破产财产分配完毕后终结的案件数为33件，占结案总数的66%。[2] 在上海法院2012年前三季度裁定终结的28件破产清算案件中，破产财产分配完毕后终结的案件数为10件，占结案总数

〔1〕 奚晓明主编：《最高人民法院关于企业破产法司法解释理解与适用》，人民法院出版社2007年版，第215页。

〔2〕 数据来源于上海市高级人民法院《2011年全市法院商事案件统计分析》。

的35.7%。[1]

（二）无财产可供分配而终结

《企业破产法》第一百二十条第一款规定："破产人无财产可供分配的，管理人应当请求人民法院裁定终结破产程序。"它是破产人财产不足以清偿破产费用的终结形式。破产费用包括破产案件的诉讼费用，管理、变价和分配债务人财产的费用，管理人执行职务的费用、报酬和聘请工作人员的费用等。《企业破产法》规定破产费用应由债务人财产随时清偿，并在破产分配实施之前从债务人财产中优先支付。当破产财产都不足以清偿破产费用时，破产清偿程序继续进行已没有任何实际意义，因此《企业破产法》第四十三条规定："债务人财产不足以清偿破产费用的，管理人应当提请人民法院终结破产程序。人民法院应当自收到请求之日起十五日内裁定终结破产程序，并予以公告"。在上海法院2011年裁定终结的50件破产清算案件中，无财产可供分配终结的案件数为16件，占结案总数的32%。[2] 在上海法院2012年前三季度裁定终结的28件破产清算案件中，无财产可供分配终结的案件数为7件，占结案总数的25%。[3]

[案例10.16]上海某试剂有限公司破产清算案

在杨浦区法院审理的上海某试剂有限公司破产清算一案中，管理人提出的财产变价方案经债权人会议表决一致通过后，管理人根据实际情况向法院提出申请，称上海某试剂有限公司财产经变价后总额为人民币207892.81元，实际发生破产费用总计272324.35元，尚余8000元未支付，共计破产清算费用约280324.35元，鉴于财产已经不足以清偿破产费用，管理人请法院终结破产程序。法院经审查认为管理人的申请符合法律规定，因此裁定终结上海某试剂有限公司破产程序。

（三）其他特殊情形的终结

实践中还存在适用极少的一种终结情形，即破产条件消失的终结。《企业破产法》第一百零八条规定："破产宣告前，有下列情形之一的，人民法院应当裁定终结破产程序，并予以公告：（一）第三人为债务人提供足额担保或者为债务人清偿全部到期债务的；（二）债务人已清偿全部到期债务的。"在破产宣告前，第三人为债务人提供了足额担保或者为债务人清偿全部债务的，或者债务人自己已经全部清偿全部到期债务的，这时因债权得到了全额清偿，人民法院依职权终结破产程序。

---

〔1〕 数据来源于上海市高级人民法院《2012年全市法院商事案件统计分析》。

〔2〕 数据来源于上海市高级人民法院《2011年全市法院商事案件统计分析》。

〔3〕 数据来源于上海市高级人民法院《2012年全市法院商事案件统计分析》。

二、破产程序终结的流程

(一)管理人申请

管理人的申请是人民法院裁定破产程序终结的法律依据。若管理人未提出终结申请,法院不能依职权自行作出破产程序终结裁定。如果人民法院认为破产财产已分配完毕,管理人怠于申请破产程序终结的,可以适用《企业破产法》第一百三十条的规定:“管理人未依照本法规定勤勉尽责,忠实执行职务的,人民法院可以依法处以罚款;给债权人、债务人或者第三人造成损失的,依法承担赔偿责任”。申请时,管理人应提交破产财产分配报告,并作出说明。实务中,有的管理人为证明自己依法履行了清算职责,还会一并提交另行委托审计机构作出的清算工作审计报告。

(二)法院审查

人民法院收到管理人提交的终结破产程序的申请后,应当作出审查,以便作出是否终结破产程序的裁定。法院在破产清算的审查过程中,应当及时地有针对性地给予管理人以指导。

以下附录一份人民法院在破产清算案件中发给管理人的法律指导意见书,供参考。

[案例10.17]《中富证券破产案件法律指导意见书》(摘录)[1]

1.职工安置、拖欠工资补发等问题已处理完毕。职工已经进行安置,拖欠工资、社会保险、经济补偿金已经补发、补缴,不存在集资款问题,符合条件的职工已办理提前退休手续,留守员工已解聘。

2.资产清理已完成。现有资产已经清理完毕,不存在待处理的产权不清晰资产,资产处置的手续合法,资产变现手续已完成,不存在账外资产,取回权的行使符合法律规定。

3.债权的申报、审核和确认已完成。未遗漏债权,有异议而起诉的债权或其他诉讼、仲裁未决的债权,在表决、分配时已作分配额提存的相关安排,抵销权的行使符合法律规定。

4.对外债权的追收已完成。对外债权明确且不存在争议的债权,对外债权已经追收完毕,抵销权的行使符合法律规定,对确实无法追回的应收款进行的账务核销工作完成。

5.对外投资的清理工作已完成。对外投资的清理工作已经完成,对外投资设

---

〔1〕 上海市第二中级人民法院《中富证券破产案件法律指导意见书》。

立的企业，经审计评估后，已转让股权，因股权评估值为负数时，已无回收投资的可能，则停止清收，不存在无法变现的对外投资股权，存在股权无法转让，而又难以界定收回投资款的可能时，则可以考虑对该下属企业进行清算。

6. 破产费用和共益债务的支出符合规定。管理、变价和支配债务人财产的费用支出符合法律法规及司法解释规定，管理人执行职务的费用、报酬和聘用工作人员的费用支出符合法律法规及司法解释规定，共益债务的发生符合法律法规及司法解释规定，行政清算组在行政处置期间的费用，作为破产费用的，应经证券监督管理机构核准，对破产终结时未尽事宜所需破产费用，已作合理的预支安排，破产费用和共益债务的支出已经过审计。

7. 破产财产已分配 。破产财产分配方案经债权人会议表决通过，并由法院裁定后，管理人已实施分配，对未领受分配款的债权、对诉讼或仲裁未决的债权、附条件或附期限的债权作了提存处理，若拟在破产终结后进行追加分配，应将相关方案报债委会和债权人大会审核批准，并预先做好相关工作安排。

8. 破产终结审计。在召开破产终结前最后一次债权人大会之前，应当进行破产终结审计。审计范围是进入破产程序之后，围绕本破产案件发生的所有财务收支，其中与破产管理人相关的破产费用支出（管理、变价和支配债务人财产的费用、管理人执行职务的费用、报酬和聘用工作人员的费用）。按会计准则进行专项审计，做到账目清楚、会计凭证真实合法。该破产终结审计报告应提交债权人委员会、债权人大会审查。对与破产管理人相关的费用支出部分，若债权人委员会、债权人大会对终结审计报告该部分内容持有异议，应当聘请第三方注册会计师事务所进行独立审计。

（三）法院裁定

人民法院应当自收到管理人终结破产程序的请求之日起十五日内作出是否终结破产程序的裁定。

（四）法院公告

裁定终结的，应当予以公告。

（五）文书送达

破产程序终结后，裁定文书的送达工作是否到位涉及权利人后续权利是否得到保障，但是在实践中，债权人的数量有时异常庞大，且联系方式也并不完全为法院所掌握，此时相关文书的送达就存在障碍。根据上海法院听取许多管理人意见后汇总的情况，终结的裁定文书以通过管理人向各个债权人送达为宜。

三、破产程序终结的后续工作

（一）办理工商、税务注销

《企业破产法》第一百二十一条规定："管理人应当自破产程序终结之日起十日内，持人民法院终结破产程序的裁定，向破产人的原登记机关办理注销登记。"破产程序一旦终结，营业执照、税务登记证及法人代码证书应注销。但实践中，也存在因公章无法收回、欠缴税款有争议导致破产终结后无法进行工商、税务注销的情形。

［案例10.18］上海某金属材料有限公司公司清算案

在黄浦区法院审理的上海某金属材料有限公司公司清算案件中，该公司公章遗失，工商局对清算组提出的工商注销申请不予准许。该情形导致终结程序的后续工作无法完成。

上述案例虽为公司清算案件，但在破产案件中也可能发生类似无法注销的情况。

［案例10.19］上海某汽车传动有限公司破产清算案

在宝山区法院受理的上海某汽车传动有限公司破产案件中，2010年12月，法院裁定终结破产清算程序后，管理人按照相关程序办理公司注销手续。但在进行税务注销时受阻，原因是税务稽查分局认为该公司应补缴2009年1月至2010年6月的房产税，管理人认为税务局已于前期申报了税款债权并得到全额债权，现再次提出仍有欠缴税款需追偿，已过法定申报期限且公司破产程序已经终结，再无财产可分配，因此提出税务注销的申请。

综合以上情况，实践中建议行政机关对此类情况作出特别规定，在破产终结后公司遗失公章等情况下，通过特殊途径进行工商、税务注销，达到法律和行政效果的统一。

（二）办理行政许可注销

在涉及食品、药品的企业终结时，应对相关食品、药品许可证进行注销，这需要行政部门予以配合。

（三）印鉴、档案的处理

破产程序终结，应将破产企业及其分支机构的公章、财务章、法定代表人章、合同专用章缴存并销毁，同时对档案进行妥善保存。实践中对档案有以下几种处理方式：

1. 管理人制作光盘、电子档案。管理人可聘请中介机构对相关档案进行数字化处理，可制作光盘和电子档案。

2. 法院保管。实践中若档案材料数量较少,也可委托法院进行保管。但这样一来增加了法院的人力物力,也不便当事人日后进行查询,因此我们并不推荐此方法。

3. 股东保管。可将档案材料归类整理后交破产企业上级主管单位、股东保存,但需制作笔录,严格办理交接手续。

(四)管理人停止工作

《企业破产法》第一百二十一条规定:"管理人应当自破产程序终结之日起十日内,持人民法院终结破产程序的裁定,向破产人的工商登记机关办理注销登记。"第一百二十二条规定:"管理人于办理注销登记完毕的次日终止执行职务。但是,存在诉讼或者仲裁未决情况的除外。"

(五)补充分配

《企业破产法》第一百二十三条规定:"自破产程序依照本法第四十三条第四款或者第一百二十条的规定终结之日起二年内,有下列情形之一的,债权人可以请求人民法院按照破产财产分配方案进行追加分配:(一)发现有依照本法第三十一条、第三十二条、第三十三条、第三十六条规定应当追回的财产的;(二)发现破产人有应当供分配的其他财产的。"

在破产财产最后分配完毕及破产程序终结之后,自终结之日起二年内,又发现债务人存有应用于破产分配的财产或应追回用于破产分配的财产,由法院按照破产分配方案对未得到完全清偿的破产债权进行补充分配。追加财产的范围包括依照撤销权制度和无效行为制度追回的财产,向破产企业董事、监事及高级管理人员追回的财产,破产申请受理后六个月内债务人个别清偿的财产;此外还包括破产程序中因纠正错误支出收回的款项、因权利被承认追回的财产、债权人放弃的财产和破产程序终结后实现的财产权利等。若拟在破产终结后进行补充分配,应将相关方案报债权人大会审核批准并预先安排好相关工作。

1. 恢复管理人工作。在对破产财产进行补充分配时,法院应依法裁定恢复管理人,制定补充分配的方案并负责执行。

2. 案件案号的处理。发现债务人存有应用于破产分配的财产或应追回用于破产分配的财产需要进行补充分配时,法院裁定时采用何案号?实践中的做法是仍然沿用第一次分配时的案号,这样做体现了财产分配的前后一致性。

3. 通知全体债权人。破产财产的补充分配,仍应严格按照第一次分配的顺序及程序要求,将补充分配的财产情况通过公告的形式通知全体债权人,让债权人能够充分实现其债权。

4. 补充分配。补充分配方案的制定与执行与在裁定终结前的一致,管理人应当及时拟订破产财产分配方案,提交债权人会议讨论。破产分配方案的内容应包括不同破产财产的变价情况以及不同清偿顺位债权人的分配额。破产财产分配方案经人民法院裁定认可后,由管理人执行。管理人按照破产财产分配方案实施多次分配的,应当公告本次分配的财产额和债权额。

第十一章　破产案件热点难点问题探讨

本书前十章以《企业破产法》的章节编排为主线,对破产法的相关内容进行了系统梳理,其中穿插了若干鲜活的案例予以说明阐释。然而法律往往落后于司法实践,实践中遇到的问题不一定都有明确的法律规定,何况即使有明文规定,如何理解也有差异。加上《企业破产法》是一部综合性很强的法律,既涉及实体问题,也涉及程序问题,因此尚有一些问题暂难定论。本章将列举一些实践中已经遇到的争议颇大的或值得重视的疑难问题,这些问题来源于实践。我们将在本章中与大家共同研讨这些问题,以引发思考,拓宽思路,这样有利于今后司法实践的进一步探索和相关立法的进一步完善。

第一节　破产案件受理审查中的疑难问题

一、申请保证人破产是否应受理

[案例 11.1] A 银行、B 银行申请 Y 房地产开发经营有限公司破产案

Y 房地产公司系 A 银行和 B 银行的担保债务人,Y 房地产公司为两家进出口公司拖欠 A 银行、B 银行的债务承担连带保证责任。经法院强制执行,Y 房地产公司仍无力清偿债务,A 银行、B 银行遂于 2010 年 6 月申请 Y 房地产公司破产。

Y 房地产公司拥有的主要财产是某国际大厦,该房产已由上海市第一中级人民法院委托评估拍卖,拍卖金额为人民币 6.1 亿元。Y 房地产公司共有抵押担保债务约 4 亿元(含利息),其他普通债务约 5.7 亿元。

法院经审查后裁定受理了 A 银行、B 银行对 Y 房地产公司的破产清算申请,理由如下:A 银行和 B 银行作为被申请人 Y 房地产公司的债权人身份确立,Y 房地产公司不能清偿到期债务,且资产不足以清偿全部债务,亦明显缺乏清偿能力,符合《企业破产法》第二条规定的破产原因。

之后,法院于2011年11月18日裁定宣告Y房地产公司破产,并于同年11月25日召开第三次债权人会议讨论财产分配问题。对于破产程序结束后,Y房地产公司作为担保人对于被担保人的追索权问题,法院的做法则是将该追索权交由Y房地产公司的最大债权人,即税务机关行使。

《企业破产法》对申请保证人破产问题未作专门规定,对在主债务人仍存续的情况下,保证合同的债权人是否可以直接申请宣告连带保证人破产,法院对申请保证人破产是否应受理,存在两种不同的观点。一种观点认为,不应予以受理,因为主债务人处于存续状态,则债权人仍有可能得到部分或全部清偿,未受清偿的债权额存在不确定因素,随时可能因主债务人的履行而减少甚至清零。在债权人的债权尚不能确定的情况下,无法判断保证人是否存在破产原因,申请保证人破产自然行不通。另一种观点认为,只要保证人确实已达到破产界限,就应予以受理,否则债权人的债权担保则可能会落空。而且,《担保法》第十八条第二款规定:"连带责任保证的债务人在主合同规定的债务履行期届满没有履行债务的,债权人可以要求债务人履行债务,也可以要求保证人在其保证范围内承担保证责任"。因此,在法律并没有明确禁止的情况下,即便主债务人尚处于存续状态,只要保证人已经具备启动破产程序的原因,保证合同的债权人也可以直接申请宣告连带保证人破产。

我们认为第二种观点更加符合破产法的规定,在法无明文禁止的情况下,破产案件的受理不应当存在其他障碍。但是需要进一步讨论的问题是,一旦受理,就会存在后续处理方面的难题,即保证人被宣告破产后,其对于债务人所享有的追偿权应当如何行使。毕竟破产宣告后,企业主体资格即不存在;即使一时还没有注销,该企业也名存实亡。若由尚未注销的破产企业本身或者其管理人行使追偿权,那么追索回来的债权如何处理?这的确是一个两难的问题,需要在实践中探索,更有待最高人民法院相关司法解释进一步明确。

二、债权人同时申请债务人和保证人破产应当如何处理

[案例11.2]债权人上海贞元投资管理有限公司申请债务人上海繁泰物资实业有限公司破产案,[1]债权人上海贞元投资管理有限公司申请保证人上海飞鸣特种容器厂破产案[2]

2001年,中信银行上海分行与上海繁泰物资实业公司、上海飞鸣特种容器厂就借款合同欠款纠纷进行了诉讼。根据(2001)黄浦经初字第2037号判决,上海

---

〔1〕 上海市嘉定区人民法院(2012)嘉民二(商)破字第2号。

〔2〕 上海市嘉定区人民法院(2012)嘉民二(商)破字第3号。

繁泰物资实业公司应当支付中信银行上海分行欠款人民币190万元及相应利息，上海飞鸣特种容器厂对上述债务承担保证责任。2002年，中信银行上海分行申请对上述债务强制执行，又于2005年申请恢复执行。因被执行人无财产可供执行，法院裁定本案终结执行。之后，上海贞元投资管理公司受让了中信银行上海分行对上海繁泰物资实业公司以及上海飞鸣特种容器厂的债权及相关从权利，取得了债权人地位。债权人上海贞元投资管理公司认为债务人上海繁泰物资实业公司及其连带保证人上海飞鸣特种容器厂不能清偿全部到期债务，遂向法院同时提出分别对上海繁泰物资实业公司和上海飞鸣容器厂破产清算的申请。

对于债务人及其保证人的破产申请是否应当同时受理，存在两种观点。一种观点认为，不应当同时受理。理由是，如果债务人和保证人同时破产，则债权人可能重复受偿，对于债务人和保证人的其他债权人来说并不公平。该观点进而认为，应当首先受理对主债务人的破产申请，在主债务人破产程序终结后，对于未受清偿的部分，由保证人偿还，保证人不能偿还的，则进入破产程序。另一种观点认为，应当同时受理。因为债务人和保证人同时破产，在操作上便于协调处理，在法律上并无障碍。

我们倾向于第二种观点，在符合条件的情况下，可以同时受理债权人对主债务人和保证人提出的破产申请。具体理由如下：第一，从法律规定来看，破产法并没有关于同时申请债务人和保证人破产的禁止性规定。第二，若等到主债务人破产程序终结后再受理对连带保证人的破产申请，事实上对债权人的权利进行了限制，且此时可能连带保证人的偿债能力也发生了变化。第三，同时受理破产申请并不意味着同时结束破产程序，需先结束破产程序的企业破产财产可以先行分配，后结束破产程序的企业破产财产则在剩余债权额范围内根据比例加以分配，不会产生重复受偿的问题。第四，即使两个破产案件同时结束，债权人重复受偿的问题，也完全可以通过财产分配环节的手段解决：其一，债权人从两个破产程序中分得的财产总额超过其应享有的份额的，应将超过部分退给保证人，供保证人的其他破产债权人共同受偿；其二，先分配主债务人财产，不足部分再分配保证人财产；其三，债权人从保证人处获得的清偿应先予以提存，待债权人从主债务人处所获清偿额明确后再视情况予以分配。

第二节　证券公司破产案件中特殊财产的取回权问题[1]

在证券公司破产案件中，证券公司的财产较为复杂，既有客户的交易结算资金，也有证券公司的自有证券资产，还有其他类别的财产如房产、汽车。由于客户交易结算资金等资产相对于实物资产而言具有一定的抽象性，而且在法律上缺乏明确界定，因此，不少债权人在破产案件审理过程中主张取回权，包括要求取回被挪用的证券交易结算资金、股票、国债等。“特定化”是取回资金的前提条件，也就意味着相关财产不能被混同。如果相关财产特定化之后被挪用，甚至被混同，则取回权的行使规则将变得复杂。

一、客户交易结算资金的取回权

根据2004年中国人民银行、财政部、中国银行业监督管理委员会、中国证券监督管理委员会四部委联合发出的《个人债权及客户证券交易结算资金收购意见》，“收购的客户证券交易结算资金范围”项下的内容为：“客户证券交易结算资金指经纪业务的客户为保证足额交收而在证券公司存入的资金，出售有价证券所得到的所有款项（减去经纪佣金和其他正当费用），持有证券所获得的股息、现金股利、债券利息，上述资金获得的利息。金融机构处置以前法院已判决的属于收购范围内的客户证券交易结算资金。个人债权人可以选择接受收购，并按本意见执行；也可以选择参加被处置金融机构的最后清算，同时签署参与清算确认书，如果最终清算受偿金额低于收购额，不予补偿。”可见，正常的客户交易结算资金均能获得全额收购，客户不会因此而受到损失，但仍有必要探讨其性质。

客户交易结算资金与储户在银行存款的性质有所不同，虽然它们均以货币形式表现。在一般情况下，在货币的占有与所有的关系上，货币的所有者与占有者归于一致，这被称为“所有与占有一致”原则。根据该原则，银行与储户之间的关系是债权债务关系而非物权关系，因此，在银行破产的情况下，客户对银行仅能主张债权而无法主张取回权。但是，货币被特定化以后，便有了物权性质。目前，客户交付的客户交易结算资金全额存放于客户交易结算资金专用存款账户和清算备付

〔1〕 选自上海市第二中级人民法院课题组：“证券公司破产若干法律问题研究”，载《商事审判指导》2009年第4期，人民法院出版社2009年版。

金账户，因此交易结算资金是特定化的货币，是客户自己的财产。2004年11月9日，最高人民法院曾发出《关于冻结、扣划证券交易结算资金有关问题的通知》，该通知明确规定："证券公司将客户交易结算资金全额存放于客户交易结算资金专用存款账户和结算备付金账户，将自营证券业务的自有资金存放于自有资金专用存款账户……当证券公司为被执行人时，人民法院可以冻结、扣划该证券公司开设的自有资金存款账户中的资金，但不得冻结、扣划该证券公司开设的客户交易结算资金专用存款账户中的资金"。这也明确了客户交易结算资金的特殊性质。

《证券法》第一百三十九条规定，"证券公司不得将客户的交易结算资金和证券归入其自有财产。禁止任何单位或者个人以任何形式挪用客户的交易结算资金和证券。证券公司破产或者清算时，客户的交易结算资金和证券不属于其破产财产或者清算财产。"这表明，我国现行的法律体系，实际上是确认了客户对客户交易结算资金的所有权，因此，在证券公司破产时，客户交易结算资金不属于破产财产，在未被挪用的情况下，客户对交易结算资金享有取回权。

在交易结算资金被挪用的情况下，如果仍能加以识别，或有明确的代位物，则所有权人可依据物上请求权以及民法上代位物的理论主张取回权。但这种情况比较少见。大部分的情况是证券公司利用客户交易结算资金从事自营业务，并将自有资金与该账户内的资金混同，致使客户交易结算资金与证券公司本应用于承担自身债务的资金无法区别。在这种情况下，所有权人不能主张取回权，而只能确认对证券公司的侵权之债或者违约之债，在破产程序中与其他债权人一起依法受偿。

二、证券资产的取回权

我国对证券持有制度实行的是直接持有制度和全面无纸化，上市交易证券大部分以投资者自己的名义记录在中国证券登记结算有限责任公司的电子簿记系统中，少部分证券则登记在名义持有人的名下。一般情况下，不同投资者的证券之间不发生混同，能够直接和单独判定所有权。在该直接持有体制下，投资者与证券公司之间的关系为托管关系，证券公司作为管理人，只不过是根据客户的指令对托管在其处的证券进行买卖，并未对证券资产享有所有权。因此，在证券公司破产的情况下，如果投资者的证券资产未被挪用，应将托管的证券归还给投资人。

由于证券公司的违规操作，实践中不乏证券资产被挪用的情况。挪用方式有许多种，一是擅自将客户的股票抛出后将所得资金转出，此情况相当于挪用了客户交易结算资金；二是直接将客户的证券账户挂至证券公司控制的账户上进行交易；三是证券公司擅自为客户办理融资回购业务并将融资款转出客户账户进行使用。在第二种情况下，如果被挪用的股票仍可以识别，或有明确的代位物，则此时证券所有权人可以在破产程序中主张代偿取回权；如无法识别的，则所有权人对证券公司的债权构成一般债权。

第三种情况较为复杂，涉及融资融券交易。尤其在国债回购交易这一特殊的领域，此前长期采取的主席位清算和标准券制度，实际上使得证券公司得以在客户和中国证券登记结算有限责任公司均不知情的情况下，将客户证券用于自己回购融资，从而在到期无法履行回购义务时使作为质物的客户证券面临质押权人的权利主张。在这种情况下，客户的证券所有权就同质押权人的质押权发生了冲突。尽管我国《证券法》的颁布为融资融券交易的开展提供了法律上的依据，但由于目前我国尚未出台具体的管理办法对融资融券交易进行规定，也没有明确证券登记结算公司在这类业务中的具体地位及作用，故中国人民银行、财政部、中国银行业监督管理委员会、中国证券监督管理委员会四部委 2005 年 1 月 28 日联合发布的《个人债权及客户证券交易结算资金收购实施办法》（以下简称《收购实施办法》）未作明确表态，仅仅规定“正常经纪业务客户（含机构客户）证券被金融机构挪用、用于回购融资或以其他侵权方式处分的，按被挪用的证券类别单独登记，认真甄别，从严核实，明确责任，统筹研究”。随着风险处置工作的深入开展，相关政策对这一问题有了进一步的明确规定。证监会风险办颁布的[2007]84 号文件《被处置证券公司账户清理工作指引》规定，“机构委托理财账户中资金或证券被证券公司挪用、用于回购或以其他侵权方式处分的，按机构债权处理。机构委托理财账户中权属清晰、未被挪用、未被担保的证券，属客户所有，在证券公司进入破产程序后，经法院审查同意后由客户取回；存在其他债权债务关系影响到股票所有权判断的，另行甄别处理。”根据证监会风险办[2007]84 号文件，上海市第二中级人民法院在处理中富证券公司破产案件过程中，较好地处理了债权人行使取回权的问题。

[案例 11.3]中富证券公司破产案〔1〕

在中富证券公司破产案中，浙江苏嘉医疗器械股份公司、苏州煤炭工贸公司、象山县绿叶城市信用社有限责任公司、温州色织厂及浙江莹光化工有限公司五家单位要求对其在中富证券公司账户内的股票行使取回权。上述五家公司的基本情况均为，公司与中富证券签订委托理财合同后，将资金汇入该公司在中富证券开设的资金账号，用于购买股票或国债。但中富证券为配合德隆系坐庄，在为公司购买国债后又将所购国债抛出，买入了湘火炬（该股票已通过股改更名为潍柴动力）等德隆系股票。由于当时股市大幅上涨，上述公司认为取回股票抛售所得收益可能超过债权申报后破产分配获得的财产，故愿意放弃部分债权转而行使股票取回权。

---

〔1〕 上海市第二中级人民法院（2007）沪二中民三（商）破字第 2 号。

法院认为,五家公司账户内的证券资产虽然并非为原先约定的国债,但抛售国债后购买的股票进入该五家公司账户,权属较为清晰,并未被挪用,故五家公司的取回权请求不违反法律规定,符合证监会相关文件精神,因此同意管理人在切实审核确定五家公司委托理财性质、账户权属清晰、证券资产未被挪用、权利人对账户内剩余资金及其他可能的债权全部放弃主张的情况下,准许五家公司行使取回权。

事实上,针对证券公司破产案件中的特殊取回权问题,2007 年 11 月 20 日,最高人民法院民二庭在全国法院证券公司破产案件审理工作座谈会上,总结出以下四条规则:(1)在独立封闭证券账户和资金账户内的运作的委托资产,能与证券公司的自有资产及其他客户资产相区别的,委托理财账户内的资产应归属于委托人所有,委托人可以行使取回权;(2)被挪用的情况下,若被挪用后的委托资产与其他客户资产发生混同,但独立于受托人自有资产的,委托人与其他客户可以按照资产比例享有取回权;(3)如果证券公司违规挪用客户资金和证券,关系清楚、财产并未混同,管理人追回后,可由相关权利人行使代偿性取回权;(4)如果已经形成资金混同,债权人不能行使取回权,而应当通过申报债权的方式处理。

第三节 破产衍生诉讼集中管辖与其他民事诉讼管辖规则冲突时的协调问题

本书第七章中已经提到,按照人民法院受理破产申请时相关民事诉讼是否已经开始为标准,把受理破产申请前已经开始尚未终结的有关债务人的民事诉讼称为既有民事诉讼,把受理破产申请后新提起的有关债务人的民事诉讼称为后发民事诉讼。根据《企业破产法》第二十一条规定,“人民法院受理破产申请后,有关债务人的民事诉讼,只能向受理破产申请的人民法院提起”。可见,破产案件的受理并不改变既有民事诉讼的管辖,只是对后发民事诉讼的管辖产生影响。

从理论上讲,按照特别法优于一般法的法律适用规则,企业破产法类似于民事诉讼法的特别法,那么对于破产案件审理过程中涉及的程序性规则,破产法的适用应当优先于民事诉讼法。具体到管辖方面,对有关债务人的后发民事诉讼,破产受理法院的管辖权应当优先于根据民事诉讼法规定享有管辖权法院的管辖权,不再受民事诉讼法关于地域管辖、级别管辖、专属管辖等规则的约束。

但在我国现行司法体制下,存在专门法院管辖、涉外、知识产权案件集中管辖、特别指定管辖等单行管辖规则。对这些单行管辖规则与破产管辖特别规定存在直接冲突时,如何选择适用存在争议。

司法实践中，有如下几个争议较大的管辖冲突情形。

一、破产法院集中管辖与海事海商等专门法院管辖的冲突

实践中，破产债务人对外的债权债务涉及海事海商等法律关系的情形时有发生。基于海事海商案件的专属管辖特点，在理解适用《企业破产法》的管辖规定特别是第二十一条的适用范围时，就会产生上述争议。

[案例11.4]上海某电子公司申请破产重整案

闵行区法院于2008年5月22日受理债务人上海某电子公司申请破产重整案，该院于2008年6月16日裁定准予债务人重整，于2009年8月14日裁定终结重整程序，宣告债务人破产。破产宣告后，上海海事法院受理原告某商船公司诉债务人上海某电子公司海上、通海水域货物运输合同纠纷案，在该案审理期间债务人以破产衍生诉讼集中管辖为由提出管辖异议，上海海事法院遂将案件移送闵行区法院审理。

该案中，对后发民事诉讼到底是在海事法院审理还是在闵行区法院审理，有两种不同观点。第一种观点认为，应当由海事法院审理，有两方面的理由：一是海事海商诉讼案件的专属管辖特性。根据我国《海事诉讼特别程序法》第四条的规定，“海事法院受理当事人因海事侵权纠纷、海商合同纠纷以及法律规定的其他海事纠纷提起的诉讼”，即海事海商诉讼由海事法院专属管辖。二是海事海商法律的特殊性。在众多的权利义务规则方面，海事海商法律与普通商事法律之间存在不同的技术规则和判断标准。这样，有权受理破产案件的地方法院很可能会因为海事海商审判力量的缺乏而无法妥善处理海事海商争议，从而造成审判公平和效率的问题。第二种观点认为，应当由闵行区法院审理，理由如下：从法律解释的角度看，属于海事海商诉讼范围的海上运输合同违约、海上事故损害赔偿、海难救助、共同海损、港口作业争议等的管辖，在民事诉讼法中即有明确规定，我国《海事诉讼特别程序法》也是作为民事诉讼法的特别法而存在的。因此，海事海商诉讼属于特殊种类的民事诉讼。而《企业破产法》第二十一条的集中管辖规则优先于民事诉讼法确定的所有管辖规定，包括特殊种类的民事诉讼。因此，按照法律适用的位阶，破产案件受理后因海事海商争议所引起的后发民事诉讼程序按《企业破产法》第二十一条的规定，属于破产法院集中管辖的有关债务人的民事诉讼，由破产受理法院处理为宜。经逐级请示，上海法院对该案的批复意见为，从利于厘清法律关系，更专业审理案件角度考虑，案件由上海海事法院审理为宜，并指出如实体审理后认定债务人需要承担责任，上海海事法院应加强与闵行区法院的沟通协调。最终批复指定相关案件仍由上海海事法院审理。

二、破产法院集中管辖与知识产权案件等集中管辖的冲突

最高人民法院《关于审理专利纠纷案件适用法律问题的若干规定》第二条规定，“专利纠纷第一审案件，由各省、自治区、直辖市人民政府所在地的中级人民法院和最高人民法院指定的中级人民法院管辖。”对知识产权纠纷中的著作权民事纠纷和商标纠纷案件也有类似的管辖规定。

上述管辖规定与破产法集中管辖规定在法律适用上存在冲突。《民事诉讼法》是一般法，而该专利司法解释是对《民事诉讼法》的补充解释，因此亦属于一般法，按特别法优先于一般法的法律适用一般规则，则破产案件的管辖应当优先适用破产法的规定，相关案件应由破产案件受理法院集中管辖。但毕竟知识产权案件审理在事实认定、法律适用方面与传统民商事案件均不相同，专业性较强，加上目前对于法律位阶的理解存在不同观点，在实践中还是遇到了当事人对管辖权提出异议的情况。

[案例 11.5]上海某汽车电子公司破产清算案[1]

青浦区法院于 2010 年 8 月 10 日受理债务人上海某汽车电子公司破产清算申请，并指定上海某清算事务所为管理人。管理人在破产清算过程中发现，债务人将其所有的 5 个专利和 2 个专利申请分别于同年 8 月 24 日和同年 9 月 28 日转让给债务人股东欧阳某。管理人发现上述行为后，于 2011 年 2 月 23 日向青浦区法院提起破产撤销权诉讼。

青浦区法院认为，该破产撤销权纠纷涉及专利权属问题，请示上级法院将案件移送上海二中院审理或者指定管辖。上海二中院批复：根据《企业破产法》第二十一条的规定，人民法院受理破产申请后，有关债务人的民事诉讼，只能向受理破产申请的人民法院提起。青浦区法院裁定受理上海某汽车电子公司破产清算申请后，管理人提起的民事诉讼应当由青浦区法院审理。此外，综观该案基本情况，该案虽可能涉及若干专利权的法律问题，但当事人主张的实质是专利无偿转让的效力问题，故仍属管理人提起的撤销权纠纷，非最高人民法院《关于审理专利纠纷案件适用法律问题的若干规定》中所指应由中级人民法院管辖的专利纠纷案件，也无须另行指定管辖。因此，青浦区法院对本案具有管辖权，应当依法继续审理。

从案例 11.4 和案例 11.5 可以看出，虽然这两个案件均是涉及海事海商或者专利权的专业性较强的后发民事诉讼，但上级法院在考虑是否由破产案件受理法

---

〔1〕 上海市青浦区人民法院(2010)青民二(商)破字第 2 号，上海市青浦区人民法院(2011)青民二(商)初字第354 号。

院进行审理时，考量因素则有不同。我们认为，管辖权的确定应当基于以下两个因素：首先，管辖权的确定应当有利于案件公正、效率地审理。最高人民法院之所以对相关专业性较强的类型案件专门指定有关法院审理，即是考虑到专门法院对专门案件的审判经验更加丰富，更有利于案件在实体上得到公正处理。其次，管辖权的确定还应当考虑后发民事诉讼与破产案件的关联程度。如果后发民事诉讼的实体审理并不涉及特定专业纠纷，只是表面有所涉及，那么不宜转到专门的法院审理，而应由破产案件受理法院进行审理为宜。当然，此管辖冲突问题还有待进一步明确规定。

与知识产权案件类似，涉外案件的管辖亦有专门的司法解释进行规定，涉外案件管辖的规定与破产法集中管辖的规定在法律适用上也会产生冲突。最高人民法院曾印发《全国法院涉港澳商事审判工作座谈会纪要》（法发[2008]8 号），该纪要关于案件管辖权中的第 5 条规定，“人民法院受理破产申请后，即使该人民法院不享有涉外民商事案件管辖权，但根据《中华人民共和国企业破产法》第二十一条的规定，有关债务人的涉港澳商事诉讼仍应由该人民法院管辖”。该纪要的规定明确了破产法院集中管辖优先适用原则，可以在处理相关冲突时加以参照。但鉴于知识产权、金融、涉外审判的专业性特别强，可考虑在对相关案件进行集中管辖的同时，调配专业审判力量加入破产审判合议庭，以提高办案质效。

上述两案例充分说明：当有关债务人的后发民事诉讼破产集中管辖与最高人民法院特别指定管辖规定冲突时，各法院的理解与做法不同，有的需要通过协商解决，该类冲突的解决尚需要进一步明确规定。我们认为，原则上可按破产集中管辖规则处理该类问题，但应当建立与特别指定管辖法院协调沟通机制，避免执法不统一情况发生。

三、破产法院集中管辖与特别指定管辖的冲突

在特定的历史阶段，对于一些具有重大影响的案件，出于国家和社会公共利益的考虑，或者对特殊主体、特定类型案件需要加强司法指导时，最高人民法院会出台专门的通知或其他文件，对特定问题作出特别规定，如《关于中国证券登记结算有限公司履行职能相关诉讼案件制定管辖问题的通知》。这些规定对于地方法院妥善处理相关纠纷起到了积极的指导作用。但这些司法文件的效力位阶如何认定，其与相关法律或者司法解释的规定产生冲突时应当如何处理的问题，给司法实践亦带来了不少困惑。

[案例11.6]亚洲证券公司破产案[1]

上海二中院于2007年5月30日依法受理亚洲证券公司的破产申请,并于次日宣告亚洲证券公司破产,指定破产管理人。2008年,原告某省劳动和社会保障厅认为亚洲证券公司接受其委托购买国债期间,越权就原告所有证券账户下国债在中国证券登记结算有限责任公司上海分公司(以下简称中登公司上海分公司)处进行回购登记,中登公司上海分公司在明知无原告授权的情况下仍接受亚洲证券公司的回购登记,并且办理了上述国债质押转移,造成原告损失。故原告诉至上海二中院,请求判令中登公司上海分公司赔偿损失,亚洲证券公司承担连带赔偿责任。[2] 中登公司上海分公司在提交答辩状期间提出管辖权异议,认为根据最高人民法院于2007年6月20日下发《关于中国证券登记结算有限公司履行职能相关诉讼案件指定管辖问题的通知》(法[2007]177号)的规定,最高人民法院指定中登公司及分支机构所在地的中级人民法院分别管辖以中登公司或其分支机构为被告、第三人的特定范围内的一审民事案件,中登公司上海分公司住所地位于上海市浦东新区,故认为本案应移送上海一中院审理。

本案中,上海二中院认为,中登公司上海分公司提出的本案移送理由符合上述最高人民法院法[2007]177号通知的规定,但由于亚洲证券公司破产申请已由上海二中院依法受理,根据《企业破产法》第二十一条有关债务人的后发民事诉讼集中管辖的规定,原告向上海二中院提起本案诉讼,上海二中院依法有权管辖。据此,上海市二中院于2008年7月24日裁定驳回管辖权异议申请。中登公司上海分公司对裁定不服,提起上诉,上海高级法院认为,亚洲证券公司已在上海二中院进入破产清算程序,根据《企业破产法》的规定,受理破产申请后有关债务人的民事诉讼只能向受理破产申请的人民法院提起。该规定适用于债务人进入破产程序的所有民事案件,其效力高于上述最高人民法院法[2007]177号通知。据此,上海高级法院于2008年9月8日裁定驳回上诉,维持原裁定。[3] 上述案件由上海二中院继续审理,现已审理终结。

[案例11.7]某电网公司诉华夏证券公司赔偿纠纷案[4]

原告某电网公司认为其与被告华夏证券公司及下属某营业部存在长期委托代理证券交易关系,委托期间,被告华夏证券公司及下属某营业部未经原告授权将原

---

[1] 上海市第二中级人民法院(2007)沪二中民三(商)破字第1号。

[2] 上海市第二中级人民法院(2008)沪二中民三(商)初字第93号。

[3] 上海市高级人民法院(2008)沪高民二(商)终字第80号。

[4] 上海市第一中级人民法院(2009)沪一中民三(商)初字第20号。

告的国债在第三人中登公司上海分公司处进行回购质押,导致原告的国债无法卖出,故于2005年11月29日诉至陕西省高级人民法院,要求确认原告拥有面值为1500余万元的04国债(5)并赔偿原告未卖出国债的实际损失等。陕西省高级人民法院于同日立案受理,于2006年3月13日以最高人民法院下发通知要求对华夏证券公司及所属证券营业部涉及的民商事案件暂缓审理为由,裁定中止案件审理。北京市第二中级人民法院于2008年7月31日裁定受理华夏证券公司申请破产清算案。而陕西省高级人民法院于同年11月10日以涉及中登公司上海分公司的民商事案件应由中登公司上海分公司所在地中级人民法院管辖为由,将案件移送上海一中院。

本案中,上海一中院经与受理华夏证券公司破产清算案的北京市第二中级人民法院协调,受理了上述案件,该案现已审理终结。虽然上海一中院受理案件的时间在华夏证券公司破产受理后,但该案2005年已经提起,应当属于有关债务人的既有民事诉讼,适用管辖恒定原则,由原受理法院管辖,故从严格意义上讲,北京市第二中级人民法院对该案并不具有集中管辖权。陕西省高级人民法院按照最高人民法院法[2007]177号通知将该案移送上海一中院,上海一中院依法对该案取得管辖权,与破产集中管辖并不发生冲突。

以上四个案例均出现了破产法院集中管辖与其他特别管辖冲突的情形,不同法院根据对相关法律规定的理解和具体情况的不同采取了一些不同的做法。

当然,从本质上看,上述四个案件的管辖权冲突问题,都来自对不同法律法规、司法解释或司法政策性文件的效力位阶的不同理解。在破产案件的审理中,何为一般法,何为特别法,两个特别法相冲突时应当如何选择适用,不同法院存在不同认识。以上案例中的做法均为现实条件下的综合选择,在最高人民法院出台更加明确的司法解释之前,对于类似案件的处理还是应当更加谨慎。值得肯定的是,下级法院在遇到不易处理的问题时,均能及时向上级法院上报请示,上级法院在综合衡量后作出裁定或指导意见,有利于在本辖区内形成统一共识,亦为最高人民法院出台更加明确的司法解释积累了有益经验。

第四节　上市公司重整中行政审批与司法程序的衔接问题

在上市公司重整的众多措施之中,非公开发行股票(定向增发)具有自身的独特优势,可以获得低成本的重整融资,引进战略投资者,以非现金对价购入优质资产,实现资产重组和业务重整。因为这一措施与债权人、中小股东的利益密切相关,非公开发行股票应在重整计划中予以陈述与说明,需要债权人(涉及"出资权益调整"的还要经过出资人组通过)分组通过后,由法院最终认可或强制批准。因此,这种行为受到司法权的约束,是各国破产法的普遍规定。

又根据我国证券法的规定,上市公司非公开发行新股,必须符合证监会规定的条件,并报证监会批准。具体而言,就是要符合《上市公司证券发行管理办法》和《上市公司非公开发行股票实施细则》规定的条件,并报证监会核准。证监会的审核程序规则主要涉及《中国证券监督管理委员会发行审核委员会办法》、《上市公司重大资产重组管理办法》和《上市公司收购管理办法》。《中国证券监督管理委员会发行审核委员会办法》第三十三条规定,"发审委会议审核上市公司非公开发行股票申请和中国证监会认可的其他非公开发行证券申请,适用本节规定。"也就是说,发审委审核上市公司非公开发行股票申请,适用"特殊程序"。《上市公司重大资产重组管理办法》第四十六条规定,"上市公司申请发行股份购买资产,应当提交并购重组委审核。"另外,股权的变化还涉及强制要约收购义务和相应的要约收购豁免申请程序。2008 年 11 月,中国证监会还颁布了《关于破产重整上市公司重大资产重组股份发行定价的补充规定》,规定"上市公司破产重整,涉及公司重大资产重组拟发行股份购买资产的,其发行股份价格由相关各方协商确定后,提交股东大会作出决议,决议须经出席会议的股东所持表决权的 2/3 以上通过,且经出席会议的社会公众股东所持表决权的 2/3 以上通过。关联股东应当回避表决"。由此可以看出,重整中上市公司非公开发行股票要受到人民法院和证监会的"双重监管",这就涉及司法权与行政权的衔接问题。

由于司法权与行政权有各自的特点,在上市公司重整中涉及的监管内容有所不同,两种权力或者说程序衔接不畅,成为实践中的疑难问题。最高人民法院副院长奚晓明也提出,"上市公司破产重整最大的难点是上市公司行政监管行为与破产重整程序的衔接问题"。[1] 一方面,如果在重整计划履行过程中,涉及股权调整或重大资产交易的事项不能得到证券监管部门批准,重整计划草案就得不到实际执行。而按照企业破产法的相关规定,债务人不执行或不能执行重整计划的,经管理人或利害关系人申请,人民法院应当裁定终止重整计划的执行。另一方面,根据企业破产法的规定,人民法院应当在收到提请批准重整计划的 30 日内,对认为符合法律规定的即作出批准裁定。而对于证券监管部门的行政审批,并无明确时间

[1] 参见奚晓明副院长在第二届中国破产法论坛上的讲话"正确审理企业破产案件 为维护市场经济秩序提供司法保障",载《民商事审判指导》2009 年第 2 辑,人民法院出版社 2009 年版。

限制，这就容易导致审批程序久拖不决。

以前文述及的（案例8.7）上海华源股份有限公司破产重整案为例。该案在2008年12月时，法律意义上的重整程序已经结束，但华源股份的股票要复牌交易，则需要目前业已确定的重组方向华源股份注入优质资产，从而恢复华源股份的盈利能力与持续经营能力，而这一切有待于行政审核的通过。就具体程序而言，应先召开股东大会就发行价格等相关议案进行表决，之后由证监会进行审核批准。上文提到，对于证监会的审批时间、审批标准是没有明确规定的。华源股份的破产重整又存在特殊之处，即华源股份要根据上述2008年11月《关于破产重整上市公司重大资产重组股份发行定价的补充规定》，以协商定价方式定向增发，其是新制度的试水者，各方均处于摸索过程中，这更加导致审批时间过长，从而引起部分债权人不满。最后经多方协商，获得监管部门同意，华源股份才于2009年10月底召开了临时股东大会进行表决。此时距离重整方案通过已经近一年了。

事实上，上市公司重整存在证券法、公司法和破产法等法律的交叉适用，因而不可避免会存在司法权与行政权的交叉问题。我们认为，两种权力的介入均是必要的，但在介入程度、介入时间上应当更加合理。在这一点上，美国的相关制度可以为我们所借鉴。

美国证券交易委员会（以下简称SEC）经历了一个介入程度由深变浅的过程。在旧《破产法》（Bankruptcy Act）中，必须先由SEC对破产重整计划进行审核，认定其具有公正性与可行性（fairness and feasibility）后，法院才能批准重整计划。1978年，美国国会颁布了《破产改革法》（Bankruptcy Reform Act），旧《破产法》随之被废止，新破产法最终以《美国联邦破产法典》（US Bankruptcy Code）的形式公布施行。这次革新的重大变化之一就是国会调整了重整程序中SEC的作用与地位，不再要求SEC先行批准重整计划。因此，在目前的美国破产法中，SEC在这类案件中的主要职责如下：（1）审阅重整中债务人“信息披露说明”（disclosure statement），以决定债务人是否已经对投资人与债权人披露了他们所需要知道的重要信息；（2）确保债务人股东的利益由官方委员会（official committee）得以代表和主张。通常情况下，SEC一般不参与重整计划草案的起草与谈判，但可以在可能影响公众投资者的重要法律问题上参与，比如SEC认为债务人公司高管在利用破产法来躲避证券欺诈诉讼时，可以积极介入。[1] 在破产法院与SEC的关系上，《美国破产法》第1109条a款专门规定了美国证监会有向法院陈述的权利（right to be heard），允许SEC在破产重整案件中提出法律问题、参与庭审、出庭陈述，但

---

〔1〕 参见SEC官方网站，http://www.sec.gov/investor/pubs/bankrupt.htm。

是,对于法院作出的裁判,SEC 无权上诉。[1]

从美国破产法的变革反观中国司法实践,我们认为与美国破产法的悠久历史不同(美国最早由国会颁布的破产法是《1800 年破产法》),中国上市公司重整是一个全新的程序,尚处于起步阶段。加上中国缺乏专业性的破产法院与破产法官,包括上市公司重整在内的各个方面都在逐步摸索过程中,因此,证券监管部门的介入是必要的。但是,从基本法学理论来看,司法权对于行政权具有监督制约作用,司法权确认通过重整计划之后再由行政部门来审批似乎不妥,我们在这一点上似应适当缩小行政审批权限。否则,在债权人、出资人表决通过、司法确认重整计划之后,重组成功的预期已经很高,各方也准备按该方案实际操作之时,行政部门如果再给出否决意见或者久拖不决,一方面会削弱司法权威,另一方面也会给行政部门造成骑虎难下之势。此外,从相关审批规定来看,定向增发"股份价格由相关各方协商确定后,提交股东大会作出决议",这些规定表明,在行政审批中对市场化与股东意思自治是比较重视的,因此,也应该尊重司法程序中的债权人以及出资人的意思自治,而不是以事后审批否认此前的私法自治。就程序上而言,甚至可以在重整程序中,一并将相关事项(如定向增发价格)加以表决,提高重整审批程序的效率。

综上,我们认为,在制度设计上应当充分考虑中国国情,可以在债权人、出资人表决通过之后,设计一个证券监管部门的审批阶段,明确相关的审批时间。上市公司应当自重整计划经表决通过或者提请人民法院强制批准重整计划前,及时向证券监管部门提出相关的行政许可申请,待证券监管部门作出相关行政许可决定后,人民法院再审查批准重整计划草案。如果在审批期限内监管部门没有审批完毕或者保持沉默,则法院可直接批准重整计划,这样可以解决行政程序与司法程序的协调问题,避免久拖不决。

目前,最高人民法院也注意到了这个问题,并且逐步解决。根据 2012 年《关于审理上市公司破产重整案件工作座谈会纪要》的安排,现阶段主要通过会商机制使证券监管部门提前介入,以加快相应的审批。会商机制即由最高人民法院将有关材料函送中国证券监督管理委员会,中国证券监督管理委员会安排并购重组专家咨询委员会对会商案件进行研究。并购重组专家咨询委员会应当按照与并购重组审核委员会相同的审核标准,对提起会商的行政许可事项进行研究并出具专家咨询意见。人民法院应当参考专家咨询意见,作出是否批准重整计划草案的裁定。如果人民法院裁定批准后,上市公司无须再行召开股东大会,可以直接向证券监管

〔1〕《美国破产法》§1109 Right to be heard。

机构提交出资人组表决结果及人民法院裁定书，以申请并购重组许可。并购重组审核委员会进行审核工作，应当充分考虑并购重组专家咨询委员会提交的专家咨询意见。并购重组申请事项获得证券监管机构行政许可后，应当在重整计划的执行期限内实施完成。这些制度安排应该会一定程度上解决衔接不畅的问题。

第五节　关联企业破产之实体合并的问题〔1〕

从法律角度来看，关联企业的每个成员都是独立的法律主体，其自然应当以独立人格承担法律责任，但当这些企业在经济层面上的联系紧密到一定程度时，其自身的独立地位发生了动摇，有限责任制度的正当性、合理性就受到社会公平正义价值目标的拷问。这在关联企业破产程序中，则表现为如何规制关联企业恶意转移、隐匿财产；如何保护相信关联企业独立性的债权人的利益等。

一、关联企业破产实体合并具有现实需求

破产是企业退出市场的重要方式之一。随着我国市场竞争的加剧和破产退出机制的建立健全，关联企业的破产现象日趋增多。近年来，我国先后出现广国投系关联企业破产清算案、德隆系关联企业破产清算案、特毅系关联企业破产清算案、南方证券关联企业破产清算案、沈阳欧亚集团破产清算案、北方证券公司破产清算案等关联企业破产案件，案件处理过程中出现了关联企业滥用法人独立人格，造成关联企业资产混同、人事混同、债权债务混同的基本现象。这些问题的存在对破产审理工作产生了不良影响。

第一，关联企业存在的问题增加了破产审理程序的复杂性。关联企业法律定位的不明确，导致法院对关联企业的识别、关联企业破产原因的审查标准、关联债权的认定等问题趋于复杂化。而关联企业盘根错节的组织架构和隐秘复杂的关联交易，又增加了法院界定关联企业之间财产和债权债务的难度。

第二，关联企业存在的问题影响了破产债权清偿的公平性。关联企业组织形式的不规范，导致关联企业无偿划拨、占用资产，无偿提供担保的现象不在少数，成员之间的资产权属不甚清晰，责任承担相互重叠。关联企业往往在个别成员破产时，转移资产至其他成员企业，这就使破产债权的清偿具备了不公平性。

---

〔1〕 节选自2008年上海法院中标的最高人民法院重点课题《关联企业破产实体合并法律问题研究》，课题主持人：上海市高级人民法院院长应勇；课题组成员：张海棠、邹碧华、俞秋玮等。

第三,关联企业存在的问题损害了破产退出机制的有效性。关联企业组织形式的不规范、监管机制的不健全,导致少数关联企业利用监管方面的漏洞,滥用关联关系和法人独立人格,恶意实施转移成员企业优质资产、经营利润,再通过申请破产来逃避债务等不诚信行为,严重损害破产退出机制实现市场主体优胜劣汰、市场资源重新配置的制度功能。

由于《企业破产法》对关联企业破产未有涉及,司法实践中显现的问题未能在立法层面上得到解决。如何选择一种既能体现公平正义又能兼顾程序效率,既能维护法人人格独立又能规范市场主体诚信退出机制的处理模式,业已成为处理关联企业破产的一道难题。实体合并规则即一项专门针对关联企业破产的特殊制度。该制度的基本含义为,将关联企业各个具有独立法律人格的成员企业的资产和负债进行合并,成员企业之间的负债归于消灭,合并后的资产统一清偿合并后的负债。

在关联企业破产司法实践的初期,法院基本上采取的是个别破产的处理模式。个别处理模式具有一定的优势,如成员企业破产程序的启动较为灵活,同时法院的审判压力也较小。作为当时关联企业破产的典型案例,广国投系关联企业虽然存在资产混同等明显滥用法人独立人格的现象,但法院认为四家企业均具备独立的法人资格,财产互相分离、债权债务互相分离,因此还是采取了个别处理的模式。四家企业的破产申请由三家法院分别受理,四家企业相互之间的关联债权仍与其他普通债权平等受偿,法院对四起案件只是安排了审理程序同步进行、同时指定相同清算组成员的协调工作。然而个别处理模式还是存在一些弱点:一是难以解决关联企业混同资产的划分界定问题;二是债权人可能因关联企业成员资产空壳化或欺诈破产而得不到公平受偿;三是关联企业的内部债权将侵蚀外部债权人的利益;四是破产效率的提高和成本的降低将受到制约。

在新修订的《公司法》和《企业破产法》颁布之后,虽然法律仍然没有明确规定实体合并规则,但随着法人人格否认制度的确立,以及平等保护债权人合法权益法律理念的逐步深入,合并处理模式开始在司法实践中得到尝试性的适用。

[案例11.8]沈阳欧亚集团破产清算案〔1〕

辽宁省沈阳市中级人民法院先于2008年7月裁定受理债权人对集团核心企业沈阳欧亚实业有限公司的破产清算申请。后经公安机关介入,在询问了大量员工之后,审查认定欧亚实业与沈阳万博商务有限公司等17家关联企业存在严重的法人人格混同。为公平清理债权、债务,保护债权人和债务人的合法权益,遂依照

〔1〕 辽宁省沈阳市中级人民法院(2008)沈中民三破字第3号。

《企业破产法》第一条、第四条、第三十条,《民事诉讼法》第一百一十九条之规定,裁定将其余17家企业并入欧亚实业公司的破产清算受理程序。并入后,审计查明17家并入企业的资产不足以清偿全部债务,故裁定宣告17家企业破产,与欧亚实业的破产程序实体合并。该案中,沈阳中院对实体合并创造性地采取了先裁定并入清算受理程序,在查明被并入企业符合破产条件之后,再裁定宣告破产的做法,不失为有益的尝试与探索。

相比较而言,合并处理模式具有个别处理模式无法具有的独特优势:

第一,有利于公平保护关联企业债权人利益。合并处理模式将关联企业的资产和负债合并,并由关联企业的所有债权人在同一个程序中平等清偿,使关联企业中空壳企业的债权人避免了不平等受偿的不测风险,而控制企业的债权人虽然因合并降低了受偿率,但也仅仅是未获得应当属于其他债权人的那部分而已。因此,合并处理模式能更平等地保护各方债权人的合法权益。在特毅系关联企业破产案中,合并清算方案获得三家企业债权人半数以上表决通过,即说明合并处理模式是符合多数债权人利益的。

第二,有利于防范破产欺诈行为。合并处理模式归并关联企业各成员所有的资产用于清偿债务,破产财产的范围不再局限于某一单个成员企业,而是扩张至包括控制公司在内的全体成员企业。只要是处于合并范围之内的关联企业资产,无论所有权如何发生"魔术般"变动,均归属破产财产。由此,控制企业通过掏空、隐匿从属企业资产,虚设关联债权等欺诈手段,来逃避债务的目的能得到有效规制。这不仅能有效保障被转移掏空企业的债权人的交易安全,还能够对关联企业形成威慑,有利于防范破产欺诈、维护市场诚信。

第三,有利于提高破产效率、降低破产成本。在合并处理模式下,关联企业之间的资产合并处置,关联企业之间的债权债务归于消灭,免却了对关联企业之间高度混同的资产作艰难且意义不大的归属划分,也免却了对关联债权的清理和认定,使破产清算程序得到了简化。同时,合并后的破产程序由一家法院受理,法院可以统一指定管理人,统一委托评估、拍卖,统一进行程序性事项,也不需要与其他法院、管理人进行协调与合作,大大减少人力、物力和财力的消耗,节约了破产费用,提高了破产效率。

当然,合并处理模式也存在不足之处,包括合并标准的举证和证明标准确定难度较大、对受理法院现有审判现状形成较大压力等。

从已有的司法实践看,对于具有同样关联特征的关联企业破产案件,究竟是采用个别处理模式,还是采用合并处理模式,选择上表现出较大的主观随意性。以德隆系集团与欧亚集团为例,两个集团均表现出受实际控制人过度控制,成员企业沦为资金调拨运作工具的关联特征,但德隆系集团案采取了个别破产模式,而欧亚集团案采取了合并破产模式。再以南方证券与北方证券为例,两家券商均设立关联企业作为其运作资金操纵目标股票的平台企业,券商与关联企业之间的资金划转频繁、复杂,形成了大量难以理清的债权债务。但南方证券案采取了合并破产模式,而北方证券案未有定论。

关联企业破产合并处理模式,因其所带来的公平保护债权人利益、规制防止欺诈破产、提高破产效率等个别破产模式无法实现的好处,越来越受到各界的关注,关联企业破产合并处理模式已成为我国关联企业破产司法实践的一项新需求和新选择。司法实践不仅参照适用了《公司法》"法人人格否认"的判断标准,还从《企业破产法》关于"破产案件审理程序,本法没有规定的,适用民事诉讼法的有关规定"及《民事诉讼法》"共同诉讼"等规定中,解读出合并处理模式适用的制度空间。但我们也应当看到,合并破产处理模式毕竟尚未被我国破产法律制度明确接纳,立法的阙如造成当前关于合并处理模式的司法实践还处于探索和尝试阶段。同时,合并处理模式也有其自身的不足之处,故许多问题需要进一步研究和规范。

二、实体合并规则具有较好的制度价值

第一,实体合并规则有助于完善诚信的市场运行机制。

实体合并规则是破产法中针对关联企业破产,防范市场主体利用破产程序逃避债务,损害债权人合法权益的一项重要制度,从该制度的功能设计来看,其规制对象主要为存在营业事务、财产、人事等高度混同或者经营缺乏必要手续,独立人格出现形骸化的关联企业。对这些来依市场法律制度要求诚信经营的市场主体,在其破产时运用实体合并规则打破人格独立形成的界限,排除关联企业之间的欺诈性转让和自益性交易,可以有效规制关联企业不当利用关联关系而产生的破产欺诈行为,有助于完善市场主体诚信经营、诚信退出的市场运行机制。同时,该制度强调保护债权人对关联企业整体信用的合理信赖,也有助于保障交易安全、维护市场经济秩序。

第二,实体合并规则有助于实现关联企业各成员债权人的公平受偿。

实体合并规则产生于衡平法理念,传统个别破产模式由于成员企业形式上存在独立性而分别展开破产程序,造成部分成员企业的债权人因关联关系不当利用所致的债务人资产空壳化而承担债权落空风险。这种风险并非债权人可以预防或避免的,在不可归责于债权人时,实体合并规则将关联企业所有成员财产合并,按相同比率在所有成员债权人范围内统一清偿的制度设计,可以有效矫正由此产生的关联企业各成员债权人之间的利益失衡现象。公平清偿是各国破产法的一个基本原则,公平清偿原则要求在债权人之间进行公平的财产分配。在关联企业盛行利益输送的不合理现象蔓延之时,破产法必须介入调整。因此,实质合并原则是公平清偿原则的具体体现和进一步深化。

第三,实体合并规则有助于提高破产案件的司法效率。

一个必须面对的现实是,关联企业破产比一般企业破产复杂得多,无数的法律问题、社会问题纠缠在一起,如果适用传统的个别破产清算处理模式,分别准备财务报表和进入破产程序,必然造成清算效率低下、债权分配迟迟无法进行、破产成本巨大,由此引发相关社会问题的概率也会提高。相反,如果适用实体合并规则,则不需要作艰难且意义不大的资产归属划分,所有破产清算程序都得到简化与方便,既保证了程序与实体的公正性、合理性,又提高了破产清算程序的效率。[1]

第四,实体合并规则有助于实现破产案件的程序经济。

从美国法院的司法实践来看,偏好采用实体合并规则的一个很重要因素,就是合并决定减少了破产财产的管理和分割费用,从而留出更多的破产财产以供清偿债务。在破产案件复杂、多个企业成员陷入破产的情况下,厘清关联企业资产范围和债务关系的花费非常大,以至于几乎没有财产可以再供清偿,这种荒凉山庄的情形(Bleak House situation)——破产财产不足以清偿破产费用,显然是破产企业各方尤其是债权人不愿意看到的。而在重整程序中,繁重的资产分割手续费用往往是重整计划流产、企业二次破产的重要原因。因此,实体合并规则的程序经济价值正体现于维持关联企业的持续经营价值。

三、构建我国关联企业破产实体合并法律制度的若干思考

毋庸置疑,实体合并具有不同于法人人格否认、衡平居次、破产撤销权和破产无效制度等其他规制手段的独立价值,但必须承认的是,任何一项法律制度均非十全十美,实体合并规则亦是如此。实体合并规则作为域外舶来之物,其制度本身的不足,以及制度运行环境的差异,皆将使该规则在本土化的构建过程中面临困难和

---

〔1〕 但是应当注意的是,这一结论仅适用于进入清算程序的关联集团破产案件。在清算程序中,是否进行实质合并和如何合并,最终由法院决定,并不依赖于当事人的协商一致;而在重整程序中,即使考虑到法院强行批准重整计划的可能性,依然不可回避的现实是债权人、债务人甚至是公司股东都需要对重整计划进行协商、谈判,更要通过一份各方均能接受的合并方案。这一过程必然造成案件审理时间的一定拖延。对此问题,美国学者 William H. Widen 于 2008 年向美国破产学会作的《在大型上市公司破产案件中实体合并规则的盛行(从 2000 年到 2005 年)》(Report to the American Bankruptcy Institute: Prevalence of Substantive Consolidation in Large Public Company Bankruptcies from 2000 to 2005)报告中也有所反映。

挑战。

实体合并规则与法人人格否认制度具有同源性，从某种意义上说，实体合并规则是法人人格否认制度在破产程序中的具体适用。因此，我们认为有必要借鉴法人人格否认制度的适用标准，使实体合并规则也确立主体、行为、结果三个方面的适用条件。

1. 主体方面的适用条件

实体合并规则主体方面的适用条件，是指哪些债务人可以成为实体合并规则适用的对象，以及哪些人可以申请适用实体合并规则。对此问题有三点是明确的：一是实体合并规则作为一项破产法律制度大框架内的特殊制度，适用主体必须依照我国企业破产法的规定具有破产主体资格，即必须为企业法人；二是具有关联关系的包括企业集团在内的关联企业；三是债权人、关联企业本身以及管理人，均可以申请适用实体合并规则。此外，对于形式上不具备破产原因的关联企业成员，也可以适用实体合并规则，理由如下：

第一，国外判例已经出现实体合并规则适用于不具备破产原因的关联债务人之情形。鉴于实体合并规则的巨大摧毁力，国外判例初期只将其适用于同时具备破产原因，且进入破产程序的关联企业，由债权人会议讨论决定或者由法院发布令状启动实体合并程序。

第二，实体合并规则适用于不具备破产原因的关联企业成员符合该规则的价值取向。破产债权人公平受偿原则是破产法的首要原则，没有破产债权人公平受偿原则，就没有破产法律制度。[1] 如前所述，关联企业不同于传统意义上的单体企业。关联企业滥用关联关系将公司资产或者利益在各关联企业之间进行转移，受益的成员企业用于清偿债务的资产不当增加，而受损的成员企业用于清偿债务的资产则不当减少，造成关联企业各成员债权人清偿的不平等，违背了破产法债权人公平受偿的基本原则。实体合并规则的价值取向，即在于贯彻债权人公平受偿原则，打破关联企业成员内部的独立人格和有限责任围墙，在关联企业各成员所有债权人之间实现实质意义上的利益衡平。但如果将适用主体严格限定在同时具备破产原因的关联企业成员范围内，则等于在打破人格围墙的同时，又人为建立起另一堵“破产原因”的围墙。

第三，实体合并原则适用于不具备破产原因的关联企业并不违背破产法关于破产原因的立法本意。企业破产法规定债务人必须具备破产原因才能启动破产程序，这一般是指单个债务人破产的常态情形。而在关联企业破产的特殊情形下，如

---

〔1〕 齐树洁主编：《破产法研究》，厦门大学出版社2005年版，第70页。

果成员企业因滥用关联关系导致各自的独立人格严重混同,则再要审查单个成员是否具备破产原因,显然忽视了不当关联关系之存在。因此,我们有必要借鉴美国贝勒教授提出的“企业主体理论”,对《企业破产法》规定的“债务人”外延作目的性扩张解释,将滥用关联关系的关联企业所有成员视为一体化的单个“债务人”,而无须再审查适用实体合并规则的单个成员的破产原因。惟有如此,破产原因审查的立法目的才能在关联企业破产场合中得到真正体现。

2. 行为方面的适用条件

实体合并规则行为方面的适用条件,又称行为要件,是指关联企业成员实施了哪些不当利用关联关系的行为,可以适用实体合并规则。

实体合并规则源于法人人格否认制度,但两者在归责原则和法律后果方面存在相当大的差异。公司法人人格否认法理在适用于个案中公司法人人格不合目的性而需要否认其法人人格的场合,其效力不涉及该公司的其他法律关系,并且不影响该公司作为一个公司独立实体合法的继续存在。[1] 法人人格否认制度的适用只涉及特定的个案、特定的当事人和特定的法律关系,[2] 即适用于单个债权人提起的特定案件。而实体合并规则产生永久性否定公司法人人格的法律后果,适用于全体债权人集体清偿的破产程序。显然,实体合并规则的法律后果比法人人格否认制度更为严重,故其在行为要件的认定方面也应当比法人人格否认制度来得更为严格。我们倾向认为,将公司形骸化,即将法人人格高度混同确立为适用实体合并规则的行为要件,较符合构建实体合并规则的各项基本原则。对于法人人格高度混同,我们将其归类如下:

第一,关联企业之间的财产高度混同。

关联企业之间的财产高度混同,主要表现为对关联企业的财产占有、使用、收益等方面不能持续地作出清晰的区分,导致相对人在外观上无法区分成员的独立财产,有理由信赖关联企业为不可分割的同一法律主体。实务中,财产高度混同主要包括资金的高度混同和生产经营设备、材料等资产的高度混同。

第二,生产经营场所的高度混同。

企业拥有独立的营业场地、办事机构等生产经营场所是企业表现独立人格的重要形态之一。关联企业成员之间的生产经营场所高度混同,主要是指不同成员同在一个厂房内进行生产活动,或者主要行政办事机构同在一个空间区域内办公,这种场所混用行为会造成相对方对企业独立性认识上的困难。当然,如果企业集

---

〔1〕 朱慈蕴:《公司法人格否认法理研究》,法律出版社1998年版,第99页。

〔2〕 参见2007～2008年度最高人民法院重点调研课题《论法人人格否认制度的完善及其对策》。

团内的不同成员在一个物业内办公,但各成员均拥有独立的办公空间,且各自的标识清楚醒目、易于识别,则不构成生产经营场所的高度混同。

第三,经营业务的高度混同。

经营业务混同主要表现为关联企业经营范围和经营过程的混同,关联企业的交易行为不单独进行,关联企业在经营范围、交易方式、客户构成、价格结算等方面都受到控制关联方的支配,造成交易相对人难以辨识作为交易一方的关联企业成员的独立性。但仅有某方面经营行为的单独混同,并没有导致交易相对人难以识别其独立性的,就不能轻易认为经营业务的高度混同。

第四,相互担保的高度交叉。

企业独立的法人财产是企业独立承担法律责任的物质保障。如果关联企业成员之间的相互担保高度交叉,则每个成员的法人财产将通过承担担保责任的方式成为其他成员对外承担债务的责任财产,从而出现一种我的财产为你的债务担保,你的财产为我的债务担保的局面。成员之间的财产变相混同在一起,失却其应有的独立性。例如,在上海一中院审理的德隆国际一案中,德隆系成员企业的相互担保高度交叉,各成员的独立责任财产变相高度混同。

第五,人事任职的高度混同。

关联企业人事的高度混同,一般表现为董事、监事或者高级管理人员等决策层人事的高度混同。例如,董事会成员高度一致,形成对从属企业董事会表决权的完全控制;董事、监事、高管人员交叉任职过多,在执行机构设置上形成所谓的"一套班子、两块牌子",形成对从属企业日常经营的支配性控制。另外,控制企业与从属企业的董事、监事或者高管人员虽有所不同,但关联企业事实上由同一实际控制人高度控制,则是人事高度混同的另一种表现方式。例如,关联企业的股东会、董事会等机构完全形同虚设,对人事任免、经营管理等重大决策事项不履行必要程序,形成实际控制人对关联企业的支配性控制。

上述混同现象,只是我们从便于司法审查的角度,对关联企业人格混同所作的类型化分析。实践中,各种混同现象单独出现的可能性是极为罕见的,往往是多种混同重叠或者交叉出现。而且,混同必须达到何种程度才能适用实体合并规则,亦即判断混同程度的客观标准,也是一个非常棘手的问题。我们认为,要对关联企业人格混同程度作出一个具体的量化标准是比较困难的,且未必适应实践中多变的情况,国外亦无统一成熟的立法或判例。因此,对关联企业人格混同的认定应当根据商事法注重外观信赖的特质,由法官在具体案件的审理中,对混同行为的持续性、广泛性、显著性和严重性等各种因素进行综合考量,如果混同行为持续、广泛地存在,足以导致相对人在外观上无法区分成员企业的独立人格的,则可以认定关联企业的人格高度混同。辽宁省沈阳市中级人民法院在审理欧亚集团破产一案中，即以欧亚集团17家关联企业“高管人员和内设机构混同、财务混同、资产混同、办公场所混同，构成企业法人人格混同”为由，裁定17家关联企业合并破产，统一清算。[1] 如果混同行为不足以导致人格外观上的混同，即使关联企业具有同一管理人、同一住所地、同一目的，或者同一经济依赖关系和资金往来，认定其已经构成人格高度混同也是不够的。[2]

3. 结果方面的适用条件

结果方面的条件是指关联企业滥用关联关系的行为必须给债权人造成了公平受偿利益的损害，例如，控制企业滥用关联关系掏空从属企业财产，导致从属企业破产清算时，债权人的受偿率大幅降低。法人制度中的人格独立、股东有限责任的宗旨，在于如何将利益和风险公平地分配于公司的出资人和债权人或者其他利益主体，形成一种利益平衡体系。如果关联企业之间出现人格混同，则势必破坏法人制度正常运行情况下的利益平衡体系，加之关联企业与债权人处于信息不对称的地位，且债权人之间也存在信息不统一的情形，故债权人难以预测、避免关联企业的人格混同，其在关联企业破产时的公平受偿利益难免受到影响，因而，在关联企业破产之时，有必要运用实体合并规则整体保护所有债权人的利益。但是，如果关联企业对关联关系的滥用，并未损及债权人的公平受偿利益，则实体合并规则没有适用的必要性。

第六节　国际破产法前沿问题——跨境破产

当前，随着国际经济活动日趋活跃，经济全球一体化进程加快，跨国公司日益增多，许多破产案件的法律关系不再局限在一国境内，此类包含涉外因素的破产常被称为“跨境破产”。涉外因素可以理解为当事人位于不同国家，破产所涉及财产位于不同国家。由于各国破产立法都与其政治目标和法律文化密切相关，由此导致跨境破产领域的法律冲突明显、国际协调难度大，跨境破产司法实践面临诸多难题。

由于涵盖的法律关系较为复杂，跨境破产既涉及实体法和程序法，又涉及物权法和债权法，甚至关乎一国公共秩序与利益。面对如此复杂的法律问题，近年来，

---

〔1〕（2008）沈中民三破字第3—2号民事裁定书。

〔2〕参见法国2005年7月26日《企业保护法》（2006年1月1日生效）。

各国虽加强了各自的跨境破产立法,但是国际范围内的跨境破产协调与统一化进程却举步维艰。

不同国家的法律体系对于跨境破产的规定也有所差异。在此,简单介绍美国、英国、日本三个国家法律对跨境破产的态度。在美国,本土法院通常会以礼让为前提承认外国法院作出的裁决。如果当事一方对该域外法院裁决的承认有异议,则有义务证明该域外裁决的不公平或不合理性。在英国,法律传统上会在域外债权人对英国境内财产行使权利时提供方便与协作。但是域外破产程序的进行并不自然停止英国境内破产程序的启动。域外破产程序的进行恰是英国法院考虑是否在境内启动相关破产程序的因素之一。如果英国法院认为该破产案件由域外法院管辖更符合公正、便利原则,会放弃对该破产案件的管辖权。虽然是基于统一、广泛性原则,但英国法院对域外破产裁决的承认并不是普遍、绝对的。在日本,截至1999年,日本破产案件的处理都严格遵循属地原则,无论是破产法还是公司法都明确规定日本的诉讼不涉及债权人在域外的财产。随着跨境破产在日本日益增多,严格地执行属地原则会导致一系列问题。于是,日本立法发生实质性变化。2001年4月1日,《域外破产诉讼的承认与执行法》生效。该法取消了严格的属地原则并引进了联合国国际贸易法委员会(UNCITRAL)所颁布的《跨境破产示范法》中承认并协助域外司法程序的程序。与此同时,该法还规范了协调境内外司法程序的原则。[1]

跨境破产的国际协作始于1894年,即海牙国际私法会议将破产问题列入议题。较为可惜的是,历经数十年制定的《海牙公约草案》虽然对日后相关条约的制定有所影响,但未被任何国家直接接受。此后,在相当长的时间内,国际社会共同致力于跨境破产规则的探索和制定。直至1997年5月,联合国贸易法委员会通过了《跨境破产示范法》。该法考虑到不同国家的要求,为解决跨国破产的困难问题提供了一套相对完善的规则。此外,该法加强了各国在跨国清算以及重组领域的协助,为跨境破产合作提供了较为完整的法律框架。

如前所述,跨境破产作为一个较为复杂的法律体系,既涉及物权法又涉及债权法,既包含实体性规定又有程序性规定。为了便于理解,可将跨境破产划分为管辖、法律适用以及域外裁决的承认与执行三大问题。

---

〔1〕 INSOL INTERNATIONAL: CROSS - BORDER INSOLVENCY - - A Guide to Recognition and Enforcement, 第99页、第139页、第213页。

一、跨境破产管辖问题

明确管辖是启动跨境破产案件的第一步，就国际私法领域学者如莫里斯所言，“在法律冲突中，管辖权问题处于一个特殊的地位，经常发生这样的情况，如果管辖权得到满意解决，法律选择就不成什么问题了”。[1]

跨境破产案件的管辖权是一国法院根据本国缔结或参加的国际条约和国内立法对特定的涉外民商事案件行使审判权的资格。管辖权在处理国际民商事案件中具有重要意义。首先，它是一国法院审理有关破产案件的前提条件；其次，它将影响案件的法律适用，进而影响案件的审理结果，并最终影响有关当事人的利益；最后，它也直接影响跨境破产判决的承认与执行。由于跨境破产案件涉及面广、利益方较多，又往往与一国国家利益密切相关，因而管辖权的确定具有重要意义。在理论上，由于跨境破产案件本身的特殊性，一国法院可以基于住所地、财产所在地、经营机构地等多种理由对案件主张管辖权，由此将导致管辖权的激烈冲突。此时考虑到国际私法在处理管辖权问题时最为常用的“最密切联系原则”，破产案件的管辖法院应与债务人有“最密切联系”，综合考虑诸多连结因素，最终确定管辖法院。综观各国立法，在确定跨境破产案件管辖时，一般有以下几种情况：

（1）属地管辖原则。该原则依据一定的地域因素确定内国法院的管辖权，主要以住所地、居住地、经营所在地、财产所在地为依据确定管辖权。较为典型的是《美国联邦破产法典》。

（2）属人管辖原则。该原则依据当事人是否具有一国国籍而确定管辖权。属人管辖原则以国家主权为出发点，通过本国司法权及于本国所有国民来保护本国国民利益，但却会导致外国当事人身处不利地位。较为典型的是1804年《法国民法典》。

（3）协议管辖原则。该原则由双方当事人通过协商达成对案件管辖法院的选择，最大程度尊重当事人的意思自治。协议管辖是国际普遍承认和接受的一种管辖原则，在涉外经济纠纷中得到广泛适用。此种管辖原则在一方面避免和协调管辖权冲突，另一方面有利于法律适用的可预见性，对当事人双方都是公平的。在跨境破产领域，积极探索协议管辖的广泛适用有利于避免管辖冲突和纠纷。

此外，先受理原则、不方便法院原则、主程序与辅助程序区别确定管辖原则，在跨境破产管辖权冲突中也较为常用。先受理原则指相同当事人就同一涉外民商事

---

〔1〕［英］莫里斯主编：《戴西和莫里斯论冲突法》，李双元等译，中国大百科全书出版社1998年版，第3～4页。

纠纷在不同国家起诉时，一般由最先受理的法院行使审判权。根据该原则，当出现管辖冲突时，先受诉法院以外的法院应自动放弃管辖权，比较典型的是《瑞士联邦国际私法》。不方便法院原则指对一案具有管辖权的法院，综合全案考虑，如果认为己方不方便管辖该案，而由另一国对该案有管辖权的法院进行管辖更为合适则拒绝行使管辖权的原则。在各国立法中，《美国破产法》规定的"弃权原则"较为典型。主程序与辅助程序区别确定管辖原则区分了主要破产程序和辅助破产程序的管辖权，主要破产程序在国外开始后，允许其指定的破产管理人在本国申请开始一个简单的辅助程序，并指定一个本国的清算人，以有序管理债务人位于本国的破产财产，并将之移交给外国的破产管理人。[1]

在我国，就破产案件的管辖，《企业破产法》第三条规定破产案件由债务人住所地法院管辖。但是住所地是一个比较模糊的概念。虽然我国破产法规定破产案件由债务人住所地、主要办事机构所在地管辖。但是一个跨境破产案件中的债务人在多数情况下是跨国企业，在多国境内存在经营行为，债权人要确定其主要办事机构所在地有一定难度，且容易产生争议，最为简单、明确的就是将破产案件交由债务人注册地的法院管辖。

[案例11.9]中国太子奶(开曼)控股有限公司破产案[2]

2010年3月30日，开曼大法庭发布公告称根据该国公司法的相关规定，注册于开曼群岛的中国太子奶(开曼)控股有限公司(以下简称太子奶公司)已经破产。消息一出，国内各界哗然。曾经创造过乳酸菌奶类销售奇迹并被视为中国民族企业骄傲的太子奶集团，如何会深陷异国法院主导的破产清算中，不免令人费解。

1997年，为了实现海外上市，太子奶公司整合旗下在中国的所有相关公司及厂商并在开曼群岛注册。2008年，由于盲目扩张，太子奶公司陷入债务危机。2010年，身为太子奶公司的主要债权人，花旗银行(中国)有限公司根据开曼群岛公司法的规定，向开曼大法庭申请太子奶公司破产。2010年4月12日，开曼大法庭举行听证并支持花旗银行(中国)有限公司的申请，同时指定Borrelli Walsh有限公司作为太子奶公司的清算人。

破产消息发布后的第一时间，太子奶公司声称由于其财产以及生产活动都在中国境内，受中国法律管辖，因此开曼大法庭所作的破产决定对其不具有法律效力。

本案是一起典型的跨境破产案件。公司注册地法院对公司破产案件进行管

[1] 王晓琼：《跨境破产中的法律冲突问题研究》，北京大学出版社2008年版，第53～62页。

[2] http://www.ce.cn/cysc/sp/info/201005/21/t20100521_20393353.shtml，2011年8月5日访问。

辖,可谓恰当。太子奶公司虽然在国内进行相关生产活动,但是其注册地为开曼群岛,因此开曼法院对其破产事项享有管辖权。

此外,在起诉主体资格方面,需要讨论的问题是,域外被宣告个人破产的中国公民,在中国进行民事诉讼时是否具有诉讼主体资格?对这个问题本章通过以下一个案例加以说明。

[案例 11.10]张甲、张乙起诉 B 公司违约纠纷案〔1〕

长期定居澳大利亚的中国公民张甲与张乙,成立了澳大利亚 A 公司,并与中国 B 公司在 2003 年签订了《国际总经销协议书》,使 A 公司作为中国 B 公司在澳大利亚的总经销商销售地板。在销售过程中,A 公司销售的 B 公司产品在澳大利亚被荷兰某公司以侵犯专利权为由起诉,2006 ~ 2008 年在澳大利亚多家法院遭遇多起诉讼,经审理,最后澳大利亚法院判决 A 公司、张甲、张乙停止侵权和赔偿专利权人损失约 100 万澳元。张甲、张乙作为该诉讼判决的直接责任人,因其最终无力履行判决确定的义务,澳大利亚某初级法院遂于 2008 年签发指令,宣告张甲、张乙个人破产。

2009 年,张甲、张乙作为直接责任人(A 公司已经注销),以 B 公司违反《国际总经销协议书》,应承担瑕疵担保责任为由,起诉 B 公司。

该案涉及较多的法律问题,比如主体资格、诉讼时效、瑕疵担保、预期损失,较为复杂。主体资格作为重要的法律问题之一,成为当事人争议的焦点。B 公司辩称,张甲、张乙长期定居澳大利亚,其民事权利能力和民事行为能力应当适用经常居所地法律即澳大利亚法律。根据澳大利亚破产法律,张甲、张乙作为被宣告破产的破产人,无权处分其财产、债权和债务,也无权对外提起诉讼。他的全部资产,包括他所拥有的向另一方追偿价款的任何权利,将由他的破产管理人负责进行管理,法律诉讼亦应由破产管理人以其名义开展,故张甲、张乙不具有本案原告的主体资格。

张甲、张乙则认为,尽管他们在本案诉讼前已经在澳大利亚被宣告破产,但提起本案诉讼符合中国民事诉讼法的规定。张甲、张乙提起诉讼还征得了澳大利亚破产管理机关的同意,故两人是适格的当事人。为此张甲、张乙提供了 2008 年 2 月、2011 年 3 月澳大利亚破产管理人同意其代表其公司团体以提起诉讼之目的前往中国的文件。

民事关系的主体、标的物、内容之一有涉外因素,即适用涉外民事关系的特别规定。本案由于双方经销合同的标的物在澳大利亚销售,标的物含有涉外因素,故

〔1〕 上海市第一中级人民法院(2009)沪一中民五(商)初字第 150 号。

应适用涉外民事关系法律的特别规定。但本案特殊之处在于,原告张甲、张乙在被澳大利亚法院宣告个人破产的情况下,澳大利亚破产法律,对被宣告破产者有种种限制,在此限制下能否允许他们在中国法院提起诉讼是一个有争议的问题。对此产生了不同的观点:

第一种观点认为,根据2011年4月施行的《涉外民事关系法律适用法》第十二条的规定,自然人的民事行为能力,适用经常居所地法律。由于张甲、张乙常年居住在澳大利亚,故应当适用澳大利亚法律来认定其行为能力。该法第十二条第二款规定:"自然人从事民事活动,依照经常居所地法律为无民事行为能力,依照行为地法律为有民事行为能力的,适用行为地法律,但涉及婚姻家庭、继承的除外。"但本案中不适用这种情形,一是被宣告破产的自然人依据澳大利亚的法律并不属于"无民事行为能力"的人,只是其追偿债务、出境等方面受到了限制。二是提起民事诉讼比较特殊,不宜将其认定为"从事民事活动"而适用行为地即法院地法。因此,根据澳大利亚破产法律,张甲、张乙无权作为原告提出诉讼,只能由其破产管理人来中国提起诉讼。而国外的破产管理人提出诉讼,则是另外一个破产法律问题,需要我国法院承认与执行国外破产裁决。如果破产管理人不愿意变更为本案原告,则应驳回张甲、张乙的诉请。

第二种观点认为,由于我国没有自然人破产制度,因此即便澳大利亚宣告张甲、张乙破产,对我国没有约束力。因此,除非是经张甲、张乙的破产管理人申请,我国法院根据条约或者通过互惠原则认可了澳大利亚法院对张甲、张乙破产一案的裁判结果,否则无须考虑张甲、张乙被宣告破产的事实。也就是说,如果没有破产宣告这一事实,他们均有权在中国法院对B公司提出诉讼。本案中,由于澳大利亚法院对张甲、张乙的破产裁决未经我国承认程序,故张甲、张乙有权在中国起诉。

第三种观点认为,应综合考虑《涉外民事关系法律适用法》与《企业破产法》。对于境外破产裁判的承认与执行,我国《企业破产法》有专门规定,但由于仅仅有一个条文,相关的司法解释还没有出台,因此缺乏操作性,比如对于境外破产宣告,由谁来申请、向哪一家法院提出申请、能否在个案中直接承认,都缺乏明确规定。但是,如果以主体不适格为由驳回原告诉请,则有失公平。在这种情况下,只能采取变通的做法。本案中,由于张甲与张乙的破产管理人已经同意张甲、张乙来中国提出诉讼,故可同意其作为原告。法院无须将破产管理人列为原告,但应及时将诉讼结果通知破产管理人,以便管理人掌握诉讼动态和控制张甲、张乙根据诉讼结果可能取得的财产。

我们认为,各种观点均有一定的道理,本案处理采取了变通做法,即基于破产管理人的同意承认被宣告破产人在中国的诉讼主体资格，张甲、张乙虽然已被澳大利亚法院宣告破产，但由于本案诉讼行为发生在中国，故两人是否系本案适格的原告应当适用法院地法即中国法律。根据民事诉讼法的规定，张甲、张乙具有原告的主体资格。同时，澳大利亚法定破产管理人亦允许张甲、张乙提起本案诉讼，故张甲、张乙具有本案的诉讼主体资格。

二、跨境破产法律适用问题

由于跨境破产涉及数个国家、法域，而每个国家、法域都有其关于破产的相关法律规定，因此对此类案件的处理经常陷入法律适用的困境。在司法实践中，一案适用一国法律较为常见，而跨境破产由于当事方、涉案财产分属不同法域，将全案简单地适用一国法律既不现实也难以操作。按照国际私法法律适用基本原则，较为常见的做法是将法律关系分为实体法律关系和程序法律关系，程序法律关系一般适用法院地法，实体法律关系的法律适用较为复杂，会涉及破产财产、破产债权、破产管理一系列事项，各国对其的规定也是千差万别。我国已经颁布《涉外民事关系法律适用法》，对跨境破产中的相关法律关系的法律选择问题可以根据该法的规定予以解决。

三、跨境破产裁决的承认与执行问题

对跨境破产的承认与执行，是指本国法院针对外国法院启动的破产程序，涉及债务人位于本国境内的财产，依据一定原则进行审查从而决定是否给予该破产程序以承认并在此基础上决定是否提供协助的问题。它与破产的域外效力问题紧密联系。但是，实践中由于不同国家的文化背景、管辖原则、实体程序规范都有差异，而对外国破产裁决的承认与执行又往往涉及一国经济利益，故其较一般外国法院裁决的承认与执行相比更为复杂，难度也更大。〔1〕在理论上，对跨境破产域外效力存在属地主义、〔2〕普及主义、〔3〕折中主义〔4〕三大观点。

总结各国立法近年来的新发展，无论大陆法系还是英美法系，在立法和司法实践中都倾向于有条件地承认外国破产程序的效力。当国际经济发展到一定程度，每个国家都会发生破产债务人在域外存有财产的情况。如果采用绝对的属地主义

〔1〕 王晓琼：《跨境破产中的法律冲突问题研究》，北京大学出版社2008年版，第117～118页。

〔2〕 一国破产的效力只能及于破产宣告国域内，只能在本国生效。

〔3〕 债务人在一“中心国”被法院宣告破产后，其效力及于债务人位于各国的财产，其所有财产将被作为一个整体纳入破产财产的范围。

〔4〕 在破产宣告的域外效力上将属地主义与普及主义相结合，可对两种主张进行限制，增强可操作性。

原则,拒绝外国破产裁决的承认与执行,则根据对等原则本国的破产裁决也得不到其他国家承认与执行,相应的域外破产财产也无法纳入破产程序。增强对域外破产裁决的接纳度,有利于在该领域实现各国互利互惠。

在司法实践中,对跨境破产的承认与执行有相应的理论依据与具体条件可以遵循。理论依据源自国际法上的礼让说、互惠说、既得权说、债务说、特别法说等。具体而言,在承认、执行跨境破产裁决时,各国基本会遵循适当管辖权、不损害本国利益、不违反本国公共政策、公正程序例外等具体规则。我国在《企业破产法》颁布之前,对于跨境破产的承认与执行主要按照《民事诉讼法》中关于承认与执行外国法院判决的司法协助制度进行。2006 年 8 月 27 日通过的《企业破产法》第五条专门对外国法院破产裁决的承认与执行问题予以规定,即依照本法开始的破产程序,对债务人在中华人民共和国领域外的财产发生效力。若我国与该国之间存在国际条约或者互惠,且该国破产裁决不违反我国法律的基本原则,不损害国家主权、安全和社会公共利益,不损害中华人民共和国领域内债权人的合法权益,则裁定承认和执行。至此,对该问题有了更为明确的法律规定。《民事诉讼法》第二百八十条规定,"人民法院作出的发生法律效力的判决、裁定,如果被执行人或者其财产不在中华人民共和国领域内,当事人请求执行的,可以由当事人直接向有管辖权的外国法院申请承认和执行,也可以由人民法院依照中华人民共和国缔结或者参加的国际条约的规定,或者按照互惠原则,请求外国法院承认和执行。"据此,跨境破产的承认与执行都应当具备下列条件:

第一,国家间缔结或者参加有关双边或者多边司法协助条约。我国已与几十个国家订立的包含民商事司法协助内容的双边条约,大都包括了相互承认和执行对方国家的法院判决的内容。我国 1980 年参加了《承认和执行外国仲裁裁决公约》(《纽约公约》),公约规定,每一个缔约国应该承认其他缔约国的仲裁裁决有约束力,并且依本国法律承认或者执行其他缔约国的仲裁裁决。

第二,两国间存在互惠关系。所谓互惠,是指两国间在互利互益基础上对某种特许或者特权的相互交换,给予对方以方便的条件。如果国家与国家之间没有司法协助协议,但在事实上存在司法互惠关系,两国法院可以根据互惠原则,互为对方为一定的诉讼行为。我国与许多国家一样,将互惠关系作为承认和执行外国法院判决的根据和条件之一。

[案例 11.11]美国加州公民 E 申请承认与执行美国加州法院作出的财产性判决案[1]

美国加州公民 E 向上海一中院提出申请,要求上海一中院以"互惠原则"为依据,承认与执行美国加州法院作出的财产性判决。

该申请人称,其系 George Quinn. Chen 的破产管理人。2009 年 12 月,美国加州北区破产法院作出判决,认定 Chen 拥有的 Shanghai 1930 LLC 的股权属于破产财团,管理人于交易日将 Shanghai 1930 LLC 的 100% 的股权卖给 Cynthia Wong 的行为有效,判决 Wong 将所拖欠的 15 万美元支付给管理人;明确自破产申请日起,此前 Chen 及 Wong 获得的 Shanghai 1930 Restaurant Partners, L. P. 的债权的还款与股权分红属于破产财团,Chen 应向管理人支付 76.7850 万美元。现申请人发现 Chen 拥有上海某信息技术有限公司 37.5% 的股权,为了有效执行 Chen 在中国境内的财产,特向中国法院提出上述申请。申请人还向法院提供了美国加州法院于 2009 年承认和执行我国湖北省高级人民法院判决的相关材料,希望中国法院能适用"互惠原则",对美国加州法院作出的财产性判决也予以承认和执行。对此,上海一中院已立案受理。

"互惠原则"是《民事诉讼法》第二百八十二条规定的我国法院承认和执行外国法院判决的依据之一。一般来说,在没有涉及承认与执行外国法院判决的国际条约的情况下,根据"互惠原则",外国若承认与执行我国判决,我国法院也将承认与执行该国判决;如果外国法院拒绝认可我国法院的判决,我国法院也不会认可该国法院的判决。

[案例 11.12]华安基金管理有限公司起诉雷曼兄弟(欧洲)公司案[2]

2006 年 3 月 16 日,原告华安基金管理有限公司(以下简称华安基金)与被告雷曼兄弟(欧洲)公司(以下简称雷曼欧洲)签署了一份《产品合作协议》,该协议约定,被告将设计并安排与篮子基金挂钩的票据(原告拟设立的华安全球投资基金,后更名为华安国际配置基金,以下简称华安配置)发行。

2008 年 9 月 15 日,雷曼兄弟控股集团公司向美国法院申请破产保护,随后被告和雷曼兄弟金融公司等关联公司也纷纷进入破产程序。本案中的被告雷曼欧洲也未能幸免,在英国被宣告破产。因为雷曼兄弟控股集团公司是保本安排中的信用支持方,是最终保本义务支付人,所以被告设计的结构性保本票据的保本机制遭到了破坏。被告自身随之也加入破产行列,使其事实上无法履行其作为结构性

〔1〕 上海市第一中级人民法院(2012)沪一中民认(外)字第 15 号。
〔2〕 上海市高级人民法院(2008)沪高民四(商)初字第 6 号。

保本票据的计算人、交易商及华安配置的境外投资顾问的义务。截至2008年9月11日,华安配置仍持有面值为96400000美元的结构性保本票据,相应的华安配置份额净值为0.954美元,基金净资产约为91772807.09美元。为消除不安影响,2008年9月19日,华安基金向国际配置基金的持有人发布了《关于华安国际配置基金所持有的结构性保本票据保本责任的公告》,承诺到期保本支付。

2008年9月24日,华安基金正式向上海法院起诉并提出财产保全申请。上海法院立案后作出财产保全裁定,对雷曼欧洲在中国境内QFII投资账户内的资产进行保全。2009年11月11日,双方提交了和解协议,和解协议主要内容涉及雷曼欧洲一次性返还华安基金票据款,华安基金将境外相关票据权利转让给雷曼欧洲(包括向有关破产法院申报债权参与破产分配的权利),同时协助雷曼欧洲在中国境内QFII投资账户内的剩余资产出境。2011年3月31日,在当事人分别完成和解协议及其三个附件的正式稿的拟定、预缴雷曼欧洲在中国境内QFII投资所得税款、取得国家外汇管理局对雷曼欧洲在中国境内QFII投资账户内的剩余资产的出境批复等手续的情况下,在法庭主持下,雷曼欧洲的管理人到庭正式签订调解协议。2011年5月17日,当事人正式签收法院出具的调解书。

在本案的处理过程中,被告曾提出原告应该知道被告存在破产的风险;被告与原告的损失之间没有因果关系;原告有义务防止损失的扩大,并参与有关雷曼破产的清算程序,以减少损失的扩大。由此引出中国法院是否应承认他国破产法裁决的域外效力问题。《企业破产法》第五条规定,“对外国法院作出的发生法律效力的破产案件的判决、裁定,涉及债务人在中华人民共和国领域内的财产,申请或者请求人民法院承认和执行的,人民法院依照中华人民共和国缔结或者参加的国际条约,或者按照互惠原则进行审查,认为不违反中华人民共和国法律的基本原则,不损害国家主权、安全和社会公共利益,不损害中华人民共和国领域内债权人的合法权益的,裁定承认和执行。”经查,中国与英国之间尚未共同签订或参加有关国际条约,在企业破产领域,迄今未见有关中国法院对境内企业破产所作出的裁定得到英国法院承认和执行的先例,因此,中国法院可以通过受理诉讼和财产保全保护境内债权人的合法权益。

参考文献

中文著作类

1. 安建主编:《中华人民共和国企业破产法释义》,法律出版社 2006 年版。

2. 李飞主编:《当代外国破产法》,中国法制出版社 2006 年版。

3. 李国光主编:《最高人民法院关于破产法司法解释的理解与适用》,人民法院出版社 2002 年版。

4. 李国光主编:《企业破产清算》,人民法院出版社 2002 年版。

5. 李国光编著:《新企业破产法教程》,人民法院出版社 2006 年版。

6. 李国光主编:《新企业破产法理解与适用》,人民法院出版社 2006 年版。

7. 李国光主编:《新企业破产法条文释义》,人民法院出版社 2008 年版。

8. 奚晓明主编:《最高人民法院关于公司法司法解释(一)、(二)理解与适用》,人民法院出版社 2008 年版。

9. 奚晓明主编:《最高人民法院关于公司法解释(三)、清算纪要理解与适用》,人民法院出版社 2011 年版。

10. 奚晓明主编:《最高人民法院民事案件案由规定理解与适用(2011 年修订版)》,人民法院出版社 2011 年版。

11. 奚晓明主编:《最高人民法院关于企业破产法司法解释理解与适用》,人民法院出版社 2007 年版。

12. 奚晓明主编:《商事审判指导》系列丛书,人民法院出版社。

13. 李曙光、宋晓明主编:《〈中华人民共和国企业破产法〉制度设计与操作指引》,人民法院出版社 2006 年版。

14. 王欣新:《破产法》,中国人民大学出版社 2011 年版。

15. 王欣新:《破产法理论与实务疑难问题研究》,中国法制出版社 2011 年版。

16. 王卫国等:《破产法——原理·规则·案例》,清华大学出版社 2006 年版。

17. 王卫国:《破产法精义》,法律出版社 2007 年版。

18. 韩长印主编:《破产法学》,中国政法大学出版社 2007 年版。

19. 李永军:《破产重整制度研究》,中国人民公安大学出版社 1996 年版。
20. 李永军:《破产法律制度》,中国法制出版社 2000 年版。
21. 李永祥、丁文联主编:《破产程序运作实务》,法律出版社 2007 年版。
22. 韩德培主编:《国际私法新论》,武汉大学出版社 1997 年版。
23. 刘凯湘:《民法总论》,北京大学出版社 2006 年版。
24. 王利明、崔建远:《合同法新论:总则》,中国政法大学出版社 1996 年版。
25. 王延川:《破产法理论与实务》,中国政法大学出版社 2009 年版。
26. 王晓琼:《跨境破产中的法律冲突问题研究》,北京大学出版社 2008 年版。
27. 王艳华主编:《破产法学》,郑州大学出版社 2009 年版。
28. 杨忠孝:《破产法上的利益平衡问题研究》,北京大学出版社 2008 年版。
29. 朱慈蕴:《公司法人格否认法理研究》,法律出版社 1998 年版。
30. 齐树洁主编:《破产法》,厦门大学出版社 2007 年版。
31. 沈贵明:《破产法学》,郑州大学出版社 2004 年版。
32. 汤维建:《破产程序与破产立法研究》,人民法院出版社 2001 年版。
33. 谢振民编:《中华民国立法史》,中国政法大学出版社 2000 年版。
34. 陈计男:《破产法论》,三民书局 1992 年版。
35. 耿云清:《破产法释义》,五南图书出版公司 1987 年版。
36. 王仁宏主编:《商法裁判百选》,中国政法大学出版社 2002 年版。
37. 程清波:《国际破产法研究》,湖南师范大学出版社 1995 年版。
38. 程春华:《破产救济研究》,法律出版社 2006 年版。
39. 叶军:《破产管理人制度理论和实务研究》,中国商务出版社 2005 年版。
40. 吴合振主编:《企业破产清算》,人民法院出版社 2002 年版。
41. 赵雷主编:《新企业破产法讲读》,中国工人出版社、人民法院出版社 2006 年版。
42. 韩传华:《企业破产法解析》,人民法院出版社 2007 年版。
43. 李昌道:《香港法律实用全书》,复旦大学出版社 1997 年版。
44. 柴发邦主编:《破产法教程》,法律出版社 1990 年版。
45. 张小炜、尹正友:《〈企业破产法〉的实施与问题》,当代世界出版社 2007 年版。
46. 罗培新主编:《破产法》,格致出版社 2009 年版。
47. 陈华彬:《物权法》,法律出版社 2004 年版。
48. 郭明瑞、仲相、司艳丽:《优先权制度研究》,北京大学出版社 2004 年版。
49. 王东敏:《新破产法疑难解读与实务操作》,法律出版社 2007 年版。

50. 刘敏:《公司解散清算制度》,北京大学出版社 2010 年版。

51. 霍敏主编:《破产案件审理精要》,法律出版社 2010 年版。

52. 吴庆宝、王建平主编:《破产案件裁判标准规范》,人民法院出版社 2009 年版。

53. 吴庆宝、王建平主编:《民商事纠纷分类裁判标准规范丛书——破产案件裁判标准规范》,人民法院出版社 2009 年版。

54. 邓基联等主编:《证券公司破产清算案件审理实务》,人民法院出版社 2008 年版。

55. 邹海林:《破产程序和破产法实体制度比较研究》,法律出版社 1998 年版。

56. 范健、王建文:《破产法》,法律出版社 2009 年版。

57. 朱少平、葛毅编:《中华人民共和国破产法——立法进程资料汇编》,中信出版社 2004 年版。

58. 贺小电:《破产法原理与适用》,人民法院出版社 2012 年版。

59. 汪世虎:《公司重整中的债权人利益保护研究》,中国检察出版社 2006 年版。

60. 付翠英:《破产法比较研究》,中国人民公安大学出版社 2004 年版。

61. 柯芳芝主编:《公司法论》,中国政法大学出版社 2004 年版。

62. 潘琪:《美国破产法》,法律出版社 1999 年版。

63. 郭毅敏主编:《破产重整 · 困境上市公司复兴新视野》,人民法院出版社 2010 年版。

64. 徐向前主编:《〈企业破产法〉讲话》,法律出版社 2006 年版。

65. 王艳梅、孙璐:《破产法》,中山大学出版社 2004 年版。

66. 谢邦宇:《破产法近论》,湖南大学出版社 1987 年版。

译著及外文资料

1. [德]C. W. 卡里纳斯:《德国商法》,杨继译,法律出版社 2006 年版。

2. [美]大卫 · 爱泼斯坦等:《美国破产法》,韩长印等译,中国政法大学出版社 2003 年版。

3. [英]莫里斯主编:《戴西和莫里斯论冲突法》,李双元等译,中国大百科全书出版社 1998 年版。

4. [英]费奥娜 · 托米:《英国公司和个人破产法》,汤维建、刘静译,北京大学出版社 2010 年版。

5. [日]石川明:《日本破产法》,何勤华、周桂秋译,中国法制出版社 2000 年版。

6. [日]我妻荣:《新订民法总则》,于敏译,中国法制出版社 2008 年版。

7. Jame J. White, *Bankruptcy and Creditors' Right*, West Publishing Co. ,1985.

后　记

本书的编撰工作从2011年3月启动,经反复修改和论证,于2012年12月完稿。来自上海三级法院商事审判庭具有丰富审判实践经验和扎实理论功底的法官,共同完成了书稿的撰写工作。

参加本书撰写的作者有(按编章依次排序):第一章:唐良源、沈钛涛、项凯;第二章:皮妍蓉、祁晓栋、吕燕娜、陆烨、李启帅、刘建雷;第三章:邵宁宁、张玮;第四章:陆韵华、刘静、陈翔、季敏;第五章:钱佳妹、王怡、董晶;第六章:虞增鑫;第七章:沈澜、叶沈翔;第八章:符望、杨以生、毛晓青、周荃;第九章:俞佳、朱春叶、陆烨、樊海英;第十章:汪钧铭、赵莹、张高峰、钱佳妹、李子阳;第十一章:皮妍蓉、陆烨、刘静、叶沈翔、符望、杨以生、唐良源。全书由俞巍、陆烨、唐良源统稿,沈志先、盛勇强、俞秋玮审核定稿。

本书的编撰得到了有关专家学者、资深法官和原审理破产案件的离任法官的大力支持。原上海市高级人民法院副院长、上海市企业清算协会傅长禄会长、上海交通大学凯原法学院韩长印教授、原上海市第二中级人民法院民事审判第四庭杨乐定庭长审阅了书稿,并多次参加论证。上海市律师协会公司解散与破产清算专业委员会、上海立信会计师事务所有限公司的专业人士对书稿提出了宝贵的修改意见和建议。本书的编撰工作还得到了最高人民法院民事审判第二庭和上海市高级人民法院虞政平副院长的指导,以及上海市普陀区人民法院席建声院长、华东政法大学研究生院的大力支持。在此,我们谨向所有关心、支持和参与本书编撰工作的同志们表示衷心的感谢!

编者

二〇一二年十二月

图书在版编目（CIP）数据

破产案件审理实务／沈志先主编．—北京：法律出版社，2013.3（2015.7 重印）
ISBN 978－7－5118－4681－5

Ⅰ.①破… Ⅱ.①沈… Ⅲ.①破产法—案件—审—基本知识—中国 Ⅳ.①D922.291.92

中国版本图书馆 CIP 数据核字（2013）第 044423 号

破产案件审理实务
主编 沈志先

编辑统筹 大众出版分社
责任编辑 林 喆
装帧设计 乔智炜

ⓒ 法律出版社·中国

出版 法律出版社
总发行 中国法律图书有限公司
经销 新华书店
印刷 三河市龙大印装有限公司
责任印制 沙 磊

开本 720 毫米×960 毫米 1/16
印张 27.5
字数 425千
版本 2013 年 5 月第 1 版
印次 2015 年 7 月第 2 次印刷

法律出版社／北京市丰台区莲花池西里 7 号（100073）
电子邮件／info@ lawpress. com. cn
网址／www. lawpress. com. cn
销售热线／010－63939792/9779
咨询电话／010－63939796

中国法律图书有限公司／北京市丰台区莲花池西里 7 号（100073）
全国各地中法图分、子公司电话：
第一法律书店／010－63939781/9782
重庆公司／023－65382816/2908
北京分公司／010－62534456
西安分公司／029－85388843
上海公司／021－62071010/1636
深圳公司／0755－83072995

书号：ISBN 978－7－5118－4681－5
定价：52.00 元
（如有缺页或倒装，中国法律图书有限公司负责退换）